Marcus Hernig
Eine Himmelsreise

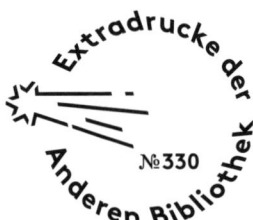

Marcus Hernig

EINE HIMMELSREISE

CHINA IN SECHS GÄNGEN

Chinese eat crabs, drink tea, taste spring water, stew ginseng,
plant vegetables, graft fruits, have three meals in one,
munch duck-gizzards, salt carrots, fondle walnuts, eat melon seeds,
gamble for moon cakes, and sleep.

(Lin Yutang, My Country and My People, 1935)

天堂之旅

吃出来的社會

烹饪与饭菜

麻辣主义

肚皮文化

天下為意圖

小吃大味

CHINESISCHE HIMMELSREISE

EIN MENÜ

PREPARE FOR A SUDDEN NEEDED
AND HAPPY CHANGE IN PLANS.
為一個突然的需要和愉快的變化作好準備

中国 China

新疆 XIN=JIANG

粉

青海 QING=HAI

甘肃 GANSU

陕西 SHAN=XI

西藏 TIBET

四川 SI=CHUAN

云南 YUN=NAN

贵州 GUIZHOU

广西 GUANG=XI

DOORS WILL BE OPENING FOR YOU
IN MANY AREAS OF YOUR LIFE.
在生活的許多領域上大門將為您而開

DER ERSTE GANG

内蒙古 NEI MENGGU

黑龙江 HEI LONGJIANG

吉林 JILIN

辽宁 LIAO NING

河北 HEBEI

北京 BEIJING

江苏 JIANG SU

山东 SHAN DONG

上海 SHANG HAI

河南 HE NAN

湖北 HU BEI

安徽 AN HUI

湖南 HU NAN

浙江 ZHE JIANG

福建 FU JIAN

江西 JIANGXI

台湾 TAI WAN

广东 GUANG DONG

澳门 MACAO

香港 HONG KONG

GRASP OPPORTUNITIES TO CREATE THE FUTURE.
抓緊機會建立未來

YOUR KIND WORDS WILL MEAN A LOT TO SOMEONE CLOSE TO YOU.
您仁慈的話語對於親近您的人意義重大

吃出味道社寺雪

CHINA:
DIE HERVORGEGESSENE GESELLSCHAFT

Ich esse, also bin ich

»Ausländer werden China niemals kapieren!«, erklärte mein alter Freund Li. Ich kannte ihn nun schon länger als 15 Jahre, und er ist wirklich einer meiner ältesten chinesischen Freunde. Wir redeten daher immer offen über alles. »Wieso?«, fragte ich überrascht. »Das liegt daran«, fuhr Li fort, »dass Ausländer das Wichtigste im Leben, das Essen und was es uns bedeutet, nicht kennen. Für die Menschen auf Erden kommt das Essen dem Himmel gleich. Ausländer können noch so lange in China leben, perfekt chinesisch sprechen und erfolgreiche Geschäfte hier machen – die weite Welt des chinesischen Essens werden sie nicht verstehen. In China mag vieles nicht in Ordnung sein, wo aber sonst auf der Welt kann man leben, um so gut zu essen?«

Ich wusste um den Kulturstolz der Chinesen und ihre Liebe zur Großartigkeit. Trotzdem ärgerte mich Lis Bemerkung. Schließlich lebte ich fast die Hälfte meines Lebens als Ausländer in diesem Land. Ich hatte China ausgiebig bereist und hier Freunde gefunden. Ich machte Witze, träumte auf Chinesisch und war seit mehr als einem Jahrzehnt mit einer chinesischen Frau verheiratet. Dennoch sollte ich nicht verstehen, was die Chinesen tatsächlich bewegte, nicht wirklich wissen, mit wem ich es seit einem halben Leben zu tun hatte?

Das kurze Treffen mit dem chinesischen Freund lag einige Zeit zurück. Seitdem hatte mich die ständige Unruhe ergriffen, ob ich in all den Jahren in China nicht doch immer übersehen hatte, dass alles Verstehen des sogenannten Fernen Ostens, insbesondere Chinas, mit der ebenso einfachen wie unumstößlichen Tatsache beginnen muss, dass wir Mund und Magen haben.* »Für die Menschen auf Erden kommt das Essen dem Himmel gleich«, hatte Li gesagt und damit eine uralte chinesische Weisheit zitiert, die davon ausgeht, dass Essen das grundlegende Prinzip unseres menschlichen Daseins sei. Das war eigentlich eine existenzielle Banalität, denn wer kann schon behaupten, zu sein, ohne zu essen und zu trinken? Das gelingt selbst dem enthaltsamsten Asketen nicht – ob er nun Christ, Moslem, Hindu oder Buddhist ist. Bemerkenswert aber ist der Vergleich mit dem Himmel, denn dieser gilt vielen Kulturen als der höchste Ort, das höchste Prinzip. Li stellte das Essen damit über alles andere im Leben.

Chinesen kennen einen alten Begriff für die Welt: *Tianxia* – »das, was unter dem Himmel liegt«. Was unter dem Himmel liegt ist aber den Gesetzen ausgeliefert, die von dem kommen, was darüber liegt: Wenn es aus dem Himmel auf uns herabregnet, werden wir unweigerlich nass, wenn ein Sturm in den Wolken tobt, sollten wir schnell unsere schützenden Häuser aufsuchen, wenn die Sonne vom Himmel scheint, ist Leben erst möglich, und wenn das Mittagsgestirn unsere Felder ausdörrt, dann ist unsere Existenz gefährdet. Wo immer wir hinschauen in der menschlichen Geschichte: Überall auf der Welt ist der Himmel das übergeordnete Prinzip des Daseins. Der Himmel regiert die Welt, im alten China auf Erden vertreten durch den Sohn des Himmels, den Kaiser, im Westen ist der Himmel präsent durch Botschafter, Propheten oder gar Söhne Gottes. Im Westen entwickelten sich die großen monotheistischen Religionen, die Gott als Schöpfer und Herrscher des Himmels über die Welt entdeckten – und als Garanten für die tägliche Nahrung: »Unser täglich Brot gib uns heute«, heißt es im Neuen Testament des Christentums

* Li Yu. *Gelegenheitsnotizen über das Stillen der Leidenschaften (Xianqing ouji)*. Beijing 2008, S. 223.

(Matthäus 6,11). »Das Geschick der Nationen hängt von ihrer Nahrung ab«, folgerte daraus Frankreichs bekanntester Esskünstler Jean Anthèlme Brillat-Savarin (1755–1826).* Kämpfe um die tägliche Nahrung gehören zur dunklen Seite der Menschheitsgeschichte.

Dem chinesischen Volk, das sich nie wirklich ernsthafte Gedanken um einen einzigen Gott machte und sich nie darüber in endlosen Religionskriegen stritt, genügte ein nebulöser »der da oben« – *shangdi* genannt. Ansonsten war der Himmel vor allem eine Sache des gefüllten Bauches. Zunächst ging es darum, immer genug Nahrung zu haben, um schlichtweg satt zu werden. Das ist ein Grundbedürfnis des menschlichen Daseins, und Landmann und Koch, die Garanten des täglichen Brotes, sind daher die beiden großen Urgestalten der chinesischen Welt und Hauptakteure in Sachen Bedürfnisbefriedigung. Sie versorgen uns Menschen recht zuverlässig mit dem, was unser Körper nun einmal braucht. Es ist daher kein Zufall, dass ein menschenähnlicher Gott namens Shennong in grauer Vorzeit wertvolles Wissen darüber weitergab, wie man das Land bestellt, aus dem die notwendige Nahrung hervorwächst. Der Urahn des chinesischen Bauern war gleichzeitig auch Zunftmeister aller chinesischen Köche: Shennong lehrte die Menschen, wie man Nahrung geschmackvoll zubereitet. Doch damit nicht genug: Das fleißige Universaltalent unter Chinas Göttern war zudem noch Urvater der Pharmazie. Der »göttliche Landmann« zeigte den Menschen, wie man Nahrungsmittel und andere Gaben der Natur gezielt so verkochte, dass man den kranken Körper wieder ins Gleichgewicht bringen konnte, wenn der Koch einmal die falschen Dinge über dem Herdfeuer zusammengemischt hatte. Das waren die Anfänge der chinesischen Heilkunde. Dank Shennong wussten Chinesen früh, wie sie sich selber helfen konnten, um dem Zwang des Essens und Trinkens begegnen zu können – und sich dabei gesund zu erhalten. Eine Bitte an den Schöpfer wie »Unser täglich Brot gib uns heute« erschiene einem Chinesen geradezu absurd, denn schließlich hat

---

* Jean Anthèlme Brillat-Savarin. *Physiologie des Geschmacks oder Betrachtungen über das höhere Tafelvergnügen.* Frankfurt a. M./Leipzig 1979, S. 15.

man dieses Brot immer selbst erzeugt, um dem Phänomen des Hungers zu begegnen. Wie konnte das einem Gott zur Aufgabe gemacht werden?

Li Yu (1610–1680), ein bekannter Autor, Theaterkritiker und Genießer des 17. Jahrhunderts, hatte früh erkannt, wie sehr der Mensch allein doch Mund und Magen ausgeliefert ist, die sein Streben und Handeln tagtäglich bestimmten. Das »Loch in unserm Innern«, so Li Yu, sei zudem noch »bodenlos« und daher »wie eine Talsenke oder ein Meer, das nie gefüllt werden kann«. Der Hunger macht den Menschen zu einer rastlosen Kreatur, die am Ende eben nicht anders kann, als zu essen, zu essen und nochmals zu essen. Doch warum sich darüber erregen oder gar dem Trieb enthalten, wenn er schon einmal da ist und das menschliche Leben bestimmt? Warum sollen wir uns etwa mit dem Kopfe gegen etwas stemmen oder gar ein gottgefälligeres Leben anstreben, dem Genuss guten Fleisches, Gemüses oder guter Fische entsagen, wenn, wie Li Yu feststellte, doch dem Schöpfer selbst nun einmal dieser Schönheitsfehler unterlaufen war, den Menschen nicht als Geistwesen oder genügsame Pflanze, sondern eben als Esser zu erschaffen? Ein Esser, der dazu noch genau weiß, was er täglich in sich hineinstopft.

Lin Yutang (1895–1976), dessen Bücher *Mein Land und mein Volk* sowie die *Weisheit des lächelnden Lebens* in den späten 30er Jahren die Bestseller-Listen der USA stürmten, schätzte Li Yus Gedanken sehr und entwickelte sie weiter. Lin entdeckte ein Grundprinzip des chinesischen Lebensgefühls schlechthin: »Unser Leben liegt nicht im Schoße der Götter, sondern in dem unserer Köchin, deshalb sucht jeder bessere Chinese mit seinem Koch oder seiner Köchin gut zu stehen, da er sich sagt, dass ein großer Teil unserer Lebensfreude in den Händen des Küchengewaltigen liegt und je nach dessen Belieben gegeben und wieder genommen werden kann.«[*]

---

[*] Lin Yutang. *Weisheit des lächelnden Lebens*. Frankfurt a. M. o. J., S. 295.

Dieser Satz macht deutlich, warum Chinesen es mit den Göttern in ihrer langen Geschichte nicht so genau nahmen und sich viel lieber auf die reellen Dinge der Diesseitswelt verließen, die man mit allen Sinnen genießen konnte. Chinesen verfügen über Bauchgefühl und legen viel Wert auf die Verdauung: »Der Chinese verlässt sich auf den Instinkt, und der sagt ihm, dass, wenn der Magen in Ordnung ist, auch alles andere sich in Ordnung befindet«*, sagt Lin Yutang – also: Magen gut, alles gut.

Nicht im Schoße der Götter, sondern im Schoße des Ackermanns und am Busen der Köchin liegt also das menschliche Schicksal. Ausreichende Ernährung ist überall auf der Welt Grundlage des Daseins: Überbevölkerung, schrumpfende Anbauflächen und möglicherweise drohender Klimawandel sind moderne Ausprägungen des immer wiederkehrenden Problems mit dem »Loch in unserm Innern«. Chinesen haben das Grundrecht aller Grundrechte, nämlich hinreichend ernährt zu sein, selbst in das Jenseits übertragen, das eigentlich nichts als ein verlängertes Diesseits ist: Selbst die verstorbenen Ahnen werden an ihren Grabstätten bis heute mit nett zubereiteten Speisen versorgt – auf Taiwan noch ein wenig besser als auf dem »enttraditionalisierten« Festland. Doch auch hier tragen die Menschen zum Gräberfest im April noch immer Früchte und Teigtaschen an Urnenregale städtischer Bestattungsorte und zu den Familiengräbern auf dem Land. Eine Zigarette oder ein Schluck Schnaps runden dem Verstorbenen dann das Mahl noch ein wenig ab, denn auch im Jenseits muss anständig verdaut werden. Auf dieser Welt weiß man schließlich, was man hat und kann, um den nahestehenden Menschen zufriedenzustellen. Wer weiß, wie gut die Köche im Jenseits sind?

Wenn im alten China das Essen ein Gleichnis des Himmels war, dann konnte damit nicht allein nur das »tägliche Brot«, die Befriedigung des Hungers, gemeint sein. »Für die Menschen auf Erden kommt das Essen dem Himmel gleich« – dieser Satz musste noch mehr bedeuten. Ich grübelte einige Tage nach und fand die Antwort ausgerechnet bei einem Amerikaner, der britische

---

*   Ebd., S. 66.

Lebensart über alles schätzte: bei T. S. Eliot (1888–1965). Der war der Auffassung, dass man nur dann den Begriff »Kultur« wirklich verstünde, wenn man einsähe, »dass ein Volk nicht nur genug zu essen«, also sein tägliches Brot benötigt, »sondern eine anständige und besondere Küche«. Eliot begründete den Niedergang der britischen Kultur mit der späteren »Gleichgültigkeit« der Inselbewohner gegenüber »der Kunst, Nahrung zuzubereiten«. Mit Blick auf den Esstisch schloss er: »Kultur kann einfach als das angesehen werden, was das Leben lebenswert macht.«* Wenn Eliot recht hatte, dann musste die Küche eines Volkes maßgeblich die Richtung seiner kulturellen Entwicklung mitbestimmen: Politik, gesellschaftliche Beziehungen, Erfindungsgabe bis hin zur Perfektion des Geschaffenen und Gestaltung des eigenen Lebensraums. Das geistige und körperliche Wohlbefinden des Menschen könnte mit dem Wohlsein des Bauches und dem Genuss guten Essens verbunden sein. Lag hier der Schlüssel zum klaren chinesischen Himmel jenseits der grauen Smogwelten meiner Shanghaier Gegenwart?

Schmutz überall, ungeklärte Abwässer in den Kanälen um mich herum, abgasgeschwängerte Großstadtluft, verseuchtes Babymilchpulver, Cadmium im grünen Gemüse, hormonverseuchtes Schweinefleisch, Zuchtfisch mit Schlammgeschmack und Benzinduft. An der Oberfläche meiner Gegenwart hörte der chinesische Smog nicht auf – auch und schon gar nicht beim Thema Essen. Das wusste ich – aber ich wusste auch: Wer ein Volk und seine Kultur verstehen möchte, muss sich von den Eindrücken seiner Gegenwart lösen. Das galt und gilt für alle Zeiten. Wenn ich diesen so verhangenen Himmel öffnen konnte, dann bestand eine Chance, meinen Freund Li zu widerlegen – und zu verstehen, was es nach seiner Auffassung zu verstehen galt: den Bauch Chinas und damit sein Innerstes. »Sage mir, was du isst, und ich will dir sagen, wer du bist«, hatte einst Brillat-Savarin behauptet. »Schau, was wir essen, und du weißt, wer wir sind«, hatte der alte Li gemeint. Brillat-Savarin, der bekannteste Gourmet Europas, hatte

---

*   T. S. Eliot. *Notes towards the definition of culture*. London 2010, S. 22 (ebook edition).

das wirklich Gute am menschlichen Dasein intensiv erschmeckt –
schließlich war er Franzose. Der Mann wusste als Europäer, dass
»alles menschliche Glück von sinnlicher Art« sei. Als Franzose war
Brillat-Savarin den Chinesen in diesem Punkte um so vieles näher als wir Deutschen, die die Bedürfnisse unserer Bäuche nur zu
oft vernachlässigen. Die Suche nach Chinas Himmel musste auch
ein gutes Stück Selbsterkenntnis oder gar Selbstkorrektur werden.
Auch darin bestand die Herausforderung zu diesem Unternehmen. Doch wo begann nun der »klare Himmel« des guten Essens?

Eines Morgens trat ich durch das quietschende Eisentor vor unserem Wohnhaus hinaus auf die Straße. Die fing unmittelbar dort
an, wo der Rahmen des Tors endete. Um ein Haar wäre ich Opfer
eines Taxis geworden, das wild hupend an mir vorbeifuhr. Mit einem Fluch auf den Lippen schaute ich dem Wagen nach. Auf der
Heckscheibe des Autos las ich: »www.57 575 777.com – wo chi,
wo chi, wo chi chi chi«. Diese Ziffernfolge 57 575 777 klang auf
Chinesisch wie »wu tschie, wu tschie, wu tschie, tschie, tschie«
und das hörte sich fast genauso an wie »wo chi, wo chi, wo chi,
chi, chi«, was direkt übersetzt bedeutet: »Ich esse, ich esse, ich
esse, esse, esse.«

Ich befragte mein mobiles und selbstverständlich internetfähi-
ges Telefon und rief die Webseite auf. Auf dem kleinen Bildschirm
blinkte und poppte es. Sekunden später begrüßte mich der »kleine Reservierungs-Assistent« – allerdings nur auf Chinesisch – und
erwartete meine Angaben: Wohin zum Essen? Welche Küche darf
es sein? Ich tippte etwas ein und schon wurden munter Vorschlä-
ge gemacht: ein passendes Restaurant und ein passender Tisch,
die besten Leckereien, Imbisse und Buffets – noch dazu mit der
Aussicht auf Rabatte. Von der scharfen Sichuan-Küche (*chuancai*)
bis zum modernen »Fusion Food« (*zonghe*) wird unter 57 575 777
alles präsentiert, was Köche hungrigen Bäuchen und verwöhnten
Gaumen in der Huangpu-Metropole zu bieten haben. Und mehr
noch: Städte aus dem ganzen Land stellten auf der Seite bereits
ihre kulinarische Vielfalt zur Schau.

»57 575 777« war eine geniale Erfindung »made in Shanghai«. Der Beinahe-Unfall mit dem vorbeibrausenden Taxi war ein

Glücksfall gewesen und hatte genau die Spur gelegt, der ich nur zu folgen brauchte: »Iss, iss, iss – und lerne zu verstehen.«

Ein gutes Essen ist in der Tat eine ideale Übung, unsere naturgegebenen Sinne zu aktivieren und damit die Sinnlichkeit unseres Daseins zu erleben. Ein gutes Essen, das ein versierter Koch detailverliebt und erfindungsreich zugleich bereitet hat, vermag den Ursinn des Menschen, den Geruchssinn, genauso zu aktivieren wie den vergleichsweise primitiven Geschmackssinn der Zunge, der ja eigentlich nur die vier Varianten süß, salzig, sauer und bitter wahrnehmen kann. Die Freuden der Küche gehen nicht über die Zunge, sondern durch die Nase, deren 30 Millionen Riechzellen immer wieder neue Nuancen und Geschmackstönungen entdecken.

Auch das Auge isst bekanntlich mit: Wer je ein feierliches Bankett erlebt hat, der weiß, was das heißt. Alle Farben sollten vertreten sein, am besten noch der jeweiligen Jahreszeit entsprechen. Kunstvolle Arrangements von Gemüseschnitzereien können eine einzige Tafel zu einer umfassenden Kulturgeschichte werden lassen. Alles das kann der Sehsinn beim Essen entdecken.

Besonders raffiniert verhält es sich mit dem Tastsinn. Hier ist die Zunge oft stärker gefordert als beim Schmecken: Ein wirklicher Genießer entdeckt mit der Zunge die Texturen der Speisen, ertastet, knackt und beseitigt Hindernisse wie ungenießbare Krebsschalen oder widerspenstige Fischgräten. Chinesen haben den Tastsinn folgerichtig um den Begriff des Mundgefühls (*kougan*) erweitert, der das Taktile in den Kompetenzbereich von Zunge und Mund stellt. Japaner beurteilen die Feinheit guten Sushis oder Sashimis nach der Textur des frischen Fischfleisches und haben darüber Manga-Erfolgsserien wie *Oishinbo* verfasst. Die Deutschen wissen, dass zarte Speisen »auf der Zunge« zergehen, die Chinesen bekennen sich voll und ganz zur menschlichen Oralität. Empfindungen von Zartheit, Zähigkeit, von Sämigkeit und Körnigkeit verdeutlichen, wie fein unser Tastsinn im Mundbereich gerade auf Speisen reagiert. Was das »Mundgefühl« betrifft, so leistet die Zunge in enger Zusammenarbeit mit Zähnen, Lippen und Gaumen erstaunlich Feinfühliges und ist viel sensibler als

Tast- denn als Geschmacksorgan. Chinesisch zu essen heißt, sein Mundgefühl zu entdecken und auszubilden. Nur so erschließt sich gemeinsam mit dem Geruchssinn das Potenzial einer Speise. In der Anwendung von Mundgefühl und Geruchssinn lassen sich interkulturelle Differenzen zwischen Ost und West entdecken: Europäer haben vielfältige Verbindungen zwischen oralem und olfaktorischem Sinn weniger beim Essen als beim Trinken ausgebildet. Wer ist dort höher angesehen als ein guter Sommelier, wenn es um das Zusammenspiel von Mund und Nase geht? Wenn zwei Sinne miteinander kombiniert werden, dann vervielfachen sich die Entdeckungen und Empfindungen, die dem Menschen gegenüber einem Gegenstand seines Interesses möglich werden. Die Welt möglicher Erfahrung potenziert sich, und für Essbares bedeutet das: mehr Geschmack.

Und der akustische Sinn? Wem läuft nicht das Wasser im Munde zusammen, wenn auf einer heißen Platte – im Westen unter dem japanischen Begriff Teppanyaki bekannt – frisches Fleisch, Gemüse oder Tofu-Scheiben brutzeln und den Esstisch mit intensivem Aroma erfüllen? In der europäischen Küche vermögen frisch der Backröhre entnommene Aufläufe oder eine auf den Punkt gebräunte Lasagne aus dem Ofen ähnlich appetitliche Klänge von sich geben.

»Ich ess', ich ess', ich ess', ess', ess'« ist damit nicht nur ein simpler Werbeslogan, sondern eine umfassende lebensphilosophische Erkenntnis – und nicht zuletzt ein radikales Bekenntnis zur Sinnlichkeit.

DIE ERSTE SPEISE
UNTER DEM HIMMEL

Nach China – mit allen Sinnen. Dieses Gericht, das man einst auch als »Donnerhall auf dem flachen Lande« bezeichnet hat, führt hinein in das Reich mit dem Loch in der Mitte – auch Magen genannt ...

Was ich dazu brauche:

100 g gebackene Reisfladen (guoba)

200 g geschälte Krabben (Garnelen)

100 g angebratene Hühnerfleischstreifen

110 g Tomatenmark oder besser: 6–8 geschälte Tomaten, frisch zu Tomatensauce verkocht

50 g frische Shiitake- oder Xianggu-Pilze, kleingeschnitten

1 große Tasse Hühnerbrühe

2 TL Speisestärke

1 TL Salz

1 EL Reiswein (zum Kochen)

1 TL Zucker (bei Verwendung von Tomatenmark 2 TL)

Wie es gemacht wird:

1. Bereiten Sie den Reisfladen vor: Dazu nehmen Sie am besten Reis, der etwas angebacken ist, und geben ihn in die Backröhre. Bei 220 Grad wird dieser schnell goldbraun und verbindet sich zu einem knusprigen Reisfladen. Damit haben Sie die Grundlage für alles Weitere geschaffen.

2. Schneiden Sie ausgesuchte, frische Hähnchenbrust in feine Streifen, max. 5 cm lang, einen viertel Zentimeter breit und hoch.

3. Braten Sie diese kurz in heißem Öl an – bis das Fleisch eine weiße Färbung angenommen hat und verführerisch duftet. Nun ist Ihre Nase schon überzeugt.

4. Weiter geht's: Geben Sie das Krabbenfleisch in eine Schüssel, fügen Sie Speisestärke, Salz und etwas Hühnerbrühe dazu.

5. Bringen Sie die restliche Brühe zum Kochen, geben Sie nacheinander Krabbenfleisch, Hühnerfleischstreifen, Shiitake-Pilze, Reiswein, Zucker und die frisch gekochte Tomatensauce hinzu. Lassen Sie die Dinge sich miteinander verbinden ...

6. Geben Sie ein wenig in Wasser gelöste Speisestärke hinzu – bis die Sauce ein wenig andickt und zu glänzen beginnt. Da freut sich das Auge.

7. Bereiten Sie den Reisfladen auf einer heißen Platte vor. Ideal ist eine Platte aus Eisenguss.

8. Gießen Sie nun die fertige Krabben-/Huhn-/Tomatensauce über den Fladen. Ist die Platte heiß genug, wird es herrlich zischen. Das Ohr erfreut's und wenig später kommt die Zunge zu ihrem Recht, wenn sie den knusprigen Reis tastet und das herrliche süß-saure Aroma erschmeckt!

Warum »Erste Speise unter dem Himmel«?

Jedes Gericht hat seinen Erfinder – doch nicht jeder Erfinder ist bekannt und nicht jede Erfindung hat eine Geschichte. Im Falle der Ersten Speise unter dem Himmel aber kennen wir beide. Der Name des Schöpfers lautet: Chen Guofu (1892–1951), Gouverneur der Provinz Jiangsu, enger Freund von Maos Widersacher Tschiang Kai-shek und Ess-Visionär, sein Traum: die Vereinigung seiner beiden Leibspeisen in einer. Die erste war gebackener Reisfladen mit Krabben in Tomatensauce, die zweite war eine Hühnerfleischspezialität seiner Heimat. Wenn der Gouverneur sich vom Regieren befreien konnte, widmete er sich seinem wahren Interesse –

dem Essen. Dazu veranstaltete er 1934 einen Wettbewerb um die beste Speise der gesamten Provinz. Landkreise und Städte sollten die wohlschmeckendste Speise ihres Ortes auswählen und einem Komitee, das aus Gouverneur Chen und anderen Feinschmeckern bestand, präsentieren. Einen halben Monat lang reiste man kreuz und quer durch die Provinz, kostete Hunderte von Speisen, wiegte die Köpfe, schnalzte mit den Zungen, strich sich über die Bäuche. Am Ende wurden etwas mehr als 30 Gerichte ausgewählt, die von nun an als die besten Speisen der Provinz gelten sollten.

Doch Chen war noch nicht zufrieden: Sein persönlicher Favorit war noch nicht gefunden. So ließ er die besten Köche der Provinz in die Hauptstadt Zhenjiang kommen. Der Provinzfürst erzählte von seinen beiden Lieblingsgerichten, dem Reisfladen mit Tomatensauce und Krabben und jenem zarten Hühnerfleisch. Er schwärmte von seiner Vision, beide Gerichte zu einem einzigen zu vereinen. Tagelang wurde nun experimentiert, nur die besten Zutaten wurden zusammengesucht, gekocht, gekostet, kritisiert, wieder verworfen, neu kreiert, gekocht. Endlich war das optimale Arrangement gefunden, Gouverneur Chen zufrieden. Beide Gerichte waren zu einem vereint – und die Köche nannten die Kreation »Ein Donnerhall auf dem flachen Lande«. Doch so viel donnerndes Pathos missfiel dem obersten Provinzchef: »Das ist einfach das Erste Gericht unter dem Himmel«, sagte er, »und so soll es fortan heißen!«

D ie chinesische Sprache macht es ihren Sprechern und denen, die sie lernen wollen, oft so schwer, weil sie mit so vielen ähnlich klingenden Lauten angefüllt ist, die trotz ihres Gleichklangs aber alle etwas ganz anderes bedeuten können. Doch Chinesen wären keine Chinesen, wenn sie aus der Not nicht auch hier eine Tugend gemacht hätten. Man kann mit ähnlich klingenden Wörtern doch herrlich auf bestimmte Dinge anspielen, ohne sie direkt beim Namen nennen zu müssen. Chinesen verstehen sich meisterhaft darauf, »weite Kontexte« zu bilden, wie der Anthropologe Edward T. Hall (1914–2009) diese Kunst nannte. Die Shanghaier Zahlenkombination 57 575 777 (Wu-tschie, wu-tschie, wu-tschie, tschie, tschie) ist daher eine ebenso existenzielle wie vieldeutige Ziffernfolge. Die Ziffern klingen auch wie »wo shi, wo shi, wo shi, shi, shi«, was so viel heißt wie »ich bin, ich bin, ich bin, bin, bin«. Selbstverständlich erst, nachdem ich gut gegessen und getrunken habe. Da im Chinesischen »essen« und »sein« klanglich nah beieinander liegen, ist der Rang des Essens als Grundlage unseres Daseins schon in der Sprache verankert.

In China brauchte es keine Auseinandersetzung verschiedener philosophischer Schulen, um früh zu erkennen, dass für den denkenden und fühlenden Menschen der einfache Satz gilt: »Ich esse, also bin ich.« Über eine interessante Sache zu reden oder lange über ihr Wie? und Warum? nachzudenken, macht für viele Chinesen weit weniger Sinn, als im günstigen Moment zu handeln, um die Sache selbst zu genießen. Lin Yutang liefert dazu ein äußerst anschauliches Beispiel: »Ein Stachelschwein sehen heißt für einen Chinesen sofort darüber nachsinnen, wie man dieses Tier wohl kochen und sein Fleisch essen kann, ohne sich daran zu vergiften. Der Geschmack von Stachelschweinfleisch ist für uns von höchster Wichtigkeit, wenn nur irgend die Aussicht besteht, dass dadurch unserem Gaumen eine neue Geschmacksnuance eröffnet wird. Die Stacheln des Stachelschweins dagegen interessieren uns nicht. Wie sie entstanden sind, was sie für eine Funktion haben, wie sie in der Haut des Tieres befestigt sind, wie es zugeht, dass sie sich beim Anblick eines Feindes aufrichten könnten – das alles sind Fragen, die den Chinesen grenzenlos müßig anmuten.«[*]

Damit genug des Denkens. Handeln war gefragt, und mein Aufbruch stand bevor. Ich brütete über Chinakarten, markierte vier große Regionen im Norden, im Westen, im Süden

---

[*]   Lin Yutang (o. J.), S. 67.

und im Osten, die für reiche Küchentraditionen standen und so besonders fette Beute versprachen. Das China der Kochtöpfe wollte ich entdecken, ob in improvisierten Garküchen links und rechts der Straßen, ob in kleinen Restaurants oder in mit Gold geschmückten Hallen mit traditionsreichen Namen. Hier in Shanghai sollte meine Reise beginnen. Von hier aus ginge es nach Peking. Und danach dorthin, wo der Pfeffer wächst, nach Sichuan. Von dort weiter tief in den Süden, nach Kanton. Von Kanton wieder in den Osten in die alte Seidenstadt Suzhou und an den großen Yangtse-Strom. Schließlich noch zum Dessert über die Meerenge nach Taiwan. Das war dann auch der östlichste Punkt der Reise. Die Tour, die ich mir ausmalte, war um die 8000 Kilometer lang, und sie versprach Geschmack.

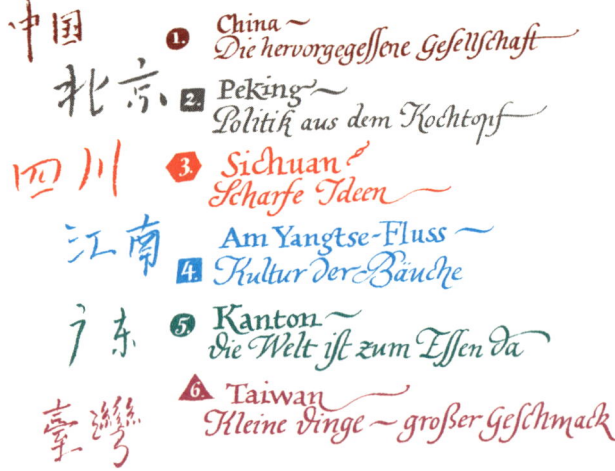

中国   **①** China ~
Die hervorgegessene Gesellschaft

北京   **②** Peking ~
Politik aus dem Kochtopf

四川   **③** Sichuan
Scharfe Ideen

江南   **④** Am Yangtse-Fluss ~
Kultur der Bäuche

广东   **⑤** Kanton ~
die Welt ist zum Essen da

臺灣   **⑥** Taiwan
Kleine Dinge ~ großer Geschmack

中国地图 China

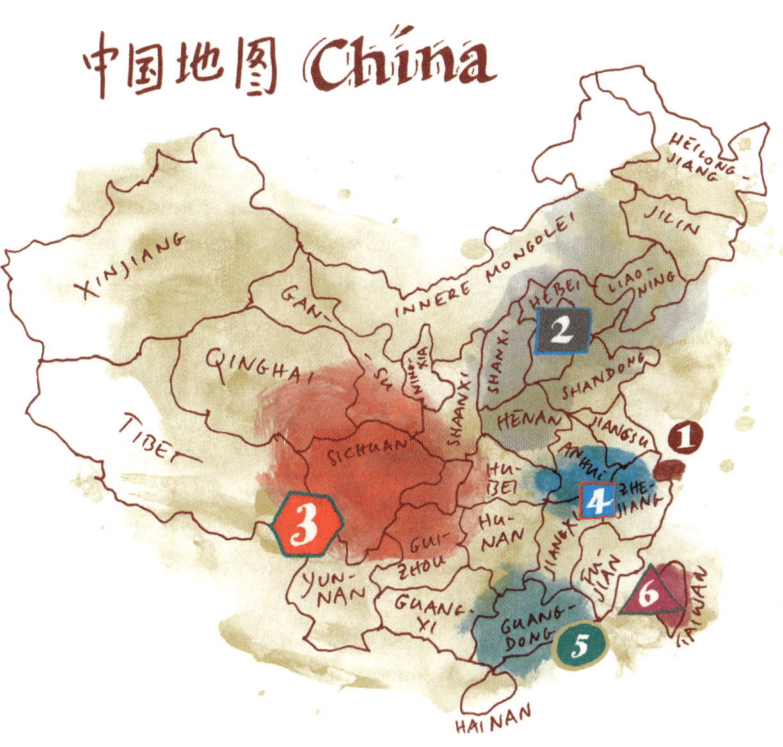

Küchengerüchte, Küchengeschichten und Küchengeographie

Kurz vor dem geplanten Aufbruch riefen sie an. Sie wollten ein kurzes Interview mit mir führen – schließlich schriebe ich doch an einem Buch über chinesisches Essen, und das sei für ihre Hörer interessant. Wir einigten uns auf zehn Minuten. »Sie kennen die drei wichtigsten chinesischen Schriftzeichen?« Ich verneinte und erntete überraschtes Schweigen am anderen Ende der Leitung. »Nein? Sie leben doch schon so lange in China, sprechen so gut Chinesisch ... Na, denken Sie einmal nach!« Mein Gesprächspartner wurde ungeduldig, als ich schwieg. »Mann, Frau und Hund natürlich! Mann und Frau sollte man kennen, damit man weiß, wo man sich erleichtern kann, und Hund, damit man weiß, wo man was zu essen bekommt!« Laut dröhnte sein Lachen durch den Hörer. Ich schwieg.

Tierschutzvereine und -organisationen weltweit beobachten mit Abscheu und Besorgnis das haustierfeindliche Treiben im Reich der Mitte: »Chinas lange Geschichte des Tiermissbrauchs steht wieder mal im Rampenlicht, denn ein Bezirk in China massakriert wahllos jeden Hund, der ihm unter die Augen kommt – mehr als 50 000 insgesamt – einige davon direkt im Angesicht ihrer Familien.«[*] Medien aus aller Welt berichten regelmäßig über das unkontrollierte Abschlachten von Hunden und Katzen zum Zwecke der Befriedigung perverser Nahrungsvorlieben der Chinesen und Koreaner. Wenn Berichte Nanjing als neues Zentrum von »Cat-Napping« entlarven, nur damit die Neugier auf den Geschmack von Katzenfleisch befriedigt werden kann[**], oder Hunde in Plastiksäcken zum Verkauf »auf einem chinesischen Wochenmarkt« abgebildet werden[***], dann erzeugen diese Nachrichten

---

[*]   »Chinas Kultur der Tierquälerei«. www.peta.de/bekleidung/chinas_kultur_der.
      645.html
[**] »Cat-nappers feed Cantonese taste for pet delicacy – A curiosity about the ta-
      ste of cat meat is fuelling a growing industry in China«. Telegraph.co.uk vom
      1.1.2009.
[***] »Hunde in China – Mehr als nur ein Mittagessen«. Süddeutsche Zeitung vom
      1.9.2006, www.sueddeutsche.de/panorama/140/371952/text/

aus dem Reich abstruser Essgewohnheiten Wellen der Empörung bei Lesern, Zuhörern und Zuschauern: »Die Bilder waren niederschmetternd und ich kann nicht verstehen, wie ein Land derart gleichgültig mit so reizvollen Haustieren umgeht. Sind sie tatsächlich so eine grausame Rasse, dass sie niemals ihre Vorlieben aufgeben werden?« Ein anderer Leser zog sogleich Parallelen zwischen Katzenfleisch-Konsum und Menschenrechten: »Traurig – aber ich bin nicht überrascht über Chinas Einstellung gegenüber Tieren. Das Land hat ja außerdem eine schreckliche Geschichte beim Missbrauch von Menschenrechten. Ich bin der Ansicht, dass ein Einfuhrstopp für chinesische Importe verhängt werden sollte.« Schließlich bringt ein weiterer Leser die Sache auf den Punkt: »Gibt es irgendetwas, das die Chinesen nicht essen oder dezimieren würden, im Namen exotischer Essgelüste oder der Medizin?«*

Nach so vielen Bedenken aus meiner alten Heimat beschloss ich, dem Phänomen »entarteten Essens« oder des Allesesser-Fetischismus gleich vor der eigenen Haustür im Norden Shanghais auf die Spur zu kommen. Schließlich ging es einmal mehr um das Dauerthema Menschenrechte, erweitert um das Grundrecht niedlicher Haustiere auf Leben. Gesagt, getan: An den folgenden Tagen beobachtete ich mit Aufmerksamkeit und gewachsener Skepsis das Treiben auf unserer kleinen Straße am Ostausgang des Lu-Xun-Parks. Zwischen den alten Platanen, die die Straßenränder säumten, wartete ich auf Vierbeiner, die zum Schlachtopfer und dann zum Festmahl werden konnten.

Lange musste ich nicht warten: Des Menschen liebstes Haustier kam mir gestriegelt und bestens frisiert, behutsam an der kurzen Leine geführt und in die neueste Hundemode gekleidet, entgegen. Seit einigen Jahren betrieben findige Nachbarn ein Tiergeschäft mit angeschlossenem Friseursalon für Hunde. Im Gegensatz zum Fahrradreparateur und -ersatzteillieferant, der kürzlich mangels Nachfrage schließen musste, hatten sie seit Jahren großen geschäftlichen Erfolg: Hunde sind »in« in China und entwickeln

---

*   Sämtliche Zitate aus Mail Online: »The cat meat trade in China – what you say«: www.dailymail.co.uk/news/article-29 832/

sich ähnlich wie im tiervernarrten Europa zu des »einsamen Menschen« liebstem Hausgenossen. Das führte zu Entwicklungen, die selbst manch tierliebem Europäer oder Amerikaner zu weit gehen. An keinem Ort, den ich bisher auf unserem Globus besucht hatte, sah ich so viele gut angezogene Hunde wie in unserer Straße.

Wenn also die Hunde meiner Nachbarn offensichtlich kein Objekt kulinarischer Begierden waren, dann traf es vielleicht die Katzen? Auch dem galt es empirisch auf den Grund zu gehen. Das Stadtviertel Hongkou ist auch ein idealer Lebensort für Katzen, denn die Häuser aus den 30er und 40er Jahren des 20. Jahrhunderts sind noch niedrig genug, damit die braven Stubentiger dort ungestört ihrem nächtlichen Liebesleben nachgehen können; Katzenfeindliche Hochhäuser in anderen Teilen Shanghais schränken deren Vermehrungsfreuden stärker ein. Katzen sind in Hongkou weit zahlreicher als Hunde, schlummern an lauen Frühlingsabenden gern auf den alten hölzernen Dachtraufen oder erschleichen sich schon einmal den Eingang in eine Mansarde durch eines der offen stehenden Fenster. Auch regelmäßige Besuche im benachbarten Park lassen keine Verdachtsmomente gegen meine chinesischen Mitbürger aufkommen, dass sie insgeheim lieber Katzen verspeisen, als diese zu füttern. Im Gegenteil: Wer gegen Abend – kurz vor den üblichen Schließzeiten um 18 Uhr – noch Gelegenheit zu einem kleinen Parkbummel hat oder sich den vielen Freizeitsportlern dort anschließt, wird eines interessanten Schauspiels gewahr: Der Park ist plötzlich voller Katzen, die meist ältere Parkbesucher mit eigens gekauften Futtervorräten versorgen. Schließlich verdienen auch Katzen gut gefüllte Bäuche.

Die vielen älteren Menschen im benachbarten Park waren weder organisierte Tierschützer noch besonders reich. Sie sind Shanghaier baixing, Normalbürger also, die durchaus über jenes »Herz für Tiere« verfügen, das seit vielen Jahrzehnten in der amerikanisch-europäischen Öffentlichkeit gefordert wird. Das ist ein umso bemerkenswerteres Phänomen in einer Gesellschaft, deren Sprache bislang für Tiere nur den Begriff »sich bewegende Dinge« (*dongwu*) kennt. Erst in den letzten Jahren erhielten »sich bewegende Dinge« Attribute, die sonst für den Menschen reserviert waren: Immer häufiger hörte ich in meinem Freundes- und Bekanntenkreis das Wort »ke'ai« (niedlich, süß), wenn es um die Charakterisierung von Hunden und Katzen ging. Das ist in China nicht anders als in Europa, nur hat es wesentlich später begonnen.

Um Tiere als »niedliche, süße« Lebenspartner, als Haus- und nicht als Nutztiere in den Kreis der menschlichen Lebensgemeinschaft aufzunehmen, musste sich erst einmal ein bestimmter Lebensstandard herausbilden, wie die eigene europäische Geschichte des Essens zeigt: Hunde standen zu Notzeiten in Sachsen und in einigen Kantonen der Schweiz genauso auf dem Speiseplan wie im 1870 von den Preußen belagerten Paris – eine Tatsache, die der deutsche Karikaturist Wilhelm Busch in sarkastischer Weise in seinem »Monsieur Jacques« darstellt: Hundefleisch-Karbonaden für die hungrigen Preußen – und Hundeschwanz als Wurstersatz für den *Monsieur*.[*]

Trotzdem gibt es eine Grundlage für das Bild des »Hunde essenden Chinesen«, wie ihn der deutsche Radiosender mir im Interview präsentierte. Katzen und Hunde gehörten über Jahrhunderte hinweg zu den Speiseplänen Chinas. Im Norden – und auch in der Yangtse-Gegend mit Shanghai im Zentrum – taucht Hundefleisch vor allem im Winter immer wieder auf der Speisekarte auf. Chinesen teilen ihre Nahrung grob in »kühlende« (*yin*) und »wärmende« (*yang*) Speisen auf, was nichts mit der Temperatur zu tun hat, sondern mit der Wirkung auf den Körper und seine Balance. Hundefleisch gilt als noch stärker »wärmend« als Lammfleisch und daher als gelegentliches Winteressen. Ähnlich hauchzart geschnitten kann auch Hund im chinesischen Fondue, dem Feuertopf, mit entsprechenden Dippsaucen gewürzt konsumiert werden – allerdings nur in ganz bestimmten Restaurants und mit ausdrücklichem Vermerk auf der Speisekarte.

---

[*] »Monsieur Jacques«. In: Wilhelm Busch. *Und die Moral von der Geschicht.* Hrsg. von Rolf Hochhuth, Gütersloh. o. J., S. 388.

Autoren, die sich mit Appetit und kulinarischer Neugier der Chinesen auseinandergesetzt haben, schreiben gern über deren Lust, alles zu probieren. Taiwans Gastrohistoriker Lu Yaodong stellt fest, »dass eigentlich alles in einen großen Bauch hineinpasst«*, und Lin Yutang äußert sich mit der Stachelschwein-Geschichte verschmitzt über die Neugier eines chinesischen Feinschmeckers. Diese über viele Generationen vererbte Lust hat am Ende zur Vielfalt der großen Küchen Chinas und zur unüberschaubaren Komplexität einer Kulturgeschichte chinesischen Essens geführt – Hunger und Deckung des Existenzbedarfs allein reichten zu ihrer Begründung nicht aus, denn beides plagte auch andere Kulturen. Wer sich jemals ernsthaft mit dem Gedanken trägt, eine »vollständige Geschichte chinesischen Essens« zu schreiben, sollte gleich für interessierte Nachkommen sorgen, die das Unterfangen weiter vorantreiben können. Ein Leben genügt dafür bei weitem nicht, und für jede der vier großen chinesischen Küchenrichtungen des Nordens, des Südens, des Westens und des Ostens müssten jeweils mehrere Teilbände geschaffen werden.

Kein anderes chinesisches Volk hat das Bild des schrankenlosen chinesischen Allessessers stärker geprägt als die Kantonesen. Chinas tiefer Süden, besonders die Gegend um die Stadt Kanton, ist eine Hölle für Veganer und alle Vertreter des rigorosen Vegetarismus. »Außer Flugzeugen und U-Booten«, so lautet das Sprichwort, drohe ihrer fast grenzenlosen Neugier und der damit verbundenen Esssucht alles zum Opfer zu fallen, was durch die Lüfte flöge und die Gewässer unserer Erde bevölkere. Was das feste Land betrifft, so hatte es die Alchimie im alten Kanton lediglich nicht vermocht, Steine zu erweichen, um daraus schmackhafte Suppen oder Teigtaschenfüllungen hervorzukochen. Es muss ein kantonesischer Chirurg gewesen sein, den Lin Yutang im Kopfe hatte, als er sich lebhaft vorstellte, »wenn einer von ihnen mir die Leber aufschnitte, um nach einem Gallenstein zu suchen, hätte ich die größte Angst, dass er meinen Stein vergäße und meine

---

*   Lu Yaodong. *Der Bauch ist groß und kann einiges fassen – Aufzeichnungen zur Kultur des Essens und Trinkens in China* (du da neng rong). Taipei 2007.

Leber in die Bratpfanne legte«.* Die Kantonesen sind auf eine besondere Art »besessen vom Essen«**, wie Eugene N. Anderson das ausdrückt, der lange Zeit selbst in Hongkong und Südchina gelebt hat. Doch Anderson wehrt sich auch gegen das gängige Klischee, dass Kantonesen alles äßen: Er habe niemals Katze oder Ratte dort gegessen, betont Anderson, und »Hund und Schlange« seien eher ein typisches Winteressen in Kanton, und »dabei noch nicht einmal wirklich gut«.*** Allerdings muss Anderson zugestehen, dass »Wild aller Art« in Kanton gern gegessen wird – wenn auch oft in Anbetracht der erhofften »medizinischen Wirkung«.**** Ob nun Affenhirn oder vom Aussterben bedrohte Tierarten wie der chinesische Pangolin, eine Gürteltierart: Die wirklich versessenen Esser mit viel Geld und neureichem Geltungszwang probieren solche Exotika immer mal wieder in vertrautem, fast konspirativem Kreise, obwohl auf den Genuss hohe Strafen stehen. Allerdings werden die Bestimmungen nach Gusto ausgelegt, und diverse Hotels in Kanton bieten für 2000 Euro oder mehr gern einmal ein Pangolin-Bankett für neureiche Firmenchefs. Außerdem reizt Verbotenes bekanntlich, und die Verlockung, einmal einen Pangolin zu probieren, erinnert an die Anziehungskraft tabuisierter Rauschmittel.

Warum aber finden sich derart exotische Reize gerade in Kanton? Das liegt zum einen am subtropischen Reichtum der Provinz mit Wildtier aller Art, zum anderen daran, dass bedeutende Chinesen, oft Beamte, dorthin verbannt oder strafversetzt wurden. Kantons chinesische Geschichte begann mit den Truppen des Han-Kaisers im 2. Jahrhundert vor Christi Geburt, die sich dann in den Südprovinzen festsetzten. Die Han-Dynastie verleibte die heutige Provinz Kanton (Guangdong) und weite Gebiete des heutigen Staates Vietnam dem chinesischen Reich ein. Die neuen Herrscher sahen sich immer wieder Gruppen von Widerstandskämpfern ausgesetzt, die den Eroberern im Verbund mit feucht-

*   Lin (o. J.), S. 67.
**   Eugene N. Anderson. *The Food of China*. New Haven/London 1988, S. 210.
*** Ebd., S. 214.
**** Ebd.

schwülem Klima und Tropenkrankheiten das Leben schwermach-
ten. So bedachte man Staatsfeinde und politisch kritische Naturen
häufig mit der Strafe, in das chinesische »Down Under«, nach
Kanton, verbannt zu werden.

Die Verbannungen von Regierungs- oder »Regimegegnern«
waren für die Entwicklung der kantonesischen Küche ausgesprochen vorteilhaft. Die exilierten Staatsbeamten brachten Köche
und kulinarischen Anspruch aus dem Norden mit in den Süden – und probierten alles aus, was das Land an Gemüse, Früchten, Wild und vor allem Meeresgetier darbot. Das war eine bisher nicht gekannte Vielfalt, sodass sich aus großer Kochkunst,
Feinschmeckeranspruch und einem reichen Angebot tierischer
und pflanzlicher Rohstoffe eine große Küche entwickeln konnte. Um das Jahr 1000 brachten neue Einwandererwellen aus dem
Norden, die sogenannten »Gastfamilien«, Hakka oder *kejia* genannt, weitere Essgewohnheiten aus dem Norden in den »wilden
Süden« und bereicherten so die kantonesische Küche um weitere
Höhepunkte. Schließlich waren es europäische Händler, allen voran die Portugiesen, die die Speisekarte Kantons, und dann auch
Chinas, nochmals um solche Dinge wie Kartoffeln und Tomaten
bereicherten. Von hier aus zogen »westliche« Nahrungsmittel in
alle Provinzen Chinas.

Als Folge dieser kulturhistorischen Entwicklungen findet man
heute in Kanton die längsten und aufwendigsten Speisekarten von
ganz China. Das bedeutet, dass auch in einfachen Restaurants
Speisekarten mit mehr als hundert, in gehobenen Restaurants
leicht bis zu vielen hundert oder gar tausend Gerichten der Stan-
dard sind. Wirkliche Anerkennung unter Einheimischen findet
mit Eugene Anderson allerdings nur, wer die Kunst des »weiten
Kontextes« beherrscht: Es gilt, zwischen den Zeilen einer kantonesischen Speisekarte zu lesen und nach ungenannten Köstlichkeiten, die nicht auf der Karte stehen, direkt zu fragen.[*]

Neben der Vielfalt der Zutaten zeichnet sich kantonesische
Kochkunst allgemein durch den kompromisslosen Anspruch auf

---

[*]   Ebd., S. 210.

Frische vor allen anderen chinesischen Küchen aus. Anderson verdächtigt kantonesische Köche sogar in diesem Punkt, die größten Pedanten der Welt zu sein.* Die Küche selbst ist eher mild und operiert sparsam mit Gewürzen, daher ist absolute Frische von Gemüse, Meeresfrüchten und Fleisch oberstes Gebot. Was nicht vor Sekunden noch gezappelt hat, dem droht bereits der Stempel »Gammelfleisch« und damit das vernichtende Urteil des wirklichen Kenners. Die Stadt Chaozhou – nach der Hakkaregion und der Gegend um Kanton die dritte kulinarische Hochburg der Region – ist bekannt für die besten Bouillons Chinas: Wenn es Gott nach Frankreich des Essens wegen zieht, dann einen Chinesen nach Kanton, denn nicht aus heiterem Himmel heißt es über ein wirklich erfülltes chinesisches Dasein: »Lebe in Hangzhou, heirate in Suzhou, iss in Kanton und stirb schließlich in Liuzhou.«

Eigentlich war es Chinas Osten, die Gegend um die Mündung des Yangtse-Flusses, der die reiche Küche des Südens nicht unwesentlich bereicherte. Das hat viel mit klassischer Bildung und der Struktur des alten chinesischen Staatsgebildes zu tun. Wer es schaffte, sich durch literarische Bildung im strengen kaiserlichen Prüfungssystem bis zum Beamten bei Hofe zu qualifizieren, der stand an der Spitze der Gesellschaft. Die meisten dieser Talente aber stammten aus oder lebten in der Gegend der Yangtse-Mündung, die schon immer stark urbanisiert war und ein überdurchschnittlich hohes Bildungsniveau aufwies. Wer hoch gebildet war, konnte aber auch schon einmal gegen das Gebot des Gehorsams gegenüber dem Himmelssohn verstoßen. Wen das nicht den Kopf kostete, der musste stattdessen sein angenehmes Leben in Suzhou oder Hangzhou durchaus mit der tropischen Schwüle des Südens tauschen – und brachte seine lieb gewordenen Gewohnheiten dorthin mit.

Was die Menschen und damit die Küche des chinesischen Ostens auszeichnet, ist ebenfalls ein hoch entwickeltes Bewusstsein für Frische und eine starke Vorliebe für Fisch, Krebse und

---

* Ebd., S. 209.

Krabben – allerdings mehr aus Flüssen und Seen denn aus dem Meer. Die Provinzen Jiangsu und Zhejiang bilden zusammen die Region Jiangnan, »südlich des Yangtse-Flusses«. Hier existiert traditionell eine enorme Kenntnis über verschiedene essbare Wasserpflanzen und Grüngemüse, die, saisonal bedingt, frisch verarbeitet werden können. Die Regionalküchen von Suzhou und Yangzhou waren und sind in diesem Punkte absolut federführend. Die beiden Städte liegen heute eher im Schatten der benachbarten Millionenmetropolen Nanjing und Shanghai, trugen aber zur historischen Entwicklung der chinesischen Esskultur Bedeutendes bei: Yangzhou hatte sich im 14. Jahrhundert zur größten und bedeutendsten Stadt der Region entwickelt. Hier befand sich unter anderem das kaiserliche Salzmonopol der Ming-Dynastie (1368–1644). Hohe Beamte stellten genauso wie reiche Händlerfamilien gehobene Anforderungen an das Essen, die Küche war geprägt von Spezialitäten aus dem Yangtse-Fluss, an dem die Stadt liegt, und ausgesprochen saisonal: »In Reiswein eingelegte, ›betrunkene‹ Krebse erleben keinesfalls das Laternenfest im Februar, luftgetrocknete Hühner gibt es nicht über das Laternenfest hinaus, Messerfische sind vor dem Gräberfest am 5. April zu genießen, während man Störe nicht mehr nach dem Drachenboot-Fest im Juni isst.« Dieser Satz zur Yangzhouer Regionalküche macht deutlich: Esst die Spezialitäten der Region, solange sie frisch, reif und verfügbar sind. Süßwasserkrebse und Fische führten dabei die Hitliste an. Auch in Suzhou, wo der Seidenhandel zu vergleichbarem Reichtum führte, ließen es sich hohe und etwas niedrigere Mandarine wieder im Verbund mit wohlhabenden Händlern ähnlich gut gehen. Während der Blütezeit der Stadt in der Ming-Dynastie standen hier Krebse und Fische zusammen mit jeder Art von Wassergemüse im Blickpunkt des Gourmet-Interesses. Im nahen Hangzhou, der Hauptstadt der Provinz Zhejiang, speiste man bereits einige Jahrhunderte früher opulent und sehr hochwertig. Die Stadt war Hauptstadt der südlichen Song-Dynastie (1126–1279) und damit Kapitale, als die chinesische Esskultur einen ihrer ersten Höhepunkte erreichte: In der Song-Zeit entwickelten sich die ersten großen Restaurantbetriebe der chinesischen Geschichte. Der Westsee inmitten der Stadt, gleichzeitig Garant für die sprichwörtlich hohe Wohnkultur der Stadt, lieferte zahlreiche Fischsorten. Möglich wurde das »Schlaraffenland« Jiangnan allerdings nur, weil in der Song-Dynastie, zwischen dem 11. und 13. Jahrhundert, China sowie ganz Ostasien eine landwirtschaftliche Blütezeit mit enormen Steigerungen des Reisanbaus erlebten. Kreatives Denken und Erfindungsgabe in der Agrikulturtechnik führten zu einer Maximierung der Erträge, sodass der chinesische Osten zu einer der Reiskornkammern des Landes wurde – mit weit besseren Chancen, auch die einfache Landbevölkerung leichter zu ernähren. Der Sinologe Jacques Gernet zitiert einen überraschend klingenden Spruch aus jener Zeit: »Wenn die Ernte in Su(zhou) und Chang(zhou) reif ist, wird die Welt satt (Suchang shu tianxia zu).« Ähnlich den Entwicklungen in Europa während des zeitgleichen Hochmittelalters expandierten die Städte. Die Bevölkerung im Reich der Mitte stieg »von rund 53 Millionen Mitte des 8. Jahrhunderts auf anscheinend annähernd 100 Millionen«.[*]

Das alles setzte kreative Potenziale frei, die sowohl der Architektur und der Infrastruktur, nicht zuletzt aber auch der Entwicklung von Chinas ost- und südchinesischer Küchenvielfalt zugutekam. Die ständig wachsenden und prosperierenden Zentren des Ostens stellten hohe Anforderungen an die Kunst ihrer Köche, die nicht nur die Technik, mit dem chinesischen Hackmesser feinste Schnitte auszuführen, perfekt beherrschen mussten, sondern auch mit dem Herdgott auf Du und Du standen. Eine perfekte Anpassung der Flammenstärke, profundes Wissen und das Gefühl für die rechte Garzeit und Zubereitungsart, die zu jedem Fisch-, Fleisch- und Gemüsegericht passen musste, qualifizierten den Koch und entschieden über sein Schicksal, über Aufstieg und Fall.

Gemüse spielen in der Gegend zwischen Ningbo im Osten und Nanjing im Westen – im 21. Jahrhundert auf dem Weg zu einer der größten Metropolregionen der Welt mit rund 100 Millionen Menschen und Shanghai im Zentrum – traditionell eine führende Rolle auf den Speiseplänen der Bevölkerung, die sich von

---

[*] Jacques Gernet. Die chinesische Welt. Frankfurt a. M. 1988, S. 273.

Fisch, Reis und grünen Pflanzen ernährte. Der Name der Stadt Suzhou, genauer das Schriftzeichen *su*, setzt sich zusammen aus Fisch, Reis und Gras – Grünpflanzen, wenn man möchte. Hier ist, anders als in Kanton, kein schlechter Ort selbst für Vegetarier. Manch überzeugter Pflanzenkostliebhaber kann hier Vorurteile über Chinas Allesfresser überraschend abbauen. Neben der erwähnten Wirtschaftsgeschichte hängt das auch mit der Kulturgeschichte zusammen: Bedeutende buddhistische Klöster wie das Goldberg-Kloster in Zhenjiang oder das »Kloster zum kalten Berg« in Suzhou haben hier ihren Sitz und propagieren seit Jahrhunderten eine vegetarische Küche. Dieser Eindruck verwischt sich allerdings durch die enorme Verstädterung im 21. Jahrhundert, symbolisch und tatsächlich angeführt durch die kulinarisch eklektizistisch zwischen Ost und West oszillierende Shanghaier Küche. Doch die Wurzeln kann der Besucher durchaus noch erschmecken – auch wenn er nicht mehr sicher sein kann, dass der Reis in seiner Schale noch aus jener Jiangnan-Region stammt, die einst einmal die Welt satt machen konnte. Heute geht es in der Metropolregion Shanghai eher darum, wie die Welt diese Region auch in Zukunft satt machen kann, da die dramatisch geschrumpften Anbauflächen auch durch rigorose Gentechnologie nicht mehr die Bedürfnisse der Menschen nach Grundnahrungsmitteln sicherstellen können. Aus der einstigen Kornkammer ist ein globales Handelszentrum geworden, das seine Bedürfnisse zukünftig über Anbauflächen in Afrika oder anderswo auf der Welt decken muss.

Wenn man überhaupt einer Küchenregion Chinas einen einzigen dominanten Geschmack zuordnen kann, dann ist es Schärfe. Scharf zu essen ist mittlerweile fast allen Chinesen eigen, die westlich einer Linie wohnen, die die Millionenstädte Peking, Wuhan und Kanton (Guangzhou) miteinander verbindet. Der 115. Längengrad könnte daher in China als Chili-Meridian bezeichnet werden. Wer weiter westlich wohnt, ist – mit Ausnahme bestimmter Minderheiten-Küchen etwa der Tibets – daran gewöhnt, dass Chilis seine tägliche Schale Nudeln oder Reis befeuern. Die Schärfe aber kulminiert nicht etwa im fernen Westen des Landes, wo turkstämmige Uighuren über offenem Feuer saftige Kebabs grillen oder ganze Lammschenkel rösten. Das hat mit chinesischer Küche eigentlich nicht mehr viel zu tun. Chinas Schärfepol liegt vielmehr im Dreieck der Provinzen Sichuan, Hunan und Guizhou. Das hat historische Gründe: Als Sichuan aufgrund von Naturkatastrophen und Hungersnöten weite Teile seiner Bevölkerung verlor, ersetzten Einwohner aus den östlich gelegenen Regionen, vor allem aus Hunan, die fehlenden Menschen. Sie brachten mit, was sie von den wählerischen Kantonesen erhandelt hatten und bald darauf selber anbauten: die Chilischoten, die die Seefahrer aus dem Westen via Guangzhou, den Hafen von Kanton, eingeschleppt hatten. Die Kantonesen verschmähten aufgrund ihrer bereits hoch entwickelten eigenen Küchentraditionen den Scharfmacher, der leicht dazu führte, Frische und Eigengeschmack guter Speisen zu überdecken. Doch die Bewohner der drei nordwestlich gelegenen Regionen Hunan, Sichuan und Guizhou waren begeistert. Die Chilis entsprachen ihrem an Gewürze gewöhnten Gaumen, und die nicht nur küchenhistorisch eher unbekannte Provinz Guizhou kann sich rühmen, seit dem frühen 16. Jahrhundert als Erste mit der Feuerschote aus dem Westen experimentiert zu haben.

Sichuans Küche gilt heute als der Exportschlager unter allen chinesischen Küchen und erfreut sich auch in China selbst größter Beliebtheit. Das liegt daran, dass in der Reiskammer des chinesischen Westens – dem Gegenstück zur Yangtse-abwärts gelegenen Shanghaier Gegend – sich schon weit vor Beginn des Chilizeitalters eine reiche Küchentradition mit einer enormen Gewürzvielfalt ausbilden konnte. Schon zu Zeiten des ersten chinesischen Kaisers Qin Shihuang (259–210 vor Christus) wurde die Region von Nordosten her erobert. Die Eindringlinge aus Zentralchina mussten damals bereits mit den scharfen Gewürzen der Region konfrontiert worden sein – ob sie diese schätzten, wie heute ihre Nachfahren in der Gegend der alten Kaiserstadt Xi'an, darüber fehlen allerdings verlässliche Quellen. Grabfunde aus der Han-Dynastie (206 vor Christus bis 220 nach Christus), die dem ersten Kaiser und Tyrannen folgte, lassen heute keine Zweifel mehr aufkommen, dass in Hunan und Sichuan von Anfang an pikant und scharf gegessen wurde.* Sichuans feuchtes subtropisches Klima brachte der Region früh einen gewissen Ruhm als »Reich der Pflanzen« und »Reich der Tiere« ein. Kaiserliche Verwaltungsbeamte und Einwanderer geringeren Status fanden hier alles vor, was sie brauchten, um eine variantenreiche Küchentradition zu begründen. Daher gibt es speziell in Sichuan auf der einen Seite eine sehr hoch entwickelte »Hofküche«, die Traditionen der nordöstlich oder östlich gelegenen Kaiserhöfe mit lokalen Produkten und Eigenheiten verband, auf der anderen Seite eine lebendige, bäuerliche Küche, die sich seit Jahrhunderten aus dem Gewürz- und Pflanzenreichtum der Provinz speist und bis heute eine beachtliche Kreativität bereithält, populäre Speisen zu schaffen.

Chinas Norden hatte im Gegensatz zu den drei anderen Großregionen immer mit einem Problem zu kämpfen: Es gab deutlich weniger Auswahl an Gemüse. Die vergleichsweise rauen Winter und die Nähe der Steppen machten gerade der Pekinger Gegend zu schaffen. Im Winter mangelte es an frischem Gemüse, und bis heute beobachtet man in den letzten alten Vierteln der chinesischen Hauptstadt Lastwagen, die, vollbeladen mit Chinakohl, die Versorgung der ärmeren Bevölkerung mit Gemüse sicherstellen. Bis vor wenigen Jahrzehnten boten sich an kalten Wintertagen nur wenige Variationsmöglichkeiten zum allgegenwärtigen Chinakohl. Ansonsten dominierten in der Region, als deren wichtigste Küchenprovinz die Halbinsel Shandong südlich der Hauptstadt gilt, Weizen- und Hirseprodukte. Beides lässt sich ausgezeichnet zu Nudeln, Teigklößchen und Fladen verarbeiten. So kommt der Liebhaber gedämpfter Mehlspeisen vor allem in Chinas Norden zum Zuge. Seien es üppig gefüllte *jiaozi*-Teigtaschen, dampfende und mundfüllende *baozi*-Knödel oder eine gute Nudelsuppe – wer es teigig mag, der kommt in Nordchina kulinarisch auf seine Kosten. Nordchinas Weizen gehörte traditionell zu den besten Sor-

***

* Anderson 1988, S. 202.

ten, die diese äußerst erfolgreiche Getreidepflanze auf unserem Globus hervorgebracht hat. Shandong – die tonangebende Küche des Nordens und speziell der Gegend um Chinas Hauptstadt – ist gleichzeitig berühmt-berüchtigt für die enormen Mengen an Zwiebel- und Knoblauchpflanzen, die als Porreestangen, Schnittlauch oder allgegenwärtige Knoblauchzehen so manches Mahl bereichern. Hinzu kommt eine ausgeprägte Vorliebe für Sojasauce, die daher rührt, dass im Norden traditionell auch die größten Anbauflächen für Sojabohnen zu finden waren. Heute hat sich der Anbau eher in atypische Regionen wie Brasilien verlagert, um den gewaltig gestiegenen Bedarf an Bohnenpflanzen zu decken.

Ein Sonderfall des Nordens ist Peking. Chinas Hauptstadt ist »so eklektizistisch, dass es, wie manche Experten behaupten, so etwas wie eine Pekinger Küche überhaupt nicht gibt«.* Das ist leicht zu erklären: Erstens führte die Einseitigkeit der vorhandenen Rohstoffe und traditionellen Produkte der Region dazu, dass die Hauptstadt sehr viele Produkte aus dem Süden importieren musste. Der kaiserliche Hof zog die besten Köche aus ganz China in die Hauptstadt, die so mit ihrem reichen Wissen zur Entwicklung einer weltweit vielleicht beispiellosen Hofküche beitrugen. Die enorme Bedeutung des Kaisers vor allem in der letzten Dynastie der Mandschu (1644–1911), aber auch schon während der Ming-Dynastie (1368–1644) führte dazu, dass immer ausgefeiltere Essriten bei Hofe entstanden, immer mehr Varianten der unterschiedlichsten Speisen und exotischsten Zutaten den Anspruch eines universalen Herrschers über einen Vielvölkerstaat repräsentierten. Berühmte chinesische Gerichte wie die Peking-Ente wurden bei Hofe kreiert und erst nach und nach der breiten Bevölkerung zugänglich.

Hinzu kam Pekings exponierte Lage nahe den mongolischen und mandschurischen Steppen, was zweimal in der Geschichte Chinas dazu führte, dass mit den Mongolen im 13. und 14. Jahrhundert und den Mandschu vom 17. bis zum frühen 20. Jahrhundert zwei kleine Völker die gewaltige Mehrheit der Han-Chinesen

* Arthur Cotterell / Yong Yap. *Die Kultur der chinesischen Küche*. Bern 1988, S. 68.

beherrschten. Im Unterschied zu den Ackerbauern der Han waren diese Völker Jäger und Nomaden. Sie lebten von der Jagd und von riesigen Viehherden, vor allem Schafen, die auf den endlosen natürlichen Grasflächen des Nordens weideten. Daher gehörten Wildbret und Lammfleisch bereits früh zur Küche Pekings. Die Mongolen bereicherten Pekings Küche um ausgezeichnete Kebabs und den berühmten Lammfleisch-Feuertopf, während die Mandschuren vor allem Variationen von Wild auf die Speisekarte der Privilegierten, zunächst ausschließlich des Kaiserhauses, setzten. Diese Traditionen machen heute Pekings Speiseangebot trotz des geographischen und regionalen Nachteils zu einem der vielfältigsten des Landes – allerdings kann man wirklich nicht mehr von der »Pekinger Küche« sprechen.

H ier in Shanghai kamen alle vier Himmelsrichtungen zusammen: Sichuan-Restaurants und Peking-Enten-Schmieden lagen direkt nebeneinander. Kantonesische Traditionsrestaurants, die schon vor Gründung der Volksrepublik China den hohen kulinarischen Anspruch der Hongkonger Geschäftsleute in der Stadt zu befriedigen versuchten, erweiterten das Angebot. Hinzu kamen Anbieter europäischen Essens und Fladenbrotbäckereien aus dem fernen Westen des Reiches.

Ich streife im ältesten Teil der heutigen Stadt zwischen Bund und chinesischer Altstadt umher. Hier in der Gegend rund um die Kanton-Straße (Guangdong Lu) verdichteten sich kulinarische Regionen Chinas und der Welt auf die Länge eines Spaziergangs. Am Anfang der Straße direkt am Bund thronte das M als Entree mit edler europäischer Fusionküche hoch über dem Huangpu-Fluss. Dahinter begann Chinas Bauch. Die Straßen direkt hinter den Fassaden des alten Empires waren erfüllt von den Düften und Reklamen chinesischer Regionalküchen. Wieder einige hundert Meter weiter zog dem Spaziergänger der intensive Grillduft einer Kebabstraße in die Nase. Fliegende Händler aus Xinjiang flüsterten gut hörbar: »Haschiiisch.« Ein verführbarer Spaziergänger hätte hier verborgen in einer Spelunke hinter schäbiger altkolonialer Häuserfront leicht zum berauschten Flaneur werden können.

B erauscht oder nüchtern könnte der kulinarische Flaneur auf der Guangdong Lu überall einkehren, um seinen gewaltigen Appetit zu stillen: von französisch im stilvollen M über uighurisch in der Garagenkaschemme bis hin zu shanghainesisch im alten Traditionsrestaurant.

Wäre er des Historischen kundig, dann stächen unserem Shanghaier Flaneur in der Menge anonymer Passanten auf der Guangdong Lu messerscharf die gewaltigen Kontraste zum alten China ins Auge: Was früher nur dem Kaiser am Pekinger Hof vorbehalten gewesen war, war in den letzten Jahrzehnten zur konfektionierten Konsumwelt des Städters geworden, aus jeder der vier großen Regionalküchen konnte er sich nun überall bedienen. Rezeptvorschläge zu den populärsten Sichuan-Gerichten und den gehobenen Köstlichkeiten der kantonesischen Küche konnte er längst per Mausklick abrufen und nach Lust und Laune in seiner neuen Einbauküche »made in Germany« nachkochen. Europäische, afrikanische, weitere asiatische Optionen genauso wie nordamerikanisches Fastfood und südamerikanische Churrasco-Schauplätze haben den Himmel längst in die Straßen der Großstadt herabgeholt. Als ich vor zwei Jahrzehnten hier studierte, war das heute Selbstverständliche noch undenkbar.

Um keine Missverständnisse aufkommen zu lassen: Ich hatte dem »Haschiiisch«-Gewisper auf der Guangdong Lu widerstanden und flanierte nüchtern weiter an den Essplätzen entlang, die für mich und Millionen anderer Konsumenten in den letzten Jahren gebaut worden waren. Plötzlich stoppte ich vor einem bemerkenswerten Holztor, das an eine Betonfassade der 90er Jahre angebaut worden war: *Dexing Guan*, »Halle der Tugend«, las ich an der unpassend altchinesisch wirkenden Fassade des Hochhauseingangs. Hinzu kam der Verweis auf die Geschichte des Restaurants: Immerhin gegründet zu Zeiten des Kind-Kaisers Guangxu (1871–1908), genauer im Jahre 1878. Der Originalbau war längst verschwunden, nur die ausladende Fassade hielt noch die Erinnerung wach. Ein mundfauler Kassierer gegenüber der Eingangstür zeigte mir, was »Tugend« hier bedeutet: Genaue Abrechnung auf Yuan und Jiao. »Macht 19,50«, rechnete der Mann mir vor, nach-

dem ich bestellt hatte. Nur in Shanghai wurde auf den halben
Yuan genau kalkuliert. Shanghaier galten deshalb in den Augen
vieler Chinesen von auswärts als geizige Kleingeister. Shanghaier selbst hingegen halten sich für gute Rechner und überaus korrekt in finanziellen Dingen. Der Kassierer wartete also, bis ich die
0,5-Yuan-Münze hervorgekramt hatte. Ich zahlte für eine Spezialität des Hauses, die sich der Mann auf meine Nachfragen dann
doch noch zu empfehlen bequemte: »Drei-Schätze-Nudeln mit
Schweinebauch, Krabben und Räucherfisch (*sanxian mian*)«.

D as Traditionsrestaurant war ein Fenster in die Vergangenheit chinesischer Gastronomie. Hier saßen die Gäste noch
wie in einer Wirtsstube der sogenannten guten alten Zeit, nach
Budget getrennt, auf zwei Etagen. Man speiste an viereckigen
Tischen, den Tischen der »Acht Unsterblichen«, die jeweils für
zwei Esser pro Seite Platz boten. So war man vereint, wie die acht
Helden der taoistischen Legende, die als unsterbliche Halbgötter
zusammenhielten wie Pech und Schwefel. Die rot-weiß karier-
ten Tischtücher bildeten allerdings einen merkwürdigen Kontrast
zu den altchinesischen Tischen, so als wollte man den chinesischen Tischformen mit hessischem Dorfgaststätten-Ambiente
zur rechten Balance zwischen Ost und West verhelfen.

Zu Kaisers Zeiten wagten sich nur die Privilegierten in ein Restaurant, selbst wenn sie nur über Kleingeld für das Erdgeschoss
verfügten. Das stand heute praktisch jedem offen, denn genug für
eine Schale Nudeln im Dexing Guan verdiente im 21. Jahrhundert
praktisch jeder Shanghaier. Im proletarischen Erdgeschoss des
Restaurants war der Andrang daher groß, man aß schnell und
ohne viel zu reden. Ältere Gäste waren eindeutig in der Überzahl.
Sorgsam und bedächtig zählten sie die Münzen für ihre Schale
Nudeln aus der Hand ab, selbstverständlich auf einen halben Yuan
genau.

Im hinteren Teil des Restaurants befand sich die offene Küche
mit weithin sichtbaren Fettspuren an den Wänden – hoch über
den Herden mit den hochzüngelnden Flammen offener Feuer
und den Türmen von Dämpfkörben aus Bambus. Meine Bestel-

lung für 19,50 qualifizierte mich lediglich für diese untere Etage. Die »Drei-Schätze-Nudeln« enttäuschten nicht – anders als der Service, der eher an den nüchternen Sozialismus der 80er und 90er Jahre erinnerte. Die Suppe war leicht süß gewürzt und mit ein wenig Soja pikant ausbalanciert. Sie war das Substrat aus lange durchgebrühtem Hühnerfleisch. Schweinebauch, Krabben und geräucherter Fisch reicherten sie mit Substanz weiter an.

Nach diesen »drei Schätzen« war die Schale getauft worden: Drei Delikatessen sind in der Küche des Ostens sehr beliebt und können sehr verschiedene Dinge bezeichnen. Traditionell bekannt sind die drei Delikatessen der Erde – drei Gemüsesorten –, »drei Delikatessen der Bäume« – drei Obstsorten – und drei Delikatessen des Wassers – drei Fischspezialitäten. Später stellten Restaurants ihre eigenen drei Delikatessen frei nach Vorliebe ihrer Köche zusammen. So verbanden sich in meiner Schale eben Schweinefleisch mit Krabben und Fischen, was immerhin der Grundbedeutung des Schriftzeichens für Delikatessen nahekam, das ursprünglich Fisch und (Lamm-)Fleisch symbolisierte. Fischiges und Fleischiges vereint man in China gern miteinander, und die westliche Dichotomie zwischen »heute Fleisch« und »morgen Fisch« kennt die nach Vereinigung der Gegensätze strebende chinesische Tafel nicht. All das ließ sich aus meiner Nudelschale in Erfahrung bringen. Der Imbissbesuch wurde zum Kaffeesatzlesen. Die schnelle Befriedigung meines Hungers trat – anders als bei jenen Tischnachbarn, die nun schon drei- oder viermal gewechselt hatten – ganz in den Hintergrund. Und die Nudeln selbst? Sie erinnerten an relativ dünne Spaghetti. Chinesische Nudeln sind nicht aus Hartweizengrieß, sondern aus wesentlich weicheren Weizenbestandteilen hergestellt. Der wichtige Übergangszustand zwischen »al dente« und verkocht stellt sich bei den weichen Nudeln des Ostens daher recht früh ein und erfordert entschlossenes Handeln des Kochs. Meine Nudeln waren glücklicherweise rechtzeitig aus ihrem Bade gekommen. Das Mundgefühl stimmte.

NUDELN MIT DREI DELIKATESSEN

Mitten in Alt-Shanghai – jenseits der Hochhausfassaden. Lange, dünne Nudeln mit Fisch und Fleisch passen perfekt zu den letzten Gassen und Häuschen der Kolonialzeit, die hier noch zu bewundern sind. Das Rezept dafür ist noch älter – und die Nudeln haben die Chinesen eh erfunden …

Was ich für 2 Portionen brauche:

500 g chinesische Nudeln – lang und dünn
100 g Schweinebauch
200 g Räucherfisch (geräucherte Forelle wäre eine Alternative zu chinesischen Sorten)
150 g Krabben (Garnelen), ohne Schale
1 Karotte
100 g Bambussprossen
1 l Hühnerbrühe
2 TL Salz
2 EL helle Sojasauce

Wie es gemacht wird:

1. Zunächst gilt es, den Fisch in appetitliche Stückchen zu schneiden. Danach sollte das Schweinefleisch kurz vorgekocht und dann in kleine, dünne Scheibchen, ähnlich Bratenaufschnitt, geschnitten werden. Zusammen mit den Krabben sind so die drei Delikatessen schon einmal vorbereitet.

2. Dann wird mit dem Gemüse genauso verfahren: Kleine, dünne appetitliche Scheibchen bitte …

3. Fleisch, Fisch, Krabben und Gemüse werden in reichlich Öl auf großer Flamme drei Minuten lang kurz gebraten. Damit ist das »Topping« der Nudeln vorbereitet.

4. Nun wird die vorbereitete Hühnerbrühe aufgekocht und mit Salz und Sojasauce abgeschmeckt.

5. Hinein in die Brühe mit den Nudeln und den vorbereiteten »Toppings«! Chinesische Nudeln sind schnell gar – nicht zu weich kochen!

6. In zwei Schalen servieren – heiß genießen. Und: Es darf geschlürft werden!

In der Halle der Tugend suchte ich meine Beobachtungsgabe mit einer zweiten Flasche Sandeli-Bier zu schärfen, der Shanghaier Hausmarke, die gern und überall in der Stadt getrunken wird. China hat sich in den letzten Jahren nach den USA zur zweitgrößten Biertrinker-Nation entwickelt, was das produzierte Gesamtvolumen des Gebräus betrifft. Das Beobachten chinesischer Physiognomien lohnte sich, denn das Ein und Aus der Gäste brachte einige Originale in mein Gesichtsfeld: Am Tisch gegenüber saß ein hagerer alter Mann mit der viel zu großen Brille auf der kurzen Nase, der sein Kleingeld für ein Nudelgericht zusammenkratzte. Die etwas zu üppig geschminkte Matrone mit dem aufgesteckten Kunsthaarturm in unnatürlichem Rotbraun schwadronierte mit ihrem Handy, dem wichtigsten Gesprächspartner des modernen Chinesen. Der BMW-Fahrer mit schwarzer Lederjacke, der sich durch seinen demonstrativ am Gürtel baumelnden Zündschlüssel auswies und im weiteren ein Goldkettchen am Hals zur Schau trug, führte seine Familie nach oben in die bessere Etage.

Es war 17.30 Uhr geworden. Pünktlich zum Zeitpunkt des Abendessens, der bei vielen Chinesen fest in ihren Biorhythmus einprogrammiert ist, begann sich auch die obere Etage mit Gästen zu füllen. Noch vor gut einem Jahrhundert speisten oben nur die, die ihre Rechnung mit Silbergeld begleichen konnten. Unten zahlte das einfache Volk mit unhandlichen Schnüren aus Kupfermünzen. Oben lagen auch die Separees, wo sich eine bessergestellte Tischgesellschaft ins Halbprivate zurückziehen konnte. Schon Anfang und Mitte des 20. Jahrhunderts erfreuten sich Berühmtheiten wie der kantige Marschall und Mao-Vertraute Zhu De (1886–1976) und der Dichter Lu Xun (1881–1936) hier an Reisaal-Haschee und zart gedämpften Schweinsfüßchen, Gerichte, die noch heute mit zahlreichen Urkunden an den Wänden als Spezialitäten des Hauses geehrt wurden. Preise hatten auch die Nudeln erhalten, doch die waren weniger prestigeträchtig.

Wer authentische Shanghaier nebst einigen Charakteristika ihrer Küche kennenlernen wollte, war in der »Halle der Tugend« genau richtig. »Benbang cai – einheimische Speisen« wurden die entsprechenden Gerichte genannt. Jeder Shanghaier wusste, was damit gemeint war. Das Essen hier, das die Gründerfamilie Wan vor Generationen mit an den Huangpu gebracht hatte, war bis heute eindeutig vom Geschmack des nahen Suzhou inspiriert. Die Nudelgerichte hatten es mit ihrer süßlichen Grundnote bereits verraten. Typische Gerichte der Suzhou-Küche bildeten die Spezialitäten des Hauses: Eichhörnchen-Mandarinfisch, Schweinsfüßchen zart geschmort, der rotgekochte, leicht süß schmeckende Schweinebauch, das Reisaal-Haschee. »Shanghai gehörte zur Provinz Jiangsu«, meinte ein junger Kellner, den ich nach den Spezialitäten des Hauses fragte. Shanghai, das seit Jahrzehnten eine unabhängige Stadt war und sich gerne über »das Hinterland da unten« erhob, verriet durch seine Speisen, dass es ohne Hinterland nichts hätte werden können. Ohne die Zugereisten aus der Nachbarprovinz gäbe es keine Shanghaier Küche, keine einheimischen Speisen. Das hatte ich nun verstanden.

Weniger überzeugt vom Reiz des Angebots war eine Gruppe von Deutschen, deren Reiseleiter sie an diesen historischen Ort geführt hatte. Die Authentizität des Lokals erschreckte: »Nein, das esse ich nicht, das lebt ja noch«, entsetzte sich eine blondierte Schönheit, »das finde ich widerlich, nein, hier kann ich nicht essen«, setzte sie kurz darauf hinzu, nachdem ihr Blick auf die eingelegten Hühnerfüße an der Theke mit den kalten Vorspeisen gefallen war. Die Herren in der Runde versuchten, sie noch zum »Probieren« zu bewegen, doch sie ließ sich nicht umstimmen. Schließlich verließ die Gruppe das Lokal. Der Anblick lebender Zuchtkarpfen und schlängelnder Aale im hauseigenen Aquarium hatte gereicht, um wieder das Bild des chinesischen Allesessers hervorzurufen, der, wenn er schon keine Hunde und Katzen verspeist, doch immerhin an Abstrusitäten wie eingelegten Hühnerfüßen seine Freude findet – »horrible food«, wie mir einmal ein englischer Geschäftsmann zugeflüstert hatte.

Gedämpfte Beziehungen

Mitten im alten Shanghaier Viertel Hongkou mischten sich die Glockenschläge der zahlreichen Altwarenhändler und -sammler mit dem Hupen der Autos und dem Palaver fliegender Gemüsehändler und feilschender Einheimischer zu einer Kakophonie der Straße. Es war ein warmer Septembermorgen, und zu den Händlern und Hausierern gesellten sich an Straßen- und Gassenrändern noch die ebenfalls mobilen Frühstücksstände, die gebackene Fladen, frittierte Mehlküchlein, gekochte und gebratene Nudeln, Reissuppe und Dampfbrötchen feilboten. Bis neun Uhr gehörte ihnen dieses kleine Stück Straße, danach erklärte das Ordnungsamt der Stadt Shanghai das Straßenfrühstück offiziell für beendet, und die Händler waren so schnell verschwunden, wie sie gekommen waren. Doch noch waren sie da. In die Straßengeräusche mischte sich eine Wolke aus Brat-, Fett- und Kochdunst, die sich zwischen den alten Bäumen und Häusern des Viertels hinzog. Klänge und Gerüche komponierten den chinesischen Morgen, und ich ließ mich bester Stimmung darauf ein.

Vorbei ging ich an einer Versammlung junger Frauen vor einem neu eingerichteten Schönheitsstudio, die im Takt von Hip-Hop-Musik einen Gemeinschaftstanz vorführten, vorbei ging es an dem alten Schlossspezialisten und Schlüsselkopierer, der mir schon so manche verschlossene Tür zu Hause wieder geöffnet hatte und mir kaum merklich zunickte, vorbei ging es an »meinem Massagesalon« mit Jungmasseur Wang, der mich immer dienstags mit einer *tuina*-Rückenmassage folterte, damit ich für ein paar Tage nicht mehr an die eigenen Rückenschmerzen dachte. Vorbei ging ich auch an der japanischen Siedlung mit ihrer bewegten Geschichte – einer Geschichte von Hass und Verwundung und bis heute fehlender Vergebung, vorbei auch an den winzigen Wohnungen betagter Shanghaier, die ihre Zeitung mit Vergrößerungsgläsern lasen oder mit Jazzmusik der Goldenen Zwanziger die Nachbarschaft beschallten. Ich überquerte die alte Grenze zwischen dem japanischen Viertel Shanghais und der ehemaligen amerikanischen Zone, die hier vor 1937 ihren nördlichsten Punkt erreicht hatte, bevor alles unter die Herrschaft des Banners mit der aufgehenden Sonne kam. Auch das war längst wieder Geschichte. Plötzlich kam die *Continental Terrace* ins Blickfeld, ein französisch inspiriertes Wohnquartier der späten 20er Jahre. Hier hatte der Autor Lu Xun seine letzten drei Lebensjahre verbracht. Der Mann war so berühmt, dass der große Park gleich hinter seinem Wohnhaus nach ihm benannt worden war. Gegenüber lag ein kleines Imbisslokal.

Vor der »Klause des langen Lebens« stand eine kleine Schlange an. Weitere Menschen hatten sich ins Innere der Gaststube gedrängt und beugten sich über dampfende Körbchen aus Bambus oder Porzellanschalen. Die kleine Klause beim Dichterhaus galt als Geheimtipp der Shanghaier Imbissküche – ein Stückchen »Eigenes« im Meer ortsfremder Genüsse.

Nun hieß es handeln, um an die begehrten Fleischtöpfe, besser Dämpfkörbchen, zu gelangen. Schritt für Schritt arbeitete ich mich zum Kopf der Schlange vor und beobachtete dabei Kassenfrau, Bedienung, Portionierer und Köchinnen, die sich zwischen Kochtöpfen, Woks und einem beeindruckenden Hackfleischberg hin und her bewegten. Ihnen fiel eine wichtige Aufgabe zu: Aus den rohen Zutaten mussten sie innerhalb von Minuten eine Speise kreieren, die dem Anspruch der Stammgäste, dem Ruf der Klause und dem goldenen Schild mit der Aufschrift »Kulinarischer Verein Shanghai«, das über dem offenen Kücheneingang prangte, gerecht wurde. Sie mussten das *Rohe* zu etwas *Garem* bereiten, das allen Gästen gut mundete, sie zufrieden von dannen gehen und wiederkommen ließ. Erhalt und Erfolg der kleinen Imbissstube waren von guter Mundpropaganda und lobenden Tipps im Internet abhängig. Die Bewertung hing allein von den geschmacklichen Folgen des Garprozesses ab, da weder die Fülle des Speisenangebots noch das Ambiente Besonderes versprachen.

Endlich gelang es mir, an der umlagerten Kasse zu zahlen und den Kassenbon aus den Händen der Kassiererin an eine lächelnde Serviererin weiterzureichen. Ich erkannte sie als die kleine Lu, und die kleine Lu fragte mich: »Wie immer?« »Wie immer«, antwortete ich, und was hätte ich sonst sagen sollen, denn »wie immer« war einfach gut, bestens sogar: kleine Teigklößchen gefüllt mit Schweinehack im Dämpfkörbchen. So einfach, so gut. So gut wie die kleine Lu: Jung an Jahren war sie noch, immer bereit, ihre Gäste schnell und gekonnt zu bedienen. Ich setzte mich auf einen Plastikhocker, der gerade frei geworden war.

»Darf ich mich zu Ihnen setzen?« Ich blickte verdutzt auf und sah einen älteren Herrn mit einer schief sitzenden Baskenmütze auf dem Kopf vor mir stehen. »Selbstverständlich«, sagte ich. Seltsam, dass dieser Mann nachfragte und sich nicht, wie allgemein üblich, einfach wortlos neben mich auf den nächsten freien Plastikhocker fallen ließ. Wir waren uns schließlich fremd, *rohe Menschen*, wie Chinesen einen Fremden nennen. »Essen Sie oft hier?«, fragte der Fremde. »Ja«, erwiderte ich. »Die *xiaolong*-Klößchen sind hier besser als am Yu-Garten in der Altstadt«, sagte der Mann und identifizierte sich als pensionierter Professor für Literatur. Er wohne in der *Continental Terrace* gleich gegenüber. »Bei Lu Xun«, fügte er hinzu.

M an müsste diese Klößchen patentieren lassen oder zumindest zur Weltmarke machen wie die Peking-Ente«, schlug der alte Professor vor. Noch hatten wir nichts vor uns stehen und warteten auf unsere Portionen. Also sprachen wir darüber, was kommen möge. Essen war eine Angelegenheit des Mundes – umso naheliegender war es, darüber zu sprechen. Auch das konnte *kougan* – Mundgefühl bedeuten. Das Warten nahm man hier gern in Kauf, schließlich bestand Aussicht auf die »köstlichsten Dämpfklößchen der Stadt, wenn nicht gar der gesamten Region«, wie mein neuer Bekannter schwärmte. Ähnlich begehrt war die zweite Spezialität des Hauses, *hundun*-Teigtaschen in würziger Brühe, im Westen dank Hongkonger Vermittlung besser bekannt als *wantan*. Auch für diese kleine Köstlichkeit war das *wan shou zhai* über die Grenzen des alten Viertels hinaus bekannt, bei den Teigtaschen waren »drei Delikatessen« ebenfalls der Renner. Eine Teigfüllung aus frischem Schweinehackfleisch, getrockneten Krabben und Shiitake-Pilzen qualifizierte die Spezialität entsprechend. Ob *xiaolong* oder *hundun* – ich wusste, was mich erwartete, und das Wasser lief mir im Mund zusammen.

P lötzlich standen die Dämpfkörbe vor uns und verströmten feucht-heißen Bambusgeruch, vereint mit verheißungsvollem Duft nach dem Inhalt. Schneeweiß leuchteten die Klößchen im Neonlicht der Garküche, kunstvoll geknetet, ja geknotet, mit einem kleinen Krater an der Spitze, aus dem Duft und ganz wenig Brühe gleichzeitig hervorquollen. Sechs pro Portionseinheit, *liang* genannt. Ich hatte drei *liang* bestellt – einen um meinen Appetit zu stillen, und zwei, um richtig satt zu werden, der alte Professor war um ein Drittel bescheidener als ich. Er war eben ein älterer Shanghaier Herr mit Stil, und ältere Shanghaier mit Stil vermögen sich zu bescheiden. Außerdem gilt die goldene Regel: Iss dich stets nur zu zwei Dritteln satt. Meine Genusssucht machte hier wie so oft das Einhalten goldener Regeln zunichte. Die Essstäbchen zur Hand, schnell zugegriffen und das dampfende Kleinod in Essig getaucht. So lautete der einfache Dreischritt zum Genuss. Der Essig war nicht irgendein Essig, sondern entweder

Shanghaier Reisessig oder, wer es kräftiger und voller mochte, dunkler Zhenjianger Essig. Nur wer nichts von *xiaolong* verstand, verdarb sich den Geschmack mit der mittlerweile überall angebotenen Chilisauce, die frühere Shanghaier Generationen entrüstet zur Seite geschoben hätten.

Nach dem Essigbad folgte der vierte Schritt und der Augenblick, auf den der Professor und ich sehnsüchtig gewartet hatten: die Verkostung. Doch statt nun herzhaft zuzubeißen, war Technik gefordert: »Sie müssen eine kleine Öffnung in den Teig hineinbeißen und dann vorsichtig vom Saft der Füllung schlürfen. Das ist die Essenz des *xiaolong*«, mahnte mein Feinschmecker-Gegenüber. Dieser Moment, in welchem die Zunge des Essenden eine Speise betastet, sich dabei einen ersten Eindruck verschafft, war wieder eine sehr gefühlvolle Aufgabe für den Tastsinn.

Kaum eine Küche der Welt misst, abgesehen von der französischen vielleicht, Suppen und Säften so viel Bedeutung bei wie die chinesische. Liegt doch die Seele eines Gerichts in seinem Sud, und diese Seele gilt es herauszuschmecken. Das fordert Wage- und Opfermut. Ich verbrühte mir fast den Mund und bespritzte mich reichlich mit dem »Geist des *xiaolong*«. Wen störte das? Niemand kümmerte sich um mein kleines Missgeschick, auch der Professor nicht. Der philosophierte lieber über Hülle und Inhalt des Genossenen: »Der Teig der *xiaolong* muss geschmeidig und hauchzart, dabei nicht glitschig, sondern leicht mürbe sein. Die Hackfleischfüllung sollte vom eigenen Saft durchdrungen und darf keinesfalls trocken sein. Süß und Pikant müssen sich beim Abgang mischen.« Das klang gut und fast nach Weinprobe.

Der alte Herr erzählte weiter: »Die *xiaolong* liebe ich, seitdem ich ein kleiner Junge war. Doch es gab viele Jahre, in denen ich sie nicht genießen konnte wie heute – schon gar nicht im Gespräch mit einem ausländischen Freund.« Er berichtete von den Hungerjahren nach 1957, als Mao gegen die Intellektuellen vorging, die gewagt hatten, die Politik der Regierung zu kritisieren, und der danach die Bauern von der Feldarbeit abhielt, damit sie Stahl für Chinas eigenen Sputnik sowie den Ausbau des Eisenbahnnetzes produzierten. Er erzählte von den letzten *xiaolong*-Klößchen, die er damals in Shanghai aß, bevor er zum Stahlkochen aufs Land geschickt wurde, er, der junge Literaturstudent, der vorher nie in die Nähe einer Industrieanlage gekommen war. Er erzählte von der Rückkehr, der kurzen guten Zeit, als das *wan shou zhai* in den frühen 6oer Jahren blühte. Er sprach von neuem Hunger, vom Leid während der grässlichen Kulturrevolution, jener zehn verlorenen Jahre zwischen 1966 und 1976, einer Zeit, als gutes Essen und guter Geschmack für niederträchtig, kapitalistisch und bourgeois gehalten wurden. Er erzählte von seiner Erleichterung nach den Wirtschaftsreformen Deng Xiaopings von 1978, sprach von der Wiedereröffnung des *wan shou zhai* und der verbesserten Klößchenrezeptur. Er lobte den Fortschritt, äußerte aber auch sein Unbehagen über die viel zu schnellen Veränderungen der Gegenwart. Er schwärmte von der Liebe zu Lu Xun, Lin Yutang und der Literatur der »intellektuellen 2oer und 3oer Jahre« des längst vergangenen Jahrhunderts. »Damals hatten die Menschen noch eine Meinung«, sagte er, »und die tauschten sie vehement aus. Wie viele von ihnen haben hier gelebt, wenn auch nur für eine kurze Zeit, um ihm dort, dem großen Kritiker, nahe zu sein.« Dabei deutete er auf die Gasse, an deren Ende Lu Xuns ehemaliges Wohnhaus lag. »Einige, wie der junge Qu Qiubai, der dort hinten in der Gasse wohnte, bezahlten ihr politisches Engagement mit dem Leben, andere wurden in der späteren Volksrepublik Kulturminister wie Mao Dun, der in der gleichen Gasse wie der alte Lu gelebt hat. Ma Ke«, mittlerweile kannte er meinen Namen, »kommen Sie mich mal besuchen, wenn Sie möchten. Ich wohne, wie gesagt, gleich gegenüber von Lu Xun.«

Längst hatte auch ich einen Teil meines Shanghaier Lebens erzählt und meinem neuen Bekannten von Freud und Ärger eines Ausländerlebens in China berichtet. Während unserer kleinen Imbissmahlzeit, die mit duftenden *xiaolong* begann und dichtenden Berühmtheiten in den Gassen um uns herum endete, hatte sich eine Beziehung aufgebaut. Diese Beziehung war *hervorgegessen* worden, und beim Essen waren wir selbst zu garen Menschen, zu *shuren*, geworden.

DÄMPFKLÖPCHEN DER GUTEN BEZIEHUNGEN

小笼包子

Wer den herzhaften, leicht süßlichen Fleischsaft aus der festen Teighülle eines *xiaolong* saugt, dabei die Augen schließt und sich ganz dem Geschmack hingibt, der steht plötzlich im lärmenden Shanghai, zwischen klingelnden Altwarensammlern, schreienden Marktweibern, brutzelnden Kebab-Brätern und hohen Türmen von Dämpfkörben aus Bambus, in denen das geboren wurde, was er gerade schmeckt ...

Was man für dieses Gefühl und zwei gefüllte Dämpfkörbe braucht:

2–4 Bambusdämpfkörbe (im Asienshop erhältlich)

200 g Mehl

Wasser

500 g fein durchgedrehtes mageres Schweinefleisch

1 Tasse Hühnerbrühe (am besten ausgekocht aus einem frischen Huhn)

Speiseöl, Salz, Zucker, kleingehackten Schnittlauch und geraspelten Ingwer nach Belieben

Wie es gemacht wird:

1. Der Teig: 200 g Mehl werden mit Wasser zu einem festen Teig angerührt, der fein ausgerollt wird. Dieser wird mit Mehl bestäubt und etwas Speiseöl eingefettet. Nun wieder rollen – bis der Teig weich und geschmeidig ist.

2. Die Füllung: Machen Sie das Hackfleisch so richtig schmackhaft und saftig – mit frischer Hühnerbrühe, Speisesalz, Zucker, Schnittlauchspitzen und geraspeltem Ingwer. Je besser abgestimmt, desto reicher der »Geist der xiaolong« – der Fleischsaft.

3. Die Klößchen: Stechen Sie aus dem Teigfladen Teigkreise aus, geben Sie ca. 1 Teelöffel der Füllung auf jeden Kreis und betätigen Sie sich nun als Künstler, indem Sie den Teigrand zu einem kleinen Hügelchen um die Füllung herum auffalten, idealerweise mit ca. 14 Falten und einem kleinen Krater in der Mitte – aus dem dann der Saft wie Lava aus einem Minivulkan austreten kann. Nicht einfach, aber sehr attraktiv – die Übung macht's ...

4. Das Dämpfen: Setzen Sie nun Ihre beiden Dämpfkörbe übereinander in einen Wok mit Wasser. Bestücken Sie die Dämpfer mit Ihren »Minivulkanen« – 16 pro Dämpfer wären ideal, ansonsten 8 bei kleineren Dämpfkorb-Exemplaren. Dann benötigen Sie 4 dieser hübschen und praktischen Gerätschaften. Lassen Sie das Wasser auf großer Flamme 5 Minuten kochen und die Klößchen gut garen. Wenn ein wenig Fleischsaft austritt, ist der Garprozess beendet.

5. Der Genuss: Hier liegt die eigentliche Kunst – denn das Wichtigste ist das Aussaugen des Saftes durch den kleinen Krater der Klößchen, z. B. mit Hilfe eines Strohhalms. Das ist der Geist des xiaolong – auf die inneren Werte kommt's eben an!

Familiäre Beziehungen sind in China enorm wichtig, zwischen Eltern und Kindern, Ehemann und Ehefrau und zwischen Geschwistern, die es heute kaum noch gibt. Diese familiären Beziehungen werden entweder durch Geburt, als Blutsbande vorgegeben oder durch Eheschließung gestiftet. Eine ganz wichtige Beziehung, die im von Männern geprägten alten China nicht erwähnt wurde, ist die Beziehung zwischen Mutter und Kind, die bereits an der Mutterbrust beginnt. Das Saugen an der nahrhaften Brustwarze ist ein äußerst solides, weil täglich wieder gefestigtes Band. Auch zwischen Vater und Sohn, Mann und Frau und zwischen Geschwistern spielt und spielte die gegenseitige Versorgung eine wichtige Rolle. Den anderen zu füttern ist und war immer ein Beweis von Zuneigung. Während ich mich mit meinem neuen Bekannten, dem Professor, unterhielt, war die junge Frau am Nachbartisch ständig damit beschäftigt, den Nachwuchs ausreichend mit *xiaolong*-Häppchen zu versorgen, die sie ihm gut portioniert in den Mund schob. Fast wie eine Vogelmama, die ihr Junges fütterte.

Jemanden zu füttern ist in China noch immer eine der anerkanntesten Formen, Zuneigung auszudrücken, auch wenn sich im Laufe der Zeit die alte Sitte zurückgebildet hat, am gemeinsamen Esstisch besonders geschätzte Erwachsene direkt in den aufgesperrten Mund zu füttern. Zu den moralischen Gleichnissen und Zerrbildern der alten konfuzianisch geprägten Gesellschaft gehörte auch die Pflicht der Kinder, Pietät den Eltern gegenüber zu zeigen. Diese Pflicht konnte am besten erbracht werden, wenn man in Krisenzeiten notfalls vom eigenen Körper etwas an die Eltern zurückgab, die diesen Körper schließlich gezeugt hatten: »Wenn die Eltern krank seien …, müssten die Kinder, um ihrer Kindespflicht zu genügen, ein Stück ihres eigenen Fleisches abschneiden, es kochen und den Eltern zum Essen anbieten …«*, lässt der Dichter und Gesellschaftskritiker Lu Xun in seiner Kurzgeschichte *Tagebuch eines Verrückten* den Erzähler berichten. Das Entsetzliche hatte durchaus reale Hintergründe: Frauen überwogen dabei deutlich vor Männern, wenn es um die Selbstverstümmelung zum Wohle der kranken Eltern ging. Manche Frauen, seltener Männer, nahmen es mit den Anweisungen klassischer konfuzianischer Erziehung, die Eltern oder den Ehegatten zu lieben bis zum Selbstopfer, bisweilen allzu wörtlich, sodass es in der chinesischen Geschichte immer wieder zu Überlieferungen von Selbstverstümmelungen kam.**

Weit harmloser und bis in die Gegenwart hinein besteht die Pflicht, auch die Verblichenen weiter an den Speisen der lebenden Familienmitglieder teilhaben zu lassen. Früher schmückten kleine Altäre zu Ehren der Ahnen jedes chinesische Haus, und oft

---

* Lu Xun. »Tagebuch eines Verrückten«. In: *Aufruf zum Kampf (nahan)*. Beijing 2002, S. 22.
** Thomas O. Höllmann. *Schlafender Lotos, trunkenes Huhn – Kulturgeschichte der chinesischen Küche*. München 2010, S. 120.

genug waren Früchte oder gefüllte Teigtaschen vor diesen Altären aufgestellt, damit auch der tote Ahn immer gut zu speisen hatte. Die körperliche Sorge für die Eltern ging über den Tod hinaus. Heute findet man in der Volksrepublik China solche Bräuche nur noch am Gräberfest, dem 5. April. Immerhin hat sich ein Sprichwort bewahrt, das früher auf die reichen Gaben für die Ahnen am Grab verwies: »Immer ein Huhn und ein Maß Wein« bereithalten.

Essen bestimmte die Familie, ohne gemeinsames Essen keine Familie. Das war das soziale Credo Chinas und gilt noch heute. Familienbande waren und sind eine Essbeziehung. Das galt auch für die Verbindungen zwischen Herrscher und Untertan. Die »Familie aller Chinesen« weltweit ist ein verbreitetes Bild chinesischer Politik für eine stabile Volksgemeinschaft, der Staat trägt die wörtliche Bezeichnung »Landes-Familie«. Die Herrscher zeigten ihre Pflicht als Familienoberhäupter oft mit opulentem Essen gerade für die Ältesten des Staates, einer Ehrenbezeugung gegenüber dem Alter mittels Speisung.

Auch im Verhältnis zwischen Herrscher und Untertanen soll es Extremformen bis hin zu Menschenopfern gegeben haben; in der Geschichte ist mindestens der Fall eines Untertanen bekannt, der aus Loyalität zum Herrscher diesem sogar den eigenen Sohn geopfert haben soll: Ein führender Hofkoch des 7. Jahrhunderts vor Christi Geburt namens Yi Ya, der eine hohe Stellung bei Hofe genoss, nahm es mit der Loyalität zu seinem Herrscher derart ernst, dass er diesem seinen Sohn gedünstet vorsetzte. Dieser Fürst mit dem Namen Huan (685–643 vor Christus) glaubte nämlich, bereits alles gekostet zu haben, was diese Welt ihm an Essbarem bieten konnte. Einzig der Geschmack von Menschenfleisch war ihm bisher noch verwehrt gewesen. Menschenfresser-Geschichten gerade mit Familienbezug durchziehen die Geschichte chinesischer Esskultur wie ein roter Faden.

D er Fremde hingegen ist ein »roher Mensch«. Er ist jemand, der weder gekocht noch bekocht, noch zu einem Mitesser am gemeinsamen Esstisch geworden ist. Er ist unfertig und beziehungslos. Er kann in engen U-Bahnen schon einmal angerem-

pelt werden und bedarf noch nicht einmal des freundlichen Gru-
ßes, den jeder christlich sozialisierte westliche Zeitgenosse dem
Fremden oft automatisch entbietet. Der Fremde in China ist –
anders als im Westen – kein soziales, sondern ein rohes Wesen.

Beziehungen, die nicht natürlicher Art sind, gilt es, sich zu
»eressen«. Yi Zhongtian, ein fernsehbekannter Literatur- und
Kulturwissenschaftler, spricht daher von der »hervorgegessenen
Gesellschaft« Chinas. Professor Yi geht davon aus, dass in China nur die Beziehung des Blutes eine »gare« Beziehung darstel-
le, auf die man sich verlassen könne. Wo diese fehle, müsse sie
eben erzeugt werden: »Wenn man dasselbe gemeinsam isst, dann
kann man das durchaus als den Aufbau einer Blutsbeziehung betrachten«, erklärt er, »denn Speisen sind die Quelle des Lebens.
Umgekehrt formuliert heißt das: Wer dasselbe gemeinsam isst,
hat den gleichen Quell seines Lebens genossen. Also werden er
oder sie am Esstisch zu Bruder oder Schwester.«* Das ist das Geheimnis der fünften Beziehung, der zwischen Freund und Freund,
mittlerweile bereits mit dem chinesischen Begriff *guanxi* in westliche Wörterbücher aufgenommen. Das bekannte »Vitamin B« der
deutschen Sprache ist in China weit mehr als nur ein Vitamin. Es
ist der Schlüssel zum gesellschaftlichen Erfolg – und der Aufbau
dieser Beziehung geht eben durch den Magen und den Genuss des
gemeinsamen Lebensquells am runden Tisch. Man durchlebt eine
Metamorphose und wird vom »rohen« zum »garen« Zeitgenossen.

Lin Yutang war überzeugt: »Die Wirkung eines guten Essens
hält nicht nur ein paar Stunden vor, sondern Wochen und Monate. Es kostet uns immerhin starkes Zögern, ehe wir das Buch eines
Mannes schlecht besprechen, der uns vor einem Vierteljahr zu einem guten Essen eingeladen hat. Aus diesem Grunde regelt man
in China mit der dort herrschenden tiefen Einsicht in die menschliche Natur Streitigkeiten und Auseinandersetzungen grundsätzlich bei Tisch und nicht vor Gericht. Die Lebensordnung bei uns
Chinesen ist so angelegt, dass wir bei Tisch nicht nur früher entstandene Meinungsverschiedenheiten beilegen, sondern auch

---

* Yi Zhongtian. *Die hervorgegessene Blutsbeziehung* (Chi chu lai de xueyuan). Kantoner
  Zeitung (Guangzhou ribao), 18. 3. 2008.

dem Entstehen neuer Meinungsverschiedenheiten vorbauen. Wer sich die Mühe machen wollte, eine Statistik zusammenzustellen, würde eine direkte Proportion feststellen können zwischen der Anzahl der Gastmähler, die ein Mann seinen Freunden gibt, und der Geschwindigkeit seines Aufstiegs in der Öffentlichkeit.«[*]

Beziehungen, die am Esstisch entstehen und dort immer wieder gepflegt werden, gelten also nicht nur als nachhaltig, sondern als grundlegend für die eigene Karriere. Eines jedoch kann die »hervorgegessene Beziehung« am Esstisch (noch) nicht leisten: Tiefe. Für den Aufbau einer echten Freundschaft, besonders wie Deutsche sie kennen und gern pflegen, reichen Kontakte am Esstisch nicht aus. Dafür gelten Sympathie, gemeinsames Interesse und zweckfreies Empfinden füreinander in China genauso viel wie im Westen. Wenn das fehlt, wird man lediglich zu »Freunden aus Wein und Fleisch«, wie ein chinesisches Sprichwort sagt. Der Esstisch steht notwendig am Anfang aller Beziehungen, zur Vertiefung derselben bedarf es auch in China mehr.

In der kleinen »Klause des langen Lebens« war ich über Dämpfkörbchen mit xiaolong-Klößchen vom »rohen« Unbekannten zur »garen« neuen Beziehung des alten Professors geworden. Umgekehrt galt selbstverständlich das Gleiche. »Wenn ein Freund von weit her kommt, ist das nicht eine Freude?«, zitierte der alte Herr zum Abschied eine der bekanntesten Passagen aus den Gesprächen des Konfuzius. Das tat wohl und gab am Ende unserer gemeinsamen Nahrungsquelle Gewicht, die uns nun verband. Xiaolong-Dämpfklößchen kamen aus dem Umland nach Shanghai, zwar nicht von weit her, aber doch von weiter weg. Ein Fremder hatte sie mit in die Stadt gebracht. Nur durch Fremde konnte Shanghai wachsen und zu dem werden, was es heute ist. Die zur Shanghaier Spezialität mutierten xiaolong waren hierfür ein perfektes Beispiel. Ihr einzigartiges Mundgefühl, Saftigkeit und Geschmack wurden schnell stadtbekannt, nachdem Meister Huang im 19. Jahrhundert in der Nähe des Yu-Gartens und an der Tibet Road erste Imbissstuben eröffnet hatte. Viele Nachahmer fanden

[*] Lin (o. J.), S. 64–65.

sich, doch nur an den Originalorten und hier in der »Klause des langen Lebens« an der Shanyin Lu konnte die viel beschworene Qualität erreicht werden. Meister Huang war es damals gelungen, die etwas grobschlächtige Herzhaftigkeit fleischgefüllter Dämpfknödel des bäuerlichen Umlands mit der Ästhetik des Feinen, Kleinen und Zarten zu verbinden. Ein wenig wie *yin* und *yang*, die sich zu einem harmonischen Ganzen fügen.

Nachdem ich den Professor in seine Gasse schräg gegenüber verabschiedet hatte, fragte ich mich, wie lange die Klause noch Bestand haben würde. Um die traditionsreiche Garküche herum entstanden immer neue Imbissstuben, die hauptsächlich von schnellen Mittagsgerichten für rastlose junge Büromenschen lebten. Dort wurde mit viel Öl und billigsten Zutaten im Eilzugtempo gekocht – *the Chinese way of fast food*. Die Lebensformen hatten sich in den letzten zehn Jahren rasant verändert. Sie änderten sich weiter, und wenn dereinst die kleinen Gassen verschwinden, verschwindet mit ihnen auch das kulinarische Original, das an diesen Orten geboren und kultiviert wurde. Dieser Prozess hatte längst begonnen. Viele Menschen lebten bereits in neuen Wohnblöcken, die sich zwischen die Reihen der alten *nongtan*-Gassen geschoben hatten. Einige hundert Meter von hier begann die Hochhauswelt, das typische Heim der meisten Shanghaier von heute. Sie waren meist nicht zu Hause, sondern saßen hinter Flachbildschirmen in Bürotürmen irgendwo in der Stadt.

Dorthin wollte ich nicht, und so ging ich ein Stück zurück nach Norden. Nach wenigen hundert Metern bog ich links ab und verschwand aus dem morgendlichen Berufsverkehr hinter einem schwarz lackierten Eisentor, das in einen wuchtigen Steinrahmen eingelassen war. Plötzlich befand ich mich in einer Shanghaier *shikumen*- oder »Steintor«-Wohnanlage. Sie bestand aus langgestreckten Häuserreihen zu je 13 Reihenhäuschen links und rechts einer Gasse, die hinter dem Eisentor lag. Die schmalen dreistöckigen Behausungen waren kurz nach 1930 erbaut worden und damit sehr alt für Shanghaier Verhältnisse. Vor den Häusern lag eine langgestreckte Mauer zur Abschirmung, schwarz vor Patina und sehr lebendig wirkend. Steinerne Arabesken erblühten darauf, umweht von einem Hauch Europa der 20er Jahre. Jugendstil und Art déco waren damals gefragt in Shanghai und prägten die Neubauten der Stadt, die sich gleichzeitig noch immer an die traditionelle Architektur Chinas anlehnten.

13 Tore mit wuchtigen, ebenfalls schwarz lackierten Holzflügeln waren in die Mauer eingelassen. Über den 13 Eingängen empfahlen klassische Schilder aus Stein den Bewohnern in den schmalen Reihenhäuschen dahinter »die Sitten zu kultivieren und Rechtschaffenheit zu säen« oder »reiches Wissen und lang anhaltende Freude zu ernten«. Das waren Worte aus dem Gedankengut des Konfuzius.

Ein Geräusch, ein gleichmäßiges, rhythmisches »Tack, tack, tack« mischte sich in meine Betrachtungen. Durch eine Öffnung in Holztor Nummer 9 spähte ich in den winzigen Innenhof dahinter. In flinkem Stakkato zerkleinerten zwei Hackmesser frisches Fleisch und Frühlingszwiebeln. Der erstaunte Blick einer alten Frau traf mich. Sie hielt je ein Hackmesser in ihren Händen, so ging das Zerkleinern geschwinder voran. Die Alte unterbrach für einen Moment ihre Arbeit. Doch schnell wich ihr Erstaunen einem Lächeln, und die zwei Messer fuhren fort in ihrer Arbeit. »Ich mache Essen«, sagte sie, »was sonst?«

Bunte Ideen hinter grauen Fassaden

Shanghais hoher Norden, rund 15 Kilometer vom Stadtzentrum entfernt, ist ein anderer Ort. Hier beherrschen Industrieanlagen die Welt, und Kolonnen von Lastwagen dröhnen, Staub aufwirbelnd, den Containerumschlagplätzen nahe der Yangtse-Mündung entgegen. Weit im Norden Shanghais sind die Einheimischen unter sich. Niemand, der die Stadt als Tourist besucht, verirrt sich dorthin.

Ich war zum Abendessen bei alten Freunden eingeladen und fuhr die Hochstraße entlang, die sich auf grauen Betonstelzen über Fabriken und Wohnblocks hinweg nach Norden schlängelte. Die Staubschicht, die an den Gebäuden klebte, wurde mit jedem Kilometer in Richtung Norden dicker. Das von Menschenhand geformte Grau verschmolz mit dem gleichfarbigen Himmel darüber. Kein Reiseführer verzeichnete dieses Niemandsland, Heimat für Millionen von Shanghaiern.

Schließlich stieg ich vor einem älteren Wohnkomplex aus den 80er Jahren aus. Von meinem Ziel trennten mich nur noch wenige Schritte. Vorsichtig passierte ich eine Busstation, deren Öllachen leicht zu Fußfallen werden konnten. Durch ein eisernes Drehkreuz betrat ich den Innenhof der Wohnanlage – sozialistisch geprägt, mit einem Hauch von Mao-Ära, der großen Gleichheit ohne Unterschiede. Auf den schmalen Grünstreifen zwischen den offenen Hauseingängen wuchsen ein paar kümmerliche Palmen, grau vom Staub und doch deutliches Zeichen, dass ich weder in Peking noch in Novosibirsk, sondern noch immer nahe dem 30. Breitengrad unterwegs war.

Der Sohn des Hauses empfing mich schon am Hauseingang. »Ma Ke, willkommen, willkommen!« Er nannte mich bei meinem chinesischen Namen. Helle Freude im Halbdunkel des Betonschachtes. Ich folgte ihm durch das Treppenhaus aus nacktem Beton die drei Stockwerke nach oben. Funzlige Glühlampen warfen fahles Licht auf die schmutziggrauen Wände mit den typischen schwarz aufgestempelten Telefonnummern; nur die Nummern waren angeschrieben, doch jeder wusste, dass sich dahinter Angebote arbeitslos gewordener Fabrik- und Wanderarbeiter verbargen. Sie erboten sich, Löcher zu bohren, Wohnungen zu renovieren, Holzarbeiten auszuführen, was immer der Kunde wünschte.

Im spärlich beleuchteten Grau des sozialistischen Wohnblocks fühlte ich mich zurückversetzt in das China meiner Studentenzeit. Damals, vor rund 20 Jahren, wohnten fast alle Chinesen unter gleichen Bedingungen und scherten sich noch weniger als heute um den Zustand ihrer realsozialistischen Treppenhäuser. Diese Architektur war ein Stück Erinnerung an unsere erste Nankinger Wohnung auf 16 Quadratmetern mit der ewig kaputten Glühbirne im Hausflur.

Hinter einer Metalltür hörte ich das vertraute »Tack, tack, tack« eines auf Gusseisen schlagenden Pfannenwenders. Wir waren angekommen. Offensichtlich stand mein Freund Zhou Laowu schon in der Küche, oder war es sein älterer Bruder Zhou Laosan? Die Tür wurde weit aufgerissen, und die Frage war damit beantwortet. Zhou Laowu stürzte mir entgegen, nahm meine Rechte in beide Hände und schüttelte sie kräftig: »Willkommen, willkommen. Tritt ein«, begrüßte er mich.

»Setz dich, setz dich doch!« Guizhen, seine Frau, forderte mich mit freundlicher Hartnäckigkeit auf, mich am Kopf des Tisches gegenüber der Küche niederzulassen. Das war der Ehrenplatz für den Gast. Aus der Küche rief Laosan mir sein »Willkommen« und »Das Essen kommt gleich« entgegen. Wieder schlug der Pfannenwender auf die Eisenhaut des Woks: »Tack, tack, tack.« Vier weitere Gäste, Frauen und Kinder, hatten schon am Tisch Platz genommen, die Tafelrunde füllte den winzigen Wohnraum voll aus. Mehr Platz gab es nicht, und den brauchte es heute auch nicht. Die reich gedeckte Tafel war alles, was zählte. Ich starrte auf den Tisch, der unter zehn kalten Vorspeisen verschwand. Was wollte Laosan denn? Das Essen stand doch schon da!

Der Tisch war der Kontrapunkt zu allem Umgebungsgrau. Wer hätte gedacht, dass die grauen Betonwände so viel Farbe einschließen konnten? Es gab grünen Sellerie an kalten Tofuschnetzeln, einen Berg frischer Krabben, saftig-gelbe Bambussprossen mit grünen Bambusstückchen in Sesamöl-Marinade und Drei-Gelb-Huhn vom lokalen Hühnermann. Drei-Gelb-Hühner mussten als Nachweis ihrer Qualität gelbe Klauen, einen gelben Schnabel und gelbe Flügel besitzen, dazu möglichst noch eine gelbe Haut, die sie als echt chinesische Hühner auszeichnete. Zum gelben Huhn gesellten sich in alkoholhaltiger Sauce torkelnde Süßwasserkrabben. Fein geschnittene Schweinszunge in würzigem Sojasud, Rotwurst Shanghaier Art, frische Gurkenwürfel in Knoblauchessig, im Wok geröstete Erdnüsse mit Koriander, geröstete Ente und Auberginenaufschnitt komplettierten den Reigen der Vorspeisen.

Die kalten Speisen waren farblich gekonnt komponiert: Das helle Grün des Sellerie kontrastierte mit dem Cremeweiß des

Tofu, das sattdunkle Grün des frischen Korianders legte sich adrett über das glänzende Rotbraun der noch wokwarmen Erdnüsse. Dunkles Orange bestimmte den Krabbenberg, während die feuerroten Chilidips sich von den Brauntönen der Fleischgerichte absetzten. Das farbliche i-Tüpfelchen bildeten die Auberginen – nicht dunkel, dick und schwammig wie ihre europäischen Verwandten, sondern schlank, fest und leuchtend violett, umspielt von einem kleinen Teich aus dunklem Reisessig, in dem sich Ingwer und Knoblauch badeten. Die Süßwasserkrabben hüpften beschwipst in der Schale auf und nieder. Dies war eines der wenigen Lebendgerichte der chinesischen Küche, eine an Frische kaum zu übertreffende Shanghaier Spezialität. Ich wusste, das war nur der Anfang, die Ouvertüre zu dem bald darauffolgenden heißen Hauptteil. Ich verspürte Lust – Lust auf noch mehr.

Laowu schien meine frivolen Gedanken zu erraten. »Nichts da zum Essen, leider«, kommentierte er seine Vorspeisentafel mit altchinesischer Bescheidenheit. Ich lächelte, schwieg und genoss es, den traditionellen Höflichkeitsfloskeln zu lauschen, die ich sonst nur aus der Literatur kannte.

Es gab kein großes Trinkzeremoniell vor den Vorspeisen, keinen Tee, Kaffee oder Schnaps vorweg, sondern es ging direkt in »medias res« des Essens. Trinken hätte Zeitverschwendung bedeutet, und welchen Sinn macht auch die Verzögerung des Essgenusses mittels Aperitif, wenn die Vorspeisen längst in solcher Fülle darauf warten, dass ihnen bald die Hauptgänge folgen konnten? Das Trinken hat dem Essen zu folgen, darf maximal die Tafel eröffnen, aber nicht zum Selbstzweck werden. Laowu füllte meinen Becher bis zum Rand mit Reiswein der Marke »Alt-Shanghai« und ermunterte mich: »Lai, lai, lai – komm, komm, komm« und »Prost« und wieder »Willkommen, willkommen«. Der Wein erinnerte an Sherry. Sanft, aber mit dem Nachdruck zweistelliger Alkoholprozentwerte rann er die Kehlen hinab. Ich wusste, dass eine Flasche davon für Laowu nicht viel war und dass der Alkohol in Strömen fließen würde, wenn ich nicht langsam trank. Vor langer Zeit, als Laowus Frau noch unseren damals kleinen Sohn betreute, hatten wir unsere Beziehung bereits hervorgegessen. Nun trafen wir uns fast regelmäßig, um sie immer wieder zu erneuern. »Greif zu, Ma Ke«, ermunterte mich Guizhen, und dankbar griff ich mit den Essstäbchen in den Krabbenberg vor mir. Danach wandte ich mich dem Bambus und den Gurken, den Auberginen und dem Tofu zu. Alles war frisch. Wie sollte es auch anders sein?

Dann überkam mich reisweingeschwängerter Mut. Ich machte mich an das frischeste aller Gerichte, die beschwipsten Krabben. Ihr Hüpfen war inzwischen in ein hilfloses Torkeln übergegangen. Sie waren bereit für den nahenden Exitus zwischen meinen Zähnen. Ich umfasste ein torkelndes Schalentier mit den Stäbchen, entführte es für immer seinem Bade und entleibte es mit vorsichtigem Biss. Ein letztes Zucken auf der Zunge, dann war es vorbei. Reisweingeschmack mit Ingwer und ein wenig Schärfe war alles, was davon zurückblieb, neben den Schalen des Tierchens, deren ich mich wieder entledigen musste. »*Lai, lai* – komm, komm«, rief Laowu und schon lagen drei weitere Krabben in meiner Schale. Ich ließ sie torkeln und zucken und wandte mich stattdessen den glänzenden Erdnüssen mit Koriander zu.

Derweil trug Laosan ein warmes Gericht nach dem anderen auf. Der ältere Bruder des Gastgebers war ausgebildeter Koch und hatte lange im Hotelgewerbe gearbeitet. Ich erkannte frisches Kleegemüse – »al dente«, in leichter, noch dampfender Reisweinsauce. Es folgten ein riesiger Steintopf mit einem ganzen Huhn in Brühe, mit Bambus und Shiitake-Pilzen angerichtet, sowie ein herrlich garnierter Fisch. Der Fisch erinnerte an Forelle, war wohl durchaus mit unserem beliebtesten Flussfisch verwandt. Er lag der Länge nach auf einer beeindruckend großen Servierplatte, umrankt von Frühlingszwiebelspitzen und Zitronenstückchen. Die Fischplatte bildete nun bereits die zweite Ebene der Tafel. Sie erhob sich über die Teller und Schalen mit den kalten Speisen. Nicht nur die Autos fuhren in Shanghai zweigeschossig.

L aowu nickte seinem Bruder zu und verschwand in der winzigen Küche. Schichtwechsel, damit der Meister endlich auch zum Essen kam und der kleine Bruder nun seiner Leidenschaft folgen konnte. Laowu war nämlich Erfinder. Seine Erfindungen

waren durchweg essbar. Allerdings war meine Aufnahmefähigkeit für noch mehr Essen erschöpft, und ich wollte abwehren: »Laowu, bitte beim nächsten Mal. Ich bin satt, wirklich satt, und das ist keine Höflichkeit.« »Auf keinen Fall, Ma Ke«, entschied Laowu und steckte nur kurz seinen Kopf aus der etwa vier Quadratmeter großen Küche direkt hinter mir. Widerspruch wurde nicht geduldet – und Widerspruch hätte leicht zu Gesichtsverlust führen können. Ich ließ Laowu also erfinden und wusste aus Erfahrung, dass er darin sehr gut war. Zudem erfand er in Serie. Jedes Mal schaffte er es, mir ein neues Gericht vorzusetzen, das er sich gerade oder vor wenigen Tagen ausgedacht hatte. »Die Entdeckung eines neuen Gerichtes beglückt die Menschheit mehr als die Entdeckung eines neuen Gestirnes«, schrieb Brillat-Savarin.*
Das Beste daran war, dass im Unterschied zur Entdeckung eines Gestirnes für die eines neuen Gerichtes keine aufwendigen Apparaturen und langen Studien notwendig waren. Ein Herd mit einem gut zu regelnden Feuer darunter, ein Schneidbrett und ein Hackmesser waren die äußerst leicht verfügbaren Werkzeuge des chinesischen Erfinders. Entscheidend war, wie er damit umgehen konnte. Wichtig war die Art und Weise, wie er die Flamme regelte, damit die Speisen genau die Menge und Dauer von Hitze erhielten, die ihnen zukam. Noch wichtiger war, wie der Erfinder neuer Gerichte mit Hackmesser und -brett umgehen konnte, wie ausgefeilt seine Messertechnik war, ob es ihm gelang, mit ein und demselben Hackmesser Knoblauchzehen zu pressen, Knochen kleinzuhacken, weichen Tofu ohne Zerfall zu würfeln und Frühlingszwiebeln in Sekunden zu Feinwürze zu zerraspeln. Das Messer war das wichtigste Instrument in Laowus kleiner Küche – und er konnte damit nahezu jedes Gericht so vorstrukturieren, dass er die gehackten, zerschnittenen und geraspelten Ingredienzen nur noch zusammenkochen musste.

Große Worte machten die Erfinder dabei selten um ihre Kreationen, denn sie folgten dem Prinzip: »Gut über etwas zu reden ist immer schlechter, als gut zu handeln.« Chinas kulinarische Er-

---

* Brillat-Savarin 1979, S. 16.

finder waren selten große Redner. Das war wohl auch der Grund dafür, warum Chinas große Gourmets, wie Yuan Mei (1716–1797), lieber ausführliche Rezeptlisten und Empfehlungen zu den »Do's and Don'ts« der Kochkunst herausgaben, wenn sie denn überhaupt über das Essen schrieben – als groß über die Esskunst zu reden. Das war mehr eine Domäne der Europäer und der neuen Lifestyle-Magazine. Ein großer Teil der bekannten Köche und unzählige kleinere, oft unbekannte Küchenkreative kamen vom Land oder aus eher einfachen Verhältnissen. Viele weit verbreitete Gerichte der chinesischen Küche waren – oft zufällig – in kleinen und kleinsten Küchen auf dem Land entdeckt worden. Die Entdecker waren dabei die Glücklichsten, denn das, was sie entdeckten, durften und mussten sie auch zuerst kosten. Laowu schien mit seiner Kreation gut voranzukommen, denn er begann in der Küche zu singen. Ich erkannte ein Bruchstück aus einer Opernarie.

Der Strom des Essens musste weiterströmen. Sobald ein Gericht zur Neige zu gehen drohte, wurde es durch ein neues ersetzt. Es gab keine festgefügte Folge aus Vorspeisen, Hauptgerichten, Desserts und einem definitiven Finale. Alles ging ineinander über, und jedes neue Gericht vor uns hielt zugleich einen Platz für das nachfolgende offen. Genuss im Hier und Jetzt war der Gedanke, der dahinterstand. Ich hörte das Gas zischen und in einer winzigen Explosion aufflammen. Danach folgte das bekannte »Tack, tack, tack«, das Lied des Küchengottes *Zaowang*. Seit vielen Jahrhunderten wachte er über die Haushalte der einfachen Menschen, und jedes Jahr zum Neujahrsfest fuhr er zum Himmel auf, um dem Jadekaiser von den guten und schlechten Taten der Menschen zu berichten. Die guten Taten fanden immer in der Küche statt. Laowu und Laosan wussten das, sie waren definitiv gute Menschen.

Am Tisch wurde es lauter. Man begann, sich zuzuprosten, und mir fiel plötzlich auf, dass der Pegelstand des Reisweins in meinem Glas immer gleich hoch blieb. Wie es jedes Mal dazu kam, war mir entgangen. Mit einem »*Gan bei* – trockene Tassen« prostete Laosan mir zu. Plötzlich hielt er eine chinesische Kniegeige, *huqin* oder *erhu* genannt, in den Händen. Am Tisch gab es begeisterten Applaus. »Spiel, spiel«, forderte Guizhen den Schwager auf. Und Laosan spielte, spielte seine Jugend hervor, Stücke aus dem Opernklassiker *Der Päonien-Pavillon* (*mudanting*), ein kleines russisches Revolutionslied, eine flotte Shanghaier Weise aus den 30er oder 40er Jahren: Musik, die er als junger Mann kennen- und lieben gelernt hatte.

Laosan und Laowu hatten die kleine Plattenbauwohnung hinter der tristen Betonfassade verwandelt. Ihre farbenfrohen Speisenkreationen waren der Auftakt, die wundersame Verwandlung der Wohnung in eine Gartenbühne für klassische chinesische Instrumente war der Höhepunkt: Für einen Moment schloss ich die Augen und sah vor mir das Bild einer schönen jungen Shanghaierin in hochgeschlitztem, hautengem *qipao*-Kleid: Zhang Ailing (1920–1995), die große Shanghaier Autorin. In ihrem bekanntesten Roman *Liebe in einer verfallenen Stadt* spielte ebenfalls ein Shanghaier die *huqin*. Er kleidete die Sehnsucht des einsamen Städters nach Gesellschaft in Musik. Laosan ging es besser als Zhang Ailings Helden: jenem *huqin*-Spieler, dem »vierten Sohn der Familie Bai«. Laosan hatte dankbare und aufmerksame Zuhörer.

Laowu sang von der Küche aus mit. Schließlich stellte er einen gewaltigen Tontopf – heiß, brodelnd, zischend, dampfend und duftend – in unsere Mitte. Das *huqin*-Spiel brach ab und machte der neuen Erfindung Raum. Alle atmeten den Duft des Essens, eine würzig-deftige Note, ein. Das war kein Shanghaier Traditionsgericht. Die »création à Laowu« war von der scharfen Sichuan-Küche Westchinas inspiriert. »Das ist mein Lammfleisch Spezial«, sagte er stolz, »vier Stunden lang in ›Fünf-Gewürze-Sud‹ mit Chilis und Sichuan-Pfeffer gekocht.« Wochenlang hatte Laowu an diesem Gericht gefeilt. Immer wieder hatte er verschiedene Zutaten ausprobiert und schließlich die optimale Geschmacksnote gefunden. Laowu hatte dieses Gericht komponiert. Er war nun kein frühpensionierter Fabrikarbeiter mehr, sondern ein Kreativer der Küche geworden.

LAOWUS »LAMMFLEISCH-ALLERLEI-TOPF«

Zu Gast bei Laowu, dem alten Freund. Die Straßen, Restaurants und Garküchen des namenlosen Shanghai liegen hinter uns. Die beliebigen Wohnblocks der Stadt haben nun Gesichter erhalten, Gesichter von Menschen, die mit frischen Zutaten spielen – und kochen können ...

Laowu verrät:

»Also fragt mich nicht, wie viel Gramm oder so. Das geht einfach nach Gefühl. Ich koche mit dem Bauch, nicht mit dem Messbecher. Also Lammfleisch, so'n gutes Stück, dann einen Topf mit Wasser. Dann noch Sojasauce, Frühlingszwiebel, Ingwer, Shaoxing-Reiswein, Sternanis, Fenchel – so'n bisschen von jedem – Zucker, etwas Salz oder Glutamat (geht auch ohne).

Zunächst koche ich das Fleisch so lange, bis es den intensiven Geruch verliert, und spüle es dann mit kaltem Wasser ab. Dann schneide ich das Fleisch in Würfel, gebe es zurück in den Topf, füge frisches Wasser hinzu, dann Sojasauce nach Geschmack, kleingehackte Frühlingszwiebel, etwas Ingwer, einen guten Schuss Reiswein, den Sternanis und den Fenchel. Auf den Topf kommt ein Deckel, und dann wird alles 2 Stunden lang auf kleiner Flamme gut durchgekocht. Das Fleisch muss absolut mürbe werden. Dann füge ich etwas Zucker hinzu, nach Bedarf Salz und ein wenig Glutamat hinzu. Das ist eigentlich alles. Probiert es aus!«

Der Abend endete nach stundenlangem Essen kurz vor »food coma« und Trunkenheit. Laowu hielt zum Abschied minutenlang meine Hände, wollte mich nicht gehen lassen. Es war, als flüsterte Konfuzius ihm zu, dass der »Freund von weit her« am Esstisch einfach glücklich sei, besonders nach einigen geleerten Reiswein-Bechern. Auch den Nichtchinesen Brillat-Savarin hatte der Küchenkreative Laowu zu seinem Prinzip erhoben, ohne ihn zu kennen: »Jemand zu Gaste laden heißt, für sein Glück zu sorgen, so lange er unter unserm Dache weilt.«[*]

Doch niemand verweilt ewig irgendwo. So befreite ich mich irgendwann sanft und unter tausend Dankesworten aus seiner Umklammerung und stolperte, gefolgt von der gesamten Tischgesellschaft, in ein bereits wartendes Taxi.

Im Zeichen des Krebses

Es dämmerte bereits. Die grauen Fassaden tauchten langsam ins abendliche Dunkel. Die Silhouetten der Häuser wurden weicher, die Alltagshektik ebbte ab.

Ich beschloss, zu Fuß nach Hause zurückzukehren. Nur wenige Kilometer waren zu bewältigen, ein längerer Abendspaziergang, mehr nicht. Das Hongkou-Viertel lag direkt nördlich des Suzhou-Flusses und war leicht zu erreichen, ich musste nur den Fluss in nördliche Richtung überqueren. Diesmal wählte ich eine Brücke nahe den Schleusenanlagen, die den Zufluss des Suzhou in den Huangpu regelten. Die Brücke aus dem Jahr 1927 stieg steil an, um vom Brückenkopf aus ebenso steil wieder zur Hongkou-Seite hin abzufallen.

Wer nicht motorisiert war, musste sein Gefährt schieben. Besonders schwer ächzten die Lastenzieher mit ihren Karren. Ich wollte einem der Männer helfen, erntete aber nur ein erstauntes »Bu, bu, bu (nein, nein nein)«. Das weckte die Aufmerksamkeit der

---

[*] Ebd, S. 17.

Passanten. Manche lachten, andere streckten den Daumen anerkennend in die Höhe. Ein Ausländer, der Lastenziehern helfen
wollte, war interessant und kein Alltag. Ein Mann mittleren Alters, der sein Fahrrad über die Brücke schob, sprach mich an:

»So wie die haben wir früher, als ich jung war, auch geschuftet.«

»Wirklich?«

»Damals, in den frühen 6oern, waren alle begeistert, wollten
alle vom braven und selbstlosen Soldaten Lei Feng lernen. Wir
halfen den Arbeitern, die schweren Karren über die steile Brücke
zu schieben.«

Bevor er sich verabschiedete, wies mein Gesprächspartner mit
der Hand geradeaus. »Da vorne, das ist die Zhapu Lu, die Straße
des guten Essens und der, hm, ja – langen Freuden.« Danach verschwand er mit zweideutigem Lächeln in der Menge der Passanten.

In der Zhapu Lu drängten sich beiderseits der engen Straße
Dutzende kleiner Hotels, Garküchen und Restaurants aneinander. Die Neonreklamen an den Häuserfassaden blinkten
und pulsierten. Über der schmalen Straße flossen sie ineinander.
Das Ganze atmete Hongkonger Atmosphäre, zu der die Schwüle
des hereinbrechenden Abends passte. Autos, Fahrräder, Mopeds,
Elektroräder und Fußgänger pressten sich hupend, knatternd,
dröhnend durch den grauen Schlund, überdacht von der leuchtenden Reklame. Aus den Restaurants mischte sich das Licht der
Energiesparlampen mit dem Neonglanz und ließ die mehrstöcki-
gen schmalen Fassaden der Esstempel golden aufblitzen. In den
Aquarien der Restaurantfoyers perlten Sauerstoffblasen um die
feisten Leiber der Fische. Sie warteten auf den, der bald kommen
musste, um sie zu verspeisen.

Die Zeit des Krebses begann. Hunderttausende von Schlem-
mern waren bald überall in der Stadt unterwegs auf der Suche nach den besten Schalentieren. Die goldverzierten Esstempel
auf der Zhapu Lu hatten Schilder und Flaggen herausgehängt, die
ankündigten, dass sie die begehrte Spezialität des Herbstes bereits im Angebot hatten.

Krebse bilden für Menschen aus Shanghai und der Unteren Yangtse-Region den kulinarischen Höhepunkt des Jahres. Die Krebse sind Sinnbild leiblicher Freude und locken selbst aus Hongkong und Taiwan jedes Jahr unzählige Feinschmecker in die Stadt.

»Mein Herz ist ihnen zugetan, mein Mund kostet sie mit Lust, und ich kann ihrer auf Jahr und Tag hinaus nicht vergessen. Und doch vermag ich nicht mit Worten zu schildern, warum ich ihnen zugetan bin, sie mit Lust genieße und nicht aus dem Gedächtnis verliere.« So schwärmte bereits Li Yu vor 350 Jahren.

Auch Chinas berühmtester Roman, der um 1759 entstandene *Traum der roten Kammer*, ebenfalls ein »Kind« der Yangtse-Region, kommt nicht ohne Krebse aus. Lin Daiyu, eine der beiden Protagonistinnen, widmet im 38. Kapitel dem Krebsessen ein Gedicht:

S elbst schon tot, so wehrt sich der Krebs noch immer mit Panzer und Hellebarde gegen sein Schicksal.
Angezogen von seiner Farbe und seinen Formen, muss ich als Erste kosten. Geschlossen sind seine Scheren und voll mit delikater Jade, der Panzer gewölbt und rot geschminkt – duftend Stück für Stück.

Ach, wie ich doch Deine acht fleischigen Beinchen liebe, wer würde mich stärker in Stimmung versetzen – wie mit 1000 Trinksprüchen genährt? ...«

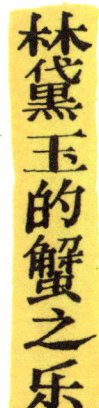

DER ERSTE GANG

LIN DAIYUS KREBSFREUDEN

Vom deftigen Lammtopf zu den feinen Nuancen frischen Krebsfleisches, in das sich die zarte Lin Daiyu verliebt hatte. So scharf ist der Kontrast Shanghais, so geschliffen sind die Facetten einer Stadt, den radikalen und plötzlichen Wandel ihres Gesichts von aufrechtem Betongrau zu feiner Eleganz erlebt man mit der Wahl verschiedener Gerichte. Man probiere auch dieses, um Chinas Vielfalt zu erschmecken. Aber Vorsicht: Frische Krebse können zwicken!

Was ich dazu brauche:

1 Paar frische Krebse (am besten lebend aus dem Süßwasser – sonst eben tote Meerwasserexemplare aus der Feinkostabteilung)

einen Topf mit Wasser

1 Stück Ingwerwurzel

1 Schälchen dunkler Reisessig (Chinkiang-Essig)

2 Schälchen helle Sojasauce

4 EL Zucker

kleingeraspelte Ingwerwurzel

Wie es gemacht wird:

1. Das Wasser im Topf zum Kochen bringen.

2. Die Ingwerknolle hineingeben, aufkochen.

3. Die Krebse ca. 20 Minuten lang kochen, herausnehmen.

4. Krebse auf einem Teller appetitlich anrichten.

5. Essig und Sojasauce mit Zucker und Ingwer zusammen ca. 20 Minuten auf kleiner Flamme einkochen lassen. Separat als Dipp in einer Schale anrichten.

6. Und nun lassen Sie Ihre Partnerin zuerst, anmutig wie Lin Daiyu, dem Krebslein ein Beinchen abnehmen, das Fleisch von der Schale befreien (Tipp: mit Hilfe von Essstäbchen, die man durch die Chitinröhre bohrt und damit das zarte Beinfleisch herausdrückt), dann mit abgespreiztem kleinen Finger am Krebsbeinchen haltend verzehren. Erotische Gefühle garantiert ...

L in Daiyu wird noch immer von Millionen von Lesern geliebt. Li Yu konnte sie nicht kennen. Hätte er sie gekannt, hätte er sie sehr wahrscheinlich zu seiner »Krebsdame« erkoren. Der Frauenheld hatte eigens ein Dienstmädchen angestellt, das ihm seine Lieblingsspeise zubereitete und das er »mein Krebsmädchen« nannte. Welche Damen ihm dann beim Essen und danach Gesellschaft leisteten, darüber schweigt sich der Autor aus. In *Andachtsmatten aus Fleisch*, dem frivolsten chinesischen Erotikroman, dessen Verfasser selbstverständlich Li Yu ist, breitet er alle Aspekte erotischen Genusses aus. Erfahrung und Selbstversuch spricht aus Zeilen, die bis heute noch immer in China nur hinter vorgehaltener Hand zitiert werden. Grenzenlose Sinnlichkeit war für Li Yu Lebenssinn schlechthin.

Das Krebsessen ist Höhepunkt jener Sinnlichkeit und Lust, die sich einem Chinesen oder einer Chinesin beim Essen »komplizierter Nahrung« eröffnet. »Kompliziert« sind Dinge mit vielen verschlossenen, harten und manchmal nur unter Aufbietung größter Geschicklichkeit zu öffnenden Schalen. Dass der Reiz im Verborgenen liegt, ist ebenfalls eine Weisheit chinesischer Esspraxis. Geschmack, den es zu erobern gilt, Geschmack, der Widerstand bietet – aber dann nach beharrlichem Einsatz von Zunge, Zähnen und Fingern sich dem werbenden Esser hingibt: voll und intensiv. Während Deutsche gern an der Lösung komplexer technischer Probleme tüfteln und dabei selbstvergessen und in Hast Nahrung hinunterschlingen, vergessen Chinesen über einen Krebs hinweg jedes technische Problem. Sie ergeben sich den oralen Herausforderungen eines Knochens oder eines Krustentieres, und das Zerbeißen und Zerlegen der harten Krebsschalen gehört genauso zum Genuss wie das darauffolgende Geschmackserlebnis. Eine Krebsschere mit den Zähnen zu knacken, um die »delikate Jade« des Fleisches freizulegen, ist eine Herausforderung, der man sich gern stellt. Und wenn eine junge chinesische Dame elegant ein Krebsbeinchen aufbeißt, liegt auch heute noch darin jene Anmut, Leidenschaft, ja, Erotik, die Lin Daiyu in ihrem Stegreifgedicht zum Ausdruck bringt. Beim Krebsessen sollte man am besten ein männliches und ein weibliches Tier, also ein Paar verspeisen, weil das perfekte Harmonie und Ausgeglichenheit symbolisiert. Das chinesische Wort für Krebs klingt dazu noch genauso wie der Begriff für Harmonie, was den Krebs zu einem passenden Symbol für glückliches Zusammenleben macht.

Auf der Shanghaier *Zhapu Lu* ging es prosaischer zu als in den Lyrikwelten der beiden Poeten aus der Kaiserzeit. Doch auch hier paarten sich Lust bei Essen und Trinken mit Erotik. Unmittelbar neben den Gourmet-Tempeln lockten Minibordelle, notdürftig als Massagesalons getarnt, die Verführbaren, die hier ihre »Krebsmädchen« finden konnten. Die Damen hatten sich bereits für das Mahl zurechtgemacht. Grell geschminkt, in Negligé und auf hohen Absätzen erwarteten sie ihre Freier, warteten auf ihr Einkommen, das sie und ihre irgendwo im ländlichen Anhui oder nördlichen Jiangsu lebenden Familien ernährte – vielleicht sogar mit Krebsen, wenn das Geschäft gut lief.

K rebse aber haben nicht nur eine ausgeprägt sinnliche Komponente, sondern wie alle Nahrungsmittel auch bestimmte Wirkungen auf den Körper. Geist, Eros und körperliches Wohlbefinden bilden zusammen eine Einheit, die den gesunden Menschen ausmacht. Richtig angewendet mildern Krebsfleisch und sogar die Panzerungen der Schalentiere verschiedene Krankheiten: Schwellungen, Zysten, Hämorrhoiden, Erfrierungen und Zerrungen können mit entsprechenden Zubereitungen von Krebsfleisch und Krebspanzer kuriert werden. China verfügt über ein reiches Wissen, wie man mit welchen Nahrungsmitteln welche Krankheiten behandelt. Dieses Wissen ist deutlich umfangreicher als das der westlichen Medizin.

Wer einen chinesischen Arzt mit irgendeiner Krankheit aufsucht, bekommt an erster Stelle oft gesagt, was er essen oder nicht essen sollte, während sein westlicher Kollege diese Empfehlungen, wenn überhaupt, oft in Neben- oder Nachsätze verpackt. Das liegt daran, dass Chinesen von alters her einen sehr starken Akzent auf die zur menschlichen Natur und ihrem Umfeld passende Ernährung gelegt haben. Die chinesische Ernährungslehre unterscheidet zwischen den fünf Elementen Holz, Feuer, Erde, Metall und Wasser. Diese fünf Aggregatzustände alles »Seienden« gelten als dynamisch. Das jeweils eine geht aus dem anderen hervor. Damit bildet die Fünfzahl die Welt, und eine große Menge von Fünfer-Kombinationen bildet die Dinge ab, die unser Dasein ausmachen, uns im Leben umgeben. Selbstverständlich gehören auch die Nahrungsmittel dazu, jedem der fünf Elemente entspricht eine Geschmacksrichtung: Holz steht für sauer und damit für überwiegend säuerliche Nahrungsmittel, Feuer wird als bitter empfunden und ist Nahrungsmitteln verbunden, die eher eine bittere Note aufweisen. Dazu gehören viele Gemüsesorten wie in China die Bittergurke (kugua), im Westen der Rosenkohl oder der Rucola. Das Element Erde steht für süßlichen Geschmack und damit vor allem für stärkehaltige Lebensmittel wie verschiedene Wurzeln und Knollen, von denen die chinesische Küche weit mehr verarbeitet als die westliche. Alles Scharfe ist dem Element Metall zugeordnet und alles Salzige dem Element Wasser. Wasser-Nahrungsmittel sind Fische, Meeresfrüchte und Schalentiere.

Wie aber wirken diese »Fünf-Elemente-Nahrungsmittel« nun auf den Körper? Man unterscheidet eine heiße und eine kalte Wirkung, je nachdem, ob die Nahrung dem Körper eher mehr Energie zuführt oder eher weniger. Dazu gehört auch, ob eine Speise den Körper zur schnelleren Verbrennung anregt oder den Stoffwechsel eher verlangsamt. Das Energiereiche wird dem männlichen yang-Komplex zugeordnet, das Energiearme dem weiblichen yin-Komplex. Entsprechend sind es wieder fünf Aggregatstufen von heiß über warm zu neutral, erfrischend und kühlend, zu denen die Nahrungsmittel passen. Ein Krebs wäre beispielsweise ein salziges Wassernahrungsmittel mit kühlender Wirkung.

Bei all den Einladungen zum Krebsessen auf der Zhapu Lu und anderswo in Shanghai besteht für nicht wenige Chinesen die Gefahr, sich zu intensiv dem Genuss des »Wässrigen« anzuvertrauen und sich an Krebsen zu überessen: Auf der Zhapu Lu sah ich viele ältere Herren in Vorfreude auf die ersten Krebse in die Restaurants strömen. Die chinesische Ernährungslehre weiß, dass gerade der reifere Genießer, der beispielsweise an einem Prostataleiden laboriert, mit Krebsen nicht zu leichtfertig umgehen sollte. Zu viel

Genuss kann die Krankheit leicht verstärken, und so sollte der Betroffene in jedem Fall Maß halten, wenn er nach dem Essen unbedingt noch sein Krebsmädchen aufsuchen möchte. Falls es denn gar nicht mehr klappen sollte, so bleibt ihm zu guter Letzt immer noch der Trost des Franzosen Brillat-Savarin: »Das Tafelvergnügen gehört jedem Alter, jedem Stande, allen Ländern und Zeiten; es schließt sich allen anderen Genüssen an und bleibt am Ende, uns über deren Verlust zu trösten.«[*]

---

[*] Ebd., S. 15.

北京 BEIJING

N 北

西山 WEST = BERGE

烤鸭 Pekingente

月坛 MOND = ALTAR

W 西

S 南

Nº 078364

DER ZWEITE GANG

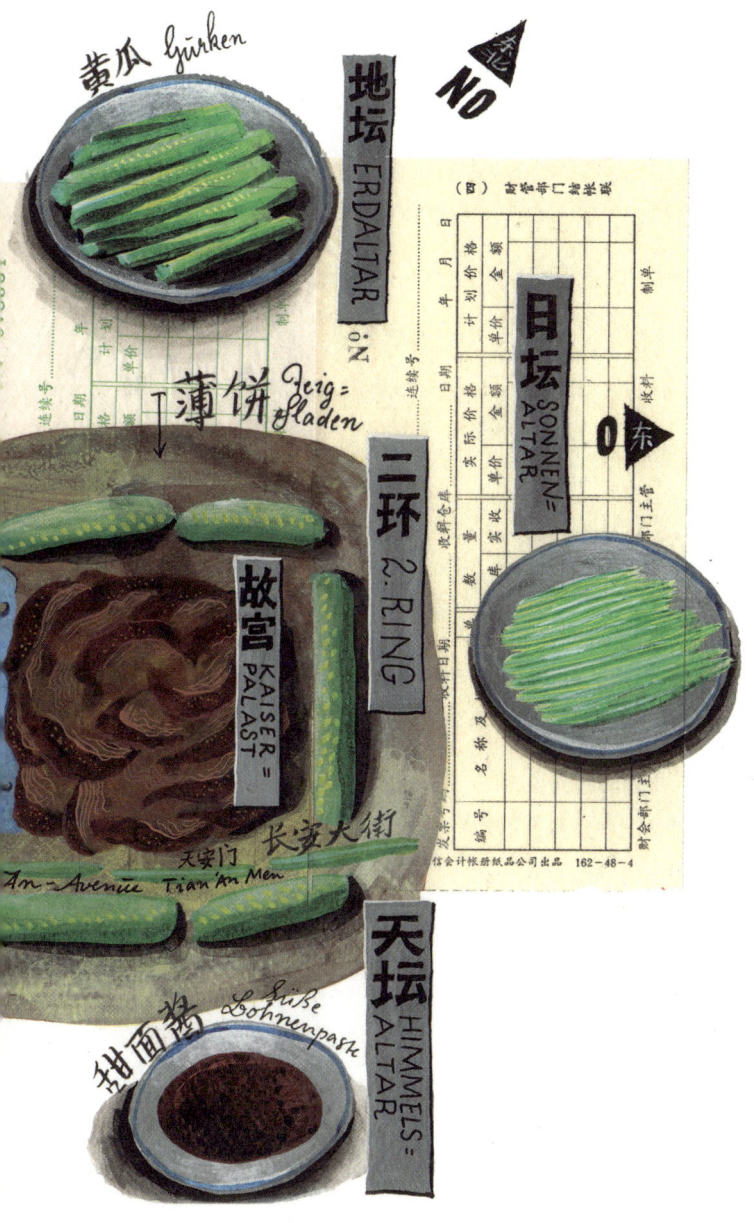

黄瓜 *Gurken*

地坛 ERDALTAR iN

NO

薄饼 *Teig= fladen*

日坛 SONNEN= ALTAR

O

二环 2. RING

故宫 KAISER= PALAST

天安门 长安大街
An-Avenue Tian'An Men

天坛 HIMMELS= ALTAR

甜面酱 *Süße Bohnenpaste*

PEKING: POLITIK AUS DEM KOCHTOPF

Dicke Suppe für alle

Der D 30 war eine Kopie des japanischen Hochgeschwindigkeits-zuges Shinkansen. Das hinderte ihn nicht, mit 250 Kilometern pro Stunde durch die brettflache Landschaft von Shanghai in Richtung Norden zu rasen. 1500 Kilometer Agrar- und Industrie-fläche weiter nördlich durfte ich im Pekinger Südbahnhof ausstei-gen. Die Gesamtstrecke hatte das torpedoartige Gefährt in rund 10 Stunden bewältigt, genug für einen erholsamen Nachtschlaf. Das war die Moderne. Mit einer klassischen Zugreise durch China, die über lange Strecken immer zu einem kleinen Abenteuer geriet, hatte diese Fahrt nicht viel gemeinsam. Immerhin konnte ich das Flugzeug vermeiden, das mittlerweile im Stundentakt zwischen Peking und der Huangpu-Metropole verkehrte. Mit langen Taxi-fahrten zu und von Flughäfen, entblößenden Sicherheitskontrol-len und Raumnot in künstlich klimatisierter Atmosphäre vernich-ten Flugzeuge authentische Reisegefühle.

Nach der Nacht im Zug spürte ich einen gewaltigen Appetit oder einfach Hunger, denn Frühstück schloss der Fahrpreis lei-der nicht ein; wenn man an das Essen auf Bahnhöfen, in Zügen oder in Flugzeugen dachte, verging einem allerdings der Appetit regelmäßig.

So auch hier, denn der neue Bahnhof in Peking sah selbst wie ein Flughafen aus. Ich sah mich in der gewaltigen Halle aus Glas und Stahlträgern um und erblickte einige Restaurants an beiden Seiten. Appetitkiller wie McDonalds, Kentucky Fried Chicken, eine Kopie der US-Kaffeekette Starbucks, eine französisch klingende Croissant- und Baguettebäckerei, wohl auch eine Kette, ließen den Reisenden an Chinas neuem Bauchgefühl zweifeln. Das war's. Nichts, was auf lokale Frühstückskultur deutete, nichts, was dem Bauch sagte: »Willkommen in Peking.«

Was es reichlich gab, waren Uniformierte. Überall standen sie mit starren Minen Posten: Wachpersonal, Soldaten, Bedienstete der Staatsbahn, Polizei und immer wieder Polizei. In Peking residierte die Staatsmacht, und sie zeigte an jeder Ecke dieses raumschiffartigen Neubaus, dass sie alles und ganz sicher auch die Bürger fest im Griff hatte: zur Sicherheit, versteht sich, und streng nach US-Vorbild auch im Kampfe gegen den allgegenwärtigen Terrorismus.

WILLKOMMEN-IN-PEKING-SCHWEINEFLEISCH

Nürnberger, Frankfurter, Kassler und Königsberger Klopse. Deutsche waren einst heimatverbundene Schweinefleischesser. Das verband sie mit Chinesen im Allgemeinen und den Pekingern im Besonderen. Wer es sich früher in Zeiten der Knappheit leisten konnte, Fleisch zu essen, aß Schwein. In Peking fühle ich mich schnell zu Hause – mit Porreestangen und Schweinefleisch!

Was ich dazu brauche:

250 g mageres Schweinefleisch (frisch oder noch leicht gefroren)
1 Porreestange
4 EL süße Peking-Enten-Sojapaste (tian mian jiang)

1 EL Reiswein oder Sherry

1 TL Salz

2 EL Zucker

2 TL Speisestärke

1 Ei

2 Scheibchen Ingwer (in Streifen geschnitten – alternativ und
sehr passend: 2 EL Japanische Ingwersauce aus dem Asienladen)

Wie es gemacht wird:

1. Zunächst erprobe ich meine »Messerkunst«: Am besten geht es mit leicht gefrorenem Fleisch, das ich ohne viel Aufwand in 5 cm lange, ca. 1/4 cm breite und hohe Streifen schneide.

2. Dann gebe ich 1 TL Speisestärke und ein Ei über das Fleisch. Wichtig ist das Vermischen der Zutaten – und das Stehenlassen danach. So dringen Stärke und Ei in die Fleischfasern ein, machen sie weich und elastisch.

3. Wieder wird meine Messertechnik gefordert: Die Porreestange muss nun in schmale Streifen geschnitten werden. Ich zerteile den grünen Stängel erst in 5 cm lange Stücke, dann halbiere ich die Abschnitte und schneide sie zuletzt in Streifen.

4. Zusammen mit Ingwersauce oder fein gehacktem Ingwer gebe ich etwas fein gehackten Porree in eine Schale mit Wasser und lasse die Mischung vor sich hin ziehen.

5. Ich erhitze reichlich Öl in Wok oder Pfanne und lasse dieses sehr heiß werden. Unter gewaltigem Zischen gebe ich das Fleisch hinein. Die Poren schließen sich sofort. Ich rühre 3 Minuten lang und nehme die weißen Fleischstreifen aus dem Wok.

6. Wieder Öl in die Pfanne – dann die süße Enten-Sojapaste hinein. Ich lasse die Paste sich mit dem Öl verbinden, gebe dann die Ingwer-Porree-Lösung aus der Schale hinzu. Die Sauce lasse ich leicht andicken.

7. Nun gebe ich das Fleisch in die Sauce – brate es mit der Saucenmischung unter starkem Rühren so lange, bis die Sauce sich mit dem Fleisch verbunden hat und tief in die Fleischfasern eingedrungen ist.

8. Die dunkelbraunen Fleischstreifen richte ich auf einem Teller an, gebe die frischen grünen Porreestreifen darüber – fertig! Und ich freue mich darüber, wie hübsch und lecker ein Willkommensgruß aus Chinas Hauptstadt sein kann.

G ut gesichert, aber mit knurrendem Magen verließ ich den Bahnhof, bestieg ein Taxi und sagte: »Trommelturm.« Der kahlköpfige Taxifahrer nickte, nuschelte im breiigen Peking-Idiom irgendetwas Beiläufiges und fuhr los. Schon bei der Aussprache verfügten Pekinger über ein anderes »Mundgefühl« als die Shanghaier. Die Großstädter aus dem Süden konnten in spitzem Zungenstakkato auf den wehrlosen Gast einreden. Das klang manchmal so, als wollten sie mit der Zunge jedes Reiskorn herauspicken, das sie verspeisten. Der Pekinger hingegen schien stets etwas breit zu zermahlen – der Taxifahrer klang, als kaue er permanent auf einem Stück Knoblauch und zur Abwechslung auch mal einen Kaugummi.

Reicher Einsatz von Zunge und Kauwerkzeug schon beim Sprechen versprach jedenfalls Esskultur, und am Trommelturm sollte man nach Alt-Pekinger Art frühstücken können. Da fiel mir Li ein, mein alter Freund, den es aus dem Süden in den Norden verschlagen hatte. Li kochte gern selbst und war stets um mein leibliches Wohl besorgt, wenn ich nach Peking kam. Als »Südmensch« war er fest davon überzeugt, dass Pekings Alltagsküche ein kulinarisches Desaster war. Wer so urteilte, war entweder voller Vorurteile oder musste viel probiert haben. Also wählte ich Lis Telefonnummer.

Ich hatte mein Kommen nicht angekündigt und hatte Glück. Li nahm ab. Als er von meinem Vorhaben hörte, fragte er mitleidig: »Frühstücken nach Alt-Pekinger Art? Zum Trommelturm? Ja, du musst wissen, was du tust, schmeckt eigentlich fürchterlich.« »Warum?«, fragte ich. »Das wirst du schon sehen«, meinte er nur. Ich redete auf ihn ein, versuchte ihn zu überreden, mich zu begleiten. Schließlich sagte er zu: »Also gut, aus alter Freundschaft verderbe ich mir gemeinsam mit dir den Magen. Wir treffen uns dort.« »Wo genau?«, fragte ich. »Gib mir mal den Taxifahrer«, sagte Li. Ich reichte mein Handy weiter an den Fahrer, der immer wieder ein »Ich weiß, ich weiß« und »Gut, gut, gut« grunzte, mir das Handy zurückgab, rülpste und sich in den Verkehr einreihte. Knoblauchduft verbreitete sich im Fond des Taxis. Unfreiwillig hatte ich so die Grundsubstanz der Pekinger Volksküche entdeckt.

Peking am Morgen, noch in der letzten Stunde des Berufsverkehrs, das ist ein einziger Fluss aus Blech, der träge in riesigen, ringförmigen Bahnen um monströse Stahlbetonblöcke mit futuristischen Glasfassaden, um riesige Werbetafeln internationaler Konzerne und um alte Plattenbauten im spätsowjetischen Stil mäanderte. Der Taxifahrer schimpfte im breiten Dialekt über die Fahranfängerin vor ihm, und der texanisch anmutende Lokalakzent passte zu dem breiten Asphaltband, auf dem wir uns mit abertausend anderen Autofahrern – mal stockend, mal fließend – vorwärtsschoben. Mein Magen knurrte im Takt des Stop-and-Go. Auch die Stadt war ganz anders als Shanghai. Ihre Planer hatten sie für die Herrscher Chinas entworfen, die im Innersten wie eine Spinne im Netz saßen und von dort aus Stadt und Land regierten. Zur einfachen Orientierung und Ansiedlung der Bewohner war alles in Rechtecken und Quadraten angelegt – mit Straßen, die rücksichtslos von Ost nach West und von Nord nach Süd verliefen. In neuester Zeit war dieses Gitter von Ringen durchkreuzt worden, die neue Verbindungen in der Megastadt schufen. Auf einem solchen Ring waren wir unterwegs.

Von einer Altstadt war weit und breit nichts zu sehen, bis das Taxi plötzlich das graue Asphaltband verließ und vor uns ein wuchtiger Turmbau stand, der aus längst untergegangenen Zeiten stammte. Der Trommelturm.

Das Taxi hielt schräg gegenüber dem alten Bauwerk, der Taxi-fahrer streckte eine Hand aus und meinte: »Hier.« Mehr brauch-te er nicht zu sagen. Das kleine Restaurant in dem alten Ziegel-gebäude schien voll. Menschen, die definitiv keine Touristen waren, drängten hinein oder wieder hinaus. »Gebratene Leber nach Art eines gewissen Yao«, versprachen breite Schriftzeichen über dem Eingang. In Peking war alles viel breiter als in Shang-hai – selbst die Schriftzeichen. Das hatte Li also gemeint: Inne-reien zum Frühstück! War das Pekinger Frühstückskultur? Mein Hunger verzog sich ein wenig. Ich zahlte und stieg aus. Dann sah ich Li, der bereits auf mich wartete. »Willkommen in Alt-Peking« grinste er, »hoffe, dein Bauch fühlt sich gut.« »Er braucht etwas«, erwiderte ich, »ob er allerdings mit gebratener Leber klarkommt, weiß ich nicht.« »Du hast es so gewollt«, meinte Li.

Im Innern zog sich eine lange Schlange von der Tür bis zur Es-sensausgabe. Ich schaute mich um und den schmatzenden Gästen auf die Teller und Schalen. Li kommentierte: »Das ist *chaogan'er*, Leber in dicker Sojasauce mit ein wenig Schweinedarm. Dort aus den größeren Schalen kannst du eine dicke Suppe bekommen, die sich ›Über Feuer Gebratenes mit in Sojasauce Gekochtem‹ nennt.« »Was wird da so zusammengekocht?«, fragte ich – arg-wöhnisch geworden. Li grinste: »Schweinedarm und Schweine-lunge. Die Pekinger stehen auf Inneres – schon zum Frühstück.« »Aha«, meinte ich und dachte an die Abscheu heutiger Deutscher gegenüber Innereien. Saure Nierchen und Leber mit gebratenen Zwiebelringen war definitiv etwas für die Generation meiner El-tern und Großeltern. Hier hingegen löffelten Zehnjährige ohne zu murren ihre dicke Innereien-Frühstückssuppe.

Der Mensch in China ist eben ein echter Omnivore. Alles Ess-bare, besonders vom Schwein, wird sorgsam verwertet und kommt in irgendeiner Form auch auf den Tisch, während den meisten Europäern schon eine Gänsehaut über den Rücken läuft, wenn wir nur an Herz, Leber, Nieren, Lunge oder gar Hirn und Därme der vierbeinigen Fleischlieferanten denken. In Peking jedoch zählten diese inneren Werte, über deren Herkunft und Schadstoffgehalt sich kaum jemand Gedanken machte. Es galt die

Devise: »Wenn ich wählen kann, interessante Dinge zu essen und dabei schleichend vergiftet zu werden oder mir vor lauter Bedenken um Sicherheit in der Nahrung Magen und Seele zu verderben, dann setze ich mich doch lieber dem Vergiftungsrisiko aus.« Hier führten diese klare Entscheidung zu Wartezeiten vor der Essensausgabe und die Nachfrage nach Innereien in China zu Engpässen bei der europäischen Schlachthofindustrie. China aß, was Europa wegwarf – immerhin ein globalisierter Akt der Vorbeugung von Verschwendung.

Li hatte das Schlangestehen übernommen und bedeutete mir, einen der soeben frei werdenden Tische zu besetzen. Die nicht endende Schar der Frühstücksgäste erforderte entschlossenes Handeln. Wer sich nicht blitzschnell auf einen freien Platz stürzte, musste warten oder sein Frühstück im Stehen löffeln.

Ich war schnell genug gewesen und hatte zwei Plätze an einem winzigen Tisch ergattert. Sekunden später setzte sich eine ältere Frau dazu und begann zu essen. Ich fragte sie nach ihrem Frühstück:

»*Baozi*-Knödel und in Soja Gekochtes«, antwortete sie bereitwillig. »Haben Sie schon probiert?«

»Mein Freund steht noch in der Schlange. Ich bin gespannt«, entgegnete ich unsicher.

»Das hier«, sagte die Frau und deutete auf die beiden Schalen, die vor ihr standen, »scheint einfach, aber so simpel wie es scheint, ist es nun auch wieder nicht.«

Und sie erzählte weiter: »Peking ist die Stadt der Herrscher und des einfachen Volkes, schon seit Jahrhunderten. Die Rezepte für vieles, was die einfachen Menschen hier essen, fanden ihren Weg von den Herrschenden in unsere Volksküche, manche sogar direkt aus der Verbotenen Stadt. Hätten die Kaiser alles für sich behalten und die Eliten Chinas nicht immer wieder neue Gerichte erfunden, gäbe es unser Land vielleicht schon nicht mehr. Zumindest hätte unsere Geschichte ganz anders verlaufen können.« Meine Neugier wuchs: »Sind Sie Food-Journalistin?« »Ja«, antwortete sie, »ich schreibe für ein großes Magazin über die Pekinger Küche.«

Mittlerweile war Li erfolgreich gewesen, stellte mir eine Schale mit gebratener Leber nach Pekinger Art und eine Schale mit Innereien in Sojasauce vor die Nase. Gut eingedickt mit Speisestärke. Das Neonlicht der Alt-Pekinger Frühstücksstube spiegelte sich auf der Speisenoberfläche. Ich zögerte, dachte kurz an einen Cappuccino und ein knuspriges Frühstücksbrötchen.

»Probieren Sie doch erst einmal«, sagte die Frau und mit einem Blick auf Li fügte sie hinzu: »Ich habe mich gerade mit Ihrem ausländischen Freund unterhalten. Kommen Sie öfter hierher?« »Nein«, sagte Li, »ich bin kein großer Fan der Alt-Pekinger Küche.« »Sie kommen aus dem Süden«, sagte sie, »das hört man gleich.«

Ich probierte aus beiden Schalen. In beiden Fällen übertönte Knoblauch den Eigengeschmack von Leber, Darm und Lunge. Das »Zusammengeköchelte« hatte eine säuerliche Note. Dazu aßen wir baozi-Knödel, die an die kleinen xiaolong-Klößchen von Shanghai erinnerten, ebenfalls gedämpft, aber größer, runder und mit mächtigerer Teighülle. »Nun?«, fragte die Küchenexpertin. »Gewöhnungsbedürftig«, meinte ich. »Die Knödel schmecken aber sehr gut.« Sie lachte.

»Nun erzählen Sie doch die Geschichte, die Sie beginnen wollten.«

»Ah richtig. Beginnen wir doch mit den baozi-Knödeln, die wir Pekinger ohne Füllung auch mantou nennen. Wissen Sie, dass sie ein Massaker verhinderten?« »Nein«, erwiderte ich. Li lachte, er schien die Fabel zu kennen. »Sie kennen die Geschichten von General Zhuge Liang?«, fuhr sie fort. »Ich weiß davon«, sagte ich, »jedenfalls einer der schillernden Armeeführer und Strategen Chinas. Er lebte im 2. Jahrhundert zu einer Zeit, als das Kaiserreich der Han unterging. Mittlerweile ist er so eine Art Comic-Held geworden, ein chinesischer Superman.« Sie nickte und erzählte: »Als Zhuge Liang mit seiner Armee einst an einen Fluss kam, verwehrte ihnen der wilde Strom den Übergang. Der Wind hatte die Fluten aufgewühlt, und der Strom war angeschwollen von heftigen Regenfällen. Die kampferprobten Recken fanden keinen Übertritt, sosehr sie es auch versuchten. Ein gefangener Barbarenführer aus dem fernen Süden kam auf eine Idee: Er forderte sieben mal sieben Menschenopfer, um die Götter und damit die Wassermassen zu besänftigen. Sieben galt als glückliche Zahl, multipliziert mit sich selbst konnte das Glück nicht ausbleiben. Der Tod von 49 Menschen schien unausweichlich.

Doch der General scheute davor zurück – zu viele waren schon in den Kämpfen gefallen. Er überlegte angestrengt, wie man die Götter des Stromes weniger blutrünstig besänftigen konnte. Ein Opfer musste her, aber Menschen abschlachten? Da kam General Zhuge die rettende Idee. Er wies seine Soldaten an, ihre Pferde und Lastrinder zu schlachten. Das Fleisch der Tiere wurde kleingehackt und in große Teigklumpen gefüllt, die man zu großen Teigbrötchen formte. Wer nicht allzu genau hinsah, den erinnerten diese riesigen, runden Dampfnudeln an Menschenköpfe. Nahrhaft waren sie außerdem. Als die Dampfnudeln fertig waren, opferte der Heerführer sie höchstpersönlich den Himmelsbewohnern und versenkte die falschen Häupter in den Fluten. Und siehe da – die Götter bissen an: Mit einem Male klärte sich das Unwetter auf, die Fluten des Stromes besänftigten sich, und das Heer konnte endlich den Übertritt wagen. Sicher langte man schließlich in den heimischen Gestaden an.

Später nannte man die Knödel *manshou* oder ›Barbaren-Häupter‹, weil es doch ein Barbarenführer gewesen war, der Zhuge Liang den Ratschlag mit den Menschenopfern gab. Aus dieser Bezeichnung entstand das spätere Wort *mantou*, das man noch heute in ganz China kennt. Es ist von der Bedeutung eher identisch: ›Barbaren-Köpfe‹.«

»Leicht zu täuschen, die chinesischen Götter«, meinte ich, »und die Teigköpfe des Generals Zhuge waren das Vorbild für diese Frühstücksklößchen?«, fragte ich. Die Journalistin nickte. »Aber die hier heißen doch *baozi* und nicht *mantou*«, warf ich ein. Li lachte: »Du kommst doch aus Shanghai. Da heißen auch die gefüllten Klößchen *mantou*, genau wie zu Zeiten Zhuge Liangs. Nur im Norden macht man den Unterschied. Das Wort *baozi* ist aber erst viel später entstanden, in der Song-Zeit, im 11. Jahrhundert. Die Nordleute sind eben spitzfindig bei Teiggerichten. Wären sie es doch auch beim Reis, dann schmeckte das Pekinger Essen besser.«

Ein Rezept zur Täuschung der Mächtigen, im Falle des Generals Zhuge zur Täuschung der Götter. Schon am Frühstückstisch tauchte in Peking die Politik auf. Zhuge Liangs politikwirksames *mantou*-Rezept verbreitete sich jedenfalls rasch und verband in den nachfolgenden Jahrhunderten die Völker. Sowohl das *mandu* aus Korea, das *manju* aus Japan als auch das *manti* Zentral- und Westasiens gehen angeblich auf die Barbaren-Köpfe des Zhuge Liang zurück. Besonders die Turkvölker Zentralasiens begeisterten sich für die gefüllten »Teigköpfe«. Sie variierten das Rezept immer wieder und brachten es aus Chinas heutigem Nordwesten, der Provinz Xinjiang, über die Steppe bis an den Rand Europas, nach Westanatolien.

Mitteleuropäische Knödelfreunde werden unschwer eine gewisse Ähnlichkeit der geliebten Mehlspeise mit *mantou* und *baozi* entdecken, doch es gibt keine gesicherten Hinweise darauf, dass im Heiligen Römischen Reich deutscher Nation einfallende Osmanen das Rezept des *manti* nach Bayern oder Österreich brachten. Allerdings wurde die Dampfnudel in Bayern erstmalig 1811 erwähnt, also nach den Türkenkriegen, die seit dem 16. Jahrhundert Europa in Atem hielten.

SÜßE GÖTTERTÄUSCHUNG

Ich bin im Norden. In Chinas Weizenland. Reis hat hier eine Randbedeutung. Statt in Reiskuchen habe ich mich hier in die Mantou-Dampfbrötchen verliebt, die, leicht gesüßt und oft mit Vanillesauce gereicht, ein wunderbares Dessert abgeben und zum überall verbreiteten Kaffee passen. General Zhuge Liang konnte mit der ungesüßten Variante bereits die Götter täuschen, was hätte er erst mit der süßen Variante seiner Nachfahren erreicht?

Was ich dazu brauche:

500 g Weizenmehl

15 g Trockenhefe

1 EL Zucker

eine Messerspitze Salz

120 ml lauwarmes Wasser

250 ml kaltes Wasser

2 Bambusdämpfkörbe

Öl (für die Pfannenversion)

Vanillesauce

Wie es gemacht wird:

1. Zunächst stelle ich den Mantou-Teig her: ein klassischer, sehr einfacher Hefeteig aus Mehl, Wasser, Hefe, Zucker und einer Prise Salz. Die Hefe löse ich im warmen Wasser auf und gebe sie in eine Schüssel zum Mehl. Das wird mit dem kalten Wasser zu einem Teig angerührt. Der Hefeteig bleibt für vier Stunden stehen.

2. Den leicht glänzenden, aufgegangenen Teig forme ich in längliche Rollen, die ich dann in rund 3 cm breite Teigstücke zerteile.

3. Die rohen Teigstücke lege ich in die beiden Dämpfkörbe, die mit Backpapier ausgelegt werden. Die Körbchen setze ich in einen wassergefüllten Wok, dämpfe sie 10 Minuten lang über großer Flamme, lösche das Feuer und nehme die Körbchen nach weiteren 5 Minuten aus dem Wok.

4. Ich liebe besonders die knusprig angebratene Variante aus Wok oder Pfanne. Dazu brate ich die Dampfbrötchen in Öl auf kleiner Flamme ein paar Minuten lang beidseitig goldbraun an.

5. Gedippt in Vanillesauce, ist das Ergebnis sogar würdig, eine Tee- oder Kaffeetafel zu bereichern.

Dank der leckeren Teigklößchen hatte ich mein dickes Süpp-chen zur Hälfte verzehrt. Li beobachtete mich mitleidig, verbiss sich aber jeden Kommentar. Unsere gesprächsfreudige Bekanntschaft hatte längst gefrühstückt und fuhr fort zu erzäh-len: »Das in Sojasauce Gekochte hat ebenfalls eine interessante Geschichte. Sie geht zurück auf Chinas großen Kaiser Qianlong und wird Ihrem chinesischen Freund hier Genugtuung bereiten.«

»Wie das?«, fragte ich.

»Qianlong, der von 1736 bis 1795 fast 60 Jahre lang regierte, mochte den Süden. Man schrieb das Jahr 1780, als der Kaiser wie-der einmal auf Inspektionsreise war. Nach der Ankunft in Suzhou verspürte er wirklichen Appetit. Geduldig ließ er Empfänge und Zeremonien über sich ergehen. Doch kaum war das vorüber, ließ sich Qianlong zu seinem Stammrestaurant mit Namen Chen Yuan Long tragen. Küchenchef Zhang Dongguan kannte seinen Herr-scher von früheren Besuchen und hatte sich auf dessen Geschmack eingestellt. Qianlong liebte besonders eines sehr: Schweinebauch-fleisch, das in einem besonderen Sud mit weiteren acht Zutaten gekocht wurde. Zhang Dongguan kochte es, so gut er konnte, wusste er doch, dass er bei weniger als Topqualität seinen Kopf einbüßen würde. Der Kaiser war immer wieder begeistert. Diesmal wollte er sich des Genusses auch bei Hofe versichern und rekrutier-te Küchenchef Zhang als Hofkoch. Der Beförderte folgte seinem Herrscher nach Peking. Die Karriere Zhangs als einer der Starkö-che des Kaiserhofs begann. Das Schweinefleisch, seine Spezialität, verfeinerte der maître immer weiter. Bald wurden Brühe und Fleisch als ›Bouillon de Suzhou‹ und als ›Schweinebauch nach Suzhouer Art‹ am Hofe berühmt.« Sie unterbrach sich und sagte zu Li:

»Sie sehen, ohne den Süden hätte die Palastküche hier in Peking nie funktioniert.«

»Selbstverständlich nicht.«

»Dann«, fuhr sie fort, »kamen die Kopisten. Die kamen irgend-wie an Zhangs Rezept und schmuggelten es aus dem Palast he-raus.« Plötzlich klingelte das Handy der Erzählerin. »Ich komme sofort«, beendete sie schnell das Gespräch. »Ich muss leider ge-hen – dringender Termin«, sagte sie.

»Schade«, bedauerte ich, »ich hätte sehr gern gewusst, wie es weiterging mit Zhangs Schweinebauch-Rezept.«

»Dann kommen Sie doch heute Abend um sechs zum Nachtmarkt am Donghua-Tor«, schlug sie vor, »dort essen wir ein paar Imbisse, und ich erzähle Ihnen, wie es weiterging.«

Und dann war sie so schnell verschwunden, wie unser Gespräch entstanden war. Li warnte: »Der Nachtmarkt am Donghua-Tor ist mittlerweile ein riesiger Touristenmagnet.«

»Aber die Geschichte ist gut«, entgegnete ich.

Pünktlich um sechs fand ich mich am Beginn des Marktes ein. Hier herrschte geschäftiges Treiben, Köche und Bäcker standen einträchtig nebeneinander, priesen lauthals ihre Spezialitäten an, die aus ganz China stammen sollten. Touristen schlenderten neugierig von Stand zu Stand, probierten hier und da. Das Ganze wirkte wie ein Jahrmarkt, der sich jeden Abend zu Beginn der Dämmerung wiederholte.

»Freut mich, Sie zu sehen«, rief plötzlich eine Stimme hinter mir. Ich fuhr herum und stand meiner neuen Bekanntschaft gegenüber. »Lassen Sie uns etwas essen und ich erzähle Ihnen dabei.« Meine Wahl fiel auf verführerisch duftende Lammfleischspieße, während meine Partnerin sich, wie schon am Morgen, eine Schale »Geköcheltes« bestellte. »Mal sehen, was sie hier daraus gemacht haben«, sagte sie, und dann, »na ja – ist eben für die Touristen.«

Die Spieße waren lecker, und kauend lauschte ich den folgenden Erklärungen: »Hier stand einst das Donghua-Tor, eines der Osttore der inneren Stadt, wo die privilegierte Elite, die hohen Mandschu-Beamten, lebten. Die hatten Geld und wollten gut essen. So schmuggelten findige Leute Zhangs Geheimrezept aus der kaiserlichen Küche hinaus und eröffneten hier die ersten Stände und Imbissstuben, die alle nur eines anboten: ›Schweinefleisch, gekocht nach Suzhouer Art‹ des Hofkochs Zhang Dongguan.

Doch zunächst war nur die privilegierte Oberschicht Kunde für diese Spezialität. Das einfache Volk konnte sich das teure Gericht nicht leisten, weil es aus ausgesuchten Stücken Schweinefleisch bestand. Viel später, nach dem Niedergang des Mandschu-Kaiser-hauses, hatte ein findiger ›Suzhou-Fleisch‹-Koch schließlich die zündende Idee. Er hieß Chen Yutian, und bereits sein Vater hatte mit ›Schweinefleisch Suzhouer Art‹ sein Geld verdient. Der junge Chen hatte beobachtet, wie viele einfache Leute um ihr Geschäft herumstrichen und sehnsuchtsvoll auf die fleischgefüllten Scha-len starrten, die der Vater an die Reichen verkaufte. Er überlegte, wie er etwas für das Volk tun und gleichzeitig das gute, aber be-schränkte Geschäft des Vaters ausbauen konnte. Chen Yutian er-setzte das teure Schweinefleisch durch preiswerten Schweinskopf und Schweinedarm, ließ die Rezeptur der Brühe aber weitgehend unverändert. So verbilligte sich der Preis erheblich, während der Geschmack gleich blieb.

Chens Idee war ein voller Erfolg. Vor seinem Stammladen in der Nähe des Xuanwu-Tores standen die Menschen Schlange. Das wuchtige Stadttor bildete traditionell die Schnittstelle zwischen der inneren Stadt der Regierenden und der äußeren Stadt der Re-gierten. Führende Politiker der Republikzeit verkehrten hier. Sie kamen bei Chen vorbei und probierten sein ›Geköcheltes‹. Moch-te der gesellschaftliche Stand der Gäste noch so unterschiedlich sein, der gemeinsame Geschmack verband Chinas Elite mit dem Volk. Prominente und einfache Leute, die schöne Kurtisane und Onkel Wang von nebenan, sie alle waren auf Chens Gericht ver-sessen. Das starke Interesse der Öffentlichkeit ließ seinen Topf ständig vor sich hin kochen. Dadurch verbesserte sich der Ge-schmack des Gerichts weiter, denn nur eine Suppe, die durch neue Zutaten sich ständig bereichert, kann es zu Ruhm bringen.

Auch nach Maos Revolution riss die Schlange esslustiger Pe-kinger vor Chens Geschäft nicht ab. Mit Blechtöpfen stand man am Abend an und ließ sich diese mit der begehrten Speise füllen. Chens ›in Sojasauce Gekochtes‹ gab es nur als Abendessen. Die Ungeduld der Kunden, die nicht immer bis zum Abend auf ihr neues Leibgericht warten wollten, führte später dazu, dass das Ge-richt schon am Morgen angeboten wurde.

Inzwischen läuft das Geschäft mit dem ›Kleinen Schweinedarm nach Art des Herrn Chen‹ bereits in vierter Generation und ist als ›Xiao Chang Chen‹ ein fester Bestandteil Pekinger Esskultur. Allerdings klappte der Fortbestand der Marke nicht reibungslos. Als Chen Yutian 78 Jahre alt geworden war, fühlte er sich dem Stress des Restaurantbetriebs nicht mehr gewachsen, bis zuletzt hatte er persönlich die Zutaten portioniert und die Brühe zubereitet. Niemand wollte das Geschäft weiterführen.

Mittlerweile aber war Chens ›Geköcheltes‹ aus Peking nicht mehr wegzudenken. Zahllose Politiker und Prominente hatten das Gericht probiert und waren begeistert. Chinas berühmtester Opernsänger Mei Lanfang (1894–1961) galt als großer Fan. Nach jeder Aufführung suchte er am Abend Chens Restaurant auf und gönnte sich eine Schale. Der Duft der Speise inspirierte den Sänger und ließ ihn entspannen. Ohne Chen kein entspannter Opernstar und damit keine erfolgreiche Pekingoper! Chens Gericht, das den Geschmack des Kaiserhauses mit dem des Volkes verbunden hatte, durfte nicht sang- und klanglos verschwinden. Auch nicht in Zeiten von Volkskommunen und Sozialismus. Die kommunistische Führung der Stadt subventionierte das Gericht, worauf sich Chens Tochter Xiufang entschloss, das Geschäft ihres Vaters weiter zu betreiben. Sie war erfolgreich. Nun wurde daraus eine Kette mit 10 Niederlassungen in ganz Peking.«

Damit schloss die Erzählerin. Während ihres Vortrags hatten wir dies und jenes probiert, Fladen aus der Provinz Shandong, gebratene Nudeln aus dem Süden und Lammfleischspieße aus der nahen Inneren Mongolei, die zur Volksrepublik gehört. Wir waren am anderen Ende des Marktes angelangt, und meine Bekannte verabschiedete sich.

Ich machte mich auf den Weg zurück zu Li, bei dem ich wohnte, und dachte über Chen Yutians Geschichte nach. Wenn auch sonst die Herrschenden und das einfache Volk über Jahrhunderte hinweg nicht viel verband und Demokratie in China bisher nicht erfolgreich war, so knüpfte doch der Geschmack guten Essens feste Bande zwischen oben und unten. Was einst des Kaisers war, hatte seinen Ursprung in der Volksküche und wurde aus dem

Herrscherhaus wieder zum Volke getragen. Wenn das gelang, war das Volk zufrieden, die Herrscher konnten weiter regieren und der Staat blieb stabil.

Das Bankett der Tausend Greise

Die Spur war gelegt. Ich begann meine Suche nach Chinas Politik des guten Essens. Dazu bedurfte es zunächst eines Ausflugs in die Geschichte. Die U-Bahnfahrt wurde zu einer Zeitreise von einer guten halben Stunde Dauer. Ich hatte Pekings Unterwelt an der Station »Peking-Universität« verlassen; nach einigen Minuten Fußweg stand ich in einem weitläufigen Park, der »Garten des entfesselten Frühlings« genannt wurde.

Der Park war alt und stammte aus der Blütezeit der Mandschu- oder Qing-Dynastie vor rund 300 Jahren. Studenten der direkt neben dem Park gelegenen Universität saßen auf Steinmäuerchen und widmeten sich ihrem Mittagessen, Fastfood einer bekannten Fleischklops-Bräterei. Ebenso achtlos, wie die Hungrigen ihre Fleischbällchen verschlangen, warfen einige von ihnen die Verpackungen ihrer Mittagsmahlzeit ins Gras. Ein leichter Wind trieb die bedruckten Papierknäuel in meine Richtung. Von einer nahe gelegenen Mittelschule drangen Stimmen fleißiger Schüler herüber, die im Chor englische Vokabeln memorierten. Nichts deutete mehr darauf hin, dass genau hier einst ein Kaiser residiert und das opulenteste Bankett der chinesischen Geschichte zelebriert hatte.

Während der von 1654 bis 1722 dauernden Regentschaft Kaiser Kangxis bildete der »Garten des entfesselten Frühlings« das inoffizielle Zentrum der Macht. Mehr als eine Jahreshälfte verbrachte Kangxi jeweils in seinem hier gelegenen Sommerpalast. Er hielt sich darin weit lieber auf als in der von Zeremonien und Ritualen erstarrten Verbotenen Stadt.

Man schrieb das 52. Jahr seiner Regentschaft, das Jahr 1713 nach europäischer Zeitrechnung. In wenigen Tagen, am 4. Mai, sollte des Kaisers 60. Geburtstag mit einem prunkvollen Bankett gefeiert werden.

Der Hof war in heller Aufregung, denn der Kaiser war Perfektionist und hatte die Ausrichtung eines ganz besonderen Mahls befohlen: Eine nie dagewesene Tafel sollte es sein, die alle Köstlichkeiten der Mandschu- und der Han-Chinesen präsentierte und an Pracht, Glanz und Finesse nicht zu überbieten sei.

Die Palastküche lief auf Hochtouren. Chinas beste Köche waren damit beschäftigt, das gewaltige Essensritual vorzubereiten, das drei Tage dauern sollte. Geladen waren hohe Beamte und Militärs, sofern sie über 65 Jahre alt waren. Neben dem gesellschaftlichen Rang waren 65 Lebensjahre die Grundbedingung, um Würdenträger bei Hofe zu werden und damit an diesem Bankett teilzunehmen. Dem Alter wurde im konfuzianischen China stets Hochachtung gezollt.

Nun strömten die Geladenen in die Hauptstadt. Manche hatten monatelange Ritte und aufreibende Karawanenzüge aus dem äußersten Nordwesten hinter sich, um 3000 Kilometer weiter östlich dem Herrscher aufzuwarten. Sofern sie in ihrem hohen Alter noch Amtsträger waren, hatten sie die Amtsgeschäfte an ihre Stellvertreter übergeben.

Am Hofe selbst war alles in Bewegung. Das Ritenamt hatte auf Anordnung des Monarchen verfügt, dass alle Söhne und Enkel des Kaisers, die zwischen 10 und 20 Jahre alt waren, die Gäste des Banketts bedienen sollten. Das entsprach dem Hauptprinzip der konfuzianischen Gesellschaftsordnung: Die jüngere Generation hatte stets der älteren Pietät und Hochachtung zu erweisen, während umgekehrt die ältere Generation dafür Sorge trug, dass Staat und Familie funktionierten und damit stabil blieben. Das Verhalten wird *xiao* genannt und war das Ordnungsprinzip der chinesischen Gesellschaft. Die Familie steht im Zentrum – ist die Familie intakt, dann droht auch der Stabilität des Staates keine Gefahr.

Die familiäre Rangordnung der Kinder und Kindeskinder des Kaisers entschied darüber, wer wen beim Bankett bediente. Instruiert wurden sie von den kaiserlichen Eunuchen. Die kaiserlichen Beamten trugen bereits seit Wochen ihre Zeremonialroben, um auch äußerlich zu zeigen, dass das Jahr 1713 ein ganz besonderes war. Schmuckgirlanden aus bunten Bändern kündeten das Ereignis an. Sie zogen sich über eine Länge von rund 20 Li oder zehn Kilometern vom Xizhi-Tor, der nordwestlichen Begrenzung der äußeren Stadtmauer, bis zur Sommerresidenz im Changchun-Garten.

Schließlich kam der 4. Mai, und das Geburtstagszeremoniell, das vor den kaiserlichen Hallen des Changchun-Gartens abgehalten werden sollte, konnte beginnen. Kangxi hatte eigens zu diesem Tag ein Gedicht verfasst, dem er den Titel »Das Bankett der Tausend Greise« gab. Das war eindeutig untertrieben. Um dem Mandschuren Kangxi zu huldigen, hatten sich 4240 Tafelgäste eingefunden, darunter alle wichtigen Würdenträger der hanchinesischen Mehrheit im Reich. 1846 Teilnehmer waren 65–70 Jahre alt, 1823 zählten 71–80 Jahre. 538 Mandarine und Gesandte waren 81–90 Jahre alt. Sogar 33 Männer, die bereits ihren 90. Geburtstag begangen hatten, waren zur größten Tafel aller Zeiten erschienen.

Im Osten und Westen des Areals vor der kaiserlichen Residenz hatte man je 400 Tische aufgestellt. Je höher ein Gast im Rang war, umso näher am Herrscher wurde er platziert. Dann erschien, von Trommelschlägen und ritueller Musik begleitet, der Kaiser. Kangxi entstieg seiner Sänfte und nahm Platz auf dem Thron gegenüber seinen Gästen. Die Musik verklang, die Spannung stieg. Jetzt verkündete der Minister, der eigens für den Ritus bei Hofe zuständig war, mit feierlicher Stimme den Ablauf der Zeremonie.

Die anwesenden Gäste zogen entsprechend ihrem Rang vor den Kaiser. Dann verbeugten sie sich dreimal vor dem Thron des Himmelssohnes und warfen sich neunmal zum Kotau in den Staub. Das Gleiche wiederholte sich vor den nächsthöheren Mitgliedern des Hofadels. Erst dann durften alle Gäste wieder zu ihren Plätzen zurückkehren. Kein Happen war bisher angerührt worden.

Als Nächstes ergriff der Kaiser das Wort: »Wir, der Kaiser, senden Euch zum heutigen Festbankett die Söhne und Enkel des Kaiserhauses, um Euch Wein zu kredenzen und mit Speisen zu bedienen. Bei Beginn des Banketts braucht Ihr Euch nicht zu erheben. So erweisen Wir Euch die gegenüber dem Alter angemessene Ehrerbietung.«

Wieder erklang Musik, und die Teezeremonie begann. Dazu bereitete der oberste Beamte der kaiserlichen Teestube dem Kaiser das belebende Getränk. Auch das Teetrinken war bei Hofe eine Verwaltungsangelegenheit. Nach Sitte der Mandschu, die vielen Han-Chinesen damals sicher zuwider war, trank der Kaiser Schwarztee mit Milch. Endlich durften die Gäste ihren Tee nehmen, unter gegenseitigen Verbeugungen und Dankesbekundungen schenkten die Tischnachbarn einander Tee ein. Verbeugung auf Verbeugung folgte, nur verzehrt wurde noch immer nichts.

Schon folgte der nächste Akt: Zwei Beauftragte der Palastküche platzierten einen reich verzierten »goldenen Drachentisch« vor dem Kaiser. Der Drache symbolisierte den Herrscher selbst, und der Tisch war ihm persönlich vorbehalten. Der oberste Minister der kaiserlichen Teestube, ein Entmannter wie viele der höchsten Beamten bei Hofe, trat erneut vor und kredenzte dem Herrscher farbige Speisen auf Tellern in Kaisergelb, ein Farbton, der ebenfalls allein dem Kaiser vorbehalten war. Gedämpftes, Gebackenes, Gebratenes, Fleisch- und Gemüsegerichte, Reis- und Nudelspeisen sowie Milchspeisen, denen die Mandschu im Unterschied zu den Han-Chinesen sehr zugetan waren, wurden neben gewaltigen Obstplatten aufgetragen. Riesige Vorhänge öffneten sich und so wurde das ganze Ausmaß der bereits aufgefahrenen Speisen sichtbar. Die höchsten Beamten und die ältesten Greise nahmen nun nahe dem Thron Platz.

Wer glaubte, dass ihm nun endlich aufgetragen wurde, irrte. Noch fehlte ein wichtiges Ritual eines jeden mandschurischen Banketts: das feierliche Wein-Zeremoniell. Auch dazu wurden besondere Tische in den Hof getragen. Nachdem Kangxi Wein eingeschenkt worden war, stieß der Kaiser mit den höchsten Beamten und den ältesten Würdenträgern persönlich an. Bevor der Kaiser die Weinschale hob, verbeugte er sich vor den Ältesten der Tafelrunde und verdeutlichte damit deren besondere Stellung in Staat und Gesellschaft.

Nun verlangte der Ritus die Demonstration des *xiao*-Prinzips, auf dem Gesellschaft, Tradition und Kaiserreich fußten: Den alten Herren im Palasthofe trugen Söhne und Enkel des Kaiserhauses ausgewählte Speisen und Wein auf. Sie mussten selbst bedienen. Erst danach verteilten Bedienstete Fleisch-, Fisch- und Gemüsegerichte, Reis und Reisbrei an alle Tafelgäste, Arien- und Opernsänger traten zur Unterhaltung der Gäste auf. Das war ein Brauch aus der Pekingoper. Bei der Aufführung wurden immer Speisen gereicht, um den sinnlichen Genuss der Zuschauer zu vervollkommnen. Wie das frühe europäische Theater war die Pekinger Oper eine Art Fest für alle Sinne – und keine feierliche Angelegenheit, die den Zuschauer zu ehrfürchtigem Schweigen verdammte.

Plötzlich brachen Musik und Gesang ab. Das Ende des Mahls war gekommen. Jener Beamte, der für den Ritus zuständig war, dirigierte die Gäste zur einfachen Verbeugung mit dreifachem Kotau. Das muss ein beeindruckendes Bild gewesen sein: Mehr als 4000 alte Männer verbeugten sich gleichzeitig vor ihrem Herrscher und warfen sich dreimal hintereinander in den Staub. Von Musik begleitet, bestieg der Kaiser die Sänfte und zog sich in seinen Palast zurück. Auch heute enden offizielle Empfänge in China ähnlich abrupt – auch wenn es keinen Herrscher mehr gibt, vor dem sich irgendjemand noch in den Staub werfen würde.

Das große Spektakel des 4. Mai 1713 war nicht das einzige Bankett zu Kaisers Sechzigstem. Für den inneren Kreis des herrschenden Mandschu-Adels folgten noch zwei weitere Empfänge. Am 5. Mai empfing man die Männer und am 6. Mai schließlich noch die Ehefrauen mit ähnlichen Banketten. Die Mandschu-Minderheit war nun einmal die herrschende Elite im Staate und brachte das damit zum Ausdruck, dass exquisite Bankett-Veranstaltungen mit dem Geburtstagskind allein ihnen vorbehalten waren. Insgesamt nahmen mindestens 7000 Personen an dieser größten Bankettveranstaltung des chinesischen Kaiserhauses teil. Damit erreichte Kangxis Geburtstagsfest zwar nicht die Dimension von 21 000 Gästen, die der französische Staatspräsident Émile Loubet zum größten Bankett aller Zeiten zum

Auftakt der Weltausstellung des Jahres 1900 in Paris einlud. Doch Kangxi ließ »lediglich« den Geburtstag des Herrschers feiern, um zu demonstrieren, wie Ritus und Essen bei Hofe den chinesischen Staat zusammenhielten. Die Idee, der Welt mit Hilfe eines Banketts zu zeigen, wer man war, war dem mandschurischen Kaiser fremd. Als Herrscher über das »Reich der Mitte«, das von den mongolischen Steppen bis an die tropischen Gestade Südostasiens reichte, hatte er das nicht nötig.

Harmonie auf dem Tisch des Himmels

Ich verließ den Garten und kehrte zurück zur U-Bahn-Station. Ein Freund hatte mich zum Mittagessen eingeladen: »Nichts Großes, nur ein paar Teigtaschen«, hatte er versichert. Nach knapp 25 Minuten erreichte ich die U-Bahn-Station Muxidi und verließ den U-Bahnschacht genau dort, wo ich vor rund 15 Jahren zum ersten Mal privat in China übernachten durfte. Damals studierte ich noch in Nanjing. Ein Besuch bei Eva Siao (1911–2001), einer Fotografin und bekannten Buchautorin mit interessanter Lebensgeschichte, die als junges Mädchen vom chinesischen Kaiser geträumt hatte und später ihr Leben mehr als 50 Jahre lang nach China verlegt hatte, erfüllte mich damals mit Stolz und Freude.

Beton war hier allgegenwärtig. Zur Linken des U-Bahnschachts zog sich eine Hochstraße entlang, vollgestopft mit Autos und kurz vor dem Verkehrsinfarkt. Zu ebener Erde hupte sich die Blechlawine in zwei weiteren Spuren im Schneckentempo dem Tian'anmen-Platz und der Verbotenen Stadt entgegen. Zur Rechten erkannte ich mein Ziel, einen typischen Plattenbau sowjetischer Bauart aus den 8oer Jahren. Hier, in der Fuxingmenwai-Straße 22, Eingang Nummer 3, hatte Eva gelebt, bis sie neunzigjährig im Jahre 2001 verstarb. Bis 1983 war sie mit Emi Siao, einem Schulfreund und Kampfgefährten Mao Zedongs, verheiratet gewesen. Einer ihrer drei Söhne, Vitja, wohnte noch immer hier und erwartete mich zum Mittagessen. Zweien ihrer drei Söhne hatten die

Siaos russische Vornamen gegeben. Das war in den frühen Zeiten der chinesischen Revolution durchaus üblich gewesen, damals war die Sowjetunion noch Bruderstaat und Vorbild.

In der Fuxingmenwai-Straße hatte sich sonst nicht viel verändert. Mitten im rastlosen China schien die Zeit stillgestanden zu haben. Nur die Zahl der Autos, die vor dem Wohnblock parkten, hatte sich vervielfacht. Die Aufzüge fuhren hier noch mit Bedienung, wie damals, in den 90er Jahren, als Aufzugchauffeur ein häufiger Job für Pekinger Frührentnerinnen war. Eine ältere Frau chauffierte mich auch diesmal nach oben. Im staubigen Flur der 14. Etage kam mir Vitja bereits entgegen. Ich hatte ihn vor vielen Jahren das letzte Mal gesehen, inzwischen war er über sechzig.

»Willkommen, willkommen«, begrüßte er mich auf Chinesisch. Ich betrat seine Wohnung mit dem großen Wohnzimmer und den vielen Büchern, die mir vertraut waren. Wie oft hatte ich hier mit Mutter Eva zusammengesessen und ihren Geschichten gelauscht. Vitja geleitete mich zum Esstisch, wo mich die nun schon erwachsene Tochter und seine Frau begrüßten. Wir redeten über vergangene Zeiten und über *jiaozi*, die kleinen Teighügel, welche auf drei großen Tellern appetitlich vor uns dampften. Dazu standen noch fünf oder sechs weitere Gerichte auf dem reich gedeckten Tisch. Ein kleines chinesisches Mittagessen eben! Zum Essen tranken wir Yanjing-Bier, das noch genau wie vor 15 Jahren in braune 640-ml-Flaschen abgefüllt war. Ich mochte dieses Stückchen gebraute Vergangenheit, weil es mich an Eva und ihre Zeit erinnerte. Wir kamen auf meinen Besuch im Changchun-Garten und das »Bankett der Tausend Greise« zu sprechen. Vitja wurde nachdenklich: »Du weißt, dass meine Mutter den letzten Kaiser Pu Yi, einen Nachfahren Kangxis, persönlich gekannt und fotografiert hat?« Ich nickte.

»Warte mal.«

Während Vitja ins Nebenzimmer ging, genoss ich meine *jiaozi*, die nach guter Pekinger Art reichlich mit Schweinefleisch und Chinakohl gefüllt waren. Genau so sollten gute Teigtaschen beschaffen sein. Fester, gut durchgekneteter Nudelteig umhüllte eine duftende Hackfleischfüllung, die, durchmischt mit frischem

Kohl, ausgesprochen saftig war. Biss man hinein, entfaltete sich sofort der Geschmack der Teig-Fleisch-Gemüse-Mischung, die weder zu trocken noch zu wässrig war. Das Einzige, was mir fehlte, war der aus der Heimat meiner Frau Dandan stammende Zhenjiang-Essig. Als echtes Südprodukt verstand er sich aufs Beste mit frischen nordchinesischen *jiaozi*. Der weniger aromatische Pekinger Essig konnte da nicht mithalten.

Die besten Teigtaschen stammen aus dem Nordosten Chinas, Pekings weiträumigem Hinterland nördlich der Großen Mauer, jener Mandschurei, aus der die Mandschu-Herrscher gekommen waren. Das war die Heimat von Chinas letzten Kaisern. Die Qualität nordchinesischer Teigspeisen verwundert nicht, hält man sich die geographische Nähe zu Russland vor Augen und die wahrscheinliche Verwandtschaft der *jiaozi* mit der Pirogge. Die Form der *jiaozi* und auch die zahlreichen gebratenen Varianten dieses berühmtesten chinesischen Imbisses – der Currywurst Chinas, erlaube ich mir als Deutscher zu behaupten – lassen den Verdacht aufkommen, dass über »Chinesisch-Sibirien«, wie man die Mandschurei wegen ihrer bitterkalten Winter auch bezeichnet, der kulinarische Austausch zwischen West und Ost florierte. Die Expertise der Steppenbewohner in Sachen gefüllte Teigtaschen hat eine lange Tradition.

Vitja kam mit einem alten Schwarzweißfoto zurück, das ich bereits aus einem von Evas Bildbänden kannte. Es war eine Aufnahme aus dem Jahr 1961 und zeigte Chinas letzten Monarchen Aisin Gioro Pu Yi als über Fünfzigjährigen in einem schlichten Mao-Anzug.

Der Ex-Kaiser saß in einem einfachen Korbstuhl und lächelte zufrieden. Er schien sehr schlank zu sein und kein Gramm Fett zu viel auf den Hüften zu haben. Ein Jahr nach der schrecklichen Hungersnot von 1960, die 30 Millionen Menschen den Tod gebracht haben soll, war das auch nicht weiter verwunderlich.

»Für diesen Mann«, erklärte mir Vitja, »wurde als Kaiser, der er einst als kleines Kind von fünf Jahren war, jeden Tag ein Staatsbankett ausgerichtet. Zwei Mal täglich bekam das Kind rund 30 Gänge vorgesetzt, darunter verschiedene Geflügelgerichte,

Innereien, *doufu*, Schweinefleisch und Gemüsesorten. Seine älteren Verwandten, wie die beiden Kaiserinwitwen Long Yu oder Cixi, die wahre Herrscherin in der Verbotenen Stadt, erhielten pro Person täglich zwei Mal eine sogenannte komplette Tafel der Mandschu- und Han-Gerichte. Das waren 108 Speisen pro Mahlzeit, die morgens zwischen 6 und 8 Uhr zur Frühtafel sowie mittags zwischen 12 und 2 Uhr zur Spättafel serviert wurden! Täglich wurden zwei Frauen und einem Fünfjährigen also zusammen rund 250 Gänge vorgesetzt – und nicht gegessen. Alles diente nur der Repräsentation und dem Hofzeremoniell, das den Wert eines Herrschers nach der Zahl der ihm servierten Gänge maß.« Vitja machte eine Kunstpause und verspeiste zwei *jiaozi* mit Essig.

»Das sucht seinesgleichen«, bestätigte ich, »selbst die berühmten Orgien des Römerkaisers Nero, der zwischen 37 und 68 nach Chr. die Steuern seiner Untertanen verfrühstücken ließ, wiesen lediglich um die 50 Gänge auf.« »In dem Punkt waren die chinesischen Kaiser weltweit wohl unschlagbar«, fuhr Vitja fort, »zumal diese Speisen nicht angerührt wurden. Allerdings war das meiste aufgewärmt und wohl auch nicht immer frisch. Wie Pu Yi schreibt, aß er als kleines Kind nur das, was ihm Kaiserinwitwe und kaiserliche Konkubinen aus ihren eigenen Küchen schicken ließen. Diese Gerichte wurden von Spitzenköchen täglich frisch zubereitet und machten nochmals die Kleinigkeit von 20 Gängen aus. Täglich. In seiner Biografie gibt der Ex-Kaiser ja auch eine Aufstellung der monatlichen Kosten und Mengen konsumierter Lebensmittel. Auf ihn, den fünf Jahre alten Kaiser, entfielen davon allein über 400 Kilogramm Fleisch, des weiteren 240 Enten und Hühner.« Ich rechnete: »Damit verbrauchte ein Kind in einem Monat fast ein Siebtel des Fleisches, das 21 000 Bürgermeister Frankreichs beim größten Bankett aller Zeiten vorgesetzt bekamen. Eine beeindruckende Menge. Na, der Kaiser musste ja noch wachsen, daher das viele Fleisch für ihn. Dick hat es ihn am Ende nicht gemacht.« Erneut blickte ich auf das alte Foto und den schlanken, fast dünnen Mann.

»Pu Yi hat meiner Mutter immer wieder erzählt, wie glücklich er als einfacher Mensch sei«, fuhr Vitja fort, »natürlich musste er das auch sagen. Aber er hat unter Mao genauso gehungert wie Millionen anderer Chinesen. Sie haben jahrelang nichts gegessen als Pflanzenstängel und Abfälle, die man irgendwie noch zusammenkochen konnte, ohne davon zu krepieren.« Extreme lagen in China oft direkt nebeneinander. Wer gestern noch ganz oben war, stürzte morgen entsprechend tief. Pu Yi hatte die verschwenderische Opulenz genauso kennengelernt wie bittere Hungersnot – und damit gleich doppelt die himmelsgleiche Bedeutung des Essens in China: zum einen als verschwenderisches Symbol für den Sohn des Himmels – zum anderen als Sehnsucht nach einer Schale Reis, die leider nicht vom Himmel fiel.

Ich verabschiedete mich von Vitja und seiner Familie, gesättigt von den guten *jiaozi*-Teigtaschen und nachdenklich gemacht von der Geschichte des letzten Kaisers von China. Nichts illustrierte dessen politisches Schicksal deutlicher als seine veränderte Beziehung zum Essen.

A m nächsten Tag hatte ich mich zu einem besonderen Abendessen verabredet. Ein deutscher Freund war in der Stadt zu Besuch. Ich hatte ihm von den Tafelfreuden der Mandschu- und Han-Kaiser erzählt. Neugierig darauf, einmal Dinge zu probieren, die am kaiserlichen Hof aufgetischt wurden, fragte er, ob das 90 Jahre nach Ende des Kaiserreichs für Normalsterbliche möglich sei. Und ob. Das kaiserliche Bankett aller Mandschu- und Han-Spezialitäten, Chinas universale Tafel des Genusses, so versprach ein Internet-Angebot, sei für jedermann zu haben, der es sich leisten könne und wolle.

Für unschlagbar günstige 300 Euro pro Person konnten drei Tage Kaiserbankett gebucht werden. Reizvoll, aber für uns beide doch etwas zu umfangreich. Schnell war man mit einem abgespeckten Alternativangebot zur Hand: 14 von möglichen 108 oder mehr Gängen eines kaiserlichen Banketts wollte man uns für lediglich 45 Euro pro Esser auftischen. Unser flexibler Anbieter nannte sich »Vollständige Tafelfreuden der Mandschu und Han im Jade-Garten« und lag im letzten noch verbliebenen Teil der Pekinger Altstadt am Nordende der Flaniermeile Wangfujing.

Im Licht der untergehenden Herbstsonne liefen wir durch letzte Reste des alten Peking. Bald leuchteten uns große rote Lampions und ein von Licht überflutetes Hoftor entgegen. Wir hatten unser Ziel erreicht und traten in den Hof. Kein Empfang, kein kaiserlicher Glanz. Eine gelangweilte Bedienung nuschelte uns etwas entgegen – es ging um unsere Reservierung. Nachdem wir identifiziert waren, führte sie uns über den schmucklosen Innenhof zu einem Separee. Hier wäre Platz für zehn gewesen, und integrierte Toilette samt Dusche und Ruhesofa suggerierten die Möglichkeit weiterer Annehmlichkeiten. Doch dieser Ort hatte bessere Zeiten gesehen und gehörte definitiv nicht zu den angesagten Top-Restaurants der modernen Hauptstadt. Alles wirkte etwas schäbig, aber schließlich wollten wir uns in eine Vergangenheit zurückversetzen, die längst nicht mehr strahlte.

Wir schienen die einzigen Gäste zu sein. Mein Freund warf mir vielsagende Blicke zu. Ich glaubte noch an unsere Tafelfreuden.

Die nachlässig auf rosa Papier gedruckte Speisenfolge, eine Art Waschzettel postimperialer Gaumenfreuden, hätte mich stutzig machen müssen. Doch was konnte man schon für 45 Euro pro Person verlangen, wenn kaiserliche Genüsse der Maßstab waren? Immerhin nahm eine weitere Servierdame artig unsere Bestellung auf, als wir uns – nicht eben stilecht – ein Bier genehmigten, das kein amtierender chinesischer Kaiser jemals genossen haben konnte. Erst um 1900 führten russische Emigranten Bier in der nordostchinesischen Stadt Harbin ein, während die Deutschen dann 1903 in ihrer Kolonie Tsingtau die Germania-Brauerei eröffneten. Der letzte Kaiser, der mit fünf Jahren seines Amtes enthoben wurde, sollte erst 1906 geboren werden, sein Vorgänger war faktisch von der mächtigen Kaiserinwitwe Cixi abgesetzt worden.

»Wir können unser Abendessen heute mit dem vergleichen, was die Kaiserinwitwe Cixi während ihres legendären ›Langes Leben‹-Banketts von 1894 auftischen ließ«, schlug ich vor. Ich zog eine Kopie des Menüs von 1894 aus der Tasche und verglich: »Lu Shan Wolkennebel«-Tee gefolgt von vier verschiedenen Früchten, hieß es dort. Dazu gehörten »Milchweiße Dattelschätze« und

»mundwässernde Nüsslein«, während unsere Karte prosaisch »Dufttee« mit zwei Sorten Trockenfrüchten auswies. Ich dachte an die nahe gelegenen Betontrassen und Wohnblocks, seufzte und machte dem Restaurant keinen Vorwurf. Das passte schon! Nachdem wir unseren ersten Gang, den Tee mit Früchten, erhalten hatten, ließen dann die Früchte auch an Trockenheit nichts zu wünschen übrig.

Nun aber wurde es spannend. Für uns war als Nächstes Hirschblut zusammen mit Haifischflossen in eine sämige Suppe gekocht vorgesehen. Aus Blut gewonnene Speisen werden übrigens als eine Art roter Tofu in der Konsistenz von festem Pudding serviert und dann klein gewürfelt gern in Suppen probiert. »Voilà«, bemerkte mein Freund, »das klingt doch nach Kaiserhof.«

Ich nickte erleichtert. Schließlich war dies meine Idee gewesen, und ich hatte versichert, dass 45 Euro hier gut angelegt seien. Die Suppe war gut, auch wenn ich über die Echtheit des Hirschbluts und der Haifischflossen im Zweifel war. Genauso gut hätten das »Hirschblut« das Blut einer Ente und die »Haifischflossen« eine der vielen Gemüsearten sein können, aus denen man überall in Peking ähnlich schmeckende Sauer-scharf-Suppen braute, für weniger als 2 Euro die Schüssel. Immerhin wurde unsere Suppe in einer verzierten goldfarbenen Terrine serviert, die, wäre sie echt gewesen, durchaus ein Teil des 29 170 Stücke umfassenden Geschirrs hätte sein könnten, das Cixis Bankett von 1894 erforderte.

Was hatte das Geburtstagsbankett der Kaiserinwitwe an dieser Stelle aufzuweisen? Besseres, weit Besseres. Als Suppe des Tages speisten Cixi und ihre Gäste Hirschpenis-Brühe »Ewiger Frühling«. Das war nach der chinesischen Lehre von Essen und Gesundheit ein ultimatives Mittel zur Verjüngung. Die erschlaffende Manneskraft, die yang-Energie, sollte damit gestärkt werden. Auch alternden Frauen wie der Kaiserinwitwe sollte Manneskraft vom Hirsch gut tun. Nur das Beste vom brünftigen Sechzehnender für die übersechzigjährigen des Hofes! Ob der seiner Männlichkeit beraubte Hirsch nach Verlust seiner yang-Kräfte dann neben den Tausenden menschlicher Eunuchen in der Verbotenen Stadt als oberster Platzhirsch Verwendung fand, ist leider nicht überliefert.

Falls es kein billiges Enten- oder Schweineblut gewesen war, so waren wir mit unserem Hirschblut nicht schlecht bedient. Das war endlich eine halbwegs überzeugende Gemeinsamkeit mit den Tafelfreuden der Kaiserinwitwe. Hirschblut wurde bei Hofe ebenfalls große *yang*-Kraft zugemessen, und in Zeiten, in denen Viagra noch nicht erfunden war, lieferte Damwild den kaiserlichen Herrschern einen Teil der gewaltigen Energie, die sie benötigten, um ihre Frauen und Konkubinen bei Laune zu halten. Der Herrscher und die wenigen männlichen Mitglieder der kaiserlichen Familie waren die einzigen Männer in der Verbotenen Stadt, die dazu in der Lage waren. Die große Mehrheit der nichtweiblichen Einwohnerschaft der Kaiserstadt bildeten Eunuchen und Jungen. Drei Kaiserinnen und 19 Konkubinen hatte Kangxi, der generöse Gastgeber jenes Banketts für alte Herren im Garten des Entfesselten Frühlings, in seinem langen Leben beglückt und mit ihnen 56 Kinder gezeugt.

Ob die Qing-Kaiser direkt oder indirekt für Chinas Bevölkerungsexplosion verantwortlich waren, lässt sich nicht mit Gewissheit sagen. Tatsache ist, dass in den Zeiten, als Hirschblut am Kaiserhof besonders populär war, Chinas Bevölkerung signifikant zunahm. Die langen Friedenszeiten unter Kangxi und Qianlong gingen mit einer Expansion des Reiches und damit auch einer Erweiterung der Anbaufläche einher. Fortschritte in der Landwirtschaft ermöglichten weitere Ertragssteigerungen. Was zu jener Zeit, als ihre Untertanen fleißig die Felder bestellten, genau in den kaiserlichen Gemächern passierte, ist derzeit noch wenig erforscht. Auf dem Areal der Sommerresidenz der Qing-Kaiser, dem Yuanmingyuan, graste jedenfalls immer eine ansehnliche Zahl von Damwild.

Die Gerichte unseres kaiserlichen Mahls kamen nun in schneller Folge. Vieles davon war lauwarm, und der Verdacht, Aufgewärmtes vorgesetzt zu bekommen, verdichtete sich. Wir fühlten uns an die kulinarischen Dekorationen erinnert, die Chinas letztem Kaiser aufgetischt worden waren. Im Unterschied zum Kaiser kosteten wir davon, unberührt zurückgehen lassen wollten wir nichts. Auf den Barsch, der direkt aus der Tiefkühltruhe des nächsten Supermarktes zu stammen schien, folgte dann ein echtes Mandschugericht. So versicherte es uns jedenfalls die kleine Angestellte, die uns nicht von der Seite wich: »Unser Chef stammt aus Chengde an der Grenze zur Mandschurei, da, wo die Mandschu-Kaiser ihre Sommerresidenz hatten. Dort züchtet er Wild – auch für dieses Gericht.« Ich jauchzte vor Erleichterung: »Na also. Dann bekommen wir das legendäre Rehfleisch der Mandschu zu kosten.«

DER ZWEITE GANG

KAISERS REH-LUFTGETROCKNETES

Im Winter unterwegs. Würste und eingesalzene Fleischseiten baumeln aufgehängt an Balkonen und Wäscheleinen. Die Winterluft soll sie trocknen. Bis zum Neujahrsfest Ende Januar oder Februar müssen Fleisch und Wurst gereift sein. Der letzte Monat im alten Kalender ist der Pökelmonat. Auch die Mandschu-Kaiser liebten Luftgetrocknetes. Doch nicht aus ordinärem Schweinefleisch, sondern mindestens aus Wildschwein-, besser Rehfleisch. Kaisers Luftgetrocknetes macht Appetit auf das Besondere – und ist ein typisches Pekinger Wintergericht ...

Was ich dazu brauche:

1 kg mageres Wildschwein- oder Rehfleisch (alternativ auch normales Schweinefleisch)

500 g Weizengluten-Bälle oder Streifen (im Asienladen)

150 ml Speiseöl

100 ml helle Sojasauce

150 g Zucker

10 ml Reiswein (zum Kochen)

Harmonie auf dem Tisch des Himmels   III

50 g Frühlingszwiebel

50 g Ingwer

1 Tasse Hühnerbrühe-Konzentrat (aus eigener Herstellung)

Wie es gemacht wird:

1. Das frische Fleisch schneide ich mit dem Küchenbeil oder Fleischmesser in dünne Streifen. Mit der flachen Seite des Beils klopfe ich die Fleischstreifen auf beiden Seiten flach und mürbe. So werden die Streifen zu dünnen Scheibchen. Die Scheibchen hänge ich dann mit Draht oder Ähnlichem zum Trocknen nach draußen an die kalte Winterluft, so lange bis das Fleisch trocken ist. Danach nehme ich sie ab und wasche sie sorgfältig mit warmem Wasser, was in der Luft chinesischer Großstädte wichtiger ist als im sauberen Westen.

2. Nun wasche ich das Weizengluten, trockne es sorgfältig. Dann schneide ich es in kleine Stücke. Gleichzeitig werden Ingwer und Frühlingszwiebeln in Scheibchen geschnitten bzw. klein gehackt.

3. Nun wird es rustikal: Ich erhitze einen Eisenwok mit reichlich Öl auf so hohe Temperatur, dass Rauch aufzusteigen beginnt (ein Feuerlöscher sollte in der Nähe stehen). Dann gebe ich die Glutenstücke hinein und frittiere sie in kurzer Zeit goldbraun. Danach sofort: Feuer aus, Temperatur herunterfahren!

4. Nun gieße ich das Öl ab, ersetze es durch Wasser und bringe dies zum Kochen. Dann gebe ich die luftgetrockneten Fleischstreifen hinein und gare sie auf kleiner Flamme eine Stunde lang. Danach schrecke ich die Streifen mit kaltem Wasser ab.

5. Wieder kommt der Wok zum Einsatz: Diesmal röste ich Ingwerscheiben und Frühlingszwiebeln in wenig Öl, hinzu kommt der Zucker. Auf dem Feuer wird er schnell flüssig, und ich lösche mit Sojasauce, Reiswein und Hühnerbrühe ab. Nun kommen Gluten- und Fleischstreifen in den Sud – alles wird auf kleiner Flamme nochmals eine Stunde reduziert.

6. Zusammen mit dem Sud serviere ich Fleisch und Gluten. Alles sollte er-
kalten. Besonders appetitlich sieht es aus, den Sud zum Dippen in kleine
Porzellanschälchen abzufüllen und die Streifen an einem Gestell darüber-
zuhängen. Wieder isst das Auge hier mit – und »Kaisers« legten besonderen
Wert auf Ästhetik!

Auch die alten Herren auf Kangxis Geburtstagsfeier machten sich über Rehfleisch aus kaiserlicher Zucht her. Laut Speisezettel sollte unser Rehfleisch heute mit Seegurke und Kamelsehnen exotisch aufpoliert worden sein. Kamelsehne war offensichtlich nicht die erste Wahl bei großen kaiserlichen Banketten. Das war verständlich, schleppten doch die Wüstenschiffe Güter von West nach Ost an den Hof. Unsere »Kamele« schienen die Strapazen der alten Seidenstraße erlebt zu haben. Die gummiartige Zähigkeit ihrer Sehnen bewiesen es, und ich verstand gut, dass sie zu Kangxis Zeiten nicht »an Rehfleisch« gereicht wurden. Seegurken aber gehörten in jedem Fall auf eine kaiserliche Tafel, um dem universalen Anspruch eines solchen Banketts zu genügen, das auch die Meere nicht ausschloss, auch wenn die chinesische Kultur alles andere als eine maritime ist.

Seegurke, Kamelsehne und Fischbauch gehören zu den chinesischen Delikatessen, die mit der Philosophie des Taoismus eng verbunden sind. Sie zeichnen sich durch *wuwei*, das bedeutet Nichtgeschmack, aus, was sehr stark an die taoistische Grundtugend des Nichthandelns erinnert, ebenfalls *wuwei* genannt. Das Farb-, Geruch- und Geschmacklose hat in der Unerschöpflichkeit der chinesischen Küche seine eigene Daseinsberechtigung und krönt jedes edle Mahl nicht nur durch den Preis, den derartige »Geschmacklosigkeiten« kosten. Der enorme Reiz ergibt sich aus der Eigentümlichkeit des *Faden*, was der Sinologe und Philosoph François Jullien als einen Wesenszug klassischer chinesischer Ästhetik identifiziert hat. Einsichtig wird dies, wenn man an klassische schwarz-weiße Tuschzeichnungen oder Kalligraphien denkt.

Der Mensch der Gegenwart, dem kräftige Farben und würzige Speisen selbstverständlich sind, ist mit der taoistischen Begeisterung für das Farb- und Geschmacklose oft überfordert. Es braucht viel Sensibilität, um den sublimen Eigengeschmack einer fast durchsichtigen Wasserschnecke, die aufregende Zähigkeit eines Stückchens milchweißer Kamelsehne und die erfrischende Wässrigkeit glibbriger Seegurken zu entdecken.

Was aber hat es mit dem Faden auf sich? Welche Energien lassen sich aus ihm ziehen, wenn es für das gehobene Tafeln so geschätzt wird? Es lohnt sich, ein wenig darüber nachzudenken und bei Goethes Farbenlehre zu beginnen. Alles Fade in der chinesischen Küche ist eher farblos oder weiß: »Durchsichtige Körper«, so Goethe, »stehen auf der höchsten Stufe unorganischer Materialität. Zunächst daran fügt sich die reine Trübe, und das Weiße kann als die vollendete reine Trübe angesehen werden.«* Bei Goethe blitzt die erste Anziehungskraft des Faden auf: Es ist von reiner Natur und damit als selten und wertvoll anzusehen. Doch Weißes und scheinbar Farbloses ist noch mehr. Aus der Physik wissen wir, dass weißes Licht das Ergebnis der Mischung aller Farben ist, das gesamte Farbspektrum also enthält. Damit wird Weißes zum Gehaltvollsten unter allen Dingen – ein wichtiger Hinweis auf seinen Nährwert. Durchsichtiges Glas bricht weißes Licht in das Spektrum des Bunten. Farbloses gebiert alle Farben. François Jullien schreibt: »Nun gehört aber die Fadheit zu den von jedem gemachten Erfahrungen: Es genügt, ihre Vorzeichen zu ändern, um festzustellen, dass es in China der prägnanteste Geschmack ist, der allen anderen Geschmacksrichtungen zugrunde liegt und sie alle enthält – ohne sie länger auszuschließen: Der Grund, wo das Konkrete aufgesogen und diskreter wird, wo es dadurch die größte künftige Ausbreitung erfährt und folglich die größte Wirkung hat.«**

Im Taoteking des Lao Zi, des großen Klassikers des Taoismus, heißt es schließlich – Julliens Sätze begründend: »Das Prin-

---

* Johann Wolfgang von Goethe. *Hamburger Ausgabe in 14 Bänden. Band 13: Naturwissenschaftliche Schriften I.* S. 439.
** François Jullien. *Der Umweg über China – Ein Ortswechsel des Denkens.* Berlin 2002, S. 50.

zip Tao, das wir meinen, ist nicht der ewige, allgültige Weg, der Name, den wir nennen, ist nicht der ewige, allgültige Name. Das, was ohne Namen ist, ist der Anfang von Himmel und Erde ...« Lao Zis berühmter Anfangssatz erklärt das Potenzial des Faden, das in seiner Geschmacklosigkeit eben nicht festgelegt, unbestimmt und ohne Namen ist. Es spielt keine Rolle, ob die Menschen es nun Seegurke, Kamelsehne oder Fischblase nennen. Wenn das Fade und Unbestimmte aber der Urgrund allen Daseins ist, dann müssen in ihm auch alle Energien, Möglichkeiten, Potenziale und Geschmacksnuancen enthalten sein.

Fade Speisen wie die Seegurke werden nicht nur so teuer gehandelt, weil sie selten sind, sondern weil der Esser vom Genuss dieser geschmacklich höchst unbestimmten Sache *viel* erwartet, darunter Energien und positive Wirkungen auf den eigenen Körper, ein längeres Leben, mehr Potenz bei der Liebe und beim Regieren. Chinas Philosophie ergänzt Goethes Erkenntnisse zum Potenzial des »Faden«, also durchsichtigen oder weißen »Unorganischen«, um das fade Organische – und das besonders beim Essen. Kein Mächtiger des Landes würde die Seegurke auf seinem Teller beim Festbankett liegen lassen. Es wäre schade um die stärkenden Potenziale des scheinbar Unscheinbaren.

Nachdem ich Freund J. von diesen Gedanken über Kamelsehnen und Seegurken erzählt hatte, nickte dieser nachsichtig. Abhalten konnte es ihn nicht davon, sich schnell dem mehr direkten Geschmack versprechenden nächsten Gang zuzuwenden: Das Fade wurde abgelöst von »Pfauenfleisch, gekocht nach Art der Mandschu und Han«. Das klang etwas einfallslos, wohl deshalb, weil sich der Koch keiner exquisiteren Zubereitungsart dieses köstlichen Geflügels entsinnen konnte, als es wie gewöhnliches Huhn zu frittieren. Falls »nach Art der Mandschu und Han« einen Mangel an Raffinesse überspielen sollte, war die Bezeichnung richtig gewählt. Fettig statt fad lautete die Devise.

»Unser Chef züchtet die Pfauen ebenfalls auf seiner Farm in Chengde«, informierte uns unsere Bedienung, allerdings ohne uns über das Wie detaillierte Auskunft zu geben. Aufrichtiges Mitleid mit dem prächtigen Vogel schlich sich ein, falls er es und nicht sein gewöhnlicher Verwandter namens Haushuhn es war, der sang- und klanglos in der Fritteuse geendet hatte.

Kaiserliche Bankette maßen dem radschlagenden Vogelkönig große Bedeutung zu. Besonders raffiniert musste der Jasmintee zu Cixis 60. Geburtstag geschmeckt haben. Der enthielt zwar keine tierischen Extrakte, wurde aber aus besonders fein geschnittenen Blättern aufgegossen, welche die Assoziation feinster Härchen auf der Zunge eines Pfaus vermittelten. So jedenfalls war das besondere Geburtstagsgetränk der Herrscherin beschrieben. Pfauenzungen waren übrigens durchaus beliebte Snacks bei Hofe.

Mehr als die Qualität der genossenen Gerichte verband die Kaiserinwitwe des Jahres 1894 und uns eine Art Schieflage der Umstände. Heute konnten einfache Bürger wie wir Köstlichkeiten des Kaiserhofes probieren – was letztlich jedoch am Unvermögen des Kochs und an schnödem Gewinnstreben scheiterte. Wohl auch fehlt es an detaillierten Rezepten, denn Speisezubereitungen wurden in China fast nie mit detaillierten Rezeptanweisungen konserviert. Unsere 14 Gänge umfassende Auswahl war am Ende zu bescheiden, konventionell und kommerziell gewesen, um eine wirkliche Ahnung davon zu erhalten, wie und welcher Geschmack am Kaiserhof wirklich goutiert wurde.

Cixis opulentem Bankett, das als das teuerste und verschwenderischste aller Zeiten gilt, wird als negativ angerechnet, dass es im Kriegsjahr 1894 stattfand, ohne Rücksicht darauf, dass ein Großteil der Bevölkerung Not litt. Das darauffolgende Jahr sah dann auch die erste Niederlage Chinas gegen seinen Erzrivalen Japan, womit das Trauma von Verfall und Zusammenbruch des Reichs der Mitte seinem Höhepunkt entgegensteuerte. Der amerikanische Maler und Augenzeuge Karl war schockiert und überwältigt zugleich von dem Glanz, mit dem der Hof scheinbar sorglos feierte: »When a dynasty regarded the birthday of its highest imperator as being more important than the rise and fall of the nation, then this dynasty would go to a hopeless dead end.«[*]

---

[*] Zitiert in: Zhan Zhang. »Cixi and the Modernization of China.« (www.ccsenet. org/ass, 30.9.2010).

W ie aber konnte es zu einer solchen Dekadenz kommen, die zwangsläufig zum Zerfall führen musste? Unter Kangxi und Qianlong, den beiden großen Kaisern der Mandschu-Zeit, stieg China im 17. und 18. Jahrhundert von der regionalen Macht zum Weltreich auf. Sukzessive fielen die Mongolei, Tibet und schließlich auch Xinjiang, die Region der muslimischen Uighuren, unter die Herrschaft der chinesischen Kaiser. Noch erfolgreicher als sein Großvater Kangxi war Kaiser Qianlong (1711–1799) darin, China zu einem gewaltigen Vielvölkerstaat zu machen. Er führte die erfolgreiche Innen- und Außenpolitik seines Großvaters und seines Vaters Yongzhen (1722–1735) fort, behielt aber die von ihnen begründete zentrale Verwaltung des Reiches von Peking aus bei. In der Mitte des 18. Jahrhunderts war China deutlich größer als die heutige Volksrepublik und erreichte damit seine größte Ausdehnung überhaupt. Im Zentrum der Macht befand sich der Kaiser, der an Macht und Einfluss deutlich gewonnen hatte. Friedrich Wilhelm Schelling sah in Chinas Himmelssöhnen das Alternativkonzept zum monotheistischen Gottesprinzip des Westens, denn das chinesische Reich sei als irdisches Reich »nur das heraus- oder umgewendete himmlische« und im Fürsten selbst ruhe daher »die Mitte, das Centrum, die ganze Macht des Himmels«.* Kein anderer Herrscher verfügte über so viel Macht, von keiner Religion beschränkt.

Chinesische Kaiser aber waren Sterbliche und keine Götter. Sichtbares Zeichen ihrer Würde war nicht zuletzt der materielle Glanz. Während der Qing-Dynastie war China endgültig zum Groß- und Vielvölkerreich geworden. Viel stärker als die han-chinesischen Herrscher der Ming-Dynastie mussten die mandschurischen Qing-Herrscher nun nach innen und außen ihre Bedeutung als universale Herrscher über viele Völker und Kulturtraditionen demonstrieren. Auch dazu dienten die gewaltigen Bankette.

Kangxi ließ das »Vollständige Bankett der Man- und Han-Köstlichkeiten« bei Hofe einführen, um damit Wohlstand, Reichtum und den universalen Einfluss seiner Dynastie zu symbolisieren.

---

* Friedrich Wilhelm Joseph von Schelling. »China – Philosophie der Mythologie«. In: Hsia (1985), S. 201.

Er griff damit auf eine Idee zurück, die sich unter wohlhabenden Kaufleuten und einflussreichen Beamten in der damals reichsten Stadt Chinas, Yangzhou, unweit von Shanghai, bereits etabliert hatte und sehr erfolgreich funktionierte. Der florierende Salzhandel hatte Yangzhou Reichtum gebracht, und die Qing-Kaiser profitierten von beachtlichen Steuereinnahmen. Yangzhouer Moden wurde zum Vorbild für Etikette und kulinarische Finesse am Pekinger Hof.

Die langen Friedenszeiten, die das Drei-Generationen-Gespann Kangxi, Yongzhen und Qianlong dem chinesischen Kernland beschert hatte, wurden oft als goldenes Zeitalter gerühmt. Bedeutende Europäer des 18. Jahrhunderts schwärmten vom Reich der Mitte und bewunderten es. Denker wie Leibniz erhofften sich nicht nur geistige, sondern auch materielle Entwicklungshilfe aus dem Land im Fernen Osten, »in dem der Reichtum und die Bevölkerung am schnellsten zunahmen«.[*] Gerade Chinas Agrartechniken übertrafen hinsichtlich Intensität und Ausbeute die im 18. Jahrhundert in Europa üblichen um ein Vielfaches. Europa litt an Versorgungsengpässen, und Chinas Bauern erwirtschafteten Überschüsse, die rund ein Drittel über dem lagen, was zur Versorgung der Familie notwendig war. Der Überschuss wurde auf Märkten verkauft und gelangte in Form steuerlicher Abgaben an den kaiserlichen Hof. Chinas landwirtschaftlicher Reichtum brachte unter anderen Leibniz dazu, mit Jesuitenpatres und anderen Ausländern in China über die wirtschaftlichen Erfolge im Reich der Mitte zu korrespondieren. Europas Staatsmänner und Denker baten darum, das Geheimnis chinesischer Getreide- und Gemüsepflanzen sowie »künstliche(r) wirtschaftliche(r) Hilfsmittel der Chinesen im Acker- und Gartenbau«[**] zu lüften und Europa an den Erkenntnissen teilhaben zu lassen. China war als Exporteur von Lebensstil und Kulturtechniken gefragt. In China selbst entstanden große regionale Märkte mit einem funktionierenden Transportwesen. Diese Entwicklungen stellten sicher, dass eine

[*]   Jacques Gernet. *Die chinesische Welt*. S. 406.
[**] Gottfried Wilhelm Leibniz. »Zwei Briefe an Claudio Filippo Grimaldi«. In: Hsia (1985), S. 33.

schnelle Versorgung des Landes mit Produkten aus allen Landesteilen möglich war.

Alle diese Voraussetzungen ließen die Idee eines vollständigen »China-Banketts« erst Realität werden. Erlesene Tees aus dem Süden eröffneten die Tafeln, Nüsse und Früchte aus Nord und Süd steigerten den Appetit. Pikant eingelegte Imbisse aus der Yangtse-Region folgten auf duftendes Reis- und Mehlgebäck aus der Hofkonditorei. Unter musikalischen Klängen wurde das Weinritual mit dem mittlerweile über Chinas Grenzen hinaus bekannten Maotai aus Guizhou, einer Provinz nicht weit der südostasiatischen Grenzen des Reiches, zelebriert. Ente, Gans und Huhn, gekochtes, geschmortes und gebratenes Geflügel überhaupt verlieh den Banketten kulinarische Eleganz. Flussfische aus der Yangtse-Region umspielten die Zungen der Gäste, während kräftige Reh-, Hirsch-, Lamm- und Rindfleischspeisen nicht nur den Appetit mandschurischer Jägerseelen befriedigten. Die mindestens 108 Speisen des Vollständigen Banketts spiegelten die lebensphilosophische Grundhaltung Chinas wider. Harmonie bildete die Kernidee der Zusammenstellung.

In den Gesprächen des Konfuzius mit seinen Schülern heißt es: »Die Anwendung des Ritus folgt dem Prinzip der harmonischen Ausgewogenheit.« *Taihe*, Chinas Prinzip der höchste Harmonie, funktioniert auf drei Ebenen: erstens der Ebene des Gleichgewichts zwischen Mensch und Natur, zweitens der Ebene der Harmonie zwischen den Menschen und drittens der Ebene des Einklangs zwischen Körper und Geist. Im Vollständigen Bankett wurden alle drei Ebenen höchster Harmonie zusammengeführt. Die Natur lieferte die Vielfalt der Speisenzusammenstellung von Gemüse-, Getreide-, Fisch- und Fleischgerichten. Die Bankette waren Ausdruck der Leistungsfähigkeit der Landwirtschaft und der Reichhaltigkeit der Jagdgründe im Norden der Hauptstadt – bis zu jenem unglücklichen Zeitpunkt Ende des 18. Jahrhunderts, als die Repräsentation bei Hofe sich verselbständigte und zur Prunksucht entartete, während sich die wirtschaftlichen Bedingungen im Lande deutlich verschlechterten.

Der zweiten Ebene des Prinzips der höchsten Harmonie entsprach das Höflichkeitsritual eines Banketts. Die gegenseitige Achtung wurde strikt zum Ausdruck gebracht. Dazu gehörten die festen Beziehungen zwischen Herrscher und Untertan, die Dienstfertigkeit der jungen Familienmitglieder des Kaiserhauses gegenüber den Ältesten des Reiches und die Wertschätzung unter Freunden. Die wiederholten Verbeugungen und vorgeschriebenen Höflichkeitsrituale, welche die Tafelgäste einander zu erweisen hatten, spiegelten dies wider.

»Bei Gastmählern schlägt einer den Takt, dann heben alle ihre Gabelstöckchen auf und essen, oder heben ihre Tassen zugleich auf und trinken oder tun, als wenn sie tränken. Der Wirt gibt das Zeichen, wenn sie anfangen, etwas zum Munde zu bringen, auch wenn sie absetzen sollen«, beschrieb Immanuel Kant das Zeremoniell nicht ohne spöttischen Unterton.* Was der Königsberger Philosoph gelesen oder gehört hatte, entstammte sehr wahrscheinlich genau den Speiseritualen an Qianlongs Hof.

Auch für die dritte und innerste Ebene des Einklangs zwischen Körper und Geist bildete das Essen eine ideale Ausdrucksform. Alle Speisen waren in ihrer Wirkung auf den Körper aufeinander abgestimmt. Sie wärmten und kühlten abwechselnd, um den Körper in der Balance zu halten. Sie enthielten alle fünf Geschmacksrichtungen: bitter, süß, salzig, sauer und, mit Einschränkungen, auch scharf. Hinzu trat der erwähnte sechste Geschmack des Faden. Die Anordnung und Farbe der Speisen inspirierte den Geist, weckte Appetit und befriedigte ästhetische Ansprüche.

Aus allen fünf Himmelsrichtungen – Nord, Süd, Ost, West und aus Peking, der Mitte – kamen die Speisen. Von den 108 Gerichten mussten je 54 den nördlichen und 54 den südlichen Küchen zuzuordnen sein. Wenn auch zunächst ein gewichtiger Teil der Speisen aus der Yangtse-Region stammte, so wurden immer wieder neue, aus anderen Regionen stammende Spezialitäten, die auf den großen Märkten zu haben waren, in das Vollständige Bankett integriert. Das Vollständige Bankett spiegelte die Vielfalt von Chi-

---

* Immanuel Kant. »China. Diktattext.« In: Hsia (1985), S. 97.

nas Küchen und die enorme Leistungsfähigkeit seiner Landwirtschaft wider. Das Essen war zur Landkarte regionaler Vielfalt und zum politischen Versprechen stabiler Einheit geworden.

Warum aber waren mindestens 108 Gerichte vorgeschrieben? Neben der Politik spielte religiöse Symbolik für den Aufbau eines Vollständigen Banketts der Mandschu- und Han-Köstlichkeiten eine wichtige Rolle. Die 108 entstammte der Zahlenmystik des Buddhismus. Die Lehre Buddhas, besonders in ihrer tibetischen Variante, hatte am Qing-Hofe eine hohe Stellung. Sie verpflichtete selbst den Kaiser zur Ausübung religiöser Zeremonielle und sie bestimmte mit, wie die von Symbolen geprägte Welt des Hofes zu gestalten war.

Ein buddhistischer Mönch, den ich einmal in den heiligen Bergen des Wutai-Gebirges unweit Pekings getroffen hatte, erklärte mir die Bedeutung der Zahl 108. Wir standen inmitten eines verlassenen Klosterhofs und unterhielten uns über das Universum. Nach seinem Verständnis symbolisiert die 108 die Erfahrungswelt eines Menschen. Der Mensch habe, so der Mönch, sechs Sinne: sehen, hören, riechen, fühlen, schmecken und denken. Jeder dieser Sinne kann angenehme, neutrale oder unangenehme Empfindungen mit sich bringen. So entsteht die heilige Zahl 18. Diese Grundgefühle können dauerhaft und nicht dauerhaft sein, wodurch 36 verschiedene Ausprägungen entstehen. Bedenkt man, dass 36 Empfindungen, Gedanken, Gefühle bereits vergangen, gerade gegenwärtig oder zukünftig sein können, dann multipliziert sich die 36 mit der 3. Am Ende erhält man die universale Zahl 108: Der Mensch ist zu 108 verschiedenen Empfindungen fähig.

Am buddhistisch inspirierten Kaiserhof der Mandschu mussten daher mindestens 108 verschiedene Speisen die Tafel jenes Mannes füllen, in dessen Person sich Himmel und Erde vereinigten.

Entenpolitik

»Ente gut – alles gut«, schloss einst Wilhelm Busch. Ohne es zu ahnen, hatte der Karikaturist und Vater von Max und Moritz damit eine politische Strategie Chinas verkündet. Eine perfekt gebackene Ente konnte zur Demokratisierung beitragen und außenpolitische Spannungen auflösen. Als Peking-Ente ging das chinesische Schnattertier in die »Hall of Fame« berühmter Speisen ein. In Peking begegnete ich der Berühmtheit überall. Kleine und größere Restaurants warben für nur wenige Euro mit dem Genuss des berühmtesten Chinagerichts aller Zeiten. Die Ente schien für jedermann erschwinglich – ob arm, ob reich –, wer gut essen wollte, der leistete sich heute eben Ente.

Doch das war nicht immer selbstverständlich gewesen: Am Anfang war die gut gebräunte, knusprige Ente allein dem Kaiser vorbehalten, der sich zunehmend zum Alleinherrscher in Sachen Geschmack entwickelte. Ganze Bataillone von Köchen hatten zur Ming-Dynastie (1368–1644) ihr kreatives Potenzial dem Herrscher zu widmen, während das einfache Volk sich mit Getreide, Gemüse und gelegentlich etwas Fisch und Schweinefleisch über Wasser hielt. Allein unter Kaiser Jiajing (1507–1567) mussten 4100 Menschen für das leibliche Wohl des Kaisers und seiner Familie sorgen.* Das damalige Rezept der Ente war ein gut gehütetes Geheimnis, es lag ausschließlich in den Händen der Palastköche. Da half es dem Volke vor den hohen roten Mauern der Verbotenen Stadt wenig, dass ein altes Traditionsrestaurant, das *Bianyifang*, schon 1416 die Peking-Ente außerhalb der Verbotenen Stadt angeboten haben will. Die Kunden, die dort zum ersten Mal kaiserliche Peking-Ente gegessen haben sollen, waren allesamt Mitglieder einer hofnahen und wohlhabenden Oberschicht. So herrschte bis in das 19. Jahrhundert hinein eine Art Oligarchie des Geschmacks, die breiteren Volksmassen nicht nur die Ente vorenthielt. Viele Speisen waren tabu und unterlagen bei Strafe dem Palastgeheimnis.

* Wang Renxiang. *Der Geschmack der Geschichte: Geschichte und Kultur der chinesischen Küche (wang gu de ciwei: Zhongguo yinshi des lishi yu wenhua).* Jinan 2006, S. 13.

1864 aber kam dann der Umsturz. Einen Entenhändler namens Yang Quanren ärgerte es, dass er bisher im Schatten des einzigen Entenrestaurants *Bianyifang* geblieben war, das außerhalb der Palastmauern eine eigene Zubereitungsart der Ente für die, die es sicht leisten konnten, pflegte. Yang aber wollte mehr. Er wollte die Revolution des Geschmacks. Dazu musste er eines der am besten gehüteten Geheimnisse der Palastküche für ein breites Publikum neugieriger Esser lüften. Aber wie? Yang hatte Beziehungen zum heiligen Ort der Palastküche und bot Gewinn. Sein Werben war erfolgreich und begründete ein frühes Beispiel, wie die Wirtschaft sich erfolgreich der Politik bediente. Ein Meisterkoch aus der Palastküche lief zu ihm über – zu welchen Bedingungen, dazu schweigen die Quellen – und brachte ein neues Verfahren der Entenbratkunst mit: Waren die gut gemästeten Tiere bisher langsam und aufwendig im Ofen geschmort worden, so hatten die Hofköche ein Verfahren entwickelt, bei dem die Enten mit langen Stangen in hoch gebaute Tonöfen gehängt wurden. Das Verfahren machte einen schnelleren Garprozess möglich, und man konnte immer wieder frische Enten in den Ofen hängen, während fertige Exemplare frisch und knusprig gebräunt mit verführerischem Duft wie am Fließband den Ofen verließen. Das war der Schlüssel zur »chinesischen Entenrevolution«. Meister Yang sah die Ente für alle vor sich.

Am Qianmen, dem »Vorderen Stadttor«, das eigentlich das »Enten-Tor« heißen müsste, begründete Yang Quanren seine Erfolgsgeschichte: Zunächst brauchte er einen passenden Namen für seine Unternehmung: Aus dem alten Sprichwort *De ju quan*, was wörtlich so viel heißt wie »Tugend erreicht alles!«, leitete er durch Umstellung sein eigenes kulinarisch-politisches Credo ab: *Quan ju de* oder »Alles führt zur Tugend!« Das nahm die berühmte Aussage des Kommunisten Deng Xiaoping vorweg, der mit folgendem Satz das chinesische Wirtschaftswunder im späten 20. Jahrhundert begründete: »Egal, ob die Katze schwarz oder weiß ist, Hauptsache, sie frisst Mäuse.« Herr Deng hatte über 100 Jahre nach Herrn Quan nur verdeutlicht, was dieser mit Tugend eigentlich meinte.

Dieser benannte das neue Restaurant außerdem noch nach sich selbst, denn er hieß im ersten Teil seines Vornamens *Quan*. Yangs

Konzept war eine Art amerikanischer Traum auf Chinesisch. Mit der »Palastente für alle« folgte der ehrgeizige Unternehmer gleichzeitig dem Credo, dass für das »Volk das Essen der Himmel« sei: Die einstige Speise des Himmelssohnes wurde zum geschmacklichen Genusserlebnis für alle, die es sich leisten konnten. Das waren vergleichsweise viele: Hofbesitzer, Ladenbesitzer und Händler aller Art. Der Bauer vom Lande kam damals zwar noch nicht zur Ente, doch immerhin konnte die wichtige Schicht städtischer Händler eifrig über den Grad der Knusprigkeit sorgfältig gebackener Entenhaut streiten. Yangs »Staatsstreich« wurde zum wirtschaftlichen Großerfolg: Mittlerweile ist Quanjude zu einem Konzern geworden. In fast 50 chinesischen Städten findet sich schon eine Filiale, und selbst in den USA ist die Marke aus Peking angekommen.

Im Pekinger Stammhaus machte ich mir ein Bild über den gegenwärtigen Entenkonsum und die Zubereitung: Die Gäste bestellten mit Vorliebe »Ente – dreifach«. Damit kam als Erstes die Haut mit Fleisch, begleitet von Würzsauce, Gurkenstreifen und Weizenteigfladen, die hier Lotosblatt-Fladen hießen, auf den Tisch. Dann folgte meist ein gebratenes Gericht aus Entenfleisch und Gemüse: Ausgezeichnet schmeckte Staudensellerie zur Ente. Weitere Gerichte gesellten sich hinzu, aber das Ende bildete stets eine große weiße Schale, die Suppe aus Knochen und Fleischresten als dritte Erscheinungsform enthielt und den sicher nicht mehr hungrigen Magen der Esser endgültig schloss. Paare konnten halbe Enten bestellen. Die andere Hälfte ging in zehn weiteren Gerichten der Speisekarte auf.

Der Röstmeister hatte gerade mit seiner langen Röststange fertige Enten dem Ofen entwendet und neue hineingehängt: »Der einzigartige Geschmack der Ente hat viele Gründe. Wichtig ist, dass die frisch gerupften Tiere mit heißem Wasser überbrüht und getrocknet werden. Unter die Entenhaut blasen wir dann Luft, um sie vom Fett zu lösen. Auch hier gilt das Prinzip der Mitte, damit der Abstand zwischen Haut- und Fettschicht stimmt. Dann wird die Haut mit Malzzucker bestrichen, das verleiht ihr Bräune und später diese süße Note. Wasser ist wichtig. Die Ente muss im

Inneren feucht gehalten werden, nur so bleibt das Fleisch saftig. Bevor ich sie dann in den Ofen hänge, muss der Vogel wieder einige Stunden lang an der Luft trocknen.«

»Wo kommen die Enten her?«, fragte ich. Ein Restaurantmanager, der sich zu uns gesellt hatte, antwortete: »Nun, als das Gericht für die Palastküche entdeckt wurde, wahrscheinlich zu Beginn der Ming-Dynastie im 14. Jahrhundert, kamen die Enten noch aus Nanjing. Dort unten in der wasserreichen Gegend ist der ideale Lebensraum für die Tiere.« Ich nickte und erinnerte mich an die Ladungen schnatternder Plattfüßler, die zu meinen Studienzeiten auf Lastendreirädern durch Nanjing gekarrt wurden. Nanjing, die alte Hauptstadt des Südens, war die Entenstadt Chinas, auch wenn die große kulinarische Entdeckung Peking, der größeren Schwester im Norden, zu verdanken war. Der Manager fuhr fort: »Seit langem schon züchten wir nahe Peking nun selbst unsere Enten. Seit sie nahe Peking gezüchtet werden, heißen auch die lebenden Tiere schon Peking-Enten. Für Quanjude gibt es feste Produktionsbetriebe, die uns beliefern. Deren Manager wissen, wie wichtig die Rohstoffe sind. Gute Enten leben rund 60 Tage, laufen 45 Tage lang frei, wachsen heran und werden dann rund 15 Tage gemästet, damit Fleisch, Fett und Haut die richtige Konsistenz erhalten.«

Nachdem Restaurantgründer Yang sie dem Kaiser entrissen und dem Volk zugänglich gemacht hatte, verbuchte die Peking-Ente weitere politische Erfolge. Der größte ereignete sich wohl noch während der Großen Proletarischen Kulturrevolution (1966–76), als China nicht nur den Zusammenbruch seiner Wirtschaft, sondern auch seiner Küche erlebte. Allein die Küche für die Herrschenden war noch intakt: Als der damalige Außenminister und damit zweite Mann Amerikas, Henry Kissinger, im Juli 1971 China besuchte, gab es wenig Hoffnung auf Entspannung oder einen erfolgreichen Neubeginn der amerikanisch-chinesischen Beziehungen. Die Akteure wirkten bei den morgendlichen Gesprächen des 10. Juli äußerst verkrampft und beharrten auf ihren Standpunkten. Zhou Enlai, der zweite Mann Chinas, bestand auf der geplanten Eingliederung der abtrünnigen Provinz Taiwan in das neue sozialistische Reich der Mitte. Die USA, damals noch diplomatische Partner und enge Freunde des kleinen Inselchina, widersprachen in der Person Kissingers mit Nachdruck. Gegen Mittag hatten sich die Gespräche fast totgelaufen, als Zhou der rettende Einfall kam: »Lassen Sie uns erst einmal essen, die Peking-Ente erwartet uns.«

In der Großen Halle des Volkes ließ Zhou Kissinger Peking-Ente servieren. Der war begeistert. Nach so viel unverdaulichem Taiwan-Gekröse kam etwas nach seinem Geschmack auf den Tisch. Zhou war ein gerissener Diplomat – und Kissinger kroch ihm buchstäblich auf die Entensauce. Der Chinese lächelte zufrieden, rollte eifrig Entenfladen auf Entenfladen für den US-Gast. Dann schenkte er Maotai-Schnaps ein, und das kräftige Nachbrennen dieses hochprozentigen Elixiers entspannte weiter. Der chinesische Premierminister zog das Strategem der Harmonie, das chinesische Politiker immer wieder als politische Trumpfkarte zum Nutzen der eigenen politischen Auffassungen ausspielen: Zhou wusste, wie gut chinesischer Maotai mit Ente harmoniert, und traf das Innerste Kissingers, der offenbar kein Kostverächter war. So einigte man sich, nun satt und zufrieden, auf ein Weiterverhandeln am Nachmittag, um doch noch eine gemeinsame Erklärung zu erreichen. Das gelang zwar nicht auf Anhieb, aber dann immerhin am folgenden Tag. Am 11. 7. 1971 verbreiteten die USA und die VR China ihr erstes gemeinsames Kommuniqué, das US-Präsident Richard Nixon im Februar 1972 nach China brachte und am Ende zur Wiederaufnahme der diplomatischen Beziehungen zum Westen und zur Öffnung Chinas führte. Ente sei's gedankt!

So wurde die Ente zum frühen Instrument der chinesischen »Soft Power«-Strategie, mit der das Reich der Mitte seinen Einfluss in der Welt mit Hilfe chinesischer Kultur steigern möchte. Das fing in den 70er Jahren an, und jene frühen Jahre werden als die Jahre der Ping-Pong-Diplomatie zwischen China und den USA bezeichnet. Das ist falsch oder zumindest unvollständig. Begonnen mit der Ente setzte Zhou auf eine Diplomatie, die aus drei Strategien bestand: »Iss Peking-Ente, trinke Maotai-Schnaps, und *erst dann* spiele (verbales) Ping-Pong.« In China kennt man diese Form genuss- und erfolgreicher Außenpolitik als »die drei großen Strategien des Premiers Zhou«. Jeder Mensch, der in China Geschäfte machen oder politische Verhandlungen führen will, sollte sich daran orientieren, und Tausende tun das bereits. Kissinger soll nach Aufgabe seiner politischen Ämter übrigens weiter mit Vorliebe nach China gereist sein – nicht zuletzt der Ente wegen.

Peking-Ente ist zudem wichtige Grundlage keimender Basisdemokratie in China. Beim Geschmack hören nämlich der Spaß und damit das Gebot, den Mund zu halten, auf. Eine kurze Recherche in einem Pekinger Internet-Café bestätigte mir: Hart und engagiert setzten sich die Esser mit dem Erlebten im Internet auseinander. Ein einziges Entenrestaurant wurde mit fast 700 Einträgen im Netz bedacht. Die Esser ließen Lob, deutlich mehr aber noch offener Kritik freien Lauf. Verständnisvoll-Geduldiges getreu dem Muster: »Hat's geschmeckt? – Ja, danke gut«, war unbekannt. Einer eröffnete die Runde: »Die Ente, na ja. Ich hoffe, dass es dieses Jahr damit besser wird. Das Fleisch ist immer noch einen Tick zu fett, wahrscheinlich eine Frage der Sorte. Viel zu dick aufgeschnitten, ein Problem der Messertechnik. Auch die anderen Speisen hier sind nichts Besonderes.« Auch der Ausländer, der das Ambiente oft weit mehr beachtete als die Qualität des Essens, bekam sein Entenfett weg: »Für die ausländischen Freunde hier zählt die Umgebung, der alte Innenhof, die verfallenden Häuser, die günstige Lage, die Begleitung von Fliegen und Kakerlaken. Hier bekommt man fette Ente, man kann sich mit Fahrradrikschas herfahren lassen ... Wenn ich Ausländer wäre, dann würde ich auch hier essen. Leider bin ich aber keiner, leider ...« Ein anderer antwortete darauf: »Na hier kannst du noch den Pekinger Flair von Anfang der 90er Jahre erleben, alt und gebraucht – das ist eben hier das Markenzeichen. Auf Service kommt's da nicht an, ist eben ein Familienbetrieb, nicht so'n durchgestylter Laden.« »Hör doch auf«, kommentierte ein anderer: »Der Service hier ist nicht einfach schlecht, der ist einfach beschissen. Innerhalb einer Stunde war die Polizei zweimal vor

Ort. Die Bedienung schlug sich mit Gästen, klaute einen Pullover, einen Kinderpullover. Was für eine Moral! Unter den Gästen waren einige Ausländer. Die haben das Theater live erlebt. Was für ein Gesichtsverlust für uns Chinesen!« »War gerade heute da – komm, so schlimm war's nicht«, meinte daraufhin ein weiterer Kommentator: »Ich hatte lange keine Ente mehr gegessen, und die heute war einfach lecker, basta.« So ging es weitere gut 600 Kommentare hin und her. Engagierte Auseinandersetzungen über Essen und die Orte, die es anbieten, gehörten jedenfalls genauso zur gastronomischen Kultur Chinas wie Zubereitung und Genuss der Speisen selbst. Lin Yutang hatte das vorausgesehen, als er schrieb: »Wenn etwas den Chinesen zu völligem Ernst zwingt, so ist es weder die Religion noch die Bildung, sondern das Essen.« Ente gut – alles gut eben.

Die drei Töpfe des Volkes

Was wäre ein gutes Essen ohne den Topf? Der Topf ist die Gebärmutter der Speisen. Selbst kalte Gerichte kommen ohne den brütenden Schoß aus Stein, Ton, Kupfer, Glas, Porzellan oder Stahl nicht aus. Auch Wein und Schnaps benötigten Gefäße, um sich geistig zu entfalten. Die frühesten Töpfe waren im Reich der Mitte aus Ton gefertigt, hatten ursprünglich die Form eines Dreifußes und hießen li und ding. Darin wurde geschmort, gekocht und gedämpft – meist auf kleiner Flamme, damit sich die Zutaten möglichst eng miteinander verbanden und nicht verbrannten. Im Topf entstanden die klassischen sämigen Suppen aus Getreide und Gemüse. Diese Suppen bildeten die Frühform chinesischer Küche, und ihnen ist sogar ein eigenes Schriftzeichen vorbehalten, um sie von den dünneren Geschwistern abzusetzen. Suppe ist eben nicht gleich Suppe, auch wir eintopferfahrenen Deutschen wissen das. Feuer und Topf verschmelzen miteinander, was zusammengehört, und von erheblicher Bedeutung ist dabei die Brühe oder der sämige Brei, die die Suppe gebären. Denn darin steckt der Geschmack.

Es war kühl geworden, als ich mit Li in einer kleinen Hutong-gasse nach einem angenehmen Ort für ein nettes Abend-essen suchte. Vor allem wärmen sollte es. Der Oktober ließ in Chinas nördlich gelegener Hauptstadt nachts die Temperaturen schon einmal in den einstelligen Bereich sinken.

An einer kleinen Gassenkreuzung dampfte es vielverspre-chend. Ich lief hinüber und inspizierte den Ort. Kupferne Töp-fe mit einem integrierten Rauchabzug in der Mitte stapelten sich in beachtlicher Menge am Gassenrand. Der Laden, zu dem sie gehörten, war winzig und bot vielleicht 20 Gästen an vier, fünf Tischen Platz. Ein letzter kleiner Tisch, an den sich gerade zwei Personen quetschen konnten, war noch frei. »Wie wäre es?«, frag-te ich Li. Schwenktopf war nach Lis Geschmack, denn er liebte Lammfleisch. »Klasse Idee«, erwiderte er.

Durch eine quietschende, giftgrün lackierte Holztür traten wir in den dampfgeschwängerten Raum. Auf allen Tischen standen kupferne Töpfe, die zischend vor sich hin simmerten, Teller mit appetitlich gerollten, hauchdünnen Lammfleischscheibchen, Ber-gen von Chinakohl, Grüngemüse, Koriander und diversen Würz-saucen. Die Esser redeten lautstark miteinander, manche brüllten aus geröteten Gesichtern aufeinander ein, grüne Flaschen mit ro-ten Etiketten verrieten den Grund dafür. »Erguotou-Schnaps«, be-merkte Li abfällig, »der typische Pekinger Fusel.« Ein seltsamer Name, denn wörtlich übersetzt hieß der Schnaps »Kopf aus zwei Töpfen«. »Den muss ich probieren«, sagte ich. Li zuckte mit den Schultern: »Du hast es so gewollt.«

Wir setzten uns, und Li übernahm die Bestellung. Er orderte vier Flaschen Bier, eine Flasche »Zwei-Topf«-Schnaps, vier Teller Lammfleisch-Röllchen, zwei Teller Chinakohl und tonghao-Blatt-gemüse. Das waren würzig-bittere Chrysanthemen-Blätter, deren Genuss erfrischend wirkte. Es folgten Koriander, Würzsaucen und ein Teller Glasnudeln. Dazu kam noch eine Portion mürber Sesamfladen frisch aus der Backtonne. Das war die einfache Stan-dardvariante eines typischen Essens im Ur-Pekinger Ambiente: eine sympathische Kaschemme aus einem kleinen Ziegelbau mit Rauchabzug, grün lackierte Tür, die schief in den Angeln hing, ein

Vorhang aus dickem Kunststoff, um die Kälte draußen zu halten, kipplige Schemel an einfachen Tischen – und eine vielstimmige Geräuschkulisse.

Der stämmige Wirt grummelte Zufriedenheit mit unserer Bestellung und verschwand hinter einem Vorhang, der fast vollständig von Bierkästen und Schnapskartons verdeckt wurde. Menschenleiber, Hotpot-Dämpfe und Zigarettenqualm hätten den kleinen Raum auch ohne die Heizung mehr als ausreichend erwärmt. Trotzdem strahlte das gewaltige Heizungsrohr, das sich durch die Gaststube zog, noch weitere, völlig überflüssige Wärme ab. Wie oft fror ich im südlichen Shanghai mangels Heizung – im nördlichen Peking schwitzte ich. Lammfleischgeruch und scharfer Alkoholdunst mischten sich mit der schwülen Wärme, sodass die Luft derart dick wurde, dass Gäste ab und zu die alte Holztür öffneten und frische Luft schöpften, um nicht aus Sauerstoffmangel zu kollabieren.

»Pekinger Luft«, meinte Li achselzuckend, als ich den Dunst kommentierte. Der Lammfleischgeruch bestätigte einmal mehr, dass Peking, was seine Küche betraf, halb zur Mongolei gehörte, oder zu Südsibirien.

Der Schwenkfleischtopf hatte sich zu Pekings kulinarischem Aushängeschild Nummer zwei nach der Ente entwickelt. Während Letztere aus dem Süden stammte, kam das Fondue Pekinger Art aus den Weiten der nördlichen Steppen. In der heutigen Republik Mongolei waren Archäologen auf eine Wandzeichnung aus dem 10. Jahrhundert gestoßen. Reiter aus dem Steppenvolk der Kitan, die damals als Liao-Dynastie auch über Peking und Nordchina herrschten, vergnügten sich bei alkoholischen Getränken und tauchten ihre Essstäbchen in einen Topf, um Lammfleischstreifen in einer heißen Brühe zu garen. Der Pekinger Schwenkfleischtopf wurde somit historisch korrekt auch als »Mongolischer Feuertopf« bekannt.

Endlich stand unser Mongolentopf zwischen Li und mir. Er dampfte verführerisch, und der Wirt legte noch etwas glühende Holzkohle nach, womit das Gefäß von unten befeuert wurde. Der rotgoldene Kupfertopf hatte eine betont orientalische Note. Tiefrotes Lammfleisch, frisches grünes Gemüse und milchig-weiße Glasnudeln passten farblich perfekt. Das war die schlichte Ästhetik der Kaschemme. Li hatte innerhalb weniger Minuten einen Teller Lammfleisch zur Hälfte vertilgt, »herrlich«, schwelgte er, »lang zu, lang zu!«

Nun zog auch ich Streifen um Streifen durch das Topfrund, und die brodelnde Brühe garte alles innerhalb von Sekunden. Dann tauchte ich das dampfende Fleisch in die sämige Würzsauce aus Sesampaste, Bärlauchmus, Frühlingszwiebeln und einem Hauch Koriander. Welch ein Genuss! Das war besser als jede Ente. Das zarte, leicht marmorierte Fleisch zerging auf der Zunge – Bärlauch, Koriander, der frische Lauch und die herzhafte Sesampaste setzten dazu den passenden Kontrapunkt. Alles verschmolz. Ich variierte die Anteile – weniger Sauce ließ den kräftigen, aber nicht zu scharfen Eigengeschmack des Lamms reiner hervortreten. Kurzum, ein Genuss in einem Ambiente, das viele verwöhnte Feinschmecker abgeschreckt hätte. Doch so war das China, das ich liebte: ohne schwülstige Verpackung – einfach, erdig und köstlich. Euphorisch hob ich mein Glas, um einen tiefen Schluck zu nehmen. Es brannte teuflisch, Li hatte den 56%igen *Superior* geordert. Doppelter Feuertopf also. Würde uns jetzt die Holzkohle ausgehen, dann hätten wir ausreichend Ersatzbrennstoff parat. Ich löschte den Brand mit einer kurz blanchierten Stäbchenladung Chrysanthemen-Blättern, die nur wenige Sekunden in der kochenden Brühe verweilen dürfen, um Nährwert und Geschmacksnote nicht zu zerstören. Die Pekinger, deftig und direkt, wie sie nun einmal sind, ziehen übrigens die derben Stängel den im Süden beliebteren Blättern der Pflanze vor.

Wir begannen eins zu werden mit dem von Dampf, Rauch und Stimmengewirr erfüllten Raum. Wieder öffnete sich die Holztür, und ein neuer Gast trat ein:

»Ah, Parteisekretär Hu«, rief unser Wirt durch den Raum, und alle schauten sich kurz um.

Der Angesprochene wiegelte ab: »Alter Hu, alter Hu, kleiner Zhang.« Der Parteisekretär ließ sich mit drei Begleitern am Fenster nieder, durch dessen beschlagene Scheiben nun rein gar nichts mehr von der Außenwelt zu sehen war. Er orderte die Standardvariante und tauchte wie alle anderen in die drei Töpfe ein, die alles enthielten, was man in dieser Situation zu brauchen schien.

Warum aber hieß das Pekinger Feuerwasser »Kopf-aus-zwei-Töpfen«? Ich fragte Li. Der wusste es nicht und rief den Wirt, der lachte: »Ihr wollt wissen, warum das Zeug so heißt? Ganz einfach: Wenn man Schnaps brennt, dann entsteht ein Destillat. Dieses Destillat hat umso mehr Prozente, je früher man es aus dem Topf abzapft, in dem gebrannt wird, klar?« Wir nickten, als wüssten wir Bescheid. »Gut. Das nennen wir Kopf aus dem Topf, weil es im Destilliertopf oben schwimmt. Bis es so weit ist, muss man ungefähr fünf Tage warten, dann hat man dieses erste Destillat.«

Der Parteisekretär am Fenster meldete sich lautstark: »Kleiner Zhang, noch vier Teller Lamm und noch 'ne Flasche ›Roter Stern‹.« »Kommt sofort, alter Hu«, schrie Zhang zurück und fuhr fort: »Roter Stern‹ ist die bekannteste *Erguotou*-Marke.« »Fusel-Marke«, meinte Li. Zhangs Mine verfinsterte sich. »Sag das nicht, Freund. Was früh aus dem Destilliertopf kommt, ist sauber, kein Fusel – das ist unser Peking-Wodka, verstehst du!« Li nickte und schwieg. »Also, dann bleibt da noch ein Rest im Destilliertopf, und was macht man damit? Natürlich nochmals brennen und wieder mit Getreide, Hefe etc. gären lassen. Nach fünf Tagen hat man dann das zweite Destillat namens ›Kopf aus dem Topf‹, und eins plus eins macht bekanntlich zwei – und schon ist unser schöner Schnaps fertig. Wollt ihr noch einen – geht auf's Haus?«

Wir wehrten ab, bedankten uns aber überschwänglich. Ich fühlte mich bereits reichlich benebelt.

Die Brühe«, sagte Li, »nun ist die Brühe so weit. Probier!« Ich tat wie geheißen. Das, was im Topf vor uns weiter vor sich hin simmerte, war köstlich, eine Art Nektar aus Lamm- und Gemüsesäften. Das Geheimnis des Geschmacks lag in der Qualität des Lammfleischs. Der Wirt versicherte, es käme direkt aus der nur wenige Autostunden entfernten Inneren Mongolei. Wir glaubten ihm, denn es hatte ein intensives, aber nicht aufdringliches Lammfleischaroma. Ohne dieses Aroma wäre die Suppe fad und nahezu geschmacklos, so aber wurde sie zur Delikatesse. Das schienen alle im Raum so zu empfinden, denn nach Fleisch, Gemüse, Glasnudeln und »Doppeltopf«-Schnaps gab sich jeder, vom Parteisekretär Hu bis zum einfachen Arbeiter, der Brühe hin – dem unbestrittenen Höhepunkt und Ende eines »Schwenkfleischtopf-Abends«. Ich wusste nun, wo der Reiz der Pekinger Küchenkultur lag: abseits der Glitzerpaläste und neuen Trend-Restaurants, mitten in den Resten der alten Stadt. Hier war reiner Geschmack, umgeben von herzlich lauten Zechern. Chinas Norden war eine Gefühlswelt, in der dann alles stimmte, wenn klarer Schnaps, frisches Gemüse und zartes Lammfleisch sich miteinander verbündeten. Peking hatte so viel Charme, wenn es seine aufgesetzte Internationalität einfach abstieß und seine Gäste einlud, in den letzten übrig gebliebenen Hutonggassen seine Seele zu entdecken.

DER ZWEITE GANG

DIE DREI TÖPFE DES VOLKES

Was dem Kaiser sein Luftgetrocknetes aus Rehfleisch war, das sind dem einfachen Pekinger seine drei Töpfe. Ich geselle mich zu ihnen in einen 30 Quadratmeter großen Raum mit qualmendem Brikettofen, Türmen aus Yanjing-Bier-Kisten, Abzugsrohren und unten grün, oben weiß gestrichenen Wänden. Am liebsten gehe ich in der kalten Jahreszeit durch quietschende Türen in die letzten dieser Urrestaurants, die meist in einer noch nicht abgerissenen Hutonggasse gelegen sind – und genieße die »drei Töpfe«.

Was ich für 4 Personen dazu brauche:

eine Pekinger Feuertopf-Kaschemme (kann ersetzt werden durch das kleinste Zimmer der eigenen Privatwohnung mit altem Tisch und Holzschemeln, Altbau von Vorteil)

einen Feuertopf (idealerweise einen aus Kupfer mongolischen Designs mit Holzkohlefeuer, ein Fonduetopf oder ein elektrischer Feuertopf tun's aber auch)

1 kg fein geschnittenes Lammfleisch (Schinkenstärke, in Röllchen vom Markt – sonst vorgeschnitten vom Fleischer meiner Wahl)

Chinakohl

Glasnudeln

Tofu

weiteres Gemüse nach Wahl

hochprozentigen »Doppeltopf«-Schnaps (Erguotou)

chinesisches Bier (Tsingtau oder Yanjing) in beliebiger Menge

Sesamsauce oder Paste und etwas helle Sojasauce

kleingehackten Bärlauch und Koriander

Wie es gemacht wird:

1. Zunächst konzentriere ich mich auf den ersten und größten Topf: den Feuertopf. Hierfür schneide ich alle Zutaten wie Chinakohl, Tofu, weitere Gemüsesorten nach Wahl und das Lammfleisch in feine Scheibchen, die sehr schnell gar werden, und platziere alles farbenfroh auf kleinen weißen Tellern. Diese drapiere ich kreisförmig um den Feuertopf in der Mitte des Tisches.

2. Wichtig ist die Dippsauce. Sie bereite ich mit Sesampaste, Wasser und etwas Sojasauce vor, fülle sie für jeden in kleine Schalen ab und gebe kleingehackten Bärlauch und Koriander dazu.

3. Ich entzünde die Feuerstelle unter dem Topf (oder schalte den Strom an), gebe Wasser und etwas Salz hinein.

4. Nun geht es los: Mit meinen drei Lieblingsgästen setze ich mich um den Topf – und wir werfen hinein, was uns schmeckt. Das Lammfleisch ziehen wir mit den Essstäbchen nur kurz durch das kochende Wasser, denn es ist sehr schnell gar.

5. Alles in die Sesamsauce dippen – und genießen.

6. Nun kommen Topf 2 und 3 ins Spiel. Getreu der Devise »Bier mit Schluck« ergänzt der Hirsebrand den Bierspaß und feuert mit kräftigem »gan bei« die Stimmung des Abends an. Ausnüchterung zum Nachtisch gehört dazu ...

Der Küchenminister von Shangqiu

Peking war verlassen. Es zog mich fort und wieder hinein in das Land. Richtung Süden. Ich wollte in die Provinz Henan. Dort waren vor Jahrtausenden die sogenannten Reiche der Mitte entstanden, kleine Stadtstaaten, aus denen schließlich das eine große Mittenreich, China selbst, hervorgegangen war. Die Reise führte nach Shangqiu. Das war ein Ort, den niemand kannte und der doch Ursprungsort chinesischer Zivilisation ist. Mein Reiseziel war ein Grab. Ich suchte das Grab eines ganz besonderen Mannes, der als Koch eine einzigartige Karriere gemacht hatte: Er war der Urvater der chinesischen Politik.

Der Nachtzug aus Peking spuckte mich am frühen Morgen in der Provinzstadt wieder aus. Sobald ich den Bahnhof verlassen hatte, stieg mir ein scharf-pikanter Duft in die Nase, der aus einem großen Metallkessel strömte. Um die mobile Garküche herum saßen eilige Frühstücksgäste über Schüsseln, die eine sämige Suppe enthielten.

»Was ist das?«

»Hula-Suppe.«

»Scharf?«

»Ein wenig. Probiere mal – *Hula*-Suppe ist das beste Frühstück hier.«

Also bestellte ich. Wieder eine dicke Suppe – wie schon in Peking. Der Norden blieb deftig, der Geschmack in der Suppenschüssel. Auch hier passten dazu *baozi*-Knödel oder gebackene Weizenfladen. Die Suppe selbst erinnerte ein wenig an die bekannten Sauer-scharf-Suppen europäischer und amerikanischer China-Restaurants, was ich löffelte, war dem europäisch geprägten Gaumen also geschmacklich durchaus vertraut. Vermutlich lag der Ursprung für diese Einheitssuppe westlicher China-Restaurants irgendwo auf den Straßen Nordchinas.

DER ZWEITE GANG

HULA-SUPPE

Auf dem chinesischen Land, das niemand kennt. Alle Schemel der Garküche sind besetzt. Ich erprobe mich in der chinesischen Kunst des ausdauernden Hockens. Dabei halte ich eine Schale sauer-scharfer Suppe in den Händen und schlürfe gegen das Dröhnen einer nahe gelegenen Fabrik an. Der Morgen kann beginnen, wach bin ich jedenfalls.

Was ich dazu brauche:

250 g Lammfleisch – bereits vorgegart

300 g Weizenmehl

150 g breite fenpi-Glasnudeln

50 g Tofu

100 g frischer Spinat

30 g frische essbare Algen

30 ml schwarzer Reisessig (Chinkiang-Essig)

Pfeffer, Ingwer, Sternanis-Pulver, Salz

Wie es gemacht wird:

1. Ich erhitze Erdnuss- oder Sojaöl in meinem Wok und brate darin den gewürfelten Tofu goldbraun.

2. Das gegarte Lammfleisch schneide ich in kleine Würfel.

3. Nachdem ich die Glasnudeln in Wasser habe quellen lassen, schneide ich sie in mundgerechte Stücke.

4. Nachdem ich die Algenstreifen gereinigt habe, schneide ich sie in Stücke, gare sie in Wasser und lasse sie dann wieder in Wasser quellen.

5. Den gebratenen Tofu schneide ich in feine Streifen.

6. Den Spinat wasche ich, entferne gelbe Blätter und schneide ihn in 2,5 cm lange Stücke.

7. Der Ingwer muss in kleine Scheiben geschnitten und dann weiter zerkleinert werden.

8. Aus dem Mehl knete ich unter Wasserzusatz einen geschmeidigen Teig und rolle ihn dünn aus.

9. Dann koche ich ca. 2 l Wasser in einem Topf, gebe Lammfleisch und Lammfleischbrühe hinein, gebe Glasnudeln, Algen, gebratenen Tofu und Salz hinzu und koche alles auf.

10. Nun gieße ich kaltes Wasser dazu – und gebe den Teig in kleinen, mit der Hand abgerissenen Stücken hinein. Langsam verrühre ich den Teig in der Suppe, sodass sich diese andickt. So entsteht die nahrhafte Konsistenz.

11. Nun wird mit Pfeffer und Sternanis-Pulver gewürzt und der Spinat hinzugegeben.

12. Am Ende runde ich die sauer-scharfe Note der Suppe mit Reisessig ab.

W ie überall im Lande hielt man sich auch hier mit dem Frühstück nicht lange auf. Unter lautstarkem Schlürfen und Schmatzen waren Schaleninhalt und Teigbeilage in wenigen Minuten verschwunden. Neue Gäste besetzten die frei werdenden Schemel. Ich nutzte die Gelegenheit und fragte die Köchin, wie ich zum Grabe des Kochs käme. »Des Kochs?«, fragte sie verwundert, als sei es undenkbar, dass man für Köche eigens Gräber anlegte. »Das Grab des Kochs Yi Yin«, erklärte ich. Sie kenne niemanden, der so heiße, meinte sie. Dann aber mischte sich ein älterer Frühstücksgast ein und sagte: »Zu Yi Yins Grab? Ganz einfach: Mit Bus Nummer 1. Der fährt dort drüben ab.« Er deutete in Richtung einer Bushaltestelle: »Fahr mit bis zur Transportfirma. Dort steigst du um in einen der Minibusse Richtung Yingkuo. Der Bus fährt an der Grabanlage vorbei. Kostet zwei Yuan Eintritt (ca. 0,25 Euro), glaube ich.« Ich dankte meinem Informanten, schlürfte im Stile der Einheimischen meine Frühstückssuppe, als hätte ich in zwei Minuten einen wichtigen Termin, zahlte und saß wenig später im Bus Nummer 1. Auch das Umsteigen in einen der Minibusse wenig später klappte problemlos.

Der Bus war voll, doch ich erhielt noch einen Schemel inmitten der dicht gedrängten Schar ländlicher Fahrgäste. Sie starrten mich an. In diese Gegend verirrten sich Ausländer offenbar äußerst selten. Nach einiger Zeit und vielen Stopps am Straßenrand hielt der Bus plötzlich wieder, und der Fahrer rief: »Hier ist es«, und deutete auf eine Tempelanlage jenseits der Straße. Ich dankte, zwängte mich zwischen den Menschenleibern in der fahrenden Sardinenbüchse hindurch nach draußen und hatte bald den Eingang des Tempels erreicht.

Die Anlage öffnete gerade, und niemand außer mir schien sich so früh am Morgen für Yi Yin und seine Geschichte zu interessieren. Ich löste meine Eintrittskarte, die tatsächlich nur ganze zwei Yuan kostet, und stand in einem kleinen Tempelareal. Wirklich alt war hier nichts. Die Anlage hatte man in den 80er Jahren im Stile der Ming- und Qing-Zeit wiederaufgebaut. Sie glich damit den meisten Tempeln Chinas. Die Grabanlage sollte hinter der Tempelhalle liegen. Ich lief also geradewegs darauf zu und fand auch sofort, was ich suchte. Der Grabhügel schien restauriert, eine neue graue Mauer fasste den Tumulus ein. Vor dem rund drei Meter hohen Hügel erzählte eine neue Holztafel kurz von Yi Yin und seiner Geschichte.

Mit dieser Geschichte war ich nun allein. Sie brach die Stille des Morgens und erzählte von einem Jungen, der vor rund 3600 Jahren in eine Familie von Köchen geboren wurde. Das Kind lernte früh, wie man Getreide und Gemüse putzte und bereitete, und bevor es überhaupt richtig sprechen konnte, wusste es, wie man geschickt mit dem Küchenmesser hantierte. Der Junge wuchs heran. Köche waren damals unfrei und Yi Yin damit ein Sklavensohn, der seinem Herrn oder seiner Herrin überallhin zu folgen hatte. So begab es sich, dass der Fürst Tang aus dem Geschlecht der Shang, einem einflussreichen Clan, die Tochter des Hauses heiraten wollte, dem Yi Yin als Unfreier verbunden war. Der Koch folgte seiner Herrin an den Hof des aufstrebenden Shang-Fürsten. Schon bald zeigte er dort, was er konnte. Yi Yin war ein Meister des Dreifuß-topfes, in dem zu Ritualzwecken sämige Suppen gekocht wurden, die Ahnen von Hula-Suppe und Pekinger Frühstücksfreuden. Suppen waren schon damals die Grundlage chinesischer Kochkunst, ihr Urstoff geradezu. Yi Yins Suppen trafen genau den Geschmack des Herrschers, und Fürst Tang machte den einstigen Sklavenjungen bald zum Chefkoch.

Eines Tages bestellte Tang, der immer auf der Suche nach neuen kulinarischen Herausforderungen war, seinen Maître zu sich. Der Fürst wollte wissen, wie er denn Geschmack ohne Grenzen genießen könne. Yi Yin erwiderte: »Dafür, mein Fürst, ist Euer Reich viel zu klein. Nur ein Himmelssohn, ein absoluter Herrscher, der

die Welt und ihre Gesetze kennt, der kann leicht alle Geschmacksnoten in voller Vielfalt genießen. Ein solcher Herrscher ähnelt
dem perfekten Koch, der weiß, wie man die drei Arten von Tieren, die Wasserbewohner, die Fleischfresser und die Pflanzenfres-
ser, ihrer üblen Eigengerüche beraubt und geschmacklich gefällig
macht, wie man sie kultiviert und zu gutem Geschmack verfeinert, der weiß, wie man die fünf Geschmacksrichtungen der Welt,
süß, sauer, bitter, scharf und salzig, miteinander zu einem harmonischen Gefüge verbindet. Ein solcher Kenner weiß, dass ohne
Wasser nichts Gutes entsteht. Er kennt die Macht und Fähigkeit
des Feuers, Geschmacksrichtungen und Zutaten zu einer großen
Synthese im Kochtopf zu harmonisieren. Im Topf des Kochs voll-
zieht sich dann der Wandel der Rohzutaten zur wohlschmeckenden Suppe, die gar und nicht verkocht, süß und nicht schwülstig,
sauer, ohne zu ätzen, salzig ohne versalzen, scharf, ohne zu brennen, fad, ohne geschmacklos, und schließlich üppig, ohne fettig
zu sein, schmeckt. Eine solche Suppe ist harmonisch ausbalanciert. Wer so kocht, der kennt die Welt, die feinsten Fleischgerichte aus Schimpansenlippen und unvergleichlichem Drachenleib.
Ein solcher Kenner, der Sohn des Himmels ist, der benötigt vor
allem Wissen und Erfahrung – weit mehr als Gewalt [...]. Wer all
dies weiß, der kennt sich selbst. Wer sich selbst kennt, der kann
zum Himmelssohn werden – und wer zum Himmelssohn geworden ist, der weiß wirklich, was Geschmack ist ...«*

Yi Yins Rede begeisterte seinen Herrn und spornte seinen Ehrgeiz an. Den Koch aber belohnte er, indem er ihn zum ersten Minister am Hofe ernannte. Yi Yin war nun Premierminister im dop-
pelten Sinne: Der erste Minister im Staate war der erste wichtige
Politiker, von dem Chinas Geschichtsschreiber überhaupt Zeugnis
ablegen. Und er »kochte« Politik. Der Urvater aller chinesischen
Politiker war rund 1000 Jahre vor Konfuzius bereits beseelt von
dem Gedanken, aus seinem Herrn einen Herrscher zu machen,
der die oft widerstreitenden »Grundzutaten« der menschlichen
Gesellschaft in ihrer Rohheit und Ungeschliffenheit mit den Mit-

---

* Lü Shi Chun Qiu (Aufzeichnungen über die Zeit des Frühlings und Herbstes von
  Lü Buwei). S. 85 f.

teln der Staatsführung, dem richtigen Kochrezept, ausbalancieren konnte. Das Gericht nannte sich »stabile Gesellschaft«.

Chinesen glauben bis heute an den Erfolg dieses Rezepts und an seinen Wohlgeschmack. Das Prinzip des Regelns und Ausbalancierens der Geschmacksrichtungen steckt im Wort *zhengzhi*, dem chinesischen Gegenstück zu unserem Begriff »Politik«. Der europäische Begriff leitet sich hingegen von der Stadt *polis* und den Rechten des städtischen Bürgers ab. Der erste Politiker des Westens war ein freier Bürger, der Chinas ein unfreier Koch. Seit Yi Yin bemühten sich die Besseren unter den chinesischen Politikern, aus den widerstreitenden »Geschmacksrichtungen« einer familiär geprägten Gemeinschaft eine ausgewogen gewürzte Suppe zu kochen, die nicht zu schnell verderben durfte. Das war kein einfaches Unterfangen. Oft genug blieben Rechte und Wünsche des einzelnen Menschen zugunsten politischer Stabilität auf der Strecke, und zu individuelle wie zum Beispiel zu scharfe Noten wurden schnell neutralisiert.

Yi Yins politische Ratschläge zielten auf Harmonie zwischen Herrscher und Beherrschten, eine auf Geben und Nehmen gerichtete Ausgewogenheit mit klaren Hierarchien. Seine eigene Rolle als Minister definierte er als die eines Mittlers zwischen oben und unten, zwischen Herr und Untertanen. Sein damaliges Streben ist hochaktuell: Es könnte den Strategen chinesischer Staatsführung zu Beginn des 21. Jahrhunderts als direktes Vorbild dienen, wenn diese mit dem Schlagwort der »harmonischen Gesellschaft« zumindest verbal versucht, das zunehmende Ungleichgewicht einer ökonomisch zu schnell wachsenden Gesellschaft auszugleichen. Dabei ist es höchste Zeit für mildernde Zutaten, denn die Suppe dieser Gesellschaft beginnt bitter zu schmecken.

Yi Yin hatte die chinesische Politik aus dem Kochtopf heraus begründet und seinen Fürsten derart beeindruckt, dass dieser ihn zum ersten Minister im Staate machte. Später beriet er den Fürsten beim Aufbau der ersten schriftlich belegten Dynastie Chinas, der Shang-Dynastie. Diese etablierte sich vom 16. bis 11. Jahrhundert vor Christus in der nordchinesischen Tiefebene. Yi Yin zeigte dem Dynastiegründer in spe Strategien, wie man den Tyrannen des feindlichen Stammes der Xia vernichten konnte, und assistierte ihm und seinen Nachfahren später in der neuen Shang-Hauptstadt Bo dabei, eine Regierung zu führen. Auch bei dieser Regierungsführung ging es nicht ohne Küchenfertigkeiten. Im Mittelpunkt stand das gekonnte Würzen mit passenden politischen Direktiven: Man nehme von jedem etwas, von einer Zutat aber nicht zu viel und nicht zu wenig, auch hier galt das Kochprinzip der Ausgewogenheit. Der Legende nach soll der erste Politiker Chinas 100 Jahre alt geworden sein – ernster zu nehmende Quellen gehen immerhin von rund 80 Jahren aus: Das entspräche einer Ära Yi Yin.

Hier lag sie begraben, diese Ära, und sie war zum Grundrezept dafür geworden, wie man ein zunehmend größeres und dichter bevölkertes Staatswesen über Jahrtausende hinweg hervorkochen konnte. Ich ließ den Blick zum Abschied über den längst mit Gras bewachsenen Grabhügel gleiten. Nun wusste ich, dass ich wirklich in Chinas Zentrum stand – am Anbeginn einer Zivilisation, die vom Kochtopf geprägt worden war.

DER DRITTE GANG

Prov. Shanxi 陕西省

Chengdu 成都

zhou 泸州

Yangtze 長江

东

四川

Sichuan

Province Chongqing 重庆市

uizhou 贵州省

SICHUAN: SCHARFE IDEEN

Hot West

Seit 7:39 Uhr fuhr ich Chongqing entgegen – einer von 32 Millionen Menschen bevölkerten Metropolregion von der Fläche des Bundeslandes Bayern, 1600 Kilometer entfernt von Shangqiu gelegen. Der Zug ließ die aufgegangene Sonne hinter sich. Damit stand fest: Es ging nach Westen! Noch halb in der Nacht war ich zum Bahnhof aufgebrochen und hatte mich an schläfrigen Ticketkontrolleuren vorbei bis in meinen Zug Nummer K 619, Wagen Nummer 5, durchgekämpft. Der wartete noch am Gleis und belohnte mich mit einer freien Liege in einem Sechserabteil. Wie in allen chinesischen Liegewagen war auch dieses Abteil zum Gang hin offen. So versetzte, oder besser verlegte, die beengte Konstruktion den Reisenden mitten hinein in den Alltag eines Langstreckenzuges. Wer sich der Geräuschbelästigung nicht gewachsen fühlte und es sich leisten konnte, benutzte die Schlafwagenklasse. Doch die war rund 50 Prozent teurer – und eine Abteiltür schloss den Reisenden vom Rest des Waggons ab. Ich hingegen wollte sparen und reden. Auf den schmalen Pritschen in Wagen 5 begannen die Menschen zu spielen: Kartenspiele, Videospiele, Smartphones. Fast jeder, der sich auf dem beengten Raum eingerichtet hatte, spielte irgendetwas – Bücher hingegen sah ich fast keine. Chinesen sind ausgesprochene Spielernaturen. So soll bereits die erste chinesische Mauer der Qin-Dynastie (3. Jahrhundert vor Christus) mit Hilfe eines Zahlenlottos finanziert worden sein. Teile der chinesischen Kultur sind damit zum Teil auf dem gebaut, was zwar festen Regeln und Prinzipien folgt, aber vor allem »Spannung und Freude« bereitet und eben anders ist als »das gewöhnliche Leben«, wie der niederländische Philosoph Johan Huizinga (1872–1945) das Spiel einst definierte.

»Go West«, lautete seit Jahren die Devise der Abenteurer und Weitsichtigen: »Go West und nimm deine Chance wahr. Der Westen ist heiß!« Chongqing, das Tor zum Westen, rund 2000 Kilometer flussaufwärts von Shanghai am Yangtse-Fluss gelegen, galt als doppelt heißer Tipp: Unternehmen fanden in der flächenmäßig größten Metropole der Welt Investitionsanreize, neue Märkte, günstige Arbeitskräfte, neue Hochhäuser, Autobahnen und Flughäfen. Reisende fanden dort das Glück in Form scharfen Essens. »Der Westen is(s)t scharf«, hatte ich mir denn auch zweimal dick unterstrichen in mein neues chilirotes Notizbuch geschrieben.

Chinesen nennen Chongqing ihren Feuertopf. Das hat zwei Gründe: Zum einen ist das Klima dort unangenehm und fordert den Menschen, die in Chongqing leben, viel ab, um sich anzupassen. Dafür gibt es nur eine scharfe Lösung: den Chili und andere Gewürze. Scharfe Gewürze kühlen im Sommer, indem sie den Schweißfluss auf die Spitze treiben. Sie wärmen im Winter, besonders wenn man sie in heißen Töpfen aufkocht. Das Klima Chongqings und der benachbarten Provinz Sichuan bringt eine der pikantesten und schärfsten Küchen Chinas hervor – weltweit als Sichuan Cuisine bekannt: Hühner auf einem Bett aus Chilischoten sind wie der scharfe Feuertopf beliebt im ganzen Land. Beides stammt aus Chongqing. 1997 trennte Chinas Zentralregierung die Stadt mit einer Fläche von der Größe Österreichs und das westlich anschließende rote Becken von Sichuan administrativ voneinander. Doch was kann die Verwaltung schon an der Kultur ändern? Chongqing blieb kulturell, insbesondere kulinarisch, ein Teil Sichuans: würzig, feurig und chilirot.

Scharfes Essen ist »in«. Scharfe Speisen begeistern besonders die jungen Esser. Was die »Generation Doof«* in Deutschland, das ist in China die »Generation Chilischote«. Vor allem Chinesen, die nach 1980 geboren wurden, wuchsen mit den kleinen Scharfmachern auf. Die schärfsten Gerichte aller Küchen Chinas stammen aus dem Westen. Eine Umfrage aus dem Jahr 2008 unter 2000 Essern aus ganz China zeigte: Mehr als ein Drittel der Befragten favorisierte die scharfe Küche der Provinz Sichuan. Diese lag in der Gunst der Esser weit vor der mildesten aller Küchen Chinas, der Kantonesischen, die weniger als 300 der Befragten als ihre Lieblingsküche identifizierten. Diese Tatsache korrelierte treffend mit einer weiteren: Befragt nach der von ihnen favorisierten ausländischen Küche, wurde die koreanische mit weitem Abstand vor der japanischen und italienischen Küche genannt. 563 aller Befragten bevorzugten mit Chili gewürztes koreanisches Essen. Lediglich 330 bzw. 237 erklärten japanische beziehungsweise italienische Küche zu ihren Favoriten.

Hinter der beliebtesten Küche Chinas, die mit eingängigen Slogans wie »Go West – be hot« nun für ihre Gerichte wirbt, stehen Erfinder und Trendsetter. Sie schafften es, die Chinesen des 21. Jahrhunderts scharenweise um Platten pikant-scharfer Sichuan-Gerichte und brodelnde Feuertöpfe zu versammeln. Ich hatte davon gehört, dass Bauern das Huhn dort neu erfunden hatten. Ein armes Mädchen aus Chongqings ländlicher Peripherie eroberte als Kaiserin des Feuertopfs China und plant nun McDonalds feurige Konkurrenz zu machen. Ein junger Arbeiter erfand das »Dienstleistungs-Restaurant chinesischer Prägung« und etablierte es als eine extrem beliebte Restaurantkette im ganzen Land. Die Esskreative war zum Inbegriff des chinesischen Traums geworden, der dem amerikanischen vom großen Aufstieg von ganz unten nach ganz oben sehr ähnlich ist. Solche und andere Geschichten hatte ich gehört. Sie lockten mich nach Westen.

---

* Stefan Bonner / Anne Weiss. *Generation Doof – Wie blöd sind wir eigentlich?* Köln 2008.

Seit einigen Stunden rollten wir nun schon durch die brettflache Ebene der zentralchinesischen Provinz Henan. Der Waggon war voll besetzt. Unter den Mitreisenden befand sich auch ein junges Paar. Sie begannen die über 28-stündige Reise nach Westen mit dem Essen zweier großer Becher Instantnudeln, die sie hastig und lautstark in sich hineinschlürften. Auf den Packungen prangte in knalligem Rot eine Chilischote, verstärkt durch ein einziges, fett gedrucktes, gefährlich gezacktes Schriftzeichen: *la* – scharf.

Die beiden Nudelschlürfer waren nicht älter als Mitte zwanzig. Sie hatte ein hübsches Gesicht, aber eindeutig ein paar Pfund zu viel auf den Hüften, und auch er stand gut im Futter. Das kleine Tischchen neben dem Fenster, das eigentlich allen sechs Abteilgenossen diente, um Teegläser, Imbisse und Ähnliches für unterwegs abzustellen, hatten die beiden vollständig belegt, um ihren Reiseproviant zu stapeln: Chipstüten, eine Wegzehrung aus frittierten Hühnerflügeln, welche die Luft in unserem Abteil mit ihrem fettigen Geruch verpestete; komplettiert wurde das dubiose Menü mit Schoko-Muffins aus dem Supermarkt.

Chinas junge Generation war mit McDonalds und Kentucky Fried Chicken im chinesischen Wirtschaftswunderland groß geworden. Die heute bevorzugten Geschmacksrichtungen waren süß, fettig und scharf. »Der Mensch ist, was er isst.« Diese alte Wahrheit hatte sich in China aufs Neue bestätigt. Süße und zu fette Ernährung war in den letzten Jahren zum Problem geworden: Übergewicht bis hin zur Fettsucht, Zuckerkrankheit und Herzprobleme suchten Chinas neue Wohlstandsgeneration heim. Die einstige Unmöglichkeit, übergewichtige Chinesen anzutreffen, war längst der Unmöglichkeit gewichen, dass sie im Straßenbild fehlten. Fast so viele Menschen, wie Deutschland Einwohner hat, waren zu Beginn des 21. Jahrhunderts übergewichtig. Falsche Ernährung und vor allem die neue Liebe zu Fastfood in einer stark beschleunigten Umwelt trugen neben der neuen Unsitte des ständigen Autofahrens dazu bei.

Immerhin fuhren noch einige Menschen mit dem Zug – und verhalfen so einer japanischen Erfindung, der Instantnudel, zum Siegeszug auf Chinas schnell wachsendem Fastfood-Markt. Ando

Momofukus (1910–2007) Erfindung, seit 1958 unter seiner Marke Nissin auf dem Markt, war die ostasiatische Antwort auf die Initiative der Brüder Richard und Maurice McDonald in den USA. Ihre Wirkung war vergleichbar: Instantnudeln und Hamburger entbanden den gestressten Zeitgenossen des Industriezeitalters vom Zwang, Esstische und Kantinen aufsuchen zu müssen. Überall wurde man mit schnellen Nudeln und flink gebratenen Fleischklopsen satt. Die Nudeln des Herrn Ando hatten zusätzlich den Vorteil nahezu unbegrenzter Transportfähigkeit. Man brauchte nur etwas Wasser, und »schon herrschte Frieden«, weil die »Nahrung ausreichte«. So hatte Ando Momofuku sich Napoleons Erkenntnis, dass Nahrungsmangel schließlich die Hauptursache für Kriege ist, zur ethischen Leitlinie seiner Schnellnudel-Industrie gemacht. Die Grundlage für die Instantnudel waren übrigens Ramen, in Japan beliebte Teigbänder nach chinesischer Art, die nun als Trockensubstrat in Plastikverpackung wieder ihren Weg zurück in das Mutterland der Nudel gefunden hatten.

Schließlich hatten meine beiden Mitreisenden ihre Mahlzeit beendet, und ich versuchte, mit ihnen ins Gespräch zu kommen. Die beiden stammten aus Henan und wollten sich Chongqing und einen Teil Sichuans ansehen.

»Sind euch diese Nudeln nicht zu scharf?«, fragte ich und deutete auf ihr Frühstück.

»Ganz und gar nicht. Sie könnten sogar noch einen Tick schärfer sein«, entgegnete er.

»Wenn Nudeln nicht scharf sind, schmecken sie mir nicht. Ich brauche scharfes Essen«, ergänzte die junge Frau.

»Warum?«, fragte ich zurück.

»Das entspannt mich einfach«, sagte sie.

Die Bemerkung fand ich interessant. »Sichuan-Essen entspannt?«, vergewisserte ich mich.

»Ja, natürlich. Wir Chinesen haben doch diesen Spruch: ›Scharf macht glücklich‹.« Egal, ob Feuertopf, Sichuan-Essen oder Hunan-Küche: Alles mit viel Chili und Pfeffer macht Spaß. »Wir gehen oft mit Freunden zum Feuertopf oder probieren aus, welches

Restaurant die schärfsten Gerichte serviert. Scharfes Essen gibt einem so ein High-Feeling und lässt den Stress vergessen«, führte sie weiter aus, und er ergänzte: »Wir haben echt Stress.«

Nicht nur Fettleibigkeit nimmt in China zu, sondern auch der Stress. Eine Umfrage der chinesischen Akademie der Wissenschaften aus dem Jahre 2007 hatte gezeigt, dass Arbeitnehmer zwischen 20 und 30 die am meisten gestresste Altersgruppe im Reich der Mitte sind.[*] Das Ergebnis überraschte, denn man war allgemein davon ausgegangen, dass mit steigendem Alter, nach Familiengründung und mit höherer Verantwortung für Familie und Beruf, die Stressfaktoren größer würden.

»Warum?«, fragte ich, um die Meinung der beiden zu »ihrem Stress« zu hören.

»Wir arbeiten oft zehn Stunden am Tag in unserer Firma«, erklärte er bereitwillig, »da hast du verdammt viel um die Ohren. Mein Chef kommt aus Hongkong und will nur eins: Leistung, Leistung und nochmals Leistung. Dazu kommt noch der Druck von den Eltern, möglichst früh zu heiraten. Das ist eben Tradition. Heiraten geht aber nicht ohne eigene Wohnung, also musst du viel Geld verdienen, um dir eine Wohnung zu kaufen. Ohne Unterstützung der Eltern funktioniert das allerdings nicht, und so machen sie wieder Druck: Wir finanzieren dir die Wohnung, also heirate gefälligst.«

»Verstehe.«

»Außerdem brauchst du ein Auto«, ergänzte er.

»Ich brauche keins«, entgegnete ich.

»Weil du Ausländer bist«, erklärte er mir. »Du hast keinen Druck. Wir schon, weil alle ein Auto haben. Nicht irgendeines, sondern eine Limousine. Auto bedeutet Ansehen, Status, verstehst du.« Natürlich verstand ich. Schließlich war ich Deutscher und konnte mich der Suggestivkraft eines Automobils nicht vollständig entziehen.

»Also habe ich mir einen VW Passat gekauft. Der muss auch finanziert werden. Druck und immer wieder Scheißdruck. Ich bin

---

[*] Pekinger Zeitung für Wissenschaft und Technik (*Beijing keji bao*) vom 13. 4. 2007.

froh, dass wir jetzt ein paar Tage verreisen können, wir müssen mal raus«, erklärte er seufzend.

Jetzt nahm sie mich ins Visier und ergänzte: »Außerdem ist scharf sexy. Scharfe Gerichte, scharfes Outfit – das gehört irgendwie zusammen. Es macht Spaß, scharf zu essen, und provoziert mich irgendwie, macht mich halt an.« Sie blickte auf ihren Verlobten, dieser lächelte zurück.

Ich zog es vor, das Thema nicht weiter zu vertiefen. Weil es Spaß machte, scharf zu essen, und scharfes Essen half, den Alltagsstress abzubauen, war es also in. Und Stress gab es genug für die Generation Chilischote.

C hinas junge und urbane Generation befand sich auf einem Schärfe-Trip. Sie genoss den »Pepper-High-Effekt« und war süchtig danach geworden, ohne sich dessen bewusst zu sein. In Thai-Restaurants, beim Inder oder beim Mexikaner versuchte man freitagabends allerorten, über scharf gewürzten Gerichten den Bürostress zu vergessen. Dabei hatten die Chilisüchtigen von heute ein prominentes Vorbild in einem Mann von gestern: Mao Zedong, dem einstigen großen Vorsitzenden. Der Pepper-High-Effekt ähnelt dem Effekt nach leichtem Genuss von Alkohol oder Drogen. Glückshormone, Endorphine, werden ausgeschüttet, wenn Menschen scharfe Speisen zu sich nehmen. Der Körper reagiert damit gegen Schärfe ähnlich wie gegen Schmerz: Er stärkt den Widerstand durch körpereigene Opiate, die Endorphine.

Das hatte Mao sich zunutze gemacht für den eigenen Kampf. »Wer's nicht scharf liebt, der taugt nicht zum Revolutionär«, hatte der rote Vorsitzende einst verkündet. Chilis wurden plötzlich zum Mittel der Politik. 1934 begannen die Kommunisten ihren »Langen Marsch« durch China, der am Ende zum Erfolg der kommunistischen Revolution führte. Mao kämpfte zu jener Zeit noch um die Führung der Partei. Seine Position als Parteiführer war alles andere als gesichert. Gegner lauerten überall, und Mao war jedes Mittel recht, um diese zu bekämpfen. Ihm kam zugute, dass er aus Hunan stammte – einer der großen Chiliprovinzen des Landes. Chinas Revolutionär war dem »Pepper-High-Effekt« erlegen, was ihm später heftige Verdauungsprobleme einbrachte, wie sein Biograph und langjähriger Leibwächter Li Yinqiao bezeugte. 1934 nutzte Mao die Chilis strategisch: Otto Braun (1900–1974), Moskaus deutschstämmiger Militärberater im chinesischen Sowjet von Ruijin, dem Mao vorstand, soll frittierte Chilis verabscheut haben. Maos Reaktion auf den deutschen Chilimuffel folgte prompt: »Das Grundnahrungsmittel der Revolution ist Chili – wer keine Chilis essen kann, der taugt nicht zum Kampf.«* Damit war der deutsche Kommunist Otto Braun in China diskreditiert. Brauns Kampftaktik gegen die Guomindang-Truppen Tschiang Kai-sheks ging nicht auf, desaströse Niederlagen folgten. Ob Braun nun wirklich ein schlechter Militärführer war oder nicht – für Mao war die Sache klar: »Wer keine Chilis mag, schadet der Revolution.« Maos Gegnerschaft führte dazu, dass Braun seinen Kommandoposten unter den chinesischen Kommunisten verlor.

Als Mao 15 Jahre später seine Führerschaft längst durchgesetzt hatte und China kurz vor der Gründung der Volksrepublik stand, begegnete der Vorsitzende in Xibaipo dem Gesandten und Chefdiplomaten Stalins, Anastas Ivanovich Mikoyan. »Mikoyan trank Wodka aus großen Gläsern, als wäre der Schnaps Wasser«**, schrieb der Mao-Leibwächter Li Yinqiao in seinen Memoiren. Wie viele Südchinesen konnte Mao wohl keinen Alkohol vertragen und bekam nach einigen Schlucken Schnaps sofort einen roten Kopf. Als unschlagbarer Trinker triumphierte Mikoyan, der Armenier, über die am Esstisch versammelten Chinesen.

Mao griff zum letzten Mittel: der Chilitaktik. Das wiederum war zu viel für Mikoyan. Der Mann, dem Russland immerhin die Einführung amerikanischer Kulturprodukte wie Konservendosen, Hamburger und Cornflakes verdankte*** und der ein ernsthaftes Interesse daran hatte, das karge Nahrungsangebot der Stalin-Ära

---

* »Mao Zedong und die Theorie der Chili-Revolution (Mao Zedong »lajiao geming« lun)«. In: *China-Nachrichten Netzwerk Zhongguo xinwen wang*, 29.4.2010, www.chinanews.com.cn/hb/news/2010/04–29/2 255 341.shtml (17.11.2010).

** Quan Yanchi. *Mao Zedong: Man, not God.* 5. Auflage. Beijing 2006, S. 109.

*** Simon Sebag-Montefiore. *Stalin: The Court of the Red Tsar.* Phoenix 2004, S. 192–193.

auch mit chinesischen Speisen zu bereichern*, scheiterte mit Tränen in den Augen an Maos Chilis. Damit sah Mao seinen Führungsanspruch gegenüber dem stärkeren Rivalen bestätigt: Er triumphierte erneut und schärfte Chinas nationalen Ehrgeiz mit roten Pfefferschoten: »Je mehr Chilis man essen kann, desto mehr ist man Revolutionär. Wer keine Chilis isst, dessen revolutionärer Geist ist nicht stark genug.«

Als in den 80er Jahren des letzten Jahrhunderts Chinas Wirtschaftsaufschwung einsetzte, den übrigens erneut ein Liebhaber scharfen Essens, Deng Xiaoping (1904–1997) aus Sichuan, angestoßen hatte, wuchs auch im bis dahin mild würzenden Osten das Interesse an den scharfen Seiten des Westens. Ich erinnere mich, wie Anfang der 90er Jahre in Nanjing und anderen Städten der unteren Yangtse-Region erste Feuertopf- und Sichuan-Restaurants ihre Pforten öffneten. Auf kleinen Schemeln hockten wir damals unter freiem Himmel über Töpfen, die eine tiefrote ölige Brühe enthielten, und warfen portioniertes Fleisch und Gemüse in den stark gewürzten Sud, um uns doppelt zu verbrennen: zuerst die Zunge an der heißen Brühe, dann den Magen an den feurigen Chilis. Das Bier floss in Strömen. Wir ahnten nicht, dass wir damit unser Leiden vervielfachten, da das wässrige chinesische Bier die Schärfe im gesamten Körper verteilte.

Die Scharfmacher

Der K 282 fuhr in den Abend hinein. Seit 17 Uhr schon waren die Fahrgäste mit ihrer abendlichen Mahlzeit beschäftigt. Essenszeiten wurden in China strikt eingehalten, und das Abendessen sollte bis 18 Uhr erledigt sein. Die meisten Reisenden leerten Instant-Nudelbecher im Kollektiv. Andere wählten die Alternative und löffelten ein verkochtes Reisgericht mit kleingehackten Chilischoten aus dem Zugrestaurant, das in einer Pappschale serviert

* Quan 2006, S. 109.

wurde. So gut und abwechslungsreich chinesisches Essen zu Hause und in Restaurants war, so schlecht war es in Flugzeugen und Zügen, die noch immer vom Staat betrieben wurden. Das Essen, der Himmel auf Erden, konnte für den reisenden Genießer zur höllischen Qual werden, und ich verstehe bis heute nicht, warum eine Gesellschaft, die das Essen derart schätzt wie die Chinesen, dem ausländischen Touristen auf der Reise nach und durch China den Eindruck vermittelt, dass man lieber zu Hause in drittklassigen Asia Snack Shops gebratene Nudeln löffeln sollte, als sich das Original im Lande selbst zuzumuten. Hier im Zug half nur Chili als Gegenmittel, das viele in Schraubgläsern als geschmackloses Betäubungsmittel mit sich führten.

Die Verpackungen, die das »Fastfood« auf Rädern enthalten hatten, stapelten sich in großen schwarzen Abfallsäcken an beiden Enden des Ganges. Immerhin flog nun nichts mehr aus dem Fenster wie noch vor gut 15 Jahren, was daran lag, dass man seit Einführung der klimatisierten Waggons die Zugfenster nicht mehr öffnen konnte. »Chili sei Dank«, waren die meisten dieser Verpackungen dann doch geleert worden, und die Reisenden hatten sich wenigstens ihre geplagten Bäuche füllen können.

Bis ins 16. Jahrhundert hinein kannte China keine Chilischoten, dann allerdings löste der rote Pfeffer in einigen Regionen eine kulinarische Revolution aus. Via Kanton führten spanische oder portugiesische Händler die Chilischote gemeinsam mit anderen Gemüse- und Obstsorten ein. Kanton war lange Zeit der einzige Ort in China, an dem Ausländer Handel treiben durften, von dort aus verbreitete sich der scharfe Paprika nach Norden und Westen. Kanton selbst blieb merkwürdig resistent gegenüber der roten Schote. Gleiches galt für die Untere Yangtse-Region, die Gegend um das heutige Shanghai. Besonders stark vom Schärfevirus befallen wurden die feuchten und ärmeren Bergprovinzen des Südens und Südwestens. Guizhou, Guangxi, Hunan fielen dem Chilifeuer sehr schnell zum Opfer, gerade nachdem man im 17. Jahrhundert herausgefunden hatte, dass die Würzkraft der Schoten sehr gut das kostbare Salz, damals oft Mangelware, ersetzen konnte. In den feucht-heißen Regionen wurde schon seit jeher schärfer, salziger und ölhaltiger gekocht als in den milderen Küstenregionen des Landes.

Zur deftigeren Küche der Berge passte das neue Gemüse. Das lag schlicht an seiner chemischen Struktur: Die schweren Moleküle des Stoffes Capsaicin – in der Chilischote für deren Schärfe verantwortlich – verbinden sich ausgezeichnet mit den fett- und ölhaltigen Substanzen, die in den west- und südwestchinesischen Kochtraditionen reichlich verwendet werden. Ähnlich wie Alkohol oder eine Verletzung erzeugt Capsaicin einen Schmerzreiz, dem der menschliche Körper entgegentritt, er veranlasst den Ausstoß von Endorphinen, die, chemisch gesehen, körpereigene Opiate sind und den eigentlich Leidenden in ein Hochgefühl versetzen.

Allerdings musste man nicht fürchten, dass ein Kampf um oder gegen die Chilischote entbrennen würde. Weit brisanter war die Lage der chinesischen Nation im 19. Jahrhundert, als es westlichen Händlern im Verband mit chinesischen Drogenschiebern gelang, das chinesische Volk kollektiv vom Opium abhängig zu machen. Die Wirkung von Capsaicin ist viel schwächer als die des Opiums, und Chili war und ist in großer Menge erhältlich.

Auch ich blickte also einem endorphinreichen Abend an Bord des Zuges entgegen. Ich riss meine Nudelpackung auf, streute das tiefrote Substrat der drei separat verschlossenen Plastiksäckchen über den restlichen Inhalt und näherte mich dem gefährlich zischenden Heißwassergerät am Ende des Waggons. Nach einigen vorsichtigen Versuchen hatte ich es geschafft, den siedend heißen Wasserstrahl, der plötzlich aus dem winzigen Hahn des Wasserspenders hervorschoss, zu regulieren und meine Nudeln zu wässern. Im schwankenden Zug wurde es zum Balanceakt, den Hahn wieder zu schließen, zurück zu meinem Gangplatz zu wanken und auch den niedlichen Dreijährigen, der mir auf die Füße trat, nicht zu verbrühen. In chinesischen Zügen reist man gefährlich.

Ein Reisender mittleren Alters hatte mich bei der Nahrungszubereitung beobachtet. »Gar nicht so einfach, satt zu werden«, meinte er in flüssigem Englisch. Ich konterte auf Chinesisch: »Was tut man nicht alles, um sich den Magen zu verderben.« Der

Mann lachte. »Ich bin Wirtschaftsjournalist«, erklärte er mir, »und beschäftige mich seit Jahren mit Chinas Ernährungsproblemen. Wussten Sie, dass dieses Chilipulver an Ihren Nudeln nicht nur ein kulinarischer, sondern auch ein wirtschaftlicher Trendsetter ist? Indien und China sind mittlerweile die größten Chiliexporteure. Wenn Chinesen weiterhin scharf essen, werden hier bald auch die meisten Chilis konsumiert. Ein riesiger Markt – und das, obwohl noch vor 20 Jahren die meisten Chinesen kein scharfes Essen vertragen konnten. Ein gewaltiger Unterschied zu Indien, wo Schärfe seit jeher Teil der Esskultur ist. Chinesische Kultur ist eben wie ein Chamäleon, veränderlich, und immer behauptet man, dass das jeweils Aktuelle typisch chinesisch sei. Auch das, was die Bauern auf ihren Feldern anbauen, wechselt ständig. Chinas Bauern sind schlau und flexibel. Als die Weltmarktpreise für Chili im Jahre 2007 fast um ein Drittel stiegen, bauten sie plötzlich überall roten Pfeffer an. Die Chiliproduktion stieg um 50 Prozent.«

»Und die Wirtschaftskrise, die folgte?«, fragte ich gespannt.

»Führte natürlich auch in China zu Ausfällen. Jedoch hielten gewiefte Geschäftemacher ihre Chilivorräte zurück und verbreiteten das Gerücht, dass sich die roten Schoten zur Vorbeugung gegen die Grippeepidemie eignen, die unser Land alljährlich heimsucht. Das wirkte, denn auf kaum etwas legen wir so viel Wert wie auf Gesundheit, die wir uns ›eressen‹ können – auch wenn wir diese mittlerweile durch Fastfood und zu viel Fett lieber ›veressen‹. Schließlich gab es Ernteausfälle, und die Preise zogen gewaltig an, verdoppelten sich fast. Investoren erkundigten sich, meist via Internet, nach Anlagemöglichkeiten im Chiligeschäft, und die Presse spekulierte über eine mögliche ›Chili-Blase‹. Erinnert Sie das an etwas?«

»Die Immobilienspekulation«, erwiderte ich, »Gesprächsthema Nummer eins in Shanghai und anderswo.«

»Genauso ist es«, bestätigte er, »wir Chinesen sind Spieler, und wenn etwas, ob real oder im übertragenen Sinn, ›heiß‹ oder ›scharf‹ ist, wird unser Spieler-Gen sofort aktiviert. Egal, ob es sich um Immobilien, Aktien oder Chilischoten handelt, spielen heißt die Devise, und wenn man verliert, fängt man eben wieder neu an.«

In den Hühnerbergen

Chongqing ist eine besondere Stadt. Sie liegt hoch über dem Yangtse-Fluss, der sich hier mit einem Nebenfluss, dem Jialing, vereinigt. Ein imposantes Panorama, das an Hongkong erinnert. Die Straßen verlaufen hier anders als in den meisten am Reißbrett entworfenen Städten des Landes: Chongqings Straßen sind gewunden und ziehen sich durch Hochhausschluchten, die sich die steilen Flussufer hinauftürmen.

Kulinarische Angebote gab es hier reichlich – allerdings mit einer Besonderheit: Jedes zweite Restaurant bot Feuertopf an, die Erfolgsgeschichte der Stadt Chongqing selbst. Das lag an Ihrer Majestät, der Kaiserin, die seit Jahren das kulinarische Reich der Stadt regierte. Mir war dort Audienz gewährt worden, doch aufgrund des übervollen Terminkalenders von Chongqings erster Gastrounternehmerin blieben mir noch drei Tage. Genug Zeit, um herauszufinden, was es in Chinas wirtschaftlich erfolgreichster Binnenmetropole kulinarisch zu entdecken gab.

E inen Ort lernt man am besten kennen, wenn man sich einem erfahrenen Taxifahrer anvertraut. Was für Shanghai, Peking und andere Orte recht war, konnte für Chongqing nur billig sein. Also versuchte ich mein Glück und winkte eines der zahlreichen Taxis heran, die auf Kundschaft warteten. Und das Glück war auf meiner Seite. Taxifahrer Ma sollte sich als kenntnisreicher Begleiter erweisen.

»Ich kann Sie zur Hühnerstraße auf dem Südberg fahren, das ist auf der anderen Seite des Yangtse, nur ein paar Kilometer außerhalb der Stadt«, schlug er vor. Das klang interessant.

»Abgemacht, und was genau ist die Hühnerstraße?«, erkundigte ich mich.

»Na, da können Sie probieren, was die Bauern aus der Umgebung alles mit frischen Hühnern anstellen. Vor Jahren hatte einer die Idee, den gestressten Stadtbewohnern lebende Hühner anzubieten, die er im Quellwasser des Südbergs kochte, dann briet und scharf würzte. Das war ein echter Geschäftserfolg. Die

Chongqinger Bauern haben vor Jahren gemerkt, dass die Städter heraus wollen aus ihren Apartments. Sie haben sich auf das spezialisiert, was leicht verfügbar und schon immer da war: Hühner, scharfe Gewürze und frisches Gemüse. Wenn wir früher überhaupt einmal Fleisch zu sehen bekamen, dann war das ab und an ein Huhn, ein Fisch oder ein Stück Schweinefleisch. Hühner sind am leichtesten zu züchten. Die Stadt ist ringsherum von Bergen und Hügeln umgeben und jeder Berg hat seine eigene Hühnerspezialität.«

Neben dem Fisch aus dem dorfeigenen Teich und dem Schwein aus dem Verhau neben der eigenen Hütte war das Huhn, das frei zwischen Reis- und Gemüsefeldern umherlief, der wichtigste traditionelle Fleischlieferant Chinas. Hühner und Schweine setzen bei der gleichen Menge an Nahrungszufuhr das Doppelte an Gewicht an wie Rinder, sie sind wesentlich effizientere Erzeuger von tierischen Proteinen als Grasfresser. Hühner legen zusätzlich noch Eier, sodass ein traditionell wirtschaftender Bauer das Huhn favorisieren muss.[*] Chinas Vorliebe für das Huhn war früher noch stärker ausgeprägt als heute – gerade wenn etwas Besseres auf den ansonsten eher einfachen bäuerlichen Tisch kommen sollte. Da gab es oft nur wenige Alternativen, sodass der junge russische Chinareisende V. M. Alekseev am 30. Juni 1907 fast resignierend in sein Tagebuch schrieb: »Bestellen unser ewiges Huhn ...«[**] Trotzdem fiel ihm der Verzicht nicht leicht, denn damals existierten in China noch Rituale, die heute nicht mehr so anzutreffen sind: »Im Gasthof bestand das ganze Personal aus Mohammedanern, und so mussten wir auf unser Huhn verzichten: Ein Huhn töten darf nur der mohammedanische Geistliche (Ahun), und das auch erst in einer Entfernung von fünf Kilometern außerhalb der Stadt auf einem bestimmten Hügel (wo sich ein Friedhof oder ein Heiligtum befindet).«[***]

[*] Anderson 1988, S. 129.
[**] V. M. Alekseev. China im Jahre 1907. Leipzig/Weimar 1989, S. 166.
[***] Ebd., S. 187.

Auch Europa war das Huhn stets willkommen: Frankreichs erster Gourmet Brillat-Savarin war *Gallus Gallus domesticus*, dem einfachen Haushuhn, und seinen raffinierteren Verwandten besonders zugetan. Er begründete die Existenz der Hühnervögel teleologisch aus der Sicht eines Schlaraffen: »Ich bin ... fest überzeugt, dass die ganze Familie der hühnerartigen Vögel ausschließlich erschaffen ist um unserer Speisekammern willen und unserer Diners.«[*] Auch Goethe ließ sich Hühner gern schmecken. Er geriet geradezu in Wallung, wenn anmutige Damen ihm Hühner »zergliederten«, wie seine Tagebuchnotizen verraten.[**]

Mein Weg zum in Ost und West begehrten Federvieh war heute nicht unbeschwerlich: Das kleine Taxi quälte sich die steilen Flanken des Südberges hinauf. Doch bevor der Motor zu kochen begann, belebte sich die Szenerie mit Reihen neuer, aus Beton erbauter Bauernhäuser. Ein Schild informierte: »Straße des Quellwasserhuhns«.

Vor den Häusern standen wild gestikulierende Frauen und Männer und versuchten, unser Taxi zu stoppen. »Die wollen alle, dass wir bei ihnen einkehren«, erklärte Fahrer Ma und steuerte einem mir noch unbekannten Ziel entgegen. Ob er dafür am Umsatz beteiligt wurde, blieb mir ein Rätsel. Schließlich hielt der Wagen vor einem Betonhaus, das sicher nur wenige Jahre alt, dafür aber in dem feuchten subtropischen Klima Chongqings bereits wieder dem Verfall preisgegeben war.

»Hier gibt es das beste Quellwasserhuhn Chongqings«, ließ mich Fahrer Ma wissen.

»Gern, aber nicht allein. Sie sind eingeladen.«

»Das kann ich nicht annehmen«, wehrte der Taxifahrer ab, »aber ich warte gern, bis Sie mit dem Essen fertig sind.«

»Nein«, beharrte ich, »ein ganzes Huhn schaffe ich nicht allein. Sie müssen mir helfen.«

Schließlich siegte der Appetit über die Bescheidenheit des Fahrers. Er begleitete mich und übernahm sachkundig die Bestellung.

[*] Brillat-Savarin, 1979 S. 35.
[**] Johann Wolfgang Goethe. *Weimarer Ausgabe (WA)*. I.5.2., S. 346.

Das Restaurant war hochinteressant. Es bestand aus einer leicht erhöhten Galerie mit Tischen für die Gäste und einer Art Marktplatz, welcher dahinter lag. Dieser Ort war nur über eine Treppe zu erreichen. Man lebte auf Hügeln, an Hängen und auf Bergen. Also erstiegen wir den Marktplatz und wurden von der Bedienung sofort zum Hühnerstall geführt.

»Welches Huhn hätten Sie denn gern?«, fragte die resolute Landfrau in schwer verständlichem Ost-Sichuan-Dialekt. »Sie können zwischen einfachem Haushuhn, grauem Fleischhuhn und schwarz-weißem Wildhuhn wählen.« Letzteres war von gehobener Fleischqualität und daher auch das teuerste. Ich entschied mich für die Luxusvariante und wurde zu den Verschlägen mit dem schönen schwarz-weißen Federvieh geführt. Ich entschied aufs Geratewohl. Fahrer Ma stimmte meiner Wahl zu. Der zuständige Hühnerwart packte das sich nach Kräften wehrende, wild umherflatternde Geschöpf und hängte es mit den Füßen an seine Balkenwaage.

»Zwei Pfund zweihundert Gramm«, verkündete er. Die Bedienung überschlug den Preis, der in Pfund lebend gerechnet wurde, und kam auf umgerechnet knapp 17 Euro. Ein stattlicher Preis! Gewöhnliche Haushühner wären schon für die Hälfte zu haben, aber ich wollte das Beste, was die gackernde Meute hergab.

»Wie hätten Sie's denn gern?«, wurde ich nach meinen Wünschen für die Zubereitung befragt. Nun wurde es kompliziert, und ich blickte hilfesuchend auf meinen Begleiter. Dieser wählte aus drei möglichen Zubereitungsarten, allesamt scharf, die mildeste aus. Weitere Gerichte brauchten wir nicht zu bestellen. Ein Quellwasserhuhn wird auf dreifache Art serviert, mit allem, was das Tier an Essbarem liefert: Neben dem Hauptgericht aus kleingehacktem Muskelfleisch, diversen Gewürzen und weiteren Ingredienzen wird dem Esser das geronnene und eingedickte Hühnerblut ebenso wenig vorenthalten wie die begehrten Innereien des eben noch quicklebendigen Federviehs. Beides wird entsprechend gewürzt und mit Gemüse wie frischem Staudensellerie aromatisch duftend serviert. Quellwasserhuhn ist, darin ähnlich der Peking-Ente, eine umfassende und ganzheitliche Angelegenheit.

Ich bestellte mir ein lokales Bier, Fahrer Ma blieb, gewissenhaft wie er war, beim Tee. Als wir auf unser Essen warteten, begann Ma ausführlicher über die Hühnerstraße zu erzählen. »Dieses Restaurant hier, das *Lao Xuan*, war das erste am Ort. Der Besitzer war ein einfacher Bauer namens Li Renhe, der in den 80er Jahren des letzten Jahrhunderts auf die Idee kam, ein einfaches Restaurant für die Ausflügler aus der nahen Stadt zu eröffnen. Er nannte es schlicht ›Essladen‹, was im Chongqinger Dialekt so ähnlich klingt wie *xuan*. Zu Beginn der 90er Jahre unterhielt sich Li einmal beim Kartenspiel mit einem Freund über die Zubereitung von Hühnern. Plötzlich kam ihm eine Idee, dass er statt mit vielen verschiedenen Karten doch auch einmal mit den vielen Gewürzen seiner Heimatregion spielen könnte. Einfach so – um dann zu schauen, was zufällig am Ende dabei herauskäme: Er schlachtete also ein stolzes Huhn und hackte es in mundgerechte Stücke. Nun sah er sich um, was ihm seine kleine Küche an Zutaten bot, und begann damit herumzuspielen. Chilis, Bohnenpaste und andere Gewürze gerieten ihm dabei in die Finger. Er mischte, probierte, mischte wieder und briet das Hühnerfleisch schließlich in einer gehörigen Portion Rapsöl kräftig an. Damals verwendete man auf dem Lande fast nur Rapsöl zum Braten.« Ich nickte, konnte ich mich doch nur zu gut an den Geschmack chinesischer Speisen zu Anfang der 90er Jahre erinnern, die alle eines gemeinsam hatten: Sie schmeckten penetrant nach Rapsöl. Ma fuhr fort: »Dann fügte Li dem scharf gebratenen Huhn Wasser hinzu. Aber welches Wasser passte zu dem Huhn aus seinem Stall? Natürlich das weiche Quellwasser direkt vom Südberg, das unweit von seiner Kate zu Tale plätscherte. Dieses Wasser gab dem Gericht seinen Namen und Chongqing eine lokale Spezialität, die eigentlich nur mit dem Wasser des Südberges authentisch sein konnte. Die Stadtbewohner kamen, probierten und waren begeistert. 2003 schaffte es Lis Erfindung, unter den »berühmten Gerichten Chinas«, zu dem unter anderem auch die Peking-Ente gehört, aufgelistet zu werden. Sein Spieltrieb und der Zufall hatten das möglich gemacht.«

»Die neue Konkurrenz auf der Hühnerstraße hat dem Lao Xuan nicht geschadet?«

»Nein«, meinte Fahrer Ma, »man weiß, dass im *Lao Xuan* das Original zubereitet wird und die Erfindung ursprünglich von hier stammt. Wir Chinesen lieben Marken, das gilt auch für's Essen.«

LI RENHES QUELLWASSERHUHN

Das Spiel ist die Mutter der Erfindung. Auch in den Bergen von Chongqing. Hätte Li Renhe nicht mit den Rohstoffen seiner Heimat gespielt und sie auf originelle Weise mit der Umgebung der Berge und ihrer Ressource Quellwasser verbunden, würde mir nun eines der leckersten Hühnergerichte Sichuans fehlen. Gut, dass Menschen im Allgemeinen spielen können – Köche und Chinesen im Besonderen.

Zum Nachspielen brauche ich:

ein frisches Huhn vom Lande – Supermarktgeflügel ist absolut tabu

reichlich Sojaöl zum Braten

4 EL frischen grünen Sichuan-Pfeffer (sonst auch den getrockneten braunen)

1 Ingwerknolle, in dünne Streifen geschnitten

1 Knoblauchknolle

10 eingelegte grüne Chilis

2 TL scharfe Bohnenpaste (lao ganma)

1 TL Sojabohnenpaste

1 EL dunkle Sojasauce

2 Tassen Hühnerfond

1 EL Hirseschnaps

1 TL Zucker

1 EL kleingehackte Frühlingszwiebel oder Schnittlauch

Sichuan-Pfeffer-Pulver, Pfeffer, getrocknete Chilis, Zucker, Salz

1 Flasche gutes Quell- oder Mineralwasser ohne Kohlensäure

Wie es gemacht wird:

1. Das frisch geschlachtete und ausgenommene Huhn zerkleinere ich mit dem Küchenbeil in mundgerechte Stücke, gebe dann dunkle Sojasauce, Hirseschnaps, Ingwerstreifen und Sichuan-Pfeffer-Pulver in einer Schale hinzu. Ich mische gut und lasse die Schale eine halbe Stunde ruhen.

2. Ich vermische nun scharfe und normale Bohnenpaste miteinander, schneide meine eingelegten grünen Chilis in zwei Hälften, füge Ingwerstreifen hinzu. Die Knoblauchzehen gefallen mir am besten, wenn ich sie wie ein guter italienischer Pastakoch in fast durchsichtige Scheibchen zerteilt habe. Nun noch farblichen Kontrast erzeugen: Die feuerroten getrockneten Chilis werden nach Geschmack beigemischt. Spielerische Freiheit ist hier erlaubt.

3. In den Wok gieße ich reichlich Sojaöl. Ist dies heiß genug, gebe ich frischen Sichuan-Pfeffer und die Huhnstücke hinein – röste beides unter kräftigem Rühren. Den Dunstabzug, der eigentlich ein Rauchabzug ist, stelle ich auf Höchstleistungen, um Hustenanfälle durch die austretende Schärfe zu vermeiden.

4. Nun gebe ich alle Zutaten aus Schritt 2 hinzu, schmecke mit Zucker ab.

5. Jetzt wird abgelöscht: Das Quell- oder Mineralwasser wird zugesetzt, eben so viel, dass die Sauce nicht zu dünn wird. Gegebenenfalls würze ich mit etwas Salz nach.

6. Schließlich lasse ich alles noch rund 30 Minuten auf kleiner Flamme reduzieren, nehme den Wok vom Feuer, richte das Huhn in einer Schüssel oder auf einer Platte an und garniere mit komplementärgrünen Frühlingszwiebel- oder Schnittlauchspitzen.

In Zeiten industrialisierter Nahrungsmittelproduktion, Fleisch- und Milchskandalen, die das Gemüt chinesischer Konsumenten seit Jahren erschütterten, in Zeiten von täglichem Bürostress, täglichen Geldsorgen und einem noch vor wenigen Jahren völlig unbekannten Termindruck zog es den Städter hinaus auf das stadtnahe Land. Dort gab er sich der Illusion hin, dass die Welt noch so war, wie er sie aus den Zeiten der eigenen Jugend kannte. Seit dem Jahr 2000 ging der Trend zum einfachen Landgasthof. Auf Klappstühlen an schlichten Holztischen konnte man die Großstadt hinter Gemüsefeld und Hühnermisthaufen zurücklassen. Was gab es Erquicklicheres, als mit Familie und Freunden dort zu essen, wo die eigenen Vorfahren noch vor einer oder zwei Generationen selbst gelebt hatten? Was beruhigte mehr, als zu sehen, wie Nahrung direkt vor den eigenen Augen wuchs – garantiert ohne Pestizide, wie der eifrige Landmann und frischgebackene Restaurantbesitzer oft genug versicherte. Wer daran zweifelte, dem wurden Felder gezeigt, wo hungrige Insekten natürliche Spuren am Grünzeug zurückgelassen hatten. Auf dem Land hatte man als Städter und reiner Nahrungskonsument noch die letzte Chance, in den Genuss der besten Produkte zu kommen, die die Bauern klug für sich selbst behielten, während sie mit Pestiziden kontaminierte Massenware in die Anonymität der Großstadt einspeisten.

Chinesen nannten den neuen Trend landbetonter Verköstigung »die Freuden der Bauernfamilie«. Wenn das Geschäft lief und das Essen schmeckte, waren die Freuden auf jeden Fall beidseitig. China hatte im glücklichen Bauern und Gastrounternehmer sein Gegenstück zu den glücklichen Kühen Europas gefunden. Der »Iss dich zurück zu den Wurzeln«-Trend folgte der beispiellosen Verstädterung, die in den späten 90er Jahren des letzten Jahrhunderts begonnen und Stadtmonster wie eben Chongqing geboren hatte.

Auch kleinere Städte breiteten sich im Zeitraffertempo aus. Ehemalige Landgemeinden wurden zu Millionenstädten zusammengelegt. Im Jahre 2010 lebte bereits die Hälfte aller Chinesen in Städten, Tendenz steigend. Wer dem Dickicht der Städte entfliehen wollte, setzte sich in sein neu erworbenes Auto und fuhr hinaus zu Läden wie dem *Lao Xuan*. Und China wäre nicht China, wenn sich nicht gleich eine ganze Armada von Nachahmern in der Hoffnung auf Profit diesem Trend angeschlossen hätte.

Endlich stand unser Original dampfend und duftend auf dem Tisch. Blutwürfel und Sellerie-Huhn waren ebenfalls serviert. Ich lud Ma ein, ordentlich zuzugreifen. Er zierte sich und bestand darauf, dass ich mich zuerst selbst bediente.

Also füllte ich meinen Teller und biss genussvoll in eines der appetitlich duftenden Fleischstücke. Ein wilder Schmerz durchfuhr mich, kaum dass das erste Stück Huhn auf der Zuge lag. Von Hitze und Schärfe gleichermaßen gepeinigt, riss ich die Zähne auseinander. Gar keine Frage, das Capsaicin der frisch angebratenen Chilis war tief in das Fleisch des Huhns gedrungen. Während mir die Mundhöhle vom scharfen Paprika brannte, betäubte der frische Sichuan-Pfeffer meine Lippen. Das half zwar gegen den Schmerz, erzeugte jedoch ein Gefühl wie im Behandlungszimmer eines Zahnarztes.

Selbst die mildeste Zubereitungsart war höllisch scharf.

»Alles in Ordnung?«, erkundigte sich Ma. Vollkommen selbstverständlich ging er mit der Chilischärfe um.

»Ja«, hauchte ich und verkniff mir den Griff zum Bierglas, denn Bier hätte die Schärfe nur noch weiter verteilt. Stattdessen legte ich zwei Stäbchenladungen Reis nach. Das half.

»Verdammt scharf«, kommentierte ich, völlig überflüssig.

»Wir Chongqinger kochen das schärfste Essen in ganz Sichuan«, entschuldigte sich Ma, »ich habe wirklich die mildeste Variante bestellt.« Ich glaubte ihm und registrierte voller Erleichterung, dass der Schärfeschock langsam abflaute.

Jetzt war es an der Zeit, einen zweiten Biss zu wagen. Der Duft, den das raffiniert gewürzte Huhn verströmte, war unwiderstehlich. Deutlich vorsichtiger griff ich zu und erwartete die erneute Explosion meiner Geschmacksknospen bei der Berührung mit Capsaicin und Sichuan-Pfeffer. Diese blieb zu meiner großen Überraschung aus. Es brannte zwar, doch das Brennen ließ schnell nach, und weitere Geschmacksnuancen wurden offenbar. Ich schmeckte Zitrusaroma, zu dem offenbar der frische Sichuan-Pfeffer beigetragen hatte. Eine weitere, eigentümliche Würze schien von der Taglilie, ebenfalls ein klassisches Sichuan-Gewürz, zu stammen. Nun glaubte ich auch, die kräftige Frische des Hühnerfleischs zu schmecken. Mit dem abgehangenen und schockgefrosteten Supermarkt-Geflügel war das überhaupt nicht vergleichbar.

Ließ man sich von der Chilischärfe nicht abschrecken, erschloss sich nach diesem Initialschock die ganze geschmackliche Vielfalt eines typischen Sichuan-Gerichts. Das Durchbeißen durch die Schärfewand schien überhaupt der Schlüssel zum Genuss dieser Küche zu sein.

Offenbar hatte ich zur Erheiterung der Einheimischen beigetragen. Sie sahen mir von der Straße aus interessiert zu. Wahrscheinlich spiegelte der Ausdruck »Freuden der Bauernfamilie« auch ein wenig den Spaß der Hiesigen wider, die unerfahrenen Ausländer beim ersten Kontakt mit ihren kulinarischen Spezialitäten zu beobachten. Neben der Schärfe sollte man sich vor einer weiteren Gefahr vorsehen: Hühner werden in China stets zerhackt, also mit gesplitterten Knochen serviert; es sei denn, sie schwimmen als Ganzes in einer Suppe. Das vom Knochen gelöste weiße Fleisch, welches abgepackt im Supermarkt angeboten wird, ist für die meisten Chinesen eine kulinarische Zumutung. Wer sich jedoch auf ein im Ganzen zubereitetes und gehacktes Huhn einlässt, erfährt seinen wirklichen Geschmack.

Um ein echtes Quellwasserhuhn satter, fuhren wir weiter. Ma unterhielt mich mit weiteren Hühnergeschichten aus seiner Heimatstadt. »Das Pfefferhuhn, das auf der anderen Seite der Berge zubereitet wird, ist auch nicht übel«, überlegte er laut, »aber den größten Einfluss auf die moderne chinesische Küche hatte doch Zhu Tiancai mit seinem Chilihuhn-Rezept.«

»Was ist daran besonders? Chili wird doch überall als Grundzutat verwendet.«

Ma versicherte jedoch: »Chilihuhn ist wirklich etwas Besonderes, glauben Sie mir. Und Zhu Tiancais Kreation haben Sie bestimmt schon einmal probiert, in Shanghai, Peking oder sonst wo.«

Plötzlich fiel es mir wieder ein.

»Ist das etwa das kleingehackte Huhn, das man unter einem Berg von Chilischoten suchen muss? Wo man ewig mit den Stäbchen in den Chilis wühlen muss, bis man schon nicht mehr daran glaubt, noch etwas Essbares zu finden?«, fragte ich argwöhnisch.

»Genau das«, lachte Ma.

»Und der Erfinder stammt aus Chongqing?«

»Er hat sich hier in der Gegend niedergelassen«, präzisierte der Taxifahrer, »genauer gesagt, am Gele-Berg.« Damit stand fest, wohin mich mein Weg morgen führen würde.

Doch der nächste Tag begann damit, dass ich mich ärgerte, mir nicht Taxifahrer Mas Handynummer notiert zu haben. Er hätte mich gleich zu Zhu Tiancai, dem Hühnerkönig von Chongqing, fahren können. »Tiancai« bedeutet so viel wie Talent. Die Eltern des Mannes hatten mit der Namensgebung ein gutes Gespür bewiesen. Jetzt konnte ich nur darauf hoffen, dass auch andere Taxifahrer Zhu Tiancai und seine Geschichte kannten.

Ein leerer Wagen stoppte auf meine Handbewegung hin. »Zum Erfinder des Chilihuhns!«, bat ich. Jeder deutsche Taxifahrer hätte mich bei einer so ungefähren Ortsangabe wahrscheinlich verständnislos angesehen, doch für den Chongqinger Kollegen war das kein Problem.

»Also auf zum Gele-Berg«, bemerkte dieser.

Ich lehnte mich erleichtert zurück.

»Wollen Sie dort zu Mittag essen?«, fragte der Fahrer. Ich bejahte.

»Zhu Tiancai kennt hier jeder, genauso wie He Yongzhi, die Hotpot-Queen.«

Ich erinnerte mich wieder an meine bevorstehende Audienz bei der feurigen Königin und blickte auf das Namensschild des Taxifahrers im Fond. Er hieß Sun, und aus seiner niedrigen Registriernummer war zu schließen, dass er schon lange in Chongqing Taxi fuhr.

»Sie sind schon lange Taxifahrer?«, fragte ich nach.

»20 Jahre«, bestätigte dieser, »davor war ich Koch.« Das passte. Ein Ex-Koch chauffierte mich zum Hühnerkönig von Chongqing.

»Warum kochen Sie nicht mehr?«, wollte ich wissen.

»Viel zu anstrengend«, meinte der Fahrer, »und zu gefährlich. Habe mir von dem vielen Rauch und Dampf in der Küche ein Augenleiden zugezogen, die Augen tränten ständig – und es war an der Zeit, die Küche zu verlassen.«

Mittlerweile hatten wir die Hochstraße, die Chongqing von West nach Ost durchschneidet, verlassen. Wieder war ich unterwegs in den Bergen. Außerhalb der Hochhausschluchten zeigte sich Chongqing in üppigem Grün. Subtropische Bäume und Sträucher wechselten sich mit leuchtend hellgrünen Bambusbäumen ab, die Natur hatte sich am Nanshan noch nicht ihre Eigenschaft nehmen lassen, ähnlich schnell und wild emporzuwachsen wie die Wolkenkratzer der Menschen. Wir näherten uns einer Gruppe von Bauernhäusern. Wenig später deutete Ex-Koch Sun auf einen Mann, der in dem Eingangstor eines Hauses stand. »Da vorn«, sagte er, »der Mann mit der roten Jacke, das ist Zhu Tiancai.« Ich konnte das zunächst gar nicht glauben und musterte den alten Mann, der am Eingang seines Restaurants stand. Wie ein Multimillionär sah der Hühnerkönig von Chongqing nicht aus, sonst hätte er es wohl auch nicht nötig gehabt, persönlich vor seinem Lokal auf Gäste zu warten. War ich am rechten Ort? Doch da kam ein Schild in Sicht, das meine Zweifel zerstreute: »Dem Erfinder des Chilihuhns 1986« war darauf zu lesen.

Fahrer Sun stoppte und lief auf den Alten zu, um ihn zu begrüßen. Die beiden kannten sich also. Dann kam Sun zurück und sagte: »Kommen Sie, Zhu Tiancai lädt Sie ein, mit ihm sein Chilihuhn zu probieren. Ich hab ihm einfach erzählt, dass Sie Journalist sind und über ihn schreiben wollen.«

So ganz die Unwahrheit hatte Sun damit ja nicht gesagt. Zhu Tiancai kam auf mich zu, hieß mich willkommen und bot mir auch gleich die unvermeidliche Begrüßungszigarette an. Ich musste zweimal ablehnen, bevor er mir den Nichtraucher abnahm und die Zigarette daraufhin Sun aufdrängte. Der ließ sich nicht lange bitten. Der Hühnerkönig zog sich eine selbst gedrehte Zigarette hinter dem Ohr hervor und steckte sie an. China gehört noch immer zu den größten Tabakkonsumenten, obwohl offizielle Stellen getreu dem europäisch-amerikanischen Muster überall begonnen haben, Rauchverbote zu verhängen. In den Städten war man damit einigermaßen erfolgreich, auf dem Land eher nicht. Zu tief haftet unter Männern die schlichte Gewohnheit, mit der Zigarette zur Begrüßung Beziehungen zu eröffnen. Da Zigaretten in China große Preisunterschiede haben können, zeigt man mit einer teuren Marke zusätzlich seine Wertschätzung dem Gast gegenüber. Zhu Tiancai hatte mir die Marke »China« angeboten – durchaus prestigeträchtig.

»Sie sind Journalist?«, fragte er.

»Autor«, antwortete ich knapp, und Zhu grunzte. Was sollte das anderes sein als ein Schreiber?

»Ich würde gern ein wenig über Sie und Ihr legendäres Chilihuhn erfahren und möchte natürlich nur zu gern probieren.«

Der Alte lachte: »Das Huhn ist schon in Arbeit. Ich habe ein besonders schönes heraussuchen lassen.«

Er bat mich an einen Tisch, und bald wurden kleine Vorspeisen aufgetragen.

»Greifen Sie zu«, lud der Alte mich ein. Wir knabberten an gerösteten Erdnüssen und eingelegten Bambussprossen.

»Die Idee mit dem Huhn habe ich aus Guizhou mitgebracht. Da war ich als Soldat«, erklärte Zhu. Guizhou lag weiter im Süden, nahe der Landesgrenze zu Vietnam und Laos.

»In Guizhou werden die Leute mit Chilischoten im Mund geboren, wussten Sie das?«, scherzte der Alte.

»Nein«, sagte ich.

»In Guizhou geht ohne Chilis nichts die Kehle hinunter.«

Fast im gleichen Moment wurde unsere Mahlzeit serviert. Eine riesige Portion goldbraun gebratener Hühnerfleischstücke mit und ohne Knochen glänzte in einem Meer feuerroter Chilischoten. Das Aroma erschien mir noch feuriger, noch intensiver als gestern zu sein, aber vielleicht bildete ich mir das auch nur ein.

»Greift zu«, forderte Zhu Tiancai meinen Taxifahrer und mich auf. Nach der gestrigen Erfahrung war ich vorsichtig geworden. Behutsam ergriff ich ein kleines Stück Hühnerfleisch mit den Essstäbchen. Der Alte erriet meine Befürchtungen.

»Das ist nicht sehr scharf, keine Angst. Trauen Sie sich ruhig!«

Ich schloss die Augen, ließ den Happen, den ich mir aus dem Chiliozean herausgepickt hatte, im Mund verschwinden und wartete.

Zu meiner großen Überraschung ließ mich diesmal kein Schärfeschock zusammenzucken. Da war keine Chilimauer, die den Esser zunächst brutal zurückwarf und dann erst eine zaghafte Wiederannäherung zuließ. Dieses Huhn hatte eine sehr dezente Schärfe, die sofort auch andere Geschmacksnoten freigab. Zhu Tiancais Kreation war ein perfekt gewürztes Fleischgericht, sanft gebettet auf Pfefferschoten. Die intensive Röte der unzähligen Chilis war Kontrast, Dekor und Hintergrund für ein scharf angebratenes Huhn, das im Innern seine Saftigkeit bewahrt hatte. Genau so musste gebratenes Huhn schmecken.

»Fantastisch«, schwelgte ich, »ich habe Chilihuhn schon oft probiert und dachte immer, das wäre die chinesische Antwort auf unser westliches Fastfood, trocken, einfallslos und eigentlich nur nach Chilis schmeckend – aber Ihr Original, alter Zhu, ist etwas ganz anderes.«

»Wenn es hier nicht schmeckt, wo dann?«, kommentierte Fahrer Sun.

Zhu Tiancai war sichtlich stolz über das Lob, doch wurde ich den Verdacht nicht los, dass etwas den Alten bedrückte.

»Sie müssen ein sehr wohlhabender Mann sein«, begann ich vorsichtig, »überall in China isst man Ihre Erfindung. Jedes zweite Restaurant hat Chilihuhn auf der Speisekarte und jedes bessere Sichuan-Restaurant sowieso.«

Der Alte seufzte: »Ja, so könnte es sein. Aber in China kann man alles kopieren, keiner hindert Sie daran.«

»Sie haben sich Ihr Rezept nicht schützen lassen?«, fragte ich.

Der Hühnerkönig sah mich verständnislos an: »Schützen lassen? Vor wem? Den Kopisten?«

»Natürlich«, entgegnete ich, »auch in China existieren Gesetze, die geistiges Eigentum schützen.«

»Aber wer schert sich darum? Wer überwacht die Einhaltung dieser Gesetze?«, schnaubte der Ex-Koch Sun. »In unserem Land kopiert doch jeder jeden. Wen kümmert es, dass ein Koch etwas Neues erfunden hat und diese Idee ihm gehört.«

Ich nickte. Mir fiel die Geschichte der Peking-Ente wieder ein, die letztlich auch eine typische Verletzung des Urheberrechts war.

Ich dachte auch an Deutschland, die Erfolgsgeschichte des Döner Kebab und der Berliner Currywurst. Auch deutsche Imbisserfolge waren nicht patentiert worden. Kopiert zu werden war insbesondere das Schicksal des erfolgreichen Kochs.

Dagegen gab es nur zwei Mittel: gutes Marketing und beste Beziehungen zu zahlungskräftigen Essern. Der verhinderte Hühnerkönig Zhu Tiancai schien über keines von beiden zu verfügen. War er deshalb ein unglücklicher Bauer? Verglichen mit den Millionen anonymer Wanderarbeiter, die in die neuen Großstädte des Landes zogen, Hochhäuser, Straßen und Zugtrassen bauten und sich von ihren kargen Löhnen gerade mal ihre Schale Reis mit etwas Fisch, Huhn und Gemüse leisten konnten, war der bekannte Koch Zhu Tiancai etwas Besonderes. Er war erfolgreich und könnte sich glücklich schätzen. Im Vergleich zu denen jedoch, die ihre Erfindungen in millionenschwere Gewinne umgesetzt hatten, strahlte der Glücksstern des ehrlichen Hühnerkönigs deutlich blasser.

Der glückliche chinesische Bauer war ein Mythos. Und schmackhafte Hühner allein schaffen keinen Reichtum, sondern mit etwas Glück einen bescheidenen Wohlstand. Immerhin: Die Erfinder von Quellwasser-, Pfeffer- und Chilihühnern waren in weniger als einer Generation aus eigener Kraft zu einem neuen Leben jenseits von Pflug und Zugochsen aufgebrochen. Das war jedenfalls eine solide und überzeugende Leistung. Wer es zu etwas bringen wollte, musste sich einfach etwas ausdenken. Und im Erfinden neuer Geschäftsideen waren Chinas Bauern kaum zu schlagen.

Erfindungen à la Sichuan

Chongqings »Hühnerberge« hatten mir einen bodenständigen Einstieg in die Welt der Sichuan-Küche geboten. Wie ganz China war diese Welt auf dem Lande geboren worden. Mich hatte überrascht, dass sie trotz enormer Verstädterung auch auf dem Lande ihre Fortentwicklung erfuhr. Einfach zwar, aber durchaus ideenreich. Zhu Tiancai und das *Lao Xuan* hatten selbständig Neues entwickelt. Waren die Selfmade-Küchenchefs von Chongqing Erfinder?

DER DRITTE GANG

FISCHDUFT-AUBERGINEN

Fischduft-Sauce gehört zu den größten Erfindungen der Sichuan-Küche. Keinem Bauern, sondern einer besorgten Hausfrau gebührt der Ruhm. Sie soll, der Erzählung nach, einmal keinen Fisch im Hause gehabt und sich den Kopf zerbrochen haben, wie sie ihren anspruchsvollen Göttergatten mit anderen Speisen als seinem geliebten Fisch in Laune halten könne. Da erfand sie einfach die Fischduft-Sauce, indem sie mit den Zutaten spielte, mit denen man in Sichuan Fisch würzte. Der Gatte war begeistert und verlangte nach mehr ...

Was ich dazu brauche:

2–3 lange, schmale und knackige Auberginen
1 kleine Schale mit frisch aufgeschnittenen Frühlingszwiebeln
für die Fischduft-Würzsauce:
15 ml Sojasauce

10 ml Chinkiang-Essig

10 ml Reiswein zum Kochen

2 EL Zucker

1 TL Schnittlauch- oder Frühlingszwiebelspitzen

1 TL kleingehackten Ingwer

2 Knoblauchzehen, fein gehackt

1 EL Speisestärke

1 EL Pulver aus frischen Chilis

Wie es gemacht wird:

1. *Die Auberginen wasche ich, schneide sie der Länge nach in zwei Hälften und teile diese Hälften wiederum in ca. 5 cm lange Stücke. Ist die Schale der Auberginen recht dick, empfiehlt es sich, diese zu entfernen.*

2. *Die fertige Fischduft-Sauce gebe ich in heißes Öl, damit sich das Aroma voll entfaltet, rühre 1–2 Minuten lang und gebe dann die Auberginenstücke hinzu, damit sie sich mit der Sauce verbinden können.*

3. *Dann gebe ich alles auf einen vorbereiteten Teller und garniere mit frisch-grünen Frühlingszwiebeln.*

B emüht man europäische Lexika, dann wird »Erfinden« meist sehr rational, juristisch fundiert und naturwissenschaftlich definiert: Erfinden ist »im Sinne des Patent- und Gebrauchsmusterrechts die schöpferische Lösung eines naturwissenschaftlich-technischen Problems, die unter Ausnutzung naturgesetzlicher Kräfte oder Vorgänge erfolgte«.* Weiter gefasst ist die Auffassung, dass das Erfinden ein Vorgang sei, der eine unbekannte Sache, die »wenigstens in ihrer Zusammensetzung nicht vorhan-

---

* Etwa *Meyers großes Taschenlexikon in 24 Bänden.* Ausgabe Leipzig/Mannheim 2006, S. 1952.

den war«, entstehen lässt. Ist diese Sache bloß unbekannt, aber bereits vollständig in unserer Welt vorhanden, dann spricht man von Entdecken.

Nach letzterer Auffassung waren Zhu Tiancai und die übrigen »Hühnerköche« durchaus Erfinder, denn sie hatten neue Speisen kreiert, die so in ihrer Zusammensetzung vorher nicht vorhanden waren. Was sie und die anderen Speiseerfinder trieb, waren weniger rationale Beweggründe als vielmehr die pure Lust, mit bekannten Grundzutaten ihrer Heimatumgebung neue Gerichte zu schaffen. Sie gehörten zu jenem Typus von Innovatoren, die in der Regel zwar über nur wenige naturwissenschaftlich-technische Kenntnisse verfügten, dafür aber den »geschmacksorientierten« Teil der Menschheit instinktiv mehr beglückten als andere mit der »Entdeckung eines neuen Gestirnes«*, wie Brillat-Savarin einst schrieb.

Obwohl Chinesen so wichtige Dinge wie Schwarzpulver, Feuerwerkskörper, Kompass oder Papier im Laufe ihrer Geschichte erfunden hatten, waren sie im Sinne der »naturwissenschaftlich-technischen« Erfindungen und Entdeckungen seit Jahrhunderten längst von den Menschen aus dem Westen überflügelt worden. Selbst ihre östlichen Nachbarn, die Japaner, hatten sie als *patentierte* Erfinder längst überholt, obwohl gerade sie über Jahrhunderte von chinesischen Entdeckungen und Erfindungen profitiert hatten. Vor allem Chinas Nachbarn, Japan als Nummer 1 und Südkorea als Nummer 3, meldeten beispielsweise 2007 laut der Weltorganisation für geistiges Eigentum (World Intellectual Property Organization) gemeinsam mit den USA die meisten Patente an.

China allerdings ist im technisch-naturwissenschaftlichen Sinne eine Erfindernation der Vergangenheit – heute wirft man dem Land in erster Linie nicht zu Unrecht Kopistentum und Diebstahl geistigen Eigentums vor. Doch wie gelassen könnten Chinesen diesen Vorwürfen begegnen, wenn sie auf den Franzosen Brillat-Savarin hören und ihre innovativen Fähigkeiten als Köche mehr

* Brillat-Savarin 1979, S. 16.

schätzen würden. Selbstbewusst könnten sie als chinesische Entdeckung betrachten, dass die Bedeutung des Essens eine wirklich beachtliche Grundlage menschlicher Entwicklung ist. Hätte die Menschheit sich nicht der technisch-naturwissenschaftlichen Entwicklung als Orientierungspunkt für ihren Fortschritt verschrieben, sondern der kulinarischen, bräuchten viele Chinesen nicht zu kopieren, um ihre Position als führende Wirtschaftsnation zu erarbeiten. Mit gelassenem Selbstbewusstsein könnte China als Nation von Erfindern und Entdeckern wie in der goldenen Zeit der Song-Dynastie (960–1279) die Welt bereichern – nicht nur mit neuen Hühnergerichten, sondern auch mit neuen Eintopfkreationen, Suppengerichten, Entenvariationen, Feuertöpfen und nicht zuletzt neuen Restaurantideen. Auch in diesem Punkt hatte das fruchtbare rote Becken von Sichuan einiges an interessanten Neuheiten zu bieten.

Nach meinen Erlebnissen in den »Hühnerbergen« von Chongqing war ich nach Chengdu, in die Hauptstadt Sichuans, gefahren. Chengdu lag nur wenige Auto- oder Schnellzugstunden entfernt, der Ortswechsel bereitete keinerlei Schwierigkeiten. Zum Abendessen war ich mit einer bekannten Food-Journalistin verabredet. Sie wollte mit mir nach Deyang fahren, einer kleinen Stadt in den Bergen nicht weit von Chengdu. Ich rätselte, warum wir Chengdu verließen, wo noch Tausende neue Restaurants auf uns gewartet hätten, doch meine Bekannte verriet nichts. Sie ließ mich im Dunkeln tappen, bis wir nach fast zwei Stunden Fahrt vor einem hell erleuchteten Glasbau parkten. *Der heutige Dongpo* war auf dem Dach des Gebäudes zu lesen. Ein eigentümlicher Name für ein Restaurant. Meine Begleiterin erriet meine Gedanken: »Wenn Erfindungen allein aus Speisen und Namen bestünden, hätten wir Chinesen mit Abstand die meisten Patente der Welt«, bemerkte die Food-Kritikerin.

ZURÜCK-IN-DEN-TOPF-FLEISCH

In Chengdu angelangt, der Hauptstadt der Schärfe-Provinz, muss ich sogleich eines der bekanntesten Sichuan-Gerichte im Original kosten: das »Zurück-in-den-Topf-Fleisch«. Fast jedes Kleinrestaurant in China hat natürlich dieses populäre Gericht auf der Karte, doch nur hier gibt es das Original, nur hier schmeckt es unnachahmlich gut.

Um dem Original nahezukommen, brauche ich:

250 g durchwachsenes Schweinefleisch

1 grüne Paprika

2 Lauchstangen oder frische Knoblauchtriebe

2 EL süße Peking-Entenpaste (tian mian jiang)

1 EL scharfe Sojabohnenpaste (lao ganma)

1 EL Zucker

1 Tasse Hühnerbrühe

Sojaöl zum Braten

Wie es gemacht wird:

1. Ich wasche das Fleisch gründlich und gebe es dann im Ganzen in einen Topf mit kaltem Wasser. Das Fleisch wird 20 Minuten lang gekocht.

2. Nun nehme ich es aus dem Topf heraus, lasse es etwas abkühlen und schneide es dann ähnlich wie Bratenaufschnitt in dünne Scheiben.

3. Ich widme mich der Paprika, wasche sie, entferne die Kerne und schneide sie in kleine Stücke.

4. Die Lauchstangen oder Knoblauchtriebe werden nach dem Waschen ebenfalls in mundgerechte Stücke geschnitten – und zusammen mit der Paprika bereitgestellt.

5. Ich erhitze Sojaöl im Wok und gebe das bereits »kochtopf-erfahrene« Fleisch wieder in den Topf, um es diesmal zu braten, bis sich eine leicht goldbraune Färbung an den Fleischrändern zeigt. Sofort entnehme ich die Fleischscheiben dem Wok.

6. Nun brate ich die grüne Paprika kurz in Öl an. Sie kommt wieder zurück auf den Teller.

7. Im restlichen Öl werden anshließend süße Entenpaste und scharfe Bohnenpaste mit Zucker angebraten. Mit der Hühnerbrühe lösche ich ab.

8. Nun kehrt das Fleisch zum dritten Mal in den Topf zurück. Nachdem es gekocht und gebraten wurde, soll es sich im dritten Durchgang gut mit der Würzsauce verbinden.

9. Schließlich gebe ich die Paprika und den frischen Lauch hinzu. Die Sauce wird mit etwas Wasser aufgefüllt und dann mit Speisestärke leicht eingedickt, sodass ein glänzender Überzug entsteht. Der Duft zum Ende der Zubereitung ist jedes Mal einfach mundwässernd!

Wir traten ein. Direktor Zhang, der sich als CEO des Restaurants vorstellte, begrüßte uns. Neben dem Eingang bemerkte ich ein großes Schild mit einer merkwürdigen Aufforderung: »Werde erst zum Doktor, dann widme dich dem Essen!« Der Doktortitel des alten China klang auf Chinesisch genauso wie jin shi, »widme dich dem Essen«. Das Wortspiel schien wichtig für die Idee dieses Restaurants.

»Sie kennen unseren Dichter Su Dongpo?«, fragte mich Direktor Zhang. Ich bejahte. Daher stammte also der Name des Ortes.

»Su Dongpo wurde in Deyang geboren, er ist also ein echter Sichuaner«, erklärte Direktor Zhang nicht ohne Stolz. »Aber Su Dongpo war nicht nur Dichter, sondern auch ein bedeutender Gelehrter, so wie sein Vater und auch sein Sohn. Alle drei haben die Doktorprüfung bestanden. Damit haben wir es mit drei Sus zu tun, nicht nur mit einem. Ich hatte die Idee, ein neues Themenrestaurant in der alten Heimat der drei Sus zu gründen, um ihnen und der hohen Kunst ihrer Dichtung zu gedenken. Der wichtigste der drei Herren mit Familiennamen Su war eben Dongpo (1036–1101). Nach ihm benanntes *Dongpo*-Schweinefleisch kennen alle Chinesen. *Der heutige Dongpo*, unser Restaurant, kreiert neue Gerichte auf dreierlei Grundlage: gutem Geschmack, guter Tradition und literarischer Bildung. Das ist mein Beitrag zur neuen Sichuan-Küche.«

Mittlerweile hatte uns Direktor Zhang an unseren Tisch begleitet. »Man bringe den ersten Gang«, rief er den beiden wartenden Bedienungen feierlich zu, die, adrett in schwarzer Bluse und weißen Rock gekleidet, sogleich davoneilten.

Keine Minute später trugen sie Pinsel, Tuchesteine und Reispapier auf.

»Die vier Schätze des Studierzimmers,« erklärte meine Begleiterin, »Pinsel, Tusche, Tuschestein und Papier sind die Grundlagen von Kultur.«

»Lasst uns mit dem Dichten beginnen,« fügte Zhang hinzu. Feierlich reichte er mir einen Pinsel und ein paar Essstäbchen. »Probieren Sie«, forderte er mich auf.

»Was soll ich probieren?«, fragte ich zurück.

»Die Borsten des Pinsels«, erklärte Direktor Zhang.

Ungläubig biss ich hinein. Die Borsten des Pinsels bestanden aus würzig mariniertem Gemüse. Der Direktor freute sich über die gelungene Überraschung. Der Pinsel war also essbar, genau wie die Schätze, die auf dem Tuschestein lagen.

»Probieren Sie. Fühlen Sie die Dichtkunst der drei Sus mit der Zunge«, ermunterte mich der Direktor.

Ich probierte Tusche und Papier. Das war eine knusprig gebackene, würzige Panade, unter der sich schneeweißer Tofu verbarg. Wie überbackener Camembert, allerdings leichter und milder.

Schon ließ der Direktor den zweiten Gang auftragen: »›Dongpo kehrt zurück und verschenkt köstliches Fleisch‹ – so habe ich dieses Gericht genannt.« Vor uns stand ein Kunstwerk. Auf grüne Hände aus Jade und grünes Blattwerk gebettet lagen vier aromatisch duftende Schweinebauchwürfel, das berühmte Dongpo-Fleisch. Das Gericht spielte auf eine alte Sage an, nach welcher der chinesische Dichterfürst als Gouverneur von Hangzhou die ausgehungerten Arbeiter eines gewaltigen Dammprojekts am Hangzhouer Westsee mit diesem Fleischgericht belohnt haben soll.

DER DRITTE GANG

DONGPO-FISCH NACH SICHUAN-ART

Nicht das berühmte Schweinefleisch, sondern ein Fischgericht, das den Namen des Dichter-Gourmets Su Dongpo trägt, stammt aus Sichuan. Es kommt aus Leshan, nicht weit von Direktor Zhangs Restaurant entfernt – von dort, wo der größte Steinbuddha der Welt direkt am Yangtse-Fluss thront.

Was ich dafür brauche:

1 Schwarzkopf-Fisch aus Sichuan (oder auch eine Forelle als Alternative)

50 ml Sesamöl

50 g scharfe Bohnensauce

50 ml aufgelöste Speisestärke

50 g Schweineschmalz

1 EL Frühlingszwiebelspitzen

1 weißen Frühlingszwiebel-Stängel

1 TL fein gehackten Ingwer und Knoblauch

40 ml Reisessing (Chinkiang-Essig)

1 EL Shaoxing-Reiswein

1 TL Speisestärke

etwas Salz und Zucker

2 EL Sojasauce

1 Tasse Hühnerbrühe

Wie es gemacht wird:

1. Ich wasche den ausgenommenen Fisch und schneide ihn in zwei Hälften, entnehme die Gräten und schneide in jede Fischseite mit dem Küchenbeil oder Messer 6–7 Einkerbungen.

2. Nun reibe ich die Fischseiten mit Salz und Shaoxing-Reiswein ein.

3. Die Frühlingszwiebel-Stängel schneide ich in 7 cm lange Abschnitte und schneide diese weiter in Streifen. Die Stängel lasse ich in einer Schale mit Wasser quellen.

4. Ich bearbeite meine Fischseiten weiter: Sie werden mit Speisestärke eingerieben und mit Sesamöl eingestrichen. Dieses soll besonders in die Einkerbungen eindringen und so den Fischgeschmack mildern.

5. Ich erhitze Öl, gebe den Fisch in den Wok, frittiere ihn goldbraun und nehme ihn dann aus der Hitze.

6. Nun gebe ich das Schweineschmalz in das restliche Öl und bereite den Würzfond aus Frühlingszwiebeln, Knoblauch, Ingwer und scharfer Bohnenpaste. Abgelöscht wird wieder mit Hühnerbrühe. Dann kommen Zucker, Sojasauce und Stärkelösung dazu. Anschließend verfeinere ich die Sauce mit Frühlingszwiebelspitzen, Essig und Sesamöl, nehme den Wok vom Feuer und gieße alles über den goldbraunen Fisch. Farbliche Akzente lassen sich mit kleingeraspelten Chilis und Frühlingszwiebeln setzen.*

---

* Aufzeichnungen der Köstlichkeiten Su Dongpos, S. 230.

Zhang bebte vor Stolz, als er mir erklärte: »Nun kehrt der Dichter in mein Restaurant zurück und schenkt uns dieses Gericht. Schmeckt es Ihnen?« Ich entwand den grünen Jadehänden mit den Essstäbchen ein Stück Fleisch. Gutes Dongpo-Fleisch muss zart wie Butter sein und darf nicht fettig schmecken. Dieses hier zerging auf der Zunge, war fein gewürzt und hatte das mir aus dem chinesischen Osten gut bekannte Aroma: leicht süßlich.

»Perfekt«, lobte ich. Direktor Zhang bedankte sich für das Kompliment. »Ich hoffe, Ihre Begleiterin findet das ebenso und schreibt entsprechend wohlwollend über meine kleinen literarischen Freuden?«, fragte er vorsichtig.

»Bestimmt, bestimmt«, versicherte die Food-Journalistin und klaubte sich ein zweites Würfelchen aus den freigebigen Händen Su Dongpos.

»Wie kommen Sie auf so ausgefallene Ideen?«, fragte ich.

»Sehen Sie«, erklärte Direktor Zhang, »Sichuan-Essen gehört zu den beliebtesten Küchen Chinas, vielleicht der Welt. Aber sein Image ist – wie soll ich sagen – viel zu bäuerlich. Dabei steckt Sichuan voll hochstehender Kultur, hat bedeutende Literaten und Herrscher hervorgebracht. Das müssen wir der Welt endlich zeigen, mit einer Cuisine culturelle à la Sichuan. Kultur gehört nicht nur in die Köpfe, sondern auch in die Bäuche. Mit steigendem Wohlstand muss China seine Fresswelle beenden und wieder genießen lernen. Essen gehört zum kulturellen Erbe unseres Landes. Esskunst wurzelt im Gestern und bezaubert die heute Lebenden. Mein Restaurant soll auf den engen Zusammenhang des Speisens mit anderen kulturellen Errungenschaften verweisen, auf seine Verwandtschaft mit Dichtung, Kalligrafie. Auch zur Kunst der Staatsführung gibt es enge Bezüge. Meine Köche sind Spurensucher. Wenn sie nicht in der Küche stehen, dann reisen sie. Sie fahnden überall in Sichuan, in ganz China, auf der ganzen Welt, nach Neuem, das sie dann bei uns auf den Tisch bringen.«

Bisher hatte ich nur einmal einen Mann in derart verzückter Begeisterung über seine Kreation sprechen gehört. Der Mann war ein deutscher Architekt, der selbstverliebt seinen Masterplan für eine neue chinesische Millionenstadt vorstellte. Zhang schmiedete Masterpläne für eine neue chinesische Küche.

Den schenkenden Händen des großen Dichters folgten weitere Gerichte, nicht ganz so literarisch hochstehend, aber sehr schmackhaft. »Zum Abschluss darf ich Ihnen eine unserer Top-Spezialitäten offerieren«, kündigte Direktor Zhang an. Vor uns standen drei Töpfchen, deren geschlossene Deckel nicht verrieten, was sich darin verbarg.

»Öffnen Sie«, forderte uns unser Gastgeber auf. Wir taten wie geheißen und – blickten auf zwei zarte Gemüsepflänzchen, die in Wasser schwammen! Das war alles? Zugegeben, ein äußerst ästhetisches Arrangement, doch ausgesprochen minimalistisch. Selbst Bocuse hätte betreten nach mehr Ausschau gehalten. Zhang verkündete feierlich: »Hirtenstöckel, gekocht in Wasser aus dem alten Tal. Das ist nicht irgendein beliebiges Wasser, sondern das reinste Wasser der Welt.«

Das reinste Wasser der Welt – ausgerechnet aus China? Das war ein Fall von ungewollter Komik, doch der Mann meinte es ernst: »Dieses Wasser stammt direkt aus dem Inneren eines Gletschers. Nicht irgendeines Gletschers, sondern vom größten Gletscher des höchsten Berges von Sichuan.«

Das reinste Wasser vom größten Gletscher des höchsten Berges also. China sparte bekanntlich nicht mit Superlativen. Der höchste Berg Sichuans allerdings, der Gongga-Berg, konnte sich sehen lassen. Er war über 7500 Meter hoch, und es kostete wohl einigen Aufwand, das Wasser von da oben nach Deyang zu holen. Doch Direktor Zhang war offenbar kein Weg zu weit und keine Herausforderung zu anspruchsvoll, um der neuen Küche Sichuans seinen Stempel aufzudrücken – mit dem, was er in der näheren und weiteren Umgebung genau wie in der Kulturgeschichte finden konnte.

Spätabends auf der Rückfahrt nach Chengdu überdachte ich das Erlebte. Zhang war eigentlich ein Verrückter. Er beschwor die alten Dichter in aufwendigen Food-Arrangements und ließ Quellwasser vom Gletscher eines Siebentausenders zapfen, um das reinste Süppchen Chinas aufzutischen. Keine Idee war absurd genug, keine Vision zu kühn. Wenn es ums Essen ging, sprühte China nur so vor Kreativität und Fantasie. Mir war das schon ein wenig viel an Extravaganz. Persönlich zog ich die erdverbundene Erfindungsgabe Zhu Tiancais und der Hühnerfraktion den Visionen des Direktor Zhang vor. Dazwischen lag sicher noch ein weiteres Universum kulinarischer Möglichkeiten und Unmöglichkeiten.

Die Kaiserin des Feuertopfs

Es war einmal ein kleines Mädchen, das für sein Leben gern aß. Leider war der Hunger sein ständiger Begleiter. Sehnsüchtig erwartete das Kind deshalb die hohen Feiertage, weil sich dann die ganze Familie einmal richtig satt essen konnte. Dann gab es den großen Feuertopf, die Leibspeise der Kleinen. Darauf freute sie sich, so wie sich ihre Altersgenossen in der westlichen Welt auf das Weihnachtsfest unter dem Tannenbaum freuten.

Die Kleine wuchs in einer armen Bauernfamilie in der Nähe von Chongqing auf. Wer in den 50er und 60er Jahren des 20. Jahrhunderts in der Zweiflüsse-Region lebte, egal, ob Bauer oder Städter, hatte selten genug zum Sattwerden. Die traditionelle Armut gepaart mit Mao Zedongs katastrophalen Experimenten einer neuen kommunistischen Wirtschaft ließen das Volk leiden. Einmal im Jahr jedoch, zum Neujahrsfest, gönnten sich auch die Ärmsten ein großes Feuertopf-Festessen.

Frisches grünes Blattgemüse, verschiedene Fleischsorten, Schweine- und Hühnerblutwürfel, Innereien, Tofu, Pilze, kurz gesagt alles, was sich an Essbarem in der Stadt und ihrer waldreichen Umgebung auftreiben ließ, wanderte in den magischen Blechtopf mit der scharfen roten Chilisauce. Jeder Esser bekam seinen Anteil. Neben dem Sattwerden zählte vor allem die Freude am gemeinsamen Mahl. Das Mädchen war fasziniert von der fröhlichen Stimmung und dem besonderen Geschmack der im Blechtopf gegarten Speisen.

»Der Zauber des Topfes hatte mich damals schon gepackt«, sagte sie fünfzig Jahre später über diese Zeit. Das ewig hungrige Aschenbrödel, das sich in die Töpfe voll blubbernder scharfer Chilibrühe verliebt hatte, war niemand anders als He Yongzhi. Sie hatte mittlerweile ein Restaurant-Imperium aufgebaut und wurde inzwischen überall in Chongqing die Kaiserin des Feuertopfs genannt.

Mir gewährte sie eine zehnminütige Audienz. Ihre Zeit schien so kostbar zu sein wie die des Papstes. Ich bat sie, mir ihre Geschichte zu erzählen:

»Wir Bauern mussten hart arbeiten, um zu überleben. Dann kamen die vielen politischen Kampagnen, schließlich die Kulturrevolution, und das Leben wurde noch schwieriger. Ich aber hatte einen Traum. Ich wollte den Feuertopf, der mit meiner Heimat Chongqing so eng verbunden ist und für den ich mich seit meiner Kindheit begeisterte, zu einem Verkaufsschlager in ganz China machen. Der Vorsitzende Mao ließ mich lange warten, bis ich diesen Traum in die Tat umsetzen durfte. Wer genau den Feuertopf erfunden hat, weiß niemand. Es gibt ihn seit vielen Generationen. Wahrscheinlich gehört er zu den ältesten Rezepten Sichuans, und wir Chongqinger sind fest davon überzeugt, dass unsere Vorfahren die Erfinder waren.

Allerdings gab es ein großes Problem. Der Chongqinger ›Ur-Feuertopf‹ war so scharf, dass die meisten auswärtigen Besucher, die davon probierten, vor der ungewohnten Schärfe kapitulierten und nicht mehr weiteressen konnten. Jedoch konnte man die Gewürze und Chilis nicht einfach weglassen. Das hätte bedeutet, dem Original und seinem einzigartigen Geschmack untreu zu werden.

Eines Tages, es muss 1982 gewesen sein, war ich bei meinem Onkel, dem Bruder meiner Mutter, eingeladen. Er wohnte mitten in Chongqing. Ich freute mich immer auf diese Besuche, bot doch die Stadt für eine junge Frau vom Land eine willkommene Abwechslung. Dort sah ich, was die eleganten Städterinnen trugen. Wir jungen Frauen dürsteten nach schönen Kleidern und neuen Dingen. Die schreckliche Kulturrevolution war erst seit ein paar Jahren vorüber, und Anfang der 8oer Jahre waren alle in Aufbruchsstimmung. Wir spürten, dass es uns bald viel besser gehen würde, und dafür arbeiteten wir hart, sehr hart. Als ich den Jialing-Fluss überquerte, fiel mir plötzlich auf, dass der kleinere Jialing eine ganz andere Farbe als der große Yangtse-Fluss hatte. Schauen Sie einmal.«

Sie zeigte mir ein Foto, das von einem der vielen Hochhausapartments der Stadt aus aufgenommen war. Es zeigte, wie sich Chongqing einem Schiffsbug gleich zwischen die beiden aufeinander zuströmenden Flüsse schob. Der kleinere Fluss war viel heller als der dunkelgelb bis braun gefärbte Yangtse-Strom.

»Viel heller«, bestätigte ich. »Der Jialing-Fluss ist grünlich und wirkt irgendwie mild«, fuhr sie fort, »während der braune Yangtse scharfer Natur zu sein scheint. Sie merken, als richtige Chinesin dachte ich sofort ans Essen, und plötzlich hatte ich die Lösung für mein Feuertopf-Problem, das ich schon so lange mit mir herumtrug. Ich ließ mich von der Natur inspirieren, die den zwei sich hier vereinigenden Flüssen unterschiedliche Farben gegeben hat. So kam mir die Idee, eine Trennwand in den Topf einzusetzen. In die eine Hälfte sollte eine helle, milde Brühe aus Fischfond gefüllt werden, die mit Lauch, Tomaten und leichten Gewürzen verfeinert wurde, in die andere unsere feurig-rote traditionelle Chongqinger Brühe. Die Trennung war wichtig. Die Saucen sollten sich voneinander unterscheiden, ähnlich wie ein Mandarinenten-Paar (*Aix galericula*), bei dem sich das männliche vom weiblichen Tier durch sein buntes Federkleid deutlich unterscheidet. So kam ich auf den Namen ›Madarinenten-Paar‹ – oder *Yuanyang*-Feuertopf. Das ist die Geschichte meiner Erfindung.«

»Ich habe einmal gelesen, dass es diesen Mandarinen-Topf schon seit mehr als zweitausend Jahren geben soll«, warf ich ein. Meine Gesprächspartnerin wischte den Einwand mit einer Handbewegung aus dem Raum: »Das ist Legende, historisch nicht bewiesen, erfunden von Leuten, die mir meine Erfindung streitig machen wollen. Es bleibt dabei, den Mandarinen-Topf habe ich erfunden. Und damit den Chongqing-Feuertopf überall bekannt gemacht.«

Ich merkte schnell, dass ich mich hüten musste, das Selbstverständnis Ihrer Majestät mit besserwisserischen Zwischenbemerkungen in Frage zu stellen. Sonst hätte He Yongzhi das Interview vorzeitig abgebrochen, die zehn Minuten waren ohnehin schon verstrichen. Doch noch schaute die selbstbewusste Unternehmerin nicht auf ihre Uhr. Ihr Auftreten unterstrich, dass Bescheidenheit im heutigen China längst keine Tugend mehr war, so wie noch zu meiner Studentenzeit vor 20 Jahren, als bebrillte Dozentinnen in billigen Synthetikkostümen uns lehrten, dass bescheidene Menschen hohes Ansehen in China genossen.

»Erzählen Sie doch bitte Ihre Geschichte noch zu Ende«, bat ich sie. Sie sagte etwas unwirsch: »Nun, der Rest ist schnell erzählt. Der Feuertopf mit den zwei Kammern fand im ganzen Land Anklang. Sie können heute in China schauen, wohin Sie wollen. Wo es Sichuan-Feuertopf gibt, gibt es auch meinen *Yuanyang*-Feuertopf.«

In dem Punkt hatte sie recht. Wenn ich an mein Zuhause in Shanghai dachte, fielen mir sofort ein halbes Dutzend Feuertopf-Restaurants im Umkreis von weniger als zwei Kilometern ein, die allesamt eine Variante von He Yongzhis Erfindung anboten. Der Mandarinenten-Hotpot genoss genauso wenig Patentschutz wie Zhu Tiancais Chilihuhn. Eigentlich war es auch gleichgültig, ob He Yongzhi nun die Erfinderin oder lediglich die Entdeckerin einer Sichuan-Spezialität war, die seit den 8oer Jahren Chinas Esskultur verändert hatte.

»Ich habe einen Traum«, sagte He Yongzhi und klang dabei wie ein Martin Luther King Jr. der chinesischen Gastronomie. »Ich möchte, dass die ganze Welt begeistert Chongqing-Hotpot isst und der Feuertopf mindestens so erfolgreich wird wie der Hamburger von McDonalds. In jedem Land soll es Chongqing-Hotpot geben. Die ganze Welt sollte mit uns um einen Topf herum sitzen. Dann hätte China die Führungsrolle inne.«

He Yongzhi glaubte an den langfristigen Erfolg der chinesischen Exportwirtschaft. 1995 war sie über den Pazifik in die USA aufgebrochen und hatte in der Nähe von Seattle die ersten US-Niederlassungen ihrer Restaurantkette *Kleiner Schwan* eröffnet. Neben Exilchinesen fanden immer mehr Amerikaner den Weg in He Yongzhis Restaurants. Der ganz große Durchbruch im Ausland war jedoch bisher ausgeblieben. Das sollte sich aber in den nächsten Jahren ändern, denn eine groß angelegte Marktforschungsexpedition führender Feuertopf-Restaurantchefs in die USA, die im Juni 2010 stattfand, geht nun von guten Investitionsbedingungen jenseits des Pazifik aus.* 2011 folgte He Yongzhi mit Zhang Yong, Erfinder der äußerst beliebten Restaurantkette *Haidilao* und wohl größter Konkurrent der Kaiserin um die Vorherrschaft im Chilibrühen-Geschäft – ein weiterer Innovator der chinesischen Restaurantbranche aus Sichuan, der sein Geschäft in Los Angeles eröffnete. »Wir haben festgestellt, dass die Amerikaner den betäubend scharfen Geschmack des Sichuan-Pfeffers mögen«, erzählte He Yongzhi begeistert. »Wir werden in den nächsten Jahren den Durchbruch schaffen und Chongqinger Feuertopf als eine der wichtigsten Neuerungen der Gastrobranche in den USA von der West- bis zur Ostküste etablieren.«

He Yongzhis Kette *Kleiner Schwan* gehörte seit Jahren zu den hundert erfolgreichsten Unternehmungen der Gastrobranche in China und spielte für die wirtschaftliche Entwicklung der aufstrebenden Stadt Chongqing durchaus eine Rolle. Die Kaiserin hatte aber inzwischen in neue Bereiche investiert. Eine ihrer jüngsten Geschäftsideen war in der Immobilienbranche angesiedelt, wo sich die große Mehrheit aller Chinesen traditionell am liebsten tummelt, um den Geldgott günstig zu stimmen und die größten Profite abzuräumen.

Ihre größte Immobilie, *Hongyadong* oder »Höhle an den steilen Klippen« genannt, dominierte als merkwürdigster Neubau die Silhouette von Chongqings Innenstadt. Dieser Bau war das Schloss der Herrscherin über Zehntausende heißer Töpfe und bot noch viele Entwicklungsmöglichkeiten. Derzeit zog sich die Baustelle zehn Stockwerke hoch über Hunderte von Metern am Flussufer entlang.

Die Trutzburg fiel aus dem Rahmen. Sie enthielt viele verschnörkelte Anleihen aus der klassischen chinesischen Archi-

* »Feuertopf aus Chongqing auf dem Vormarsch in die USA«. 18. 6. 2010. canyin.518jm.com/z116198 (28. 2. 2011).

tektur. Das unterschied sie deutlich von den Hochhaustürmen ringsum. In diesem chinesischen Märchenschloss entstand eine gewaltige Freizeitwelt: Essen und Trinken führten die Angebote an. Um den Genuss für den Bauch gruppierten sich weitere »Wellness«-Angebote wie Massage- und Yogazentren. Geschäfte und Reisebüros rundeten das Komplettangebot des Konsumtempels schließlich ab. Weil Esskultur langsam als gewichtiger Teil des chinesischen Kulturerbes anerkannt wird, adelte man He Yongzhi außerdem als »führende kulturelle Persönlichkeit«.*

Das hungrige kleine Mädchen von einst hatte als reife Frau eigentlich alles erreicht, was es erreichen konnte. Das, was noch fehlte, war die Eroberung der Welt mit der Chongqinger Feuertopfküche. Davon träumte He Yongzhi und warf ihr kreatives Gewicht in die scharfe Brühe: »Ich habe vor Jahren die Feuertopf-Gesellschaft von Chongqing ins Leben gerufen, um Rezepturen und Traditionen des Chongqinger Feuertopfs zu wahren. Wir brauchen mehr Wissen, um unserer eigenen Esstradition, um dem Feuertopf ein Image als chinesisches Kulturerbe zu bereiten. Erst dann können wir wirklich glaubwürdig sein.«

Feuertopf fasziniert vor allem als soziales Ereignis, weniger als kulinarischer Hochgenuss. Ich kenne kein ausgelasseneres, spontaneres und im besten Sinne rustikaleres Essen als ein Feuertopfessen. Wer gemeinsam mit Familie oder Freunden um das blubbernde Behältnis sitzt und alles, was schmeckt, in die kochende Brühe versenkt, der fühlt sich an althergebrachte Speiserituale erinnert, die in der Gegenwart längst verkümmert sind. Nur Lagerfeuer und sommerliche Grillanlässe vermitteln ein ähnliches Gemeinschaftsgefühl. Der Feuertopf, ob zu Hause oder im Restaurant bereitet, wird das ganze Jahr über gegessen.

Der Feuertopf-Boom, der China in den 90er Jahren des letzten Jahrhunderts erfasste, lebt von der Sehnsucht nach entspannter Geselligkeit. Bei hauchdünn geschnittenem Lammfleisch, zehn Varianten frischen Blattgemüses, drei Tofu-Sorten, fünf Pilzvari-

---

* Informationen gemäß dem chinesischen »Feuertopfnetz«, das mit eigener Webadresse www.cntshg.com im Internet über die aktuellen Entwicklungen rund um die heißen Töpfe informiert.

anten, fein geschnittenen Stärkeknollen von der Kartoffel bis zur Taro-Wurzel können die Zeitgenossen im Kreis ihrer Freunde und Familie wieder Kraft schöpfen.

Auf die psychosozialen Vorzüge des Feuertopf-Genusses muss te ich heute Abend leider verzichten, die Kaiserin konnte oder wollte mir nicht noch mehr ihrer kostbaren Zeit opfern. Leider kannte ich niemanden in Chongqing, den ich hätte einladen können. Also entschloss ich mich zum Einzeltest an der nächstgelegenen Feuerstelle, selbstverständlich in einem der Restaurants im Hongyadong.

Zwei Etagen über dem Thronsaal der Kaiserin, ihrem geräumigen Großraumbüro mit dem Chefsessel, auf dem sie sich so gern fotografieren ließ, lagen eine Filiale des Kleinen Schwans und eine des edleren Ablegers Roter Dreifuß. Mit einem Kleinen Schwan, in dem es wenig mehr als drei wackelige Klapptische und entsprechende Schemel gab, hatte die Kaiserin 1982 am Straßenrand von Chongqing ihre Herrschaft begründet. Das Urgestein hätte mich gereizt, doch leider wurde dort nur Hotpot für mindestens zwei Personen angeboten. Das überstieg meinen Hunger. Die neue Marke Roter Dreifuß entsprach dem urbanen Trend zum Single-Dasein mit einem »Ein-Personen-Feuertopf«.

Die Idee der Dreifuß-Restaurants war innovativ und basierte auf den traditionellen Utensilien der chinesischen Küche: Auf dem ding genannten Dreifuß kochten die Chinesen von alters her ihre Suppen und brauten ihren Teesud oder ihre klassische Medizin. In diesem Restaurant bekam jeder Gast seinen eigenen Dreifuß. Auf dem konnte man nach Herzenslust und Appetit das kochen, was in der buchdicken Speisekarte angeboten wurde. Jede der zur Auswahl stehenden Würzbrühen gab es in verschiedenen Schärfestufen. Die höchste Stufe war der Chongqing-Standard, dessen Genuss jahrzehntelange Erfahrung oder Geburt vor Ort voraussetzte. Diese Brühe bestand zum Großteil aus Chilis und Sichuan-Pfefferkörnern. Als Nebenwirkung drohte am Ende eine Magenverstimmung. Ich gehöre definitiv nicht zu den Risikoessern und entschied mich daher für Schärfestufe II. Aus Neugier und zum Vergleich bestellte ich einen zweiten Dreifuß mit dem Chongqinger Original.

Halogenlicht und Punktstrahler inszenierten Farben und Frische der Rohzutaten sehr ansprechend. Man saß an großen Tischen und auf Stühlen mit hohen Lehnen. Diese erinnerten an die Beamtenstühle der Kaiserzeit, auf denen einst Mandarine zu speisen pflegten. Doch was nützte das netteste Dekor und Ambiente, wenn es nur für das Auge gemacht war? »Nichts«, hatte Yuan Mei, unbestechlicher Anwalt guter chinesischer Küche, in seinem Standardwerk *Die Speiselisten aus dem Sui-Garten* bereits vor mehr als 300 Jahren entschieden.

Das wunderbar anzuschauende Premium-Produkt der Feuertopf-Magnatin erhielt von mir das Prädikat »verdammt bis apokalyptisch scharf«, essbar war die Brühe für mich nicht. Wie gewohnt beförderte die Schärfe der gemäßigten Variante meine Geschmacksnerven zunächst einmal ins »Off«. Nach mehreren Happen kristallisierten sich langsam erste Geschmacksnoten der Zutaten heraus: Der charakteristische, aber doch nicht zu strenge Eigengeschmack des Lammfleischs verriet, dass es wohl tatsächlich von den Zuchtbetrieben der Inneren Mongolei in den Süden transportiert worden war. Der eigene Geschmack der Shiitake-Pilze, den Kulinaristen mittlerweile mit dem japanischen Eigenschaftswörtchen *umami* als eigene Geschmacksrichtung neben salzig, sauer, scharf, bitter und süß anerkennen, trat deutlich konturiert hervor, nachdem sich der Chili-Schmerz und die Pfeffer-Taubheit auf den Lippen wieder verzogen hatten. Kartoffel- und Karottenscheiben hatten noch Biss, bevor sie der Gefahr erlagen, im Topf zerkocht zu werden. Kurzum: Die Schärfewand der Variante II war durchbrochen und nun schmeckte das Essen einfach gut.

In chinesischen Restaurants – auch der gehobenen Klasse – fehlt es in der Regel an dem hilfreichen Utensil der Serviette, deren Benutzung der europäische Esskünstler Antonius Anthus einst als gesellschaftsbildend anmahnte.* Da für Anthus Essen

---

* Antonius Anthus. *Vorlesungen über die Esskunst.* Frankfurt a. M. 2006, S. 173.

ohne Serviette kein Essen war, hätte kein Chinese ihm wirklich als »qualifizierter Esser« gelten können – und eine chinesische Gesellschaft gäbe es ohnehin nicht. Doch China hat Boden gutgemacht und seine gesellschaftliche Existenz in jüngerer Zeit gerettet: Alternativ zur segensreichen Einführung der großen Serviette schont man die Kleidung der Gäste nun mit besonderen Überzügen, die über die wertvollen Textilien gezogen werden. So entkommt der Esser seinem Schicksal, bei Fortschritt des Genusses zur lebenden Speisekarte zu mutieren.

Dieses Schicksal blieb mir im Reich der Feuertopf-Kaiserin allerdings nicht erspart – denn der rettende Überzug fehlte schlicht, mein neuer Mantel wies am Ende der Mahlzeit ein unregelmäßiges Punktmuster auf.

Auch hinsichtlich der Esswerkzeuge taten sich schmerzliche Defizite auf: Löffel, mit denen man das nach einigen Tauchgängen mit den Essstäbchen Verlorengegangene aus dem Topf fischen konnte, gab es ebenfalls nicht. Der Gast wurde mit sich und seinen Stäbchen ziemlich allein gelassen. Das aber reichte nun einmal nicht. Ich hätte es zu Beginn ebenfalls mit Anthus halten und »mit Diskretion einen vorsichtigen Blick«* auf die Esswerkzeuge richten sollen: Wer richtig ›Feuertopf‹ speisen will, der benötigt neben ausreichend langen Essstäbchen vor allem zwei Löffel, einen klassischen zum Abschöpfen der Brühe und einen gelöcherten zum Herausfischen der Topfeinlagen. Am Ende kam, beinahe vorhersehbar, zu allem Überdruss noch eine unkorrekte Rechnung. In Sachen Aufmerksamkeit gegenüber dem Gast wies die Topmarke des kaiserlichen Feuertopf-Imperiums klare Defizite auf.

Wenn der Traum von einem weltumspannenden Feuertopfgürtel nicht nur das Hirngespinst einer selbstverliebten Diva der Gastronomie-Szene bleiben sollte, musste sich hinsichtlich Service-Orientierung noch einiges tun.

*   Ebd., S. 171.

CHONGQING-FEUERTOPF

Wie die Pekinger ihren Lammfleisch-Feuertopf, so lieben die Menschen in Chongqing ihre gut gewürzte Chilibrühe über eigener Feuerstelle. So lange ich China kenne, kenne ich den Feuertopf aus Chongqing. Sein Zauber liegt im gemeinsamen Genuss mit Freunden, dem urmenschenähnlichen Zusammensitzen um die eine Feuerstelle, der Zeitlosigkeit des Essens, denn kein anderes chinesisches Gericht lässt einen die Zeit tatsächlich vergessen oder hält sie gar an. Die Feuertopf-Atmosphäre umfasst diese vierte Dimension und füllt sie mit deftig-scharfem Geschmack.

Was ich zum Anhalten der Zeit brauche:

1 Topf, der sich von unten beheizen lässt
1 gute, feurige Gewürzmischung für den Chongqing-Feuertopf
(die enthält u. a. Chilischoten, Nelken, Sternanis, Cumin, Zimt und
10 weitere Gewürze, die ein kreativer Chongqinger Spieler einmal
zusammengestellt hat)
1 Platte mit Lammfleisch (dünn geschnitten)
1 Platte mit Fisch nach Wahl (dünn geschnitten)
1 Teller Kartoffeln in Scheiben
1 Teller Koriander mit Stängel
1 Teller Fisch- und/oder Fleischbällchen
1 Teller Tofu
1 Teller Blattspinat
1 Teller Chinakohl
und je nach Lust, Laune und Appetit weitere 5–10 Teller mit Gemüse,
Fisch, Fleisch nach freier Wahl
Sesampaste, Chiliöl, Knoblauch fein zerhackt, Koriander fein zerhackt,
1 TL Zucker, Sojasauce für die Dippsaucen

Wie es gemacht wird:

1. Zunächst verrühre ich die verschiedenen Zutaten für die Dippsauce miteinander und verteile sie für jeden Gast in ein eigenes Schälchen.

2. Nun stelle ich den Feuertopf auf, fülle ihn mit Wasser und roter Chiligewürzmischung und erhitze ihn.

3. Die 8 plus x Gemüse-, Fisch- und Fleischsorten ordne ich im Kreis um den Topf in der Mitte herum an.

4. Jeder meiner Gäste erhält zusätzlich zur Dippsauce ein paar Essstäbchen und eine leere Schale.

5. Wenn der Topf zu brodeln beginnt, gebe ich das Startzeichen, und jeder greift mit den Stäbchen hinein in Gemüse, Fleisch und Fisch seiner Wahl. Dazu wird kräftig gezecht, und nach einem entsprechenden Quantum Bier oder Hirseschnaps wird jeder zu einem Ständchen verpflichtet. So eine Feuertopfrunde ist ein abendfüllendes und äußerst geselliges Programm.

Der kluge Chef von Sezuan

»Erst kommt das Fressen, dann kommt die Moral.« Brechts Antiheld Macheath hatte in der Dreigroschenoper eine klare Antwort auf die Kernfrage unserer Existenz gefunden. Macheath erwies sich in vielen chinesischen Restaurants, die ich besuchte, leider als hochaktuell. Dort war es mit Moral und Höflichkeit oft nicht weit her, wenn es um Serviceleistungen jenseits des reinen Geschmacks ging. Hauptsache, das Essen schmeckte – alles andere war zweitrangig. Am wenigsten interessierte den Esser das Dilemma des Restaurantchefs, qualifizierte Servicefachkräfte einstellen zu können. Erstens gab es oft keine, und zweitens war das

Problem selbstverschuldet, weil Dienstleistungsberufe der »einfachen Art« in China meist extrem unterbezahlt sind.

Als ich in Shanghai einmal Ente aß, bestellte ich dreimal hintereinander vergeblich eine Flasche Bier, weil die junge Servicekraft trotz eindringlichen Rufens und unmissverständlicher Aufforderung mich einfach ignorierte – oder schlicht den passenden chinesischen Ausdruck für Bier nicht verstand. Als endlich die Restaurantmanagerin herbeieilte, um den bereits hochrot angelaufenen *laowai* (Ausländer) endlich zu besänftigen, offenbarte sie mir schonungslos das Dilemma: »Wir finden einfach kaum noch Leute, die zu den bescheidenen Bedingungen für 150 Euro oder weniger im Monat hier arbeiten wollen.« Auf die Idee, mehr zu zahlen oder attraktivere Arbeitsbedingungen zu schaffen, kam das Management nicht und ergab sich den beschämenden Zuständen der Personalsituation in der chinesischen Restaurantbranche: »Die bleiben eh nur für ein paar Monate, was soll man da in Menschen investieren, geschweige denn in deren Fortbildung. Das kostet mich nur viel Geld, und am Ende landen die Herrschaften sowieso nur bei der Konkurrenz«, lautete das ernüchternde Fazit eines Shanghaier Restaurantbesitzers. Also verließ man sich auf Dauerfluktuation und zahlte so wenig wie gerade nötig, um den Betrieb aufrechtzuerhalten. Noch gab es ja genug »Menschenmaterial«, sprich Arbeitssuchende, die vom Land in die Städte strömten. Das war überall in China so – und auch hier in Sichuan war es nicht anders: Wozu den guten Menschen spielen und andere Menschen fortbilden, wenn es sich am Ende doch nicht sofort in Profit auszahlte? Wieder schien Bertolt Brecht recht zu behalten, wenn er das Dilemma des guten Menschen in seinem Drama *Der gute Mensch von Sezuan* anprangerte und dabei die gute Prostituierte Shen Te scheitern, den gnadenlosen Kapitalisten Shui Ta aber siegen ließ. Das literarische Sezuan des Bertolt Brecht fand überraschende Parallelen im realen Sezuan der chinesischen Gegenwart.

Doch es gab eine Ausnahme. Diese stammte aus der kleinen Provinzstadt Jianyang, gut drei Autostunden von Chongqing entfernt. Hier war vor weniger als 40 Jahren der gute Mensch von Sezuan geboren worden. Eigentlich war er eher ein »kluger Chef von Sezuan«! Er hieß Zhang Yong und gehörte ebenfalls in die Kaste der Entdecker und Erfinder. Als einer der Ersten in China hatte er entdeckt, dass nicht das Essen allein, sondern der Mensch als Produzent und Konsument von Dienstleistungen im Mittelpunkt eines Restaurants stehen sollte. Genauer ging es ihm um zwei menschliche Rollen: die des Kunden und die des Servicepersonals. Im nach-kulturrevolutionären China der 90er Jahre hatte der junge Zhang erkannt, dass der Dienst am Kunden genauso wichtig ist wie der Geschmack. In China, das gerade den Parolen von der Niederschlagung bourgeoiser Klassengesellschaft entkommen war und sich übergangslos in die Wogen schnellen Wachstums um jeden Preis gestürzt hatte, waren solche menschenfreundlichen Überlegungen wirklich eine neue Entdeckung. Zhang Yong begründete daraus den Kern seiner Unternehmung.*

Eifrige Bedienstete begrüßten mich am Eingang des Restaurants. Mittlerweile war Zhang Yongs Marke schon mit über 30 Filialen in ganz China vertreten und hatte gerade den jüngsten Ableger seiner Interpretation von ›Feuertopf für alle‹ in Los Angeles gegründet. Hier, mitten im roten Becken von Sichuan, aber hatte alles begonnen. Ich hatte reserviert und brauchte deshalb nicht zu warten. Eine weise Entscheidung, wie sich herausstellte, denn das Restaurant war ausgebucht, und davor saß eine Traube wartender Gäste auf Plastikhockern. Sie kauten geröstete Melonenkerne oder aßen Orangen, spielten Karten oder Brettspiele. Andere entspannten sich mit einem Teeglas in der Hand, während ihnen ein dienstbarer Geist die Schuhe polierte. Junge Frauen ließen sich an eigens dafür bereitstehenden Tischen von Kosmetikerinnen die Fingernägel in aktuellen Modefarben lackieren. Jugendliche zockten mit neuesten Computerspielen an Bildschirmen, die man im Eingangsbereich aufgestellt hatte. Eine Spielecke für die Kleinsten mit eigens dafür abgestellten Betreuerinnen war ebenfalls vorhanden. Niemand schien auf diesem Jahrmarkt der Dienstleistungen in Ungeduld zu verfallen, während er oder sie auf einen freien

---

* Ausführlicher Bericht darüber u. a. in der »Changjiang Zazhi (Yangtse-Zeitschrift)« vom 24. 7. 2009.

Tisch wartete. Alle waren mit irgendetwas beschäftigt. Die meisten spielten.

Eine der Angestellten führte mich zum letzten noch nicht besetzten Tisch des Restaurants. Kaum hatte ich mich gesetzt, hüllte eine weitere Servicekraft meinen Mantel in einen schützenden Kunststoffüberzug. Dann nahm sie selbstbewusst mein Handy an sich, das ich gerade auf dem Tisch abgelegt hatte. Bevor ich protestieren konnte, erhielt ich das Telefon mit einem Lächeln wieder zurück, schützend umhüllt von einem Plastiktütchen. Ein junger Mann war hinzugetreten und bedeckte den Tisch mit Porzellanschälchen, die Erdnüsse, eingelegtes Sichuan-Gemüse und Orangen gratis enthielten. Eine Kollegin kam vorbei und reichte heiße Tücher zur Reinigung und Entspannung. Das alles ging so schnell, dass ich mich kaum bei den einzelnen Wohltätern bedanken konnte. Jede weitere Bedienung, die an meinem Tisch vorbeilief, begrüßte mich wie einen alten Bekannten, obwohl ich nie zuvor hier gewesen war. Die Dienstbeflissenheit des Servicepersonals war für chinesische Verhältnisse geradezu sensationell.

Die sonst übliche Passivität chinesischer Restaurantangestellter – wie gestern noch im *Roten Dreifuß* erlebt – schien hier unbekannt. Auch verbal wurde ich mit Freundlichkeiten geradezu überhäuft:

»Darf es noch ein Obstteller sein?«

»Gestatten Sie, dass ich Ihren Mantel über den Stuhl hänge?«

»Wünschen Sie noch etwas Sojamilch?«

»Als Einzelgast können Sie selbstverständlich eine halbe Portion bestellen.«

Von den Angestellten ging eine natürliche Liebenswürdigkeit aus, sie schienen ihre Gäste gern zu bedienen. Um mich herum dampfte und brodelte es kräftig, begleitet von leiser Hintergrundmusik. Die war allerdings kaum zu vernehmen, denn wie in chinesischen Lokalen üblich, wurden die Lautsprecher von den Restaurantgästen übertönt, die lachten, riefen und sich angeregt unterhielten. Wer gerade nicht saß, war auf dem Weg zu den Buffettischen, die im gesamten Restaurant verteilt waren und jeweils mindestens 20 verschiedene Würzsaucen und Dips sowie kleine Snacks bereithielten. Dazwischen lief aufmerksames Servicepersonal von Tisch zu Tisch, nahm Bestellungen entgegen, servierte kleine Imbisse, öffnete Bierflaschen oder reichte dampfend-heiße Handtuchrollen zur Erfrischung.

Schon begann das Spiel. Ich bestellte, indem ich auf der Wegwerf-Speisekarte wie auf einem Lottoschein das ankreuzte, was ich später in der Brühe garen wollte. Wer keine chinesischen Zeichen lesen kann, spielt dabei »Speise-Lotto«. Er sollte sich allerdings an die Faustregel halten, zu zweit oder zu dritt nicht mehr als 10 Kreuze zu machen. Allein sollte man die Bestellung deutlich knapper halten und auf »half please, only half« bestehen. Diese Menge garantiert ein ausreichendes Mahl. Die Chance, sechs Richtige für den Feuertopf getippt zu haben, war ebenfalls äußerst reell. Manchmal konnte das allerdings mit einem Teller Entenzungen oder Froschschenkel für den sensiblen Esser aus dem Westen schon einmal etwas danebengehen. Das Ergebnis des »Lottospiels« wurde dann in yuanyang-Brühe getaucht: scharf oder mild, je nach Geschmack. Der möglicherweise von »Kaiserin« He Yongzhi erfundene, allerdings nicht patentierte, geteilte Feuertopf wurde auch in diesem Restaurant benutzt.

Nachdem ich meinen Lottoschein der Bedienung überreicht hatte, die während der Bestellung nicht von meiner Seite gewichen war, sah ich mich ein wenig im Restaurant um. Das Publikum wirkte ausgesprochen jugendlich. Kaum einer der Gäste schien älter als 30 Jahre. Plötzlich fühlte ich mich alt. Gehörte ich noch in den Kreis dieser Leute, deren Geburtsdatum mehrheitlich in den Jahren nach 1980 lag? Mein wachsender Hunger beantwortete diese Frage eindeutig mit Ja, denn vor dessen Macht sind schließlich alle gleich, egal welchen Alters. Jedenfalls hatte der Erfinder dieses Restaurantkonzepts den Nerv der Zeit getroffen: rustikale Feuertopfschärfe, breite Auswahl, Jahrmarktstimmung und viel, viel Service. Ein Wellness-Konzept chinesischer Art, selbstverständlich mit kulinarischem Fokus.

Haidilao, der Name dieses Restaurants, bedeutete wörtlich »Fischen auf dem Meeresgrund«. Doch auch hinter diesem Namen verbarg sich der grenzenlose chinesische Spieltrieb: Er bezog sich nämlich auf den letzten großen Spielzug des beliebten Mahjongg-Spiels, der chinesischen Variante des Domino. Beim letzten Zug werden im großen Stil so viele Spielsteine wie möglich »gefischt«. Die »guten Zocker von Sezuan« – und auch die weniger guten – bezeichnen das als »Fischen auf dem Meeresgrund«. Für Zhang Yong hatte der Name mindestens eine doppelte Bedeutung: zum einen reiche Beute beim Kundenfang für sein Restaurant, zum anderen als Aufforderung an seine Kunden, aus den Tiefen der brodelnden Brühen fette Brocken herauszuziehen. Zhang gewann in jedem Fall.

In schneller Folge kamen dann auch die bestellten Feuertopf-Zutaten, damit dem Fischen auf dem Grunde des Topfes nichts mehr entgegenstand. Was Frische anging, so stand das *Haidilao* dem Konkurrenten *Roter Dreifuß* eigentlich in nichts nach.

»Soll es die volle Schärfe sein, mein Herr?«, erkundigte sich ein junger Mann mit weißer Kochmütze, der speziell für das Anrichten der Feuertopfbrühe zuständig war. Er machte Anstalten, eine konzentrierte Paste aus Chilis und anderen Gewürzen in meinem Topf zu versenken. Ich wehrte entschieden ab: »Die Hälfte reicht völlig – mehr bekommt mir nicht.« Er tat wie geheißen und Minuten später brodelte es in roter und weißer Topfhälfte einträchtig, mit Gas von unten befeuert, nebeneinander. Leider war die Flamme ein wenig zu hoch eingestellt, sodass Spritzer der rote Sauce dort landeten, wo sie definitiv nicht hinsollten: auf meinem frisch gewechselten Hemd.

Eine aufmerksame Servicedame hatte das Missgeschick bemerkt: Sie sprang sofort herbei – und bot an, die Flecken umgehend entfernen zu lassen. »Habt ihr hier auch noch einen Reinigungsservice?«, fragte ich überrascht. »Wir haben hier Reinigungssprays. Ich kümmere mich sofort um Ihr Hemd, wenn Sie es wünschen.« Ich gab ihr mein Oberhemd, und die eifrige junge Dame verschwand damit. Glücklicherweise trug ich noch ein akzeptables T-Shirt.

Ein wichtiges Detail des Sichuan-Feuertopfs sind die verschiedenen Dippsaucen. Hier gab es spezielle Gewürz- und Saucen-

Theken, wo jeder sich seinen Lieblingsdipp zusammenstellen konnte. Mit Appetit schwelgte ich über meinem Topf: sechs Sorten grünes Gemüse, Mungobohnen-Nudeln, Krabbenfleisch-Klößchen, Rindermagen, Würfel aus frischem Entenblut, eine Art Cocktail-Würstchen, rauchige Tofustücke und frische Meereskrabben, die in der siedenden Brühe schwammen.

Am Nachbartisch war unterdessen ein großes Spektakel im Gang. Ein jugendlicher Breakdancer im weißen Outfit und mit Baseballkappe auf dem Kopf tänzelte vor einem siedenden Topf und begeisterte das Publikum, indem er eine mindestens einen Meter lange Bandnudel durch die Luft schleuderte, die im rhythmischen Kreisen seiner Körperdrehungen länger und länger wurde. Plötzlich zielte er auf den brodelnden Topf und versenkte die Nudel zielsicher in der heißen Chilibrühe. Die Zuschauer johlten, der junge Akteur deutete eine Verbeugung an. Auch solche Spielereien gehörten zu einem chinesischen Trendrestaurant des 21. Jahrhunderts.

»Tolles Kungfu«, meinte einer, »bin gespannt, wie die Nudeln schmecken.« *Haidilao* passte jedenfalls perfekt zu iPod und Touchscreen-Handy der Sneakers tragenden jungen Städter.

Kurz entschlossen sprach ich die Kungfu-Nudel-Esser am Nachbartisch an: »Warum kommt ihr hierher zum Essen?«

»Weil der Service fantastisch ist und die Sachen dabei auch noch schmecken«, antwortete mir der junge Mann.

»Wir arbeiten jeden Tag zehn Stunden im Büro. Da brauchst du Entspannung. Einfach abschalten, sich bedienen lassen und die Woche vergessen. Sonst macht einen der Job fertig«, ergänzte einer seiner Kumpels.

»Tatsächlich?«, erkundigte ich mich. Auf dem Weg in Chinas Chiligefilde hatte ich das doch schon einmal gehört.

»Ja, sicher. Jeder kämpft gegen jeden. Jeder will erfolgreich sein und arbeitet, so hart er kann. Hier kann ich mit Genuss zusammen mit meinen Freunden mein Geld ausgeben. Wir bleiben mindestens drei Stunden, wenn wir einen Platz bekommen haben. *Haidilao* ist unser Wochenend-Highlight«, fügte ein Dritter hinzu.

Dann stand plötzlich die junge Serviceangestellte wieder vor mir, die mir mein Oberhemd zur Reinigung entführt hatte. »Ich hoffe, dass ich alle Spritzer beseitigt habe«, sagte sie, »und entschuldige mich nochmals für das Missgeschick.«

»Sie können doch gar nichts dafür«, entgegnete ich.

»Aber ich bin dafür verantwortlich, dass Sie sich wohlfühlen«, erklärte sie mir. »Sie erhalten selbstverständlich einen Preisnachlass.«

Ich war verblüfft. Diese junge Frau übernahm Verantwortung für etwas, das sie gar nicht verschuldet hatte. Wie oft hatte ich gerade in China das Gegenteil dessen erlebt. Menschen, die aus Angst vor Strafe jegliche Verantwortung von sich schoben. Und hier galt das Übernehmen von Verantwortung als Tugend! Ich bedankte mich herzlich und untersuchte mein Hemd. Die Flecken waren verschwunden, es sah aus wie frisch gewaschen. »Sie haben Erfahrung«, meinte ich. »Ich bin schon acht Jahre lang dabei, und die Arbeit macht mir noch immer Spaß«, antwortete sie.

Das war bemerkenswert. Die Personalfluktuation in chinesischen Unternehmen ist gewöhnlich sehr hoch und liegt bei durchschnittlich zwei Jahren Verweildauer auf einem Posten. In der Gastronomie dreht sich das Personalkarussell noch schneller. Doch hier stand eine junge Frau vor mir, die auch nach acht Jahren noch mit Freude bei der Sache war und sich für ihren Job engagierte. Ich fragte sie, woran das lag.

»Jeder kann hier etwas erreichen«, antwortete die junge Restaurantmanagerin, »ich habe als einfache Bedienung angefangen und Jahr für Jahr mehr Verantwortung übernehmen dürfen. Wenn die Kunden zufrieden waren und ich dazu beigetragen hatte, wurde ich befördert. Wir haben hier ein Monitorsystem, in das wir unsere Serviceleistungen gegenüber den Kunden eingeben können. Wenn Umsatz und Kundenzufriedenheit steigen, zahlt sich das direkt für uns aus.« Wir wurden unterbrochen, als eine Mitarbeiterin meine Gesprächspartnerin ansprach: »Entschuldigung, ältere Schwester Li, aber da ist eine Kundin mit einem Baby, das sie nicht zum Schlafen bringen kann.« »Organisiert ein Kinderbett«, antwortete Schwester Li kurz, »dann wird das Baby schnell schlafen, und die Mama kann in Ruhe essen.« Plötzlich drang Tumult von der anderen Restaurantseite herüber. »Entschuldigen Sie, ich schaue einmal, was los ist«, sagte Schwester Li kurz zu mir. Fünf Minuten später war sie zurück: »Ein paar unserer männlichen Angestellten mussten draußen ein Auto eines Kunden aus der Einfahrt heben und ein wenig versetzen, weil ein anderer Kunde mit dem Wagen vorfahren wollte«, erklärte sie kurz. Ich schaute sie ungläubig an: »Sollten die Kunden nicht selbst ihr Auto bewegen, wenn sie den Weg blockieren?« »Ach, die waren so mit dem Essen beschäftigt – wir wollten nicht stören. Da haben meine Mitarbeiter das Problem selbst gelöst. Man soll uns nicht nachsagen, dass wir ein Kundenproblem nicht lösen können.« Ich war beeindruckt und sagte nichts mehr.

Schwester Li erklärte weiter: »Jedes Restaurant stellt immer ein paar mehr Mitarbeiter ein, als wir wirklich brauchen. Die Löhne sind nicht höher als bei der Konkurrenz, daher halten sich die Kosten in Grenzen. Diese zusätzlichen Mitarbeiter können sich verstärkt um unsere Kunden kümmern. Das Konzept von *Haidilao* funktioniert wie eine chinesische Familie. Daher sprechen wir uns auch mit ›älterer Bruder‹ oder ›kleine Schwester‹ an. Das ersetzt die eigenen Verwandten, die weit weg wohnen. Wer gut ist und etwas leistet, bekommt obendrein eine verbesserte Krankenversicherung. Alle Fortbildungen übernimmt das Unternehmen, vorausgesetzt, der Mitarbeiter ist treu und engagiert sich. Außerdem zahlen wir an die Eltern leistungsfähiger Mitarbeiter eine kleine Zusatzrente.«

Chef Zhang Yong ließ seine Mitarbeiter mittlerweile längst selbst innovative Lösungen für ihr Leben finden. Er selbst hatte es ja nicht anders gemacht. Zhang Yong aus Jianyang arbeitete noch vor weniger als 20 Jahren eine Zeit lang als Schweißer in der Traktorenfabrik Sichuan in Jianyang und brachte am Monatsende das schon 1994 äußerst bescheidene Gehalt von 93,50 Yuan nach Hause. Das entsprach damals einem Gegenwert von rund 12 Euro. Das staatlich festgelegte Gehalt demotivierte den jungen Mann, und er suchte nach einem neuen Betätigungsfeld. So begann er, nach Feierabend eine kleine Garküche am Straßenrand zu unterhalten, die späten Essern »Scharfe Suppe« anbot, eine Art Primitivversion des Feuertopfs, bei welcher die Gäste aus 20 verschiedenen Zutaten wählen und sich ein feuriges Süppchen zusammenkochen lassen konnten. An vier Klapptischen, die er, sollte das notwendig sein, schnell wieder abtransportieren konnte, bewirtete der junge Schweißer seine Gäste. Was ihn von anderen unterschied, waren seine Höflichkeit und die Gewissenhaftigkeit, mit der er seinen Gästen das verkaufte, was er zu bieten hatte. Das Resultat konnte sich sehen lassen. Innerhalb kürzester Zeit zog sich der Garküchenbesitzer einen Stamm von Kunden heran, die in ihrem Bekanntenkreis wiederum Werbung für die »besondere scharfe Suppe« am Straßenrand machten. Der Erfolg machte ihn fast schwindlig, konnte er doch mit seiner Garküche in einem Monat 150-mal mehr verdienen als ein Fabrikarbeiter. Das »rote China« hatte seine eigenen Maßstäbe verloren. Der rasante Umbruch von der Plan- zur Marktwirtschaft machte enorme Einkommensdifferenzen möglich.

Nach einem Jahr investierten der junge Unternehmer und vier seiner Freunde – selbstverständlich ohne einen Fen staatlicher Unterstützung – ihre gesamten Ersparnisse in Höhe von 10 000 Yuan (ca. 1200 Euro) in eine neue Geschäftsidee. Seinen ältesten Geschäftspartner, Shi Yonghong, kannte der junge Unternehmer bereits seit seinem 14. Lebensjahr. Eine weitere Partnerin, Shu Ping, wurde später Zhangs Ehefrau. Der junge Zhang war trotz seiner geringen Schulbildung alles andere als ein bildungsferner Mensch. Bereits als Jugendlicher hatte er sich häufig in der Stadtbibliothek von Jianyang verkrochen und dort mit Begeisterung Bücher über Demokratie und soziale Gerechtigkeit gelesen. So machte er sich ein Prinzip zu eigen, mit dem er noch heute seine Restaurantkette führt: »mit gleichen Chancen in den Wettbewerb eintreten – gleiche Voraussetzungen für alle«. Entsprechend wurden auch die Gewinne gleichmäßig unter den vier Start-up-Gründern geteilt.

Der Service stimmte, der Geschmack ebenfalls, und die Kunden kamen in immer größerer Zahl. Sein Ziel, in fünf Jahren 150 000 Yuan zu erwirtschaften, übertraf Zhang Yong in der angegebenen Zeit um ein Vielfaches. Nach einem Jahr war sein *Hai-*

dilao bereits die Nummer eins unter den Feuertopf-Restaurants von Jianyang. Zhang Yong wurde zu einem Musterbeispiel jungen, selbstbewussten Unternehmertums in China. Der Erfolgreiche entschloss sich, in einer Großstadt zu investieren, wo er mit breitem Interesse an scharfen Sichuan-Feuertöpfen rechnen konnte. Er stieß auf die alte Kaiserstadt Xi'an und die Vorliebe ihrer Bewohner für scharfes Essen aus dem südlich gelegenen Sichuan. Folgerichtig gründete Zhang sein nächstes Restaurant in Xi'an, wo er jedoch anfänglich große Probleme hatte. Erst nach acht Monaten konnte dort Gewinn eingefahren werden. Dann aber hatte der ehemalige Schweißer den Durchbruch auf Chinas Gastronomie-Markt endgültig geschafft. Insgesamt neun Filialen entstanden allein in Xi'an. Peking, wohin sich Zhang Yong als Nächstes wandte, sollte sich für sein Restaurantkonzept als wahre Goldgrube erweisen.

2007 stieß Zhang Yong mit *Haidilao* nach Shanghai vor – eine Stadt, welche durch ihre traditionell eher milde Küche für scharfe Feuertöpfe weniger empfänglich schien. Doch das »Pepper High«-Syndrom aus Sichuan hatte die junge Generation längst auch hier erfasst. Umfassender Service und Entspannung nach dem anstrengenden Büroalltag machten ebenso süchtig. So wurde Zhangs Geschäftsidee auch in der Huangpu-Metropole eine Erfolgsgeschichte. 2007 lag der Umsatz der 30 Filialen landesweit bei 300 Millionen Yuan, das heißt rund 35 Millionen Euro.

Auch heute noch wirken die ständig steigenden Umsatzzahlen noch bescheiden im Vergleich zu den US-Food-Giganten McDonalds, Pizza Hut oder KFC. Doch Zhang Yongs Geschäftsphilosophie begann die Giganten zu faszinieren. 2007 planten die chinesischen Statthalter von Kentucky Fried Chicken und Pizza Hut ihr traditionelles Jahresabschlussessen nicht etwa in einem ihrer zahreichen Konzernfilialen, sondern bei *Haidilao* in Peking. Offenbar wollte der »Elefant« von der »Ameise« lernen, wie man selbst als Fastfood-Anbieter die Kundschaft besser zufriedenstellen konnte.* Management-Akademien – allen voran die Drucker

---

* »Changjiang Zazhi (Yangtse-Zeitschrift)« vom 24.7.2009.

Academy – und MBA-Studiengänge luden Zhang Yong zu Vorträgen ein. Der wusste anfangs damit nicht viel anzufangen und begann seine Auftritte stets mit den Worten, dass er ungebildet sei und eigentlich nicht wisse, warum er auf dem akademischen Podium stehe.

Zhang Yong verkörpert die chinesische Version des Traums vom ökonomischen und gesellschaftlichen Aufstieg. Dazu gehören neben harter Arbeit, Produktqualität und klaren Zielvorgaben vor allem konfuzianische Prinzipien wie der an der Familie orientierte Firmenaufbau und Respekt vor der älteren Generation. Das war und ist ein konfuzianisches Prinzip: Schon im alten China konnte jeder, unabhängig von seiner Herkunft, zu hoher Bildung und Ansehen gelangen – Fleiß, Beharrlichkeit und Talent vorausgesetzt.

Jeder kann »mit beiden Händen sein Schicksal verändern«. Diese Maxime erhält jeder von Zhang Yongs Mitarbeitern beim Eintritt in die Firma mit auf den Weg. Der einfallsreiche Mensch von Sezuan gilt vielen mittlerweile als Musterbeispiel dafür, wie gut ein moderner Chinese sein könnte: ehrgeizig, erfolgsorientiert, gerecht, wertebezogen mit starkem Fokus auf die Familie und dabei gleichzeitig mit realen Werten handelnd, die man schmecken kann – statt übel schmeckende Investmentblasen zu produzieren: »Kein gutes ›Fressen‹ ohne Moral«, könnte Zhang Yong Brechts Mackie Messer entgegenhalten. Sicher – auch in der Restaurantbranche Chinas gab und gibt es nicht wenige schwarze Schafe – gerade auch und nicht zuletzt unter Feuertopfanbietern, von denen einige, nur auf schnellen Profit bedacht, verseuchtes Altöl in ihren Töpfen aufkochen ließen und China damit nach den Milchpulverskandalen einen weiteren Nahrungsmittelskandal bescherten. Doch diese waren vor allem Nachahmer, Kopisten der Erfinder und Entdecker, die nur eines im Blick hatten: Dumpingpreise und schnellen Profit. Der übermäßig schnelle Erfolg einer He Yongzhi oder eines Zhang Yong bargen selbstverständlich auch Gefahren. Würde das schnelle Wachstum ihrer Unternehmungen Qualität und Anspruch der Anfangsideen nicht zunichte machen?

Die Antwort darauf blieb offen. Sicher war: Ohne scharfe Gewürze und die unbeschwerte Art, mit Zutaten, alter Kultur, neuen Managementideen zu spielen, hätte es die Erfinder Zhu Tiancai, Direktor Zhang, He Yongzhi und Zhang Yong nicht gegeben.

NANJING

江蘇省
Prov. Jiangsu

無錫 WUXI

蘇州 SUZHOU

太湖
Tai-see

安徽省
Prov. Anhui

HANGZHOU

DER VIERTE GANG

Ostchinesches Meer

江 Yangtse →

東

江南 JIANGNAN

SHANGHAI

Shanghai=
Stadt

Prov. Zhejiang

AM YANGTSE-FLUSS: KULTUR DER BÄUCHE

Tee haben

Seit einigen Tagen war ich wieder zurück im Osten, um die scharfen Erlebnisse des Westens aufzuschreiben. Mitten in die Arbeit hinein klingelte das Telefon. Mein Freund Ye Fang aus der Nachbarstadt Suzhou war am Apparat. Er war ein mehrfach privilegierter Mensch, denn erstens war er stolzer Besitzer eines eigenen Privatgelehrten-Gartens, zweitens hatte er seine Kindheit in einem der schönsten Gärten der Stadt verbracht, drittens malte er erfolgreich und viertens war er außerordentlicher Professor an der Suzhouer Akademie der Künste.

Ye tat geheimnisvoll: »Ma Ke, was würdest du sagen, wenn du zum besten Bankett Suzhous eingeladen würdest?«

»Hört sich interessant an. Ich würde sagen – komme sofort. Wer ist denn noch dabei?«

»Nicht irgendwer. Shen Hongfei, der kritischste Vielesser Chinas, die Food-Redakteure von *Cosmopolitan*, alle wichtigen Feinschmecker Suzhous und selbstverständlich Hua Yonggen, unser ›Großer Vorsitzender‹.«

»Ist das ein politischer Empfang?«, fragte ich. Ye Fang lachte sein kräftiges Bariton-Lachen. »Nein, wir wollen uns doch nicht den Magen verderben. Hua Yonggen ist der Vorsitzende unseres Gourmetvereins, und er lässt dich herzlich grüßen. Also, kauf dir eine Fahrkarte für übermorgen und komm nach Suzhou. Du bist zum großen Herbstbankett eingeladen.«

Das hörte sich fantastisch an. Ich fragte noch mal nach: »Und warum lädt euer Vorsitzender gerade mich ein?«

»Weil er mein Freund ist. Wir kennen uns schon lange. Ich habe ihm erzählt, dass ich einen kulinarisch gebildeten *laowai* kenne, der sich für die Suzhouer Küche interessiert. Das reichte ihm.«

Ich eilte zum Fahrkartenverkauf in der Nähe. Das war eine kleine Verkaufsbude, wo ich schon seit Jahren Stammkunde war. Aufgrund der heftigen Nachfrage konnte man noch immer keine Fahrkarten über das Internet besorgen. Schlangestehen war vor Feiertagen die Regel. Heute hatte ich Glück, und fünf Minuten später hielt ich das Ticket in den Händen. Die Entscheidung war richtig, denn Verabredungen werden in China ohne lange Vorausplanung und langes Blättern in Terminkalendern getroffen. Suzhou war nicht weit, gerade eine halbe Zugstunde von Shanghai entfernt.

Zwei Tage nach Ye Fangs Anruf bestieg ich am Shanghaier Hauptbahnhof den voll besetzten *Harmonie-Express* in Richtung Nanjing. Viele Fahrgäste hantierten mit Notebook und iPhone, unter ihnen nicht wenige Deutsche. Nach etwas mehr als 30 Minuten Fahrt und kurzer Beschleunigung auf 350 Stundenkilometer erreichten wir Suzhou. Ich ergatterte ein Taxi und fuhr in Richtung Innenstadt. *Paradise lost* war mein erster Gedanke beim Anblick der Umgebung. Grauweiße Neubauten und ein grässlicher Industriepark mit geschmacklosen Werbetafeln empfingen den Gast. Suzhou schien ein volkswirtschaftliches Versuchslabor zu sein, wie die meisten Großstädte Chinas im 21. Jahrhundert. Doch dann bog das Taxi in kleinere Straßen ein, und das gesichtslose Grau wich weißen Häusern mit schwarzen Dächern. Alte Platanen säumten geschäftige Straßen. Hier schlug noch das Herz der alten Stadt. Suzhous Zentrum hatte gelitten, aber war noch als solches zu erkennen. Fahrradrikschas suchten sich ihren Weg durch die rollende Blechlawine, und chinesische Ornamente zierten Brückengeländer und Verkehrsschilder. Der Unterschied zum europäisch geprägten Shanghai, das ich gerade verlassen hatte, konnte nicht größer sein.

Wären Shanghai und Suzhou Frauen, müsste man sich Erstere als voll erblühte, glamouröse Erscheinung vorstellen, die provokant und selbstbewusst eine goldene Zigarettenspitze zwischen den vollen roten Lippen hält. Suzhou hingegen, trotz seines deutlich höheren Alters, war ein anmutiges Mädchen. Es trug ein Seidenkleid mit dezenter Blütenstickerei, Stoffschühchen unter Größe 37 und kicherte verlegen hinter vorgehaltenem Fächer.

Ich konsultierte das Buch, das ich bei mir trug: *Sechs Kapitel eines leichtfüßigen Lebens.* Diese sechs Kapitel waren die einzige Hinterlassenschaft des Dichters Shen Fu, der von 1763 bis 1825 zurückgezogen in der Stadt gelebt hatte. Nur vier Kapitel waren vollendet, der Rest Fragment. Drei der vier Kapitel handeln von Yün, der geliebten Ehefrau des Dichters, dem Glück ihrer Liebe, der Heirat, den Freuden seines viel zu kurzen Zusammenlebens mit ihr und der Trauer über Yüns plötzlichen Tod. Yün verkörperte das Ideal einer chinesischen Frau aus der Yangtse-Region. Sie war von feiner Sitte, Meisterin der Konversation und vor allem perfekt im Hervorzaubern eleganter kleiner Genüsse und Annehmlichkeiten. Damit verwöhnte sie einst Gatten und Gäste. »Yün und Fu waren zu weise, um Äußerlichkeiten nachzujagen«, kommentierte der Übersetzer dieses Buches die Lebensphilosophie des Suzhouer Paares.

In Suzhou hatte die Zeit des Krebses längst ihren Höhepunkt erreicht. In kleinen Nebenstraßen erblickte ich fliegende Händler, die Lebendware gut verschnürt gegen die schmerzhaften Attacken von Krebsscheren feilboten. Das war interessant, und ich entschloss mich, zu Fuß meinen Weg fortzusetzen. Bei einem der Händler blieb ich stehen und betrachtete seine Ware. Die Tiere glänzten feucht, und ihre Panzer schimmerten moosgrün. Eine Weile hörte ich dem Feilschen zwischen Kunden und Verkäufer zu. Schließlich hielt der Händler auch mir einen kapitalen Burschen unter die Nase: »Hier – einmalig im Geschmack und ganz frisch«, beteuerte er im weichen Mandarin Suzhouer Prägung. Ich bedankte mich: »Ein andermal vielleicht.«

Für die traditionelle Bildungselite Chinas, die *wenren*, gab es nichts Köstlicheres als Krustazeen im Herbst, und viel war darüber in Essay und Gedicht geschrieben worden. Die Vertrautheit mit dieser Delikatesse gehörte zur feineren Bildung wie Gedichtrezitationen, Klassikerkenntnisse und Kalligraphie. Wieder kam mir Li Yu, der Poet aus dem 17. Jahrhundert, in den Sinn. Dieser Li Yu war ein solcher *wenren* und sah in den Krebsen den Höhepunkt allen kulinarischen Genusses: »Nichts, von Melonenkernen und Wasserkastanien einmal abgesehen, verlangt vom Esser, die Speise so zu beherrschen wie der Krebs«, schrieb er einmal. Li Yu traf damit den Punkt. Der Esser muss selbst Hand anlegen, sich den Genuss erarbeiten, um dann endlich nach intensiver Arbeit mit Fingern, Zähnen und Zunge auf die wohlschmeckendsten Teile zu stoßen: das zart-nussige Fleisch im Innern von Scheren und Beinen.

Das bestätigte auch Zhang Dai (1597–1689), ein Zeitgenosse Li Yus, der als alter Eremit in seinen Erinnerungen an bessere Tage festhielt: »Zur Reisernte im Herbst waren die Krebse fett – mit Panzern groß wie Teller. Das Fleisch der Beine glich vollgefressenen Raupen ...«, was sich auf die Üppigkeit der Erscheinung bezog und weniger auf Geschmack und Konsistenz. Im Unterschied zu den Schalentieren haben sich Insekten nur vergleichsweise marginal auf chinesischen Speisezetteln etabliert. Zhang Dai war Mitglied einer Gesellschaft von Krebsfetischisten, die ihr Dasein auf die großen Schalentier-Gelage im Herbst ausrichteten.

Krebse sind ein mühevoller Genuss. Nur durch Fingerfertigkeit, mit Einsatz der Zähne und unter Aufbietung vereinter Kaumuskelkräfte gelingt es, »in medias res« vorzudringen. Doch genau der Reiz des Widerstandes machte Millionen von Chinesen jahrhundertelang zu Chitinpanzer-Junkies. Krebse waren und sind in Suzhou wie in Shanghai das wahre Opium des Volkes; sicher ein weitaus bekömmlicherer Ersatz für die längst verschwundene Pfeife.

Darüber hinaus ist das Krebsessen die entschiedene Verneinung der Fastfood-Kultur. Es ist »Slow Food« schlechthin, erfordert es doch die ganze Hingabe des Essers an die Speise und ein bewusstes Gestalten der Nahrungsaufnahme. Die Rollen von Koch und Feinschmecker gehen ineinander über. Alle Beteiligten sind Akteure und Genießer in einem, jeder handelt und konsumiert zugleich, jedes Krebsessen ist anders. Das Krebsessen in Suzhou und in der Yangtse-Region wird jedes Jahr im Herbst zum kulinarischen Happening.

Wenige Minuten später stand ich wieder an der Einmündung einer kleinen Gasse. Von hier zweigte der Wohnkomplex Nummer vier, eine gepflegte Reihenhaussiedlung mit Kinderspielplätzen und Garagen der Hausbesitzer, ab. Das Haus, nach dem ich suchte, war ebenfalls ein solches Reihenhaus, genauer gesagt, zwei davon. Nichts deutete darauf hin, einen chinesischen Ort zu besuchen. Diese typische Mittelschicht-Wohnanlage hätte auch in Europa oder Amerika liegen können. Hier wohnte Ye Fang.

Der Hausherr öffnete mir die Tür: Mit »willkommen und hereinspaziert« empfing er mich. Mittellanges Haar, zu beiden Seiten gescheitelt, Gelehrtenbrille, klassisch chinesisches Hemd mit Stehkragen, weite schwarze Seidenhose und Schuhe, das war Meister Ye, wie ich ihn seit Jahren kannte. Ye Fang war ein sicherer Beweis dafür, dass literarische Bildung in China noch lebendig war. »Das lange Kleid der alten chinesischen Gelehrten fehlt dir noch!«, bemerkte ich, was Ye mit einem breiten Grinsen quittierte.

Der 1962 geborene Ye Fang entstammte einer traditionsreichen Beamtenfamilie und hatte das im kommunistischen China einzigartige Privileg genossen, in einem der alten klassischen Gärten Suzhous aufwachsen zu dürfen. Er hatte Malerei und Gartenbaukunst studiert und liebte, außer seinen beiden Studienfächern, nichts so sehr wie gutes Essen. Vor einigen Jahren ließ er gemeinsam mit seinen wohlhabenden Nachbarn, die aus Taiwan und Hongkong stammten, seinen eigenen Garten mit dem Namen *Zu den Aufzeichnungen auf dem Stein des Südens* anlegen. Die Aufzeichnungen waren überall, schliffen sich hinein in modernes Glas, sprachen den Betrachter im kleinen Pavillon an der Zickzackbrücke an, belebten das Dach der privaten Opernbühne. Viel zu lesen, für den, der Zeit hatte.

Ye fragte: »Du weißt, was ein Arhat ist?« »Ein Jünger Buddhas«, antwortete ich.

»Richtig. In China zählen wir 18 solcher Jünger des Buddha. Das ist typisch chinesisch, die 18 ist eine glückliche Zahl. Gemeinsam mit 17 anderen Feinschmeckern aus Taiwan und vom Festland habe ich die ›18 Jünger des chinesischen Essens und Trinkens‹ begründet. Das ist eine Art loser Zusammenschluss von Künstlern, Köchen und Publizisten ohne konkrete Titel und Aufgaben. Es geht darum, Chinas Tradition des Essens und Trinkens im eleganten Stil und historischen Ambiente wieder zu leben. Morgen, beim großen Bankett, werden wir übrigens genau 18 Teilnehmer sein, darunter auch einige ›Arhats‹ aus Suzhou und Shanghai.«

Ye lehnte sich zurück und nippte an seiner Teeschale. »Buddhismus, so wie Chinesen ihn pflegen, hat wenig mit Askese zu tun«, fuhr er fort. »Enthaltsamkeit üben, um die Seele zu reinigen, ist sehr indisch und dem Chinesen ein Graus. Stattdessen genießen wir lieber exzellente Speisen in stilvoller Umgebung. Das ist Nahrung für Körper und Geist – genau mein Weg. Wer das buddhistische Mitgefühl mit anderen Lebewesen besonders ernst nimmt, beschränkt sich dabei auf vegetarische Speisen. Das bleibt jedem frei zu entscheiden.«

Praktizierender Buddhist war der »Arhat« Ye Fang jedenfalls nicht geworden, Vegetarier schon gar nicht. Statt sich kulinarisch einzuschränken, trank er lieber *gongfu*-Tee. Diese Kunst, seinen täglichen Tee zu trinken, stammte zwar aus der südlich gelegenen Provinz Fujian, passte aber perfekt in das Ambiente von Garten, Pflanzen und Kunstgegenständen einschließlich einer in Reichweite liegenden 1200 Jahre alten Qin-Griffbrettzither. Auf dem Tisch stand ein großes Teeset mit Untersatz aus Holz, kleinen Teebechern und kunstvoller Yixing-Teekanne. Der Gastgeber sorgte dafür, dass ständig heißes Wasser auf die Teeblätter in der kleinen Kanne gegossen wurde. Dann goss er den Inhalt in ein Schankkännchen um, in dem sich das Aroma des goldgelben Oolong-Tees voll entfalten konnte. Schließlich servierte er mir das

Getränk in einem feinen Keramikbecher, der zum nie versiegenden Begleiter unseres Gesprächs wurde.

Über chinesischen Tee und die Kunst des Teetrinkens war bereits viel geschrieben worden: über die ersten Teepflanzen, die im feuchtwarmen Sichuan wohl schon vor mehr als 2000 Jahren angebaut wurden und den Schärfepol Chinas einmal mehr zum Land der Entdecker machte. Erzählt worden war von den verschiedenen Zubereitungsmethoden, die zunächst jahrhundertelang auf das Kochen von Teesud aus pulverisierten Blättern setzten, was seit der Tang-Dynastie die *matcha*-Teekultur Japans prägte, bevor man erst spät in der Ming-Zeit (1368–1644) entdeckt hatte, dass schon der Aufguss der getrockneten grünen Blätter ein klares und köstliches Getränk ohne viel Aufwand ergeben konnte. Bekannt geworden ist auch, dass bis in die Zeit von Goethe (1749–1832) hinein diese klassische chinesische Form, grünen Tee zu trinken, in Europa durchaus bekannt war, bevor die englischen Welteroberer im 19. Jahrhundert den westlichen Teil des Kontinents mit den rotbraunen Fermenten nordostindischer Teesträucher überschwemmten – und den grünen Tee in der Aufmerksamkeit der Europäer bis an das Ende des 20. Jahrhunderts verdrängten.

Ich mochte Ye Fangs Oolong sehr, weil er wieder das Prinzip der Ausgewogenheit darstellte – ein Tee, nur ein wenig fermentiert und mit weniger grasigen Noten als die meisten Grüntees und viel weicher im Aroma als die meisten Schwarztees. Ich mochte diesen Tee aber auch, weil er uns beim Gespräch jene geistige Substanz verlieh, die der japanische Ästhet und Kunstsammler Okakura Kakuzo (1862–1913) in seinem *Buch des Tees* als »Tee haben« beschreibt. *

»Tee haben« aber entsprach unserem Gefühl für die schönen kleinen Dinge in diesem Raum, die Ruhe, mit der wir – das Teeschälchen in der Rechten – lächelnd auf den herbstlichen Garten vor dem Fenster hinausschauten, auf dessen Teichgewässer sich das herbstliche Sonnenlicht zwischen verwelkten Lotosblättern brach.

---

* Okakura Kakuzo. *The Book of Tea*. Boston/Rutland/Vermont/Tokyo 2001, S. 5.

Mitten hinein in unseren »Tee« mischte sich die Dame des Hauses. Schüchtern und bescheiden grüßte sie kurz und war sogleich um mein leibliches Wohl besorgt. Mir schien, dass sie Yüns Gesicht trug, das jener geliebten Gattin des Dichters Shen Fu. Frau Ye war eine perfekte Gastgeberin, die dem Gast seine Anwesenheit so angenehm und selbstverständlich wie möglich machte. Zu keinem Zeitpunkt hatte ich das Gefühl, unwillkommen zu sein, obwohl ich doch ganz plötzlich aufgetaucht war.

»Frau Ye« hieß eigentlich nicht Ye, weil Frauen im heutigen China ihre Namen und damit ihre eigene Familienbindung behielten. Diesem äußeren Zeichen der Emanzipation zum Trotz hatte sie nur für uns Männer Suzhouer Klebreiskuchen mit Schweineschmalz zubereitet, die ein wenig an Kaiserschmarren erinnerten. Die Konsistenz war wie fester Honig, am Gaumen leicht klebrig. Da blitzte das bäuerliche Erbe der traditionsreichen Kulturstadt wieder auf, denn schon der Name Suzhous spiegelte wider, worauf es ankam: »Su« in Suzhou bedeutet nichts anderes als »Fisch, Reis und Gras« – und was braucht man noch viel mehr zum Leben?

Die Suzhouer folgten einem eigenen Lebensprinzip: Es hieß *shihui. Shihui* bedeutet wörtlich »realistisch« und »weise«. Jemanden, der einfach, aber nicht nachlässig zu realistischen Preisen etwas Feines mit viel Liebe zum Detail kreieren kann, handelt *shihui.* Genauso war unser Frühstück, denn chinesisches »Frühstück« ist denkbar einfach: Man spart den eigenen Teller, greift nach einem Paar Essstäbchen und langt hinein in das, was eher beiläufig auf dem Tisch auftaucht. Viel Aufhebens wird darum nicht gemacht.

Nach dem traditionellen Frühstück setzten wir uns nach draußen an einen kleinen Tisch in der warmen Herbstsonne. Der Lotos war längst verblüht, doch um uns herum schmückten Chrysanthemen und Fingerzitronen, auch Buddhas Hände genannt, die Steinterrasse gegenüber Opernbühne und Goldfischteich. Auf dem Tisch vor uns stand eine strahlend gelbe Chrysantheme. Melonen und Sonnenblumenkerne luden zum Knabbern ein. Viel »Tee«, viel Muße.

In die Stimmung hinein flüsterte Shen Fu aus der Vergangenheit: »Wir baten den Gärtner, Chrysanthemen zu pflanzen. Im neunten Monat blühten sie dann …« Ich schloss die Augen und sah ein kleines weißes Haus mit schwarzem Röhrenziegeldach vor mir, das rund 200 Jahre früher genau hier hätte stehen können. Nahe dem kleinen Garten *Pavillon der Wellen und Wogen* hatte der Literat die glücklichsten Tage mit Yün verbracht. Am Fenster ihres Hauses, in nahe gelegenen Gärten und Parks hatten sie kleine Gerichte genossen, die sehr *shihui* waren, dazu gelben Reiswein getrunken und sich den Mond als Begleiter für ihre Picknicks geladen. Ihre gemeinsamen Imbisse und Mahlzeiten waren Ausdruck ihrer Liebe. Was der eine gerne mochte, wurde auch zur Vorliebe des anderen. Sie suchten sich die schönsten Orte Suzhous, denn nur dort konnte wirklich schmecken, was Yün vorbereitet hatte. Geschmackserlebnis verband sich mit Landschaft, Umgebung, Ausblick, dem Tropfen des Wassers oder dem sanften Rauschen des Bambus zu einem Erlebnis für alle Sinne. Ich hatte heute zu viel »Tee«.

Das Herbstbankett

Meine großformatige Einladungskarte zur großen Herbsttafel hielt ich in der Rechten. Ein wenig erinnerte sie an die aufwendig gestalteten Besuchskarten der Kaiserzeit, die jeder Fremde benötigte, um eine Audienz beim Magistrat zu erhalten. Unterzeichnet war sie vom »Großen Vorsitzenden« persönlich.

Ye Fang und ich hatten uns in das Verkehrsgewimmel der Stadt gewagt, unser Ziel war die Gasse der Eunuchen. Dieser Ort lag mitten im alten Zentrum Suzhous nicht weit von jener Wallstraße, die den Verlauf der längst verschwundenen Stadtmauer anzeigte. Noch in der letzten Kaiserdynastie Qing (1644–1911) siedelten hier die Vertreter des Hofes, Verschworene und Vertraute, die im Staat die Fäden in den Händen hielten. Doch was suchte der Pekinger Hofstaat ausgerechnet im fernen Suzhou?

Macht und Reichtum lockten. Suzhou war die Stadt der Seide, wenn auch erst seit dem Hochmittelalter, das in China zeitlich mit der Song-Dynastie (960–1279) zusammenfällt. Seide ist wie Tee ein typisches chinesisches Produkt. Nach chinesischer Auffassung sollen die Raupenfäden in China schon seit 2640 vor Christus bekannt gewesen sein.

Die berühmte Seidenstraße, an welcher auch Suzhou lag, verband über viele Jahrhunderte das ferne Damaskus mit Xi'an, der alten Hauptstadt des Reiches. Der feine Stoff verknüpfte seit dem Hochmittelalter den Osten mit dem Westen. Das Kaiserhaus in Peking war abhängig vom Seideneinkommen und sicherte sich schnell das Monopol für den Handel mit dem kostbaren Gewebe. Der sagenhafte Reichtum des chinesischen Kaisers war buchstäblich auf Seide gebettet. Einkünfte aus dem Seidengeschäft wanderten direkt in seine Privatschatulle, und es wurden keine Mühen gescheut, um das Handelsmonopol zu sichern. Der wichtigste Kontaktmann des Kaisers war der Seidenkommissar von Suzhou. Die Kaiser der Qing-Dynastie unternahmen im 17. und 18. Jahrhundert regelmäßig Reisen an den Yangtse. Das waren die landesweit bekannten Südreisen, die dazu dienten, sich der Loyalität der Beamten fern der Hauptstadt zu versichern. Die berühmte Südreise des greisen kommunistischen Führers Deng Xiaoping (1904–1997) nach Shanghai und in andere Yangtse-Städte im Jahre 1992 knüpfte an die alte kaiserliche Tradition politischen Argwohns an, auch wenn zu Dengs Zeit nicht mehr die Seide im Mittelpunkt des Interesses stand.

Was reich war, wurde in allen Zeiten von der Zentralregierung gut kontrolliert. Befand sich Shanghai heute in der besonderen Obhut der Kommunistischen Partei, so hatte der kaiserliche Hof früher stets ein Auge auf Suzhou. Die Kaiser der Ming-Zeit (1368–1644) entsandten wichtige Hofbeamte in die Stadt. Dazu wurden nur die loyalsten Beamten ausgesucht, die alle für Karriere und Loyalität ihre Männlichkeit hatten opfern müssen. So waren Eunuchen nicht mehr in der Lage, einflussreiche Familien zu bilden, und blieben dem Kaiserhof als ihrer Familie ergeben.

Dem Herrscher zu Diensten und hoch im Rang waren sie bekannt für ihre Ränkespiele und Korruption bei Hofe. Eunuchen entwickelten eine besondere Vorliebe für gutes Essen und Trinken. Die Beamten der Ming- und Qing-Kaiser brachten eine Tradition mit, die fortan die Suzhouer Lokalküche bereichern sollte – die Kunst der Palastküche. Mit der »Haute Cuisine« des Hofes stieg die lokale Esskultur auf ein neues Niveau. Lokale Traditionen verbanden sich mit dem hohen Anspruch der Beamten zu neuen Genüssen und regten Dichter und Kulturschaffende an, Essen und Trinken zur Lebenskunst zu formen.

Wo aber war nun diese Eunuchengasse? »Genau hier«, sagte Ye Fang. Hinter dem Fastfood-Einerlei von Kentucky Fried Chicken und McDonalds erblickte ich plötzlich wieder ein Stück altes China. Auf etwas mehr als 200 Metern Länge reihten sich teure Speiserestaurants, traditionelle Nudellokale und typische Imbissläden aneinander.

Der Gourmet-Freund zeigte auf einen traditionell gestalteten Neubau: das *Deyue Lou*. Das Traditionelle des Gebäudes waren die typischen Suzhouer Fenster, die dunklen Hölzer, die außen und innen chinesische Atmosphäre verbreiteten, und die in Batikstoffe gekleideten Empfangsdamen. Wir waren angekommen. Das *Deyue Lou* war eine der ältesten Adressen für gutes Essen in der Stadt. Wie aus jeder Marke mit Tradition hatten die Manager des Betriebs daraus längst eine kapitalkräftige GmbH geschaffen und Niederlassungen überall in Suzhou eröffnet. Das Stammhaus, das einst Eunuchen bewirtet hatte, trug noch immer die Hausnummer 27.

Wir traten ein. Direkt gegenüber dem Eingang stand das Allerheiligste chinesischer Restaurants: die *fulushou*-Figurengruppe. Sie bestand aus drei Figuren – zwei gelehrten Beamten und einem alten Mann mit übermäßig hoher Stirn. Er symbolisierte als Gottheit *shou* das lange Leben, wichtige Voraussetzung für Erfolg in einer familiär strukturierten Gesellschaft. Der kleinere der beiden Mandarine war der Gott *fu*, im wirklichen Leben ein respektabler Beamter. Er symbolisierte das Glück und günstige Schicksal der Menschen, denn wer kann ohne Glück im Leben schon bestehen? Die größte Figur des Dreigestirns aber überragte die Gefährten deutlich. Sie war das Symbol eines guten Einkommens, *lu* genannt. Die mächtige Gottheit trug das Gewand eines äußerst erfolgreichen Mandarins, der es zu Reichtum und Ansehen gebracht hatte. Sein Bauch wurde von den beiden kleineren Begleitern und einem weiten Gewand verdeckt – doch er musste beachtlich sein. Wer gut aß und zu essen verstand, der genoss Wohlstand und Ansehen. Wieder rückte das Essen in den Mittelpunkt. Konfuzius wird der folgende Ausspruch zugeschrieben: »Wer aus eigenem Antrieb ein Bündel Dörrfleisch band, um es mir zu überreichen, dem habe ich noch immer etwas beigebracht« (Lunyu 7.7.). Essen ist der ursprünglichste Lohn aller beruflichen Tätigkeit. Noch bis vor wenigen Jahren überreichten Arbeitgeber ihren Angestellten große Flaschen teuren Speiseöls zum Neujahrsfest, damit diese das Jahr über gut braten und kochen konnten. Noch heute hat berufliche Aktivität für viele Chinesen wenig mit Berufung oder Selbstverwirklichung zu tun. Sie ist vielmehr Garant für das physische Wohlergehen der Familie. Wenn die eigene Familie gut genährt war, konnte man sich noch bis vor wenigen Jahren anerkennender Blicke sicher sein. Mit der neuen, durch Fastfood bedingten Fettleibigkeit und der offensichtlich viel zu reichhaltigen Ernährung vieler Chinesen befindet sich diese Form gesellschaftlicher Anerkennung auf dem Rückzug.

Dienstbeflissene Empfangsdamen geleiteten uns zum Aufzug, der uns über die Köpfe der »Durchschnittsesser« im Erdgeschoss in die Belle Étage des Restaurants führte: die in herbstliches Rot getauchte große Banketthalle. Junge Servierinnen in tiefroten, seitlich geschlitzten qipao-Kleidern waren noch mit dem letzten Richten der Dekoration beschäftigt.

In der Mitte des Raumes prangte ein gewaltiger runder Tisch, der für 18 Gäste gedeckt war. Der Tischschmuck spiegelte die Jahreszeit wider: An jedem der 18 Gedecke duftete ein aufgeschnittener Granatapfel. Suzhous Küche war noch ganz vom Wechsel der Jahreszeiten bestimmt. Jede der vier Jahreszeiten versammelt ihre eigenen Spezialitäten, die nur in jener zu ihr passenden Zeit degoutiert werden konnten. Das Frische- und Qualitätsempfinden war hier noch keinen Kompromiss mit der Moderne und ihrer kulinarischen Beliebigkeit eingegangen. Im Frühjahr standen die zarten Triebe von Wasserpflanzen, die meisten von ihnen veritable Gemüsesorten, frische Garnelen mit gerade geernteten Tee-blattspitzen und frisch gefangene Flussfische im Vordergrund. Im Sommer sorgten Früchte, Klebreis und viel frisches Grüngemüse für die notwendige Leichtigkeit in der Hitze, und jetzt im Herbst kamen die eher roten, reichhaltigen Speisen auf den Tisch: frisch gebrühte Krebse, deftig rotgeschmorte Schweinshaxen und reife Granatäpfel. Die Frucht des Herbstes symbolisiert traditionell zahlreiche Nachkommen. Im übertragenen Sinne wünschte man der Tafelrunde eine reiche Ernte in vielen Lebensbereichen. Kaum eine Frucht enthält so viele Kerne, zi genannt, wie der Granatapfel, wobei zi zugleich Sohn bedeutet, nicht aber Tochter.

Heute, in Zeiten des Männerüberschusses, sind zu viele männliche Nachkommen weniger erwünscht, doch Granatäpfel waren im Herbst zu einer Art neues Modeobst geworden. Chinesen mümmelten nun einmal gerne auf Kernen aller Art herum – und dazu bot der Granatapfel reichlich Gelegenheit.

Im alten China gehörten Granatäpfel zu den beliebtesten Motiven auf Malereien oder Holzdrucken. Sie zierten Bettgestelle und Hauspfosten und umgaben die Menschen, in Töpfen gezogen, in den schattigen Innenhöfen ihrer Häuser. Gemeinsam mit der Chrysantheme ju, der Herbstblume schlechthin, stand der Granatapfel für die Freuden des Herbstes. Kamen Frucht und Blume zusammen, dann stand den Menschen ein frohes Jahresende bevor. Der Apfel verhieß die Sicherung der Nachkommenschaft und die Chrysanthemen-Blüten versprachen die Vereinigung der Familie. Was konnte besser den Fortbestand der Gesellschaft garantieren? Wer in Europa von Tellern mit klassischem weiß-blauem »Zwiebelmuster« speist, findet beide Glückssymbole unter seinem Schnitzel oder seiner Forelle vereint.

Achtzehn Gäste waren zum großen Herbstessen geladen. Das waren acht plus zehn, wobei die Acht besonders wichtig ist. Sie erinnert an die acht Unsterblichen. Ähnlich wie die Alchimisten in Europa suchte man im alten China nach dem Elixier der Unsterblichkeit. Fast alle großen Kaiser des Reiches trachteten nach ewigem Leben. Leider vergeblich.

Einzig einer kleinen Gruppe von sieben Männern und einer Frau – alle ganz verschiedener Herkunft – gelang das Unfassbare, unsterblich zu werden. Jeder von ihnen besaß mindestens eine übermenschliche Fähigkeit. Wie Jesus Christus am See Genezareth oder Moses am Roten Meer gelang es der Achtergruppe sogar, eine Wasserfläche ohne Boot zu überqueren. Doch anders als im Abendland, wo Gottes Hilfe vonnöten war, verließen sich die acht ganz auf ihre eigenen Fähigkeiten, ihre magischen Attribute, von denen jeder eines besaß. Ihr prominentester Vertreter, Lü Dongbin, war Anwärter auf den Rang eines Premierministers während der Tang-Dynastie und wurde um das Jahr 800 geboren. Nachdem er infolge eines visionären Traums weltlichen Karrieren abgeschworen hatte und zum daoistischen Heiligen mutiert war, führte er ein magisches Schwert mit sich. Das diente dem Kampf gegen Dämonen und das Fehlverhalten der Menschen. Man verehrte Lü als Multitalent: als barmherzigen Heiler und Wohltäter, als Intellektuellen und als umtriebigen Lebemann, der die Frauen mochte. Wein und gutes Essen liebte er besonders.

He Xiangu, die legendäre weibliche Schönheit in der Runde, trug eine Lotosblume und einen Pfirsich bei sich, Symbole für Reinheit und langes Leben. He ist bis heute das Vorbild für Kindespietät, eine der höchsten Tugenden im alten China, da sie sich täglich um die Versorgung ihrer alten Mutter kümmerte. Ihr Vater soll der Legende nach übrigens Tofu-Händler gewesen sein, und ihre Unsterblichkeit erlangte die Dame selbstverständlich durch das Essen. Ein Wunderelixier, das sie mit Genuss verspeiste, zeigte nachhaltige Wirkung.

Körperlich gestärkt für übermenschliche Taten, überquerten Lü Dongbin, He Xiangu und ihre übrigen sechs Begleiter mühelos das Meer vor der Küste Shandongs. Seitdem steht der Ausspruch »die acht Unsterblichen überqueren das Meer« für die Chance eines jeden Menschen, einen ganzen Ozean zu überqueren, wenn man nur den eigenen Fähigkeiten vertraut. War das der »American Dream« in seiner chinesischen Urfassung?

Heute sollte ein Ozean herbstlicher Genüsse durchquert werden. Dazu waren acht wichtige Persönlichkeiten geladen, acht herausragende Kenner alles Kulinarischen. Weil Chinesen jedoch gastfreundliche Menschen sind, umgaben sich die acht Unsterblichen dieser Tafelrunde dazu mit zehn Gästen.

Der erste der acht kam auch gleich auf mich zu und schüttelte mir kurz und, wie in China üblich, ohne Druck die Hand. Hua Yonggen war der Gastgeber, ein geschmacksbewusster König Artus der Suzhouer Tafelrunde. Der Vorsitzende des kulinarischen Vereins von Suzhou hatte in seinem Leben so mancher gastronomischen Institution vorgestanden und sich auf diese Weise zum Ersten unter den Suzhouer Gourmets qualifiziert.

Ye Fang war als Arhat des guten Essens der Zweite unter den acht. Als einer der ganz wenigen Nachkommen Suzhouer Literati und als Kenner und Botschafter Alt-Suzhouer Kultur war er für diese Rolle prädestiniert.

Ein Dritter trat zu uns und stellte sich mir vor als Lin Jinhong. Er war der *general manager* des Deyue Lou und des zugehörigen Gastrounternehmens. Manager Lin vertrat unter anderem die Wirtschaftswelt an der Tafel und war zusammen mit dem Vorsitzenden Hua der zweite Gastgeber. Er ließ es sich nicht nehmen, mich gleich mehrfach »willkommen« zu heißen, was recht devot wirkte. Später erfuhr ich, dass sein Sohn in Deutschland studiert hatte und nach einer neuen Herausforderung in einem deutschen Betrieb suchte. Ich erinnerte mich an die Worte Professor Yi Zhongtians: Beziehungen werden beim Essen »hervorgegessen«!

Die Runde vervollständigte sich. Einige der zumeist noch sehr jungen Gäste unter den zehn »Dazugeladenen«, zu denen auch ich gehörte, hatten schon ihre Plätze eingenommen. Sie waren Journalisten und Fotografen, arbeiteten für Szene- und Trendmagazine oder auch für lokale Zeitungen. Bewaffnet mit schwerem Digitalfotogerät, belichteten sie Granatäpfel und Tischdekoration mit und ohne Blitzlicht und warteten mit aufgepflanzten Objektiven und aufgeschlagenen Notizbüchern auf die weiteren Ereignisse des Tages.

Dann trat ein vierter Hauptakteur zu uns und stellte sich als Tao Wenyu vor. Er war Schriftsteller, Journalist und stellvertretender Chefredakteuer der *Suzhou-Zeitschrift*. Gleich lud er mich zu einem Beitrag für seine Zeitschrift ein. Zur Begrüßung schenkte er mir sein Buch *Geschmack nach Suzhouer Art*, eine Sammlung kleiner Geschichten rund um Suzhouer Menschen, Gewohnheiten und kulinarische Köstlichkeiten. Tao rauchte Kette, wie es sich für einen Unsterblichen gehörte, der es mit dem Sterben nicht so genau nehmen musste. Seine Zunge konnte ebenso gut Sprüche produzieren wie später das rechte Mundgefühl beim Essen finden. Das Rauchen, immer noch weit verbreitet unter chinesischen Männern, ist besonders deutlicher Ausdruck der oralen Besessenheit Chinas. Wenn man schon nicht aß und trank, dann benötigte man dringend eine Ersatzbeschäftigung für den Mund, wenn das Sprechen zu mühselig schien. So war die Einführung des Tabaks durch die Portugiesen via Kanton im 16. Jahrhundert auch der hochwillkommene Beginn einer großen Rauchkultur im Reich der Mitte.

Nach Tao, dem Kettenraucher, rauschte die einzige Dame der »Acht Unsterblichen« in den Saal und zu ihrem Ehrenplatz an der Tafelrunde. Sie war Chefredakteurin der Zeitschrift *Food and Wine*, einem Magazin zum Thema Essen und Trinken aus der Cosmopolitan-Gruppe. Der herablassende Blick, mit dem sie mich kurz musterte, verriet ein wenig zu viel Standesbewusstsein. Nach ein paar netten Worten mit Ye Fang, ihrem alten Bekannten, nahm die Anna Wintour des chinesischen Essens ihren Platz an der Tafelrunde ein.

Wenig später trat der sechste im Bunde zu uns, begrüßte mich ebenfalls mit einem kurzen *ni hao* und präsentierte mir stolz seine Visitenkarte, auf der nicht weniger als neun verschiedene Titel verzeichnet waren. Die Visitenkarte stellte den Herrn als »Verkünder traditionellen chinesischen Kulturgutes, der *aozao*-Nudel« sowie als stellvertretenden Vorsitzenden der Gewerkschaft der Köche aus der Stadt Kunshan vor. Im Zeitalter von Volkswagen in China war der Ort heute mehr bekannt für seine modernen Fabriken denn für seine traditionellen Opernstücke, die die Pekingoper mitbegründet hatten. Weitere sieben gewichtige Titel schmückten die Karte. Ich stand vor keinem Geringeren als vor Liu Xi'an, dem Nudelkönig von Kunshan, der sein Glück in der größeren Nachbarstadt Suzhous gemacht hatte. Liu war ein Modellfall für den Erfolg, den man im China der Gegenwart als Unternehmer in Sachen Essen und Trinken haben konnte. Selbstbewusst verkündete er: »Kochkunst kennt keine Grenzen«, und lächelnd fügte er hinzu: »Denn es gibt nichts, was man nicht machen kann, nur das, woran man nicht gedacht hat.«

DER VIERTE GANG

AOZAO-NUDELN AUS KUNSHAN

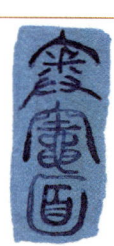

Nudeln aus der kleineren Nachbarstadt Suzhous auf dem Weg zum Kulturerbe Chinas. Das ist eine große Sache. Das Rezept dafür ist selbstverständlich geheim. Allerdings gab es Wege und Mittel, von Freunden einige wenige Tipps zur Zubereitung zu erfahren. Die gebe ich hier nun weiter.

Was ich für 2 Portionen brauche:

200g chinesische Nudeln

einige getrocknete Chilischoten

2–3 Knoblauchzehen

Salz

4 EL Sojasauce

1/2 Tasse Fischbrühe (aus möglichst frischem Süßwasserfisch langsam

hervorgekocht, zur Not fertigen Fischfond verwenden)

ein wenig Sesamöl (zum Abschmecken)

Erdnussöl zum Rösten

Wie ich es mache:

1. Das Wichtigste bei dieser Nudelspezialität sind Würzsauce und Fischbrühe. Daher konzentriere ich mich zunächst auf die Chilis und den Knoblauch. In Ostchina isst man nicht sehr scharf, daher gilt es, vor allem die Samen der getrockneten Chilis sorgfältig zu entfernen. Wichtiger als die Schärfe ist der rote Farbstoff der Schoten. Die Chilis sollten in ca. 1 cm lange Stücke geschnitten werden. Den Knoblauch hacke ich so klein wie möglich, gebe ihn in eine Porzellanschale. Ich füge ein wenig Salz hinzu, mische gut und lasse Salz und Knoblauch sich zu einer Würzpaste verbinden.

2. Ich erhitze das Erdnussöl in Wok oder Pfanne. Dann gebe ich die kleingeschnittenen Chilis hinein, röste sie, bis sie sich verfärben. Auch das Öl sollte etwas rote Färbung von den Chilis abbekommen haben.

3. Ich lasse das Chiliöl erkalten, bis es nur noch leicht warm ist, gebe die Sojasauce hinzu, etwas Salz und die Fischbrühe. Die fertige Würzsauce verteile ich auf zwei Schalen.

4. Nun erst koche ich die Nudeln, die bereits nach ca. 2 Minuten gar sind. Ich achte darauf, dass sie nicht zu weich werden. Dann verteile ich die Nudeln in die beiden Schalen mit der Würzsauce, vermische sie gut. Doch noch duftet es nicht gut genug. Mit der Knoblauch-Würzpaste und ein paar Spritzern Sesamöl bekommen die Aozao-Nudeln ihren typischen »Pfiff«. Der Nudelkönig wünscht: Guten Appetit!

Dem sechsten Unsterblichen folgte zunächst niemand. 16 der 18 Plätze der Tafelrunde waren besetzt. Zwei Hauptpersonen fehlten noch. Der Vorsitzende Hua schaute auf die Uhr und wollte schon beginnen, als sich die geschlossene Tür erneut auftat und ein kleiner Mann mit spitzem Bart, lachenden Augen und der Gesamtstatur eines Maitreya- oder »Großbauch«-Buddhas hereintrat. »Meister Shen«, raunten die Gäste. Es handelte sich um keinen Geringeren als Shen Hongfei, den bekanntesten Food-Writer Chinas, gefragten Kolumnisten und Talkshow-Gast aus Shanghai. Lachend entschuldigte sich der kleine Mann für sein spätes Eintreffen und entbot dem Vorsitzenden seinen Gruß. Er entrollte zwei Kalligrafierollen, die er eigens zum Lobe des Herbstbanketts hatte anfertigen lassen. Das war unter Gebildeten der Literatenkaste im alten China üblich gewesen, heute jedoch galt es eher als ungewöhnlich. Dann nahm Shen Platz neben Ye Fang, seinem alten Freund und Bekannten, mit dem er, ebenfalls ein Arhat des guten Essens, schon manches Bankett bestritten hatte.

Plötzlich verfinsterte sich die Miene des Kritikers, und er flüsterte dem Malerfreund zu: »Hast du an meine Castle-Mondkuchen gedacht?« Ye wollte gerade zu einer Erklärung ansetzen, als ein hagerer Mann in Krawatte und Maßanzug auf Shen zutrat, der, unbemerkt von uns, kurz nach dem Meister eingetroffen war. Er hatte den letzten noch freien Platz an der Tafel eingenommen und komplettierte nun die »Acht Unsterblichen von Suzhou«. »Keine Sorge, Meister Shen. Ich habe acht Packungen mitgebracht«, flüsterte er. »Generaldirektor Zhu«, das Lächeln war wieder zurück auf Shens vollmondgleichen Gesichtszügen: »Ich danke Ihnen, denn Ihre Mondkuchen sind einfach die besten.« Der Angesprochene winkte bescheiden ab. Zhu war Chef eines bekannten Hotels mit der anerkannt besten Hotelküche der Stadt und den besten Mondkuchen des Landes. Das war wichtig, denn das Mond- oder Mittherbstfest, am fünfzehnten des achten Monats nach traditionellem chinesischem Kalender, stand bevor.

Mit dem alljährlichen Mondfest ist auch der Mondkuchen wieder in aller Munde. Er gehört dazu wie das Ei zu Ostern oder der Lebkuchen zum Weihnachtsfest und symbolisiert – den Mond. Der immer wiederkehrende Erdtrabant steht von jeher für die Vereinigung der Familie. Mondkuchen sind, von süß bis deftig, in allen geschmacklichen Varianten erhältlich. In den Zeiten des neuen Wohlstands und der chinesischen Vorliebe für aufwendige Verpackungen sind die entsprechenden Behälter oft wichtiger als der Kuchen selbst. Auf merkwürdige Weise erinnern die Mondkuchen daher an die gewaltigen Immobilienprojekte des Landes – pompös und beeindruckend, jedoch oft genug von erschreckend geringem Geschmack. Meister Shens Mondkuchen-Favoriten waren verpackt in schlichte und umweltbewusste Papiertüten. Darin verbarg sich das Wesentliche: Geschmack. Ich durfte einen kosten: Wahrhaft – eine saftige und deftig-würzige Köstlichkeit.

Nun konnte es tatsächlich losgehen. Acht Unsterbliche und zehn Gäste waren zum großen Herbstessen bereit und hatten 36 Essstäbchen gezückt. Ich wurde das Gefühl nicht los, ein Abbild der chinesischen Gesellschaft im Rund des Esstisches vereint zu sehen: Dynamische Entrepreneurs und Geschäftemacher speisten mit Künstlern und Kulturgelehrten. Junge Trendsetter tranken einträchtig mit alten Traditionalisten. Ein Administrator gab kulinarisch die Richtung vor. Das erinnerte an »die« Partei der großen Politik. Die Administration bestimmte die Speisenfolge, genau wie im wirklichen Leben außerhalb unserer Tafelrunde.

Der Große Vorsitzende schloss seine recht kurze Begrüßungsrede mit den Worten: »Wenn wir Chinesen eine Sache erreicht haben, worauf wir der Welt gegenüber stolz sein können, dann ist das nicht unsere Geschichte, die schiere Größe unseres Landes oder die Masse der Bevölkerung, die Stärke der Armee oder die Glorie ihrer Kriege, wie der alte Feinschmecker Xia Gaizun einst feststellte.« Ye, Shen und Tao nickten zustimmend. Sie wussten, auf wen der Vorsitzende anspielte. Dieser fuhr fort: »Ich füge hinzu, dass wir auch nicht auf die Raumstationen und Hochgeschwindigkeitszüge, die unser Land gebaut hat, besonders stolz sein müssen und schon gar nicht auf die Tatsache, dass ihr euch nun Audis und BMWs leisten könnt. Das kommt alles aus dem Ausland. Wir Chinesen können allein stolz sein auf unser gutes Essen, denn das resultiert aus unserer eigenen schönen Kultur, der Schaffenskraft unserer Hände, den Ideen aus unseren Köpfen und dem Appetit unserer Zungen und Bäuche. Chinesisches Essen sucht seinesgleichen auf der Welt, nicht wahr, Ma Ke?« Ich nickte. Ein Raunen ging durch die Runde, zustimmendes Nicken, befreites Lächeln, Beifallklatschen. Dann erschallte ein einstimmiges: »*Hao*, so ist es!« Hua redete weiter: »Der alte Xia hatte recht. Beim

Essen machen wir keine Kompromisse, *made in China* ist hier mindestens so viel wert wie *Made in Germany* in Sachen Maschinenbau, und es schmeckt viel besser«, fügte Hua mit einem Seitenblick auf mich hinzu. Vielstimmiges Lachen folgte.

Hua hatte recht. Die UNESCO sollte mehr um Organisches als um Anorganisches besorgt sein. Was bestimmt die Existenz des Menschen stärker als Essen und Trinken? Immerhin wurden bei der Weltkulturorganisation fünf architektonische Kulturgüter gelistet, an denen sich ein direkter Bezug zur traditionellen Landwirtschaft und zu passendem kulinarischem Brauchtum herstellen ließ. Die fünf Orte liegen aber in fast ironischer Manier in Mauretanien, Mali, Nordskandinavien, Argentinien und Rumänien – kein einziger in Italien, Frankreich oder China. Von den 40 gelisteten Weltkulturstätten Chinas steht hingegen keine einzige in Verbindung mit der Kultur des Essens und Trinkens. Vielleicht hat das seine Ursache darin, dass an den Ursprungsorten von Reis und Tee kaum ein alter Stein mehr auf dem anderen liegt? Der Vorsitzende unterbrach meine Gedanken und verkündete die Speisenfolge:

- *Kalte Vorspeisen*, immer am Anfang eines Essens als Appetitanreger gereicht: Süßwasserkrabben aus dem Taisee, schnell gebraten, Räucherfisch nach Suzhouer Art, weißfleischiger Kapaun, Rindfleisch mit fünf Duftnoten, Lotoswurzel mit Klebreisfüllung, junge Sojabohnen mit Kräutersalz, kalt angemachte Auberginenstreifen, rote Wasserkastanien in Frühlingszwiebelöl und getrocknete Früchte
- *Warme Gerichte*, die den kalten stets folgen, nachdem sich Gaumen und Magen dem Essen gegenüber geöffnet haben: Krabbenjade aus dem Taisee mit Biluo-Grüntee; Flussaal nach Alt-Suzhouer Zubereitungsart mit goldgelber Soße aus Bambus, Mu-Err-Pilzen, Schweineschmalz, Sojasauce und diversen Ölen; duftig-mürbe Schweinshaxe im Tonmantel; die honigsüßen Krebse des Yangdi-Kaisers zücken die Schwerter, zehn feine Gemüsestreifen des Südgartens; Fischleberbrühe nach Art der Familie Shi zum Abschluss, denn eine Suppe beginnt

in China stets den Magen zu schließen, ohne dass damit das definitive Ende der kulinarischen Verlockungen bereits erreicht ist

– *Desserts*, vor allem leicht Bekömmliches, das sich an die warmen Speisen anschließt: Klebreiskuchen mit Osmanthus und Taro, Früchte des furchtbaren Teufelskopfs aus dem Südlichen Teich (d. h. die Samen einer Seerosenart)
– Schließlich *die Hauptspeise*, in der Regel ein Nudel- oder Reisgericht, das die garantierte Sättigung des Gastes sicherstellt: Nudelflocken mit Kürbis nach alter Landmann-Art

Eine Speise nach der anderen defilierte via Drehteller in der Mitte des Tisches an uns vorüber wie Models auf dem Laufsteg der Haute Couture. Blitzlichter flammten auf. Zunächst kamen Kameras und Augen auf ihre Kosten. Doch dann waren endlich unsere Münder an der Reihe. Der Große Vorsitzende ließ es sich in väterlicher Manier nicht nehmen, mir immer wieder vorzulegen. Bei dieser chinesischen Art, sich als Gastgeber direkt um das Wohl des Gastes zu sorgen, ging man früher sogar so weit, dass man Ehrengästen die besten Happen direkt in den Mund legte. Die Sitte erinnert an die sogenannte »Mundkommunion« in den tiefkatholischen Winkeln der Welt, die erwachsenen Europäern früherer Generationen aus der Sonntagsmesse noch vertraut war. Doch über die Einnahme Gottes hinaus war das Füttern gesunder Erwachsener bekanntlich im Westen tabu.

Im oralen China war das anders. Hier ging es um das Wohl des Menschen und seines Bauches. Besonders ältere Menschen und Ehrengäste genossen da besondere Vorrechte. Ich sprach Hua Yonggen auf die Sitte des Vorlegens und Fütterns an. Der lachte und meinte: »Da siehst du, wie menschenfreundlich wir Chinesen sind. Einem Gast darf kein guter Bissen entgehen, der bei einem Mahl gereicht wird. Füttern werde ich dich allerdings heute nicht.«

Am runden Tisch wirkten alle Distanzen wie aufgehoben. Erst die Tischgemeinschaft machte den Chinesen wirklich zum *homo* *sociologicus*, zum sozialen Wesen im Sinne Ralf Dahrendorfs, das auf die Gemeinschaft angewiesen war: »In dem Bereich, in dem der Mensch und die Tatsache der Gesellschaft einander überschneiden, haben wir daher nach den Elementen einer Wissenschaft zu suchen, die den Menschen in der Gesellschaft zum Gegenstand hat«, begründete Dahrendorf die Notwendigkeit soziologischer Forschung.* In China ist eine Tischgesellschaft das beste Studienobjekt für die Soziologie, allerdings mit dem Status eines Sonderfalls. In anderen Bereichen der Realität, wo oft jeder gegen jeden kämpfte, war der Beweis des sozial eingestellten Chinesen schwerer zu erbringen. Doch die Ausnahme von der Regel bestätigte nur die enorme bildungspraktische Bedeutung chinesischer Esskultur – leider ohne Wirkung auf die heutige Erziehungs- und Bildungspraxis in der Volksrepublik. Wo sonst konnte soziales Verhalten besser trainiert werden?

Die kleinen Süßwasserkrabben, die perfekt und fast komplementärfarben mit frischen Grüntee-Blättern harmonierten, waren eine Konzession mir zu Ehren. »Eigentlich ein Frühjahrsgericht, das zum frisch gepflückten Tee gereicht wird«, sagte der Vorsitzende, »aber ich habe gehört, wie sehr du die Verbindung von Krabben und Tee schätzt. So haben wir einen kleinen Sprung in den Jahreszeiten vollzogen.« Ich fühlte mich geschmeichelt. So viel Beugung der Natur um ein halbes kulinarisches Jahr wäre nun nicht nötig gewesen. Allerdings liebte ich dieses Gericht, das die Aromawirkung des Grüntees auf das zarte Krabbenfleisch so gewinnbringend inszenierte.

---

* Ralf Dahrendorf. *Homo sociologicus. Ein Versuch zur Geschichte, Bedeutung und Kritik der Kategorie der sozialen Rolle.* Wiesbaden 2006, S. 22.

TEE-KRABBEN

Wer an den großen Taisee südlich von Suzhou kommt, wird erstaunt sein, wie viel holländisch anmutendes Flair die Yangtse-Region hat. Die grauen Wasser des Sees leuchten in der brettflachen Kulturlandschaft plötzlich türkis auf, wenn die Sonne im April mit großer Kraft durchbricht, ohne dabei ganz den gräulichen Schleier lichten zu können. Konturen am See verschwimmen in Unschärfe. Teesträucher und Krabbenreusen am Ufer verbinden sich zu einem Stillleben.

Was ich brauche, um dieses Bild vor mir zu sehen:

> **350 g frische (Süßwasser-)Krabben ohne Schale**
>
> **1 EL frischen Grüntee (ideal: Biluochun-Tee aus Suzhou)**
>
> **1 TL Salz**
>
> **1 Eiklar**
>
> **2 EL Speisestärke**
>
> **Soja-, Maiskeim- oder Erdnussöl**

Wie es gemacht wird:

1. Die Krabben wasche ich sehr sorgfältig und achte darauf, dass sie keine Sandkörner o. Ä. mehr enthalten. Dann trockne ich sie auf Küchenpapier.

2. Nun gebe ich die Schalentiere in eine große Schale, füge Salz und Eiklar hinzu und vermische alles gut unter Zufügen der Speisestärke.

3. Die frischen Grünteeblätter gieße ich mit heißem Wasser auf.

4. Das Öl wird in einem Wok oder einer Pfanne erhitzt. Diesmal lasse ich es nicht zu heiß werden – rund 120 Grad sollten für die zarten Krabben vollauf genügen.

5. Wenn die Krabben im Wok eine weißliche Färbung anzunehmen beginnen, nehme ich sie mit einem kleinen Sieblöffel aus dem Öl, lasse sie gut abtropfen.

6. Nun stelle ich die Flamme wieder größer, lasse das Öl erneut sieden und gebe die Krabben ein zweites Mal hinein. Mit dem mittlerweile gut gezogenen Tee lösche ich ab, lasse den Teesud sich gut mit dem zarten Krabbenfleisch verbinden.

7. Schnell heraus aus dem Öl und auf einem hübschen Teller angerichtet. Die grünen Teeblätter verteile ich auf und neben den rötlichen Krabben dezent auf dem Teller. Das bringt nicht nur dem Auge Genuss!

Nach den Krabben kam Bewegung in die Tafelrunde. Der Vorsitzende sprang auf und lief in den hinteren Teil des Speisesaals, wohin ein Koch bereits einen Servierwagen gefahren hatte. Darauf lag ein geheimnisvoll verpacktes Objekt. Hochspannung herrschte unter den Zuschauern, während sich der Vorsitzende daran zu schaffen machte. Endlich hatte Hua die Verpackung aus großen Blättern entfernt. Zum Vorschein kam ein mumienähnliches Objekt aus Ton. Ehe wir uns versahen, hob der Vorsitzende ein Hämmerchen und schlug auf die Tonhülle ein, welche in kleine Scherben zerbarst. Zum Vorschein kam etwas Fleischiges, das in ein großes Lotosblatt gewickelt war, dampfend und so verführerisch duftend, dass uns das Wasser im Munde zusammenlief. Zusammen mit dem Koch entfernte der Vorsitzende das Blatt, und unter den Ah's und Oh's der Tischrunde konnte das geheimnisvolle Objekt identifiziert werden: eine gewaltige Schweinshaxe! »Lang geschmorte und dann knusprig gebratene Schweinshaxe im Tonmantel«, annoncierte Hua in schwärmerischem Ton. »Wir Suzhouer essen oft und gern Schweinsfüße und -haxe, aber das hier wird alles übertreffen, was ihr bisher gekostet habt.« Meister Shen konnte nicht mehr stillhalten. Er fächelte sich eifrig Luft zu und inhalierte genüsslich den Duft des Fleisches. »Ich habe euch schon alles weggeschnuppert!«, bemerkte er wohlgelaunt.

Unter allseitigem Gelächter schob der Koch den Wagen wieder aus dem Raum, und abseits des Schauplatzes wurde die Haxe tranchiert. Dann drehte sie sich plötzlich vor uns auf dem »Laufsteg«. Der Große Vorsitzende hatte nicht übertrieben. Es war die Haxe aller Haxen, unbeschreiblich zart, von leichter Süße und trotzdem mit kräftigem Geschmack, ein Geschenk des Küchengottes. »Das Fleisch muss drei Tage lang eingelegt und dann mehrere Stunden lang gegart und nochmals kräftig gebacken werden«, erläuterte Hua Yonggen die Zubereitung. Ich verstand nun, warum Chinesen auf bayrische Schweinshaxen so versessen waren. Fast alle, die ich kannte und die Deutschland besucht hatten, zogen Schweinshaxe den größten Finessen französischer oder italienischer Küche vor. Das war kulturell begründet, wie ich nun erfahren hatte. In der gemeinsamen Vorliebe für Schweinshaxe lag ein Geheimnis chinesisch-deutscher Beziehungserfolge.

N un folgte das Gericht der Saison. Die Kreation *Die honigsüßen Krebse des Kaisers Yang zücken die Schwerter* bildete schon allein optisch den Höhepunkt der Tafel. In einem ausgehöhlten Kürbis schwamm das Gelb von mehreren Dutzend Krebsen, aromatisch gewürztes Krebsfleisch in pikanter Brühe. Der Kürbis war mit Drachen und Phoenix-Motiven verziert, die in seine Schale graviert waren. Das war Gemüseschnitzkunst auf höchstem Niveau. Drache und Phoenix symbolisierten das vereinigte Männliche und Weibliche, schließlich sollten Krebse immer zu zweit als ein Paar verzehrt werden. Aus dem Rest der Kürbisschale hatte der Koch zwei Schwerter geschnitzt, in deren ausgehöhlte »Klingen« das Fleisch der Scheren und Beine gefüllt war. Auch dieser Aspekt der Präsentation war keine bloße Show und Dekoration, sondern verdeutlichte eine wichtige Regel des Krebsessens: Körper- und

Schereninhalte des Krebses sollten immer getrennt voneinander genossen und nicht vermischt werden, um den jeweiligen Eigengeschmack zu erhalten. Das Fleisch der Krebsscheren, gewürzt mit fein geraspeltem Ingwer, war das für mich überzeugendere Geschmackserlebnis. Diese Teile des Krustentieres hatten den feinsten Geschmack und sind, auf den Punkt gedämpft, von unnachahmlicher Zartheit. Das Gericht hatte übrigens ein bedeutendes historisches Vorbild. Der große Kaiser Yang der kurzlebigen Sui-Dynastie, die zwischen 581 und 607 regierte, liebte Besuche am Yangtse-Fluss. Für ihn wurde das süßlich schmeckende Krebsgericht zum ersten Mal bereitet: 3000 Krustentiere mussten ihr Leben lassen, damit dem Kaiser und seinem Hofstaat eine repräsentative Menge vorgesetzt werden konnte.

In den Zeiten der Revolutionen des 20. Jahrhunderts gerieten opulente Speisen in Vergessenheit. Erst 1962, während einer Zeit des politischen Tauwetters in der frühen Volksrepublik, trauten sich Suzhouer Köche wieder an dieses ebenso aufwendige wie teure Gericht der alten Palastküche. »Für unser Bankett heute«, seufzte Restaurantmanager Lin, »mussten unsere Köche mehrere Versuche starten, um einen Geschmack zu treffen, der uns befriedigte. Über den Originalgeschmack weiß man leider nicht viel. Die große Küche der Vergangenheit zu erhalten ist jedenfalls eine kostspielige Angelegenheit.« »Wie viel kostet das Gericht denn, wenn ich es bestellen würde?« Ich konnte mir die Frage einfach nicht verkneifen. »Nun, mit rund 5000 Yuan (ca. 550 Euro) musst du für die Menge, die heute serviert wurde, schon rechnen«, entgegnete der Vorsitzende Hua. Krebse wurden und werden in China mit Gold aufgewogen, und die mit kaiserlicher Tradition ganz besonders. In kulinarischer Hinsicht jedenfalls präsentiert sich das einst kommunistische China heute erzreaktionär. Was vormals als ausschweifend und luxuriös verpönt wurde, kann heute oft nicht kaiserlich-dekadent genug sein.

Das exquisite Krebsgericht machte unsere Tafelrunde streitlustig. Zwei Gegner bezogen Position. »Wunderbarer Titel: *Die honigsüßen Krebse des Kaisers Yang zücken die Schwerter*«, sinnierte der eine und entzündete seine erste Verdauungszigarette. »Es gibt eine Wahlverwandtschaft zwischen dem Geschmack des Dichters und dem des Gourmets«, setzte er hinzu. »Sehe ich nicht so«, entgegnete der andere. »Der Erste lässt etwas Gutes aus sich heraus, während Letzterer Gutes nur in sich hineinstopft. Was dabei herauskommt, ist nicht Gegenstand dieser Runde.« Die Bemerkung provozierte lautes Gelächter und missbilligende Blicke des Ersten: »Ich denke dabei eher an das Schöne: Genuss und Entzücken.« Der andere nickte und verkniff sich eine weitere spöttische Bemerkung. »Die alten Dichter redeten früher von *shikou*, einem Dichtermund, den man haben müsse, um gescheite Lyrik hervorzubringen«, fuhr der Erste fort. Dabei zog er unablässig an seiner Zigarette, die er parallel zu den Essstäbchen in der anderen Hand führte. »Hier scheint der Dichtermund vor allem vom Tabak geschwängert«, scherzte der Zweite, der sich zunehmend in seiner Kombattanten-Rolle gefiel, »aber war es nicht gerade der Dichter und Gourmet Yuan Mei, der einen reinen Mund forderte, damit Gedichte entstehen, die man auch gern hört oder liest?« Der Erste überhörte diese Bemerkung und setzte gleich zum Kontern an: »Schauen wir doch einmal, was Ihr Dichtermund zu einem bekannten Sprichwort zu sagen hat, das jeder von euch kennt. Es lautet: ›Wer versteht schon etwas von Geschmack, wenn er nicht selbst gegessen und getrunken hat‹?«

Der erste Streithahn zog zweimal kräftig an seinem Glimmstängel und wartete auf des Zweiten Antwort: »Nun?« Der Herausgeforderte lächelte und griff mit den Essstäbchen in die Reste der Schweinshaxe. Nachdem er, genüsslich kauend, den Geschmack des Fleisches aufgesogen hatte, sagte er: »Das Sprichwort ›Einmal sehen ist besser als hundertmal hören‹ ist im Westen viel bekannter als der Satz: ›Wer versteht schon etwas von Geschmack, wenn er nicht selbst gegessen und getrunken hat?‹ Viele meiner ausländischen Freunde in Shanghai kennen den ersten Spruch, niemand den zweiten. Beide Zitate sind einander ähnlich wie Geschwister und dabei doch so verschieden. Wer besser sieht als hundertmal hört, will sich persönlich von den Tatsachen überzeugen, die Dinge selbst erfahren. Das hat viel mit der Suche nach der Realität zu tun, worin wir Chinesen den Europäern leider immer unterlegen waren. Der zweite Satz aus dem alten konfuzianischen Klassiker von Maß und Mitte ist jedoch viel chinesischer.«

»Warum?«, warf ich ein. Der Angesprochene warf mir einen Blick zu, ich nickte gespannt. Er fuhr fort: »Der Satz drückt genau das Gefühl aus, das ich gerade beim Zerkauen dieser unnachahmlichen Schweinshaxe empfunden habe. Wer versteht schon etwas von Geschmack, wenn er nicht diese Haxe mit allen Sinnen in sich aufgenommen hat? Geschmack ist die orale Form des Gefühls, und mit dem Mund zu fühlen ist etwas ganz Wunderbares! Es verführt zum Dichten, zum Malen, zum Schreiben einer Kalligraphie und ist der schönste Ausdruck jeder Liebesbeziehung. Abgesehen einmal von der Liebe – haben wir in jenen Künsten nichts Großes geleistet? Unbegrenzte Möglichkeiten von Bildung und Selbstkultivierung stecken in diesem einen Satz, den jeder Chinese noch heute zu kennen scheint.«

»Kennen wir ihn denn nicht?«, fragte der Herausforderer.

»Wir kennen ihn, aber wir schmecken nicht mehr, was dieser Satz wirklich bedeutet«, entgegnete der Zweite, »dabei ging es unseren Vorfahren doch so sehr um *kougan*, das Mundgefühl. ›Wer versteht schon etwas von Geschmack?‹ Aber was heißt das schon? Gern zu essen ist das Metier der Food-Journalisten. Sie reden oder schreiben seitenlang über ihre amourösen Abenteuer mit und Beziehungen zu Speisen, die sie hier in Suzhou oder sonstwo probiert haben, aber vom Essen verstehen sie trotzdem nicht unbedingt etwas.« Einige der anwesenden Journalisten blickten ein wenig pikiert zur Seite.

Der Meister ließ sich nicht beirren: »Ich selbst habe viel über das Essen geschrieben und mache das noch immer, habe aber mit dem Älterwerden etwas gelernt: Die, die wirklich etwas vom Essen verstehen, sind diejenigen, die sich beim Essen selbst kultivieren und wenig darüber reden. Wer wirklich etwas vom Essen versteht, für den sind auch banale Gurken oder Salatblätter begehrenswerte Partner. Die Beziehung kann so innig und tief werden, dass ich meinen Gurken und Gemüseblättern, meinen Haxen und Krebsen Liebesgedichte schreibe oder sie mit leichtem Pinselstrich auf Reispapier festhalte, wie unser genialer Maler Qi

Baishi (1864–1957), der sein Genie an der Liebe zu Garnelen und Krebsen abgearbeitet hat, die ihn am Ende berühmt machten. Wer etwas vom Essen versteht, der versteht den großen Su Dongpo, der allein 66 Gedichte zum Thema verfasst hat und wie ich gutes Schweinefleisch über alles liebte.«

Damit griff er erneut mit den Stäbchen zu. Kauend genoss er seine Redepause. Die Runde schwieg beredt. Su Dongpo war im Rang vergleichbar mit Heinrich Heine, Schiller oder Goethe in Deutschland und noch immer wichtiges Bildungsgut im Reich der Mitte.

»Dongpo«, sagte der Redner, »war ein Menschenfreund, jemand, der ein offenes Herz für die einfache Bevölkerung hatte. Ihn interessierte nicht nur, was die gehobene Küche der Reichen und Aristokraten zu bieten hatte, sondern besonders inspirierte ihn das, was das einfache Volk liebte. So konnte er sich für mürbe gekochten Schweinebauch begeistern. Ihr wisst, was ich meine. Nachdem ihn Kaiser Shenzong einkerkern und später nach Huangzhou in der Provinz Hubei verbannen ließ, wurde Su Dongpo zu einem Dissidenten, dem man vorwarf, in seinem Werk die Regierung kritisiert zu haben. Ai Weiwei hatte einen talentierten Vorgänger. Das muss so um das Jahr 1080 gewesen sein. In den vier Jahren seiner Verbannung nach Huangzhou konzentrierte sich Su auf das Thema Essen und Trinken, ließ ein wenig ab von der Regierungskritik. Daher können wir heute Dongpo-Schweinefleisch genießen, das man nach ihm benannte.« Der Redner hielt kurz inne und rezitierte frei:

»In Huangzhou gibt es ein feines Schweinefleisch,
preiswert ist's wie Kot und Dreck.
Die Reichen wagen's nicht zu essen,
den Armen fehlt's an Kochgeschick.
Das Feuer klein und stet,
ein wenig Wasser nur.
Wenn's Feuer recht war und lang genug gekocht,
entfaltet's von selbst den feinsten Duft.
Jeden Morgen gönn' ich mir ein Schälchen,
und gut gesättigt hab' ich mich selbst versorgt.«

N un musste auch der Herausforderer »seinen Su« dagegenhalten: »Sie denken immer ans Fleischessen. Dabei war Su Dongpo beileibe nicht nur ein Fleischfan. Er dichtete auch:

»Auf dem Teewasser Schaum gleich Schnee und Milch,
frisches Wildgemüse, Bambussprossen und hellgrüner Lattich schmücken
den Frühjahrsteller.
Wenn Geschmack unter den Menschen weilt, dann herrscht helle Freude!«[*]

D er zweite Kombattant nickte: »Sehr gut. Sie bestätigen mir mit frischem Gemüse, was ich mit Schweinefleisch zu belegen suchte: ›Wer versteht schon etwas von Geschmack, wenn er nicht selbst gegessen und getrunken hat?‹ Damit stehen wir wieder am Anfang: Wer etwas vom Essen versteht, muss mit dem Bauche fühlen.« Der Herausforderer nickte anerkennend: »Sie verstehen Ihr Fach; als Autor, Redner, aber mehr noch als Mensch, der zu essen weiß.«

D er zweite Redner hatte ein allseits interessierendes Thema angesprochen, denn China hatte von jeher das Schwein kultiviert. Schweinefleisch kann nicht nur äußerst schmackhaft zubereitet werden, sondern war im alten China das »Ökofleisch« schlechthin: Man konnte Schweine überall leicht mästen und brauchte dafür keine großen Weideflächen, wie wir sie heute in gigantischen Dimensionen an Rinder verschwenden. Im Gegensatz zum amerikanischen Fleischlieferanten Nummer eins, dem Rind, lebten Chinas Schweine immer auf engstem Raume und fraßen all das an Resten und menschlichen Ausscheidungen, was kaum eine andere Verwertung finden konnte. »Schweine sind ausgezeichnete Umwandler preiswerter und minderwertiger Nahrung in Fleisch«, kommentierte der Anthropologe E. N. Anderson den Erfolg chinesischer Landwirtschaft. »Sie setzen das doppelte Gewicht wie Rinder und Schafe bei der gleichen Menge von Futter

---

[*]   Zitiert aus »Flusssand«, einem Gedichtzyklus des Song-Dichters und Gourmets
      Su Dongpo (1036–1101).

an.«* Das Schwein war und ist auf dem Land noch immer unmittelbarer Begleiter des Menschen, einer der besten ökologischen Abfallkonverter, die dem Menschen jemals zur Verfügung standen. Das wussten chinesische Bauern seit vielen Jahrhunderten. Die Schweinezucht, verbunden mit ansonsten überwiegend leichter, vegetarischer Kost aus viel Getreide und Gemüse, war Chinas Garant, um seine Menschenmassen zu ernähren.

Die einstige Qualität chinesischen Schweinefleisches war in Europa bekannt. So lobte der deutsche Feinschmecker und Esskünstler Antonius Anthus in seinen Vorlesungen über die Esskunst die Erfolge chinesischer Schweinezucht: »Nach dem Zeugnis von Reisenden lässt sich nichts Schmackhafteres finden als ein chinesischer Schinken, wie denn überhaupt ihr Schweinefleisch durch ihre treffliche Mastung viel besser sein soll als das unsrige.«** Zum Wohle seines eigenen Appetits wusste der deutsche Kulinarist allerdings nicht genau, womit die Chinesen damals ihre Schweine mästeten. Aber bekanntlich ist das Ergebnis entscheidend.

D er Debatte um Haxen und Krebse folgte zur Beschwichtigung die Suppe. Suppen stellen immer den Abschluss eines vollständigen Essens dar. Danach werden nur noch Desserts, Reis- oder Nudelspeisen aufgetragen. So war es auch heute. »Fischlebersuppe nach Art der Familie Shi« gilt Feinschmeckern als beste Suppe der gesamten unteren Yangtse-Region und als eine der feinsten Suppenkreationen Chinas. Auch sie hatte eine Geschichte zu erzählen: Um das Jahr 1880 besuchte ein wohlhabender Händler namens Ren zusammen mit geschmacksversessenen Freunden das bekannte Speisehaus der Familie Shi in Suzhou und kostete zum ersten Mal diese Suppe, die damals noch der Geheimtipp des Hauses war. Der Mann begeisterte sich dermaßen, dass er seinen Dichtermund spitzte und gleich zu reimen begann:

Die alten Osmanthusbäume erfüllten die Welt mit ihrem Duft,
wir entzückten uns an den Blüten

---

* Anderson 1988, S. 129.
** Anthus 2006, S. 49.

am Ufer des Taisees wandelnd,

Boot und Kanal blieben in bester Erinnerung – gedankt sei's der Familie Shi und ihrer Fischlebersuppe.

W er genau schmeckte, dem öffneten sich eben auch die anderen Sinne für das Schöne dieser Welt.

Mit zwei Meistern auf dem Markt

Am nächsten Tag stand ich vor dem Eingang eines bekannten Suzhouer Tempels. Feiner Herbstregen hielt die Morgenluft kühl. Die schwarzen Röhrenziegeldächer der Altstadtreste glänzten feucht über weißen Mauern. Die Häuser atmeten Schwüle und Gipsgeruch, und ganz in der Nähe brachte der Regen einen kleinen Kanal fast zum Überlaufen.

Ich war vor dem Tempeltor verabredet, und schon von weitem sah ich einen älteren Herrn mit schwarzem Regenschirm in Begleitung zweier Damen warten. Bereits zehn Minuten war ich zu spät. Der Vorsitzende Hua reichte mir trotzdem voller Liebenswürdigkeit die Hand, und auch die Ressortleiterin »Leben und Gesellschaft« der *Suzhouer Zeitung* gab sich versöhnlich. Unter ihrem Regenschirm erkundigte sie sich lediglich, ob es schwierig für mich gewesen sei, die Gasse zu finden. »Nein«, sagte ich, »die Pagoden waren wirklich nicht zu verfehlen. Leider bin ich etwas zu spät aufgebrochen.« Ihre Begleiterin, die mich gestern noch zu meinen Passionen für Suzhouer Kultur, Essen und Trinken interviewt hatte, nickte verständnisvoll. Auch sie war bereits Minuten vor dem eigentlichen Zeitpunkt der Verabredung zur Stelle gewesen – so war es halt üblich bei wichtigen Terminen. Ich durfte mich geehrt fühlen.

Wir waren zu fünft unterwegs. Der Fünfte im Bunde steckte in meiner Umhängetasche. Er war in handlicher Buchform gegenwärtig. Yuan Mei, Dichter, kaiserlicher Magistrat und Feinschmecker, begleitete uns im reifen Alter von fast 300 Jahren mit seinen

Speiselisten des Sui-Gartens (Suiyuan Shidan) durch Suzhous regennasse Gassen auf den Markt.

Das Einkaufen, das der Schöngeist im Unterschied zu Hua Yonggen wohl nicht selbst besorgt hatte, war Yuan Mei ausgesprochen wichtig gewesen. Von ihm stammt die in China berühmte Sentenz: »Was ein feines Essen ausmacht, ist zu 60 Prozent die Fähigkeit des Kochs und zu 40 Prozent die Fähigkeit des Einkäufers.«

Kaufte der Einkäufer falsch ein, litt der Geschmack, und auch die besten Kochkünste konnten das nicht ausgleichen! Die übrigen 60 Prozent am Gelingen eines Essens lagen dann ganz in der Hand des Kochs. Der Genießer selbst spielte für das feine Essen keine aktive Rolle. Das unterschied den »Alten des Sui-Gartens« wesentlich von seinem jüngeren Zeitgenossen Brillat-Savarin. Der Professor der »transzendenten Gastronomie« aus Paris hatte in bester Manier der Aufklärung die Feinschmeckerei als Wissenschaft zu begründen versucht und in diesem Zusammenhang dem Genießer die zentrale Rolle für den Erfolg eines feinen Essens zugewiesen: »Feinschmeckerei ist ein Akt unserer Urteilskraft: Was angenehm schmeckt, das wählen wir.« Brillat-Savarin forderte das Genie des Genießers, ebenso wie das des Kochs, der nur durch angeborenes Talent zum »Bratkünstler« werden könne. Den praktischen Instinkt und das handwerkliche Geschick von Einkäufer und Koch überging der große Franzose jedoch mit Leichtigkeit. Ich sah darin einen beachtlichen Unterschied zwischen der gastronomischen Aufklärung Europas und dem kulinarischen Pragmatismus Chinas. Für den gebildeten Feinschmecker Yuan Mei war das »Selbermachen«, das Werkeln und Ausprobieren Kennzeichen anerkannter »Esskunst«. Auch Zhang Dai beschrieb sehr genau, wie er seinen Quark und seinen Tee selbst bereitete, wie wichtig ihm die Handgriffe waren, die er, anders als sein Landsmann, selbst ausführte.

Als bodenständige Chinesen standen Zhang Dai und Yuan Mei den kleinen Dingen des Lebens näher als der aufgeklärt von oben dozierende Europäer. Yuan Meis Werk ist größtenteils eine Rezeptsammlung, allerdings in ganz chinesischer Manier. Chinesischen Rezepten fehlt grundsätzlich eine detaillierte »Man nehme so und so viel«-Komponente, die minutiös und auf das Gramm genau beschreibt, welcher Zutaten es zur Komposition eines wiederholbaren Resultats bedarf.

Das europäische Rezept ähnelt dem wiederholbaren Experiment der Naturwissenschaften, während das chinesische Kochrezept feinster Gefühle für Zutaten und Kochprozess bedarf, die am Ende nur individuelle und schwer zu reproduzierende Resultate zeitigen. Das gelungene Gericht kommt daher einem Unikat gleich. Da ein solches »Kunstwerk« leider sehr vergänglich ist, versinkt im Dunkel historischer Unschärfe, wie es Yuan Mei und seinen Zeitgenossen genau schmeckte. Yuan Mei machte jedenfalls nicht viele Worte um die Feinschmeckerei. Sie war für den Chinesen eher ein angeborener Instinkt denn eine Wissenschaft, wie sie der Franzose erschaffen wollte.

Eines aber hatten Brillat-Savarin und der »Alte vom Sui-Garten« gemeinsam: Erst im Alter schrieben sie ihre Werke nieder. Yuan Mei war fast 80 Jahre alt, als er 1794 die *Speiselisten* vollendete, und Brillat-Savarins *Physiologie* erschien in dessen Todesjahr 1826. Es scheint, dass gerade die Lebenserfahrung die Einsicht in die gastronomische Begründung des Menschen reifen lässt. Wer das Leben kennt, weiß, worauf es fußt.

W ir betraten die Markthalle. Entschieden klappte der Vorsitzende seinen Regenschirm zusammen. Diese Halle war eine von vielen in der Stadt. Wirkliche Straßenmärkte verschwanden zu Beginn unseres Jahrhunderts aus dem Bild chinesischer Städte. Fliegende Händler breiteten nur noch sporadisch und in Hast ihre Plastikplanen mit den Schätzen der Umgebung aus oder drängten sie auf Lastendreirädern zusammen, um schnell wieder den verhassten Ordnungshütern entfliehen zu können. Sie zahlten keine Steuern und beschmutzten das Bild des sauberen neuen Suzhou.

Meister Hua war der Stareinkäufer unter den Alt-Suzhouer Marktgängern. In seinem Reich ging es hygienisch zu, man war freundlich zueinander und kannte sich bestens. Sonst waren überwiegend ältere Frauen hier Kundinnen. Sie mischten sich mit den Hausangestellten, die für ihre Arbeitgeber einkauften. Die vielen Lebensmittelskandale der letzten Jahre zeigten ihre Wirkung. Fleischstände warben mit Schweinefleisch, »dem man wirklich vertrauen könne«, und mit dem Siegel der Suzhouer Stadtregierung. Das alte Urvertrauen in das abfallgemästete eigene Schwein, von dem man wusste, was es gefressen hatte, war längst verschwunden. Massenkonsum und Massentierhaltung, schnelles Wachstum durch Hormongaben und vieles andere mehr hatten den chinesischen Fleischmarkt längst zum Risikomarkt für Verbraucher gemacht und das einst so bekömmliche chinesische Schwein zum Gesundheitsrisiko wie anderswo auf der Welt.

Dabei war es noch nicht lange her, dass China ein Agrarland war und man Schweine noch lebend kaufen konnte. Damals galt der Einkaufstipp Yuan Meis: »Das Schwein sollte eine dünne Haut haben und keinen unangehm stechenden Viehgeruch.« Chinas Gebildete nahmen es mit den Details, was das gesunde Aussehen eines zum Kauf angebotenen lebenden Schweins anbetraf, sehr genau. Shu Siseng, ein Zeitgenosse des Dichters Su Dongpo aus dem 11. Jahrhundert, dichtete einem wohlschmeckenden Borstentier eine »spitze Schnauze und kurze Borsten« an.

Die Tipps der beiden Dichter waren heute leider unbrauchbar, denn nirgends quiekte ein Vierbeiner, der zum Betasten und Beschnuppern einlud. Im 21. Jahrhundert wurden auch in China Schweine nicht mehr als Lebendware angeboten. Es blieb einzig und allein die Menschenkenntnis, um gut einzukaufen. Hua sagte: »Du musst dir die Gesichter der Verkäufer anschauen. Nur aus ihnen gewinnst du Vertrauen. Was du nicht an der Ware erkennst, das liest du aus dem Gesicht des Verkäufers. Ein einziges vertrauensvolles Gesicht zählt mehr als tausend Unterschriften.«

Das erste Gesicht, das mir Vertrauen einflößte, gehörte Lao Zhou, einem älteren Mann, der sein langes, längst ergrautes Haar einem Künstler gleich zu einem Pferdeschwanz gebunden hatte. Er war seit 20 Jahren Verkäufer. Der alte Zhou baute nicht selbst an, sondern kaufte auf, was die Bauern ihm anboten. Trotzdem oder gerade deshalb genoss er das uneingeschränkte Vertrauen des Vorsitzenden. Zhou war eine erste Adresse für saubere, geputzte frische Rohware, die auch nach zwei Tagen noch geschmacklich hielt, was ihr Aussehen versprach. Wer europäische Supermärkte und ihre EU-normierten Gemüseauslagen kannte, wusste um die Differenz zwischen Geschmack und äußerem Erscheinungsbild. Hier aber stimmte beides: »Niemand putzt die Knoblauchpflanzen so sauber wie er, und die Qualität stimmt seit Jahren«, sagte Hua und hielt eine glänzende gelbweiße Stange hoch: »Der alte Zhou liebt sein Gemüse.« Der lachte ein seltsames meckerndes Lachen: »*Xiexie, xiexie* – vielen, vielen Dank« und labte sich an den Lobesworten seines prominenten Kunden. Dieser bekräftigte noch einmal: »Auf die Ware des alten Zhou ist Verlass, weil auf sein Gesicht Verlass ist.«

DER VIERTE GANG

WEIßE UND GRÜNE JADE

Gemüse machen die Märkte bunt. Während Fleisch oder Fisch oft mit Saucen und Fonds ihres ursprünglichen Geschmacks beraubt werden, mahnt mich das frische Grün an Lao Zhous Gemüsestand, dass man einem guten Kohl nicht seinen Eigengeschmack rauben sollte. Verbindet man ihn dann noch mit frischem weißem Tofu, so kreiert man das einfachste Gericht einer chinesischen Rezeptsammlung. Was kein Verlust von Geschmack bedeuten muss – denn es kommt auf die Qualität der Rohwaren an. Wie bei einem europäischen Salat – oder wertvoller Jade.

Was ich dazu brauche:

2–3 Strünke frisches chinesisches Grüngemüse
(ähnlich deutschem Mangold)
1 Block festen Tofu
1 Tasse Hühnerbrühe (als Fond)
Salz

Wie es gemacht wird:

1. *Ich schneide den Tofu mit dem Küchenbeil oder Messer in Würfel. Dann erhitze ich Wasser im Wok, koche es auf, gebe Salz, Brühe und Tofu hinein, koche alles 5 Minuten lang – und fülle den Tofu dann in eine Schale.*

2. *Nun gebe ich Öl in den Wok, erhitze und brate zunächst die Stängel des Grüngemüses unter schnellem Rühren. Dann erst füge ich die zarteren Blätter hinzu.*

3. *Sobald der Saft aus dem frischen Gemüse austritt, gebe ich den Tofu wieder in den Wok, rühre noch einige Male alles kräftig um und gebe das fertige Gemüsegericht dann auf einen Servierteller. Chinesisches Grüngemüse ist sehr wasserreich. Brät man es zu lange, verliert es seine frischen und knackigen Eigenschaften. Geschwindigkeit beim Braten ist hier Trumpf. Oder – was ist Trumpf? Geschwindigkeit bitte!*

M a Ke«, rief Meister Hua plötzlich. Der Vorsitzende stand bei den Fischverkäufern. Lächelnd hielt er mir seine Hand voller schwarzgrauer Garnelen entgegen. »Das sind die guten.« Süßwassergarnelen waren kleine und festfleischige Tiere. Sie ähnelten ein wenig den Nordseekrabben. »Warum gut?«, wollte ich wissen. »Natürlich weil sie aus dem Taisee stammen«, kam die Antwort. Das schockierte und verwunderte mich. War nicht der Haussee der Suzhouer eine der vielen Umweltsünden Chinas, geopfert einer rücksichtslosen Modernisierung? Er war es, doch der Mensch hielt an seinen Traditionen fest. Unerschütterlich war das Vertrauen des Suzhouers in die uralte Lebensquelle der Stadt, die seit Jahren von den Industriegewässern und Giften der nahen Weltmarktproduktion verseucht wurde. Garnelen hingegen brauchten frisches Wasser, und es konnte nur noch ganz wenige Stellen des Taisees – mehr als viermal größer als der Bodensee – geben, die den Tieren die notwendige Wasserqualität boten. Hua bestätigte das: »Wild gefangene Garnelen werden immer seltener und sind um vieles teurer. Du musst darauf achten, die gezüchteten von den wild gefangenen aus dem See zu unterscheiden. Wo diese überleben können, ist das Wasser noch o. k.« Er sagte »o. k.« und zeigte, was er meinte: Die wilden waren schön anzuschauen, hellgrau mit schwarzen Streifen.

Diese Tiere waren zu einem Objekt der Kunst geworden. Ihnen hatte der bereits erwähnte Qi Baishi, Chinas großer Maler des 20. Jahrhunderts, einen Teil seines Werkes gewidmet. Auf handgeschöpften Papierbahnen gleiten sie mit einer Leichtigkeit, die den Betrachter verzaubert, durch unsichtbares Wasser. Die anderen Krabben auf dem Markt hätten nicht als Modell für diesen Maler getaugt. Sie waren dunkler, fast schmutzig-schwarz, gezüchtete Masse ohne Konturen, eher tauglich für den Spott eines Satiremagazins als für die bewundernden Augen eines Künstlers.

Plötzlich wurden wir durch laute Schläge am Nachbarstand jäh aus unserer Betrachtung der kleinen Schalentiere herausgerissen. Ich blickte hinüber und erlebte eine Hinrichtung im Zeitraffertempo. Ein Halb-Meter-Brocken von einem Fisch lag hilflos auf der Schlachtbank. Drei Schläge mit dem Hackmesser trieben dem zappelnden Muskelpaket die letzten Lebensgeister aus. Dann wurde der Leichnam auch schon verarbeitet. Mit dem Fischschupper schabte sein Henker ihm die Schuppen herunter, öffnete den Fischleib, nahm die Innereien heraus und trennte schließlich den Kopf vom Rumpf. »Das beste Stück für die Fischkopfsuppe mit frischem Huainan-Tofu«, sagte Hua, dem das Todesritual nur einen flüchtigen Blick wert war. Organisches verwandelte sich im Kopfe des chinesischen Gourmets sofort in ein schmackhaftes Gericht. So wurde wenigstens der Physik Genüge getan und die Energie des einst Lebendigen erhalten. Im Nu war der Fisch portioniert, in appetitliche Happen zerlegt, und erste Kundinnen ließen sich die Stücke bereits in Plastiktüten verpacken. Alles geschah innerhalb weniger Minuten, als müsse man Fische im Akkordtempo verkaufen.

Neben mir wurde getratscht. Zwei ältere Frauen unterhielten sich im Suzhouer Dialekt, den ich nur bruchstückhaft verstand. Ich erriet, dass es um Preissteigerungen bei Fisch und Gemüse ging. Aber nicht nur die Ware war Thema, sondern auch das Leben von Käufern und Verkäufern: »Du hättest doch studieren sollen«, sagte der Vorsitzende Hua gerade zu einer Fischverkäuferin, die ihm ihre besten Stücke anbot. Sie lachte und sagte nichts. Offenbar verkaufte sie lieber Fisch, als sich durch die mühevolle Lektüre von Büchern zu quälen: »Davon verstehe ich nichts«, kam dann doch eine Antwort, »aber hiervon schon.« Sie zeigte auf kleine silbergraue Fische, ordentlich auf frisches Eis gebettet. »Karauschen«, erinnerte sich Yuan Mei aus seiner Vergangenheit heraus, »sollten weiße Bäuche haben.« Ich warf einen kritischen Blick auf die Auslage. Siehe da, die Bäuche der Fische waren schneeweiß!

Nach den Fischen widmeten wir uns dem *doufu*, dem Bohnenkäse, der im Chinesischen – im Unterschied zum Japanischen tofu – mit »d« im Anlaut und Doppelvokal ausgesprochen wird. Der weiche Anlaut entspricht dem Naturell des Sojakäses viel eher als das härtere und eher nach japanischem Holz als nach Weichkäse klingende »t«. Tofu ist meist eine weiche Angelegenheit und soll daher im Folgenden als doufu bezeichnet werden.

In Suzhou war *doufu* in Blattform sehr beliebt. Der Vorsitzende wog die gut DIN-A5-großen Doufu-Blätter in der ausgestreckten Rechten und zitierte mich herbei. »Riechst du das, Ma Ke?« Ich sog den würzig-feinherben Geruch des Blattes durch die Nase. »Ja, der sollte gut zu Suppen oder frischem Gemüse passen«, meinte ich. Hua nickte: »Genau. *Doufu* ist kein Einzelgänger. Er sucht Gesellschaft mit anderen guten Dingen, wenn er auch gern einen starken Auftritt unter diesen liebt. Du kennst die ›Doufu-Streifen von Yangzhou‹?« Ich war nicht sicher.

»Ein alter Dichter, genannt der Laienbruder von Xing'an, schrieb einmal«, fuhr Hua fort und zitierte: »»Yangzhou ist ein guter Ort. Die Teehäuser stehen dem Gast offen. Die gut gewürzten doufu-Streifen häufen sich fein wie zartes Gespinst. Die Kupferpfeife ruht auf langem Bambustrieb, warm ist der Wein zu Kristall-Schweinesülze.‹ Nett, nicht wahr?« Xing'ans poetische Miniatur zeichnete ein idyllisches Bild der Yangtse-Region zur Kaiserzeit: freundliche Teehäuser, gutes lokales Essen, eine Pfeife bereit, um sich die Zeit in Muße zu vertreiben – und genügend Bohnenkäse, um zu genießen.

Wir hingegen waren noch lange nicht fertig mit unserem Einkauf. Unser Thema waren die Rohprodukte auf dem Markt. Hua lobte den doufu in den höchsten Tönen: Da Sojabohnenkäse ähnlich hergestellt wird wie Käse aus Milch, lagen Vergleiche mit seinem westlichen Gegenstück nahe. An Vielfalt jedenfalls konnten die doufu-Stände auf dem Markt durchaus mit einer gut sortierten Käsetheke mithalten. Hier gab es nicht nur den regional bekannten und beliebten Blattdoufu, sondern selbstverständlich auch die klassischen weißen bis blassgelben Blöcke, von butterweich bis schnittfest – die wenigen in Europa verbreiteten Sorten. Vegetarier und Veganer hielten diese gern als Eiweißquelle dem eingefleischten Karnivoren entgegen. Ein ökologisch bewusster Esser könnte über die vielen Vorteile des doufu geradezu ins Schwärmen geraten: »Äußerst eiweißreich, voller Aminosäuren, ein Heilmittel für die von Verkalkung bedrohten Arterien des Milch- und Fleischgenießers und damit auch vorbeugend gegen Arteriosklerose und Zuckerkrankheit«, so sprudelten die Worte der äußerst beredsamen Verkäuferin. Sie wusste gut Bescheid.

Der Vorsitzende nickte: »Europa machte den Käse weltberühmt. China kann die Welt mit seinen vielen doufu-Sorten bereichern, gerade wenn die Menschen mehr und mehr auf fettarme und gesunde Ernährung achten müssen.« Dabei verzog Hua das Gesicht, vielleicht weil er an den europäischen Milchkäse dachte. Erst in den letzten Jahren war die Popularität von Kuhmilch in China merklich gestiegen, und langsam erschienen auch erste Käseprodukte in den Regalen der Supermärkte. Doch Feinschmecker traditioneller Prägung schreckte die fermentierte Milch eher ab, sie passte nicht in die alte chinesische Ernährungstradition. Während Europäer und die Völker Zentralasiens eine lange Tradition in der Rinderzucht haben und von dort ihren Käse bezogen, kannte die alte chinesische Landwirtschaft das Rind kaum als Nahrungsquelle. Rinder, meist Wasserbüffel, waren Arbeitstiere, die den Reisanbau erleichterten, aber keine Nahrungsspender. Dazu hätte man riesige Weideflächen und viel Raum benötigt, über den das dicht besiedelte Land im Osten aber seit Jahrhunderten nicht mehr verfügte. Obwohl man Milch durchaus kannte, konnte sich in China aus diesen räumlichen Zwängen heraus keine Käsekultur herausbilden. Dafür entwickelten ihre kreativen Gaumen eben den *doufu*, eine Art »Ökokäse«, der weitaus weniger Fläche beanspruchte und direkt pflanzlich hergestellt werden konnte.

Die Zeitungsredakteurin fühlte sich nun inspiriert, mir die Geschichte des *doufu* zu erzählen. Sie war verknüpft mit Liu An, Enkel von Liu Bang, dem ersten Kaiser der Han-Dynastie (202 vor Christus). Liu An war einst König von Huainan im heutigen Anhui und Begründer des Körpertrainings Taichi Ch'uan. Vielleicht waren einige seiner entfernten Nachfahren heute auf dem Markt, denn viele Haushälterinnen, die hier einkauften, stammten aus Anhui. Chen sagte: »Im Jahre 164 vor unserer Zeit wollte ein Alchimist am Hof des Königs das Elixier des langen Lebens herstellen. Als Ausgangsstoff diente ihm Sojabohnensaft. Der Mann hantierte mit verschiedenen Zutaten herum, doch nichts wollte den gewünschten Erfolg bringen. Da passierte es. Der Alchimist war einen kleinen Moment lang unachtsam. Ein Gefäß mit Salzwasser stürzte um und ein wenig Lake floss in den Bohnensaft. Dieser reagierte heftig und erigierte in eine weiße Masse. Aufgeregt ließ der Alchimist nach seinem König und Gönner, Liu An von Huainan, rufen, der ihm befohlen hatte, jede neue Entdeckung sofort zu melden. Prompt stürzte der König samt seinen Ministern herbei. Alle starrten neugierig auf die weiße Masse. Was mochte das sein? Wie schmeckte das wohl? Der Alchimist beteuerte, allein mit Sojabohnensaft hantiert zu haben. Also musste das Etwas aus Sojabohnen essbar sein. Trotzdem könnte es sich durch die Reaktionen verändert haben. Vielleicht war die neue Substanz am Ende sogar giftig? Liu An, seine Minister und der Alchimist blickten sich an. Da wagte sich einer aus der Runde vor, der bekannt war für seinen Appetit. ›Ich probier's, wenn Du, oh König, es erlaubst!‹ Liu An nickte. Der Leckermaul-Minister nahm ein winziges Stückchen der weißen Substanz und ließ es auf der Zunge zergehen.«

Die Erzählerin machte eine Kunstpause. »Und?«, fragte ich.

»›Und?‹, fragte auch der König«, fuhr sie fort, »nichts passierte. Der Minister war quicklebendig und sagte: ›Ein himmlischer Geschmack, unglaublich!‹ Nun probierte auch der Herrscher, nickte und bemerkte, indem er die weiße Masse in einer Porzellanschale betrachtete: ›Weiß wie reine Jade, glatt wie geronnenes Fett. Welch eine Entdeckung!‹ Der *doufu* war geboren«, schloss die Erzählerin und fuhr fort: »Heute wird zwar meist ein wenig Gips zur schnellen Gerinnung von *doufu* verwendet – das ist billiger und erzeugt mehr –, aber der teure, wirklich gute *doufu* wird noch immer mit Salzlake erzeugt.«

Angstschreie, Todesängste, Flügelschläge, Fußtritte – das gefiederte Leben wehrte sich in einer eigenen Ecke des Marktes mit aller Macht gegen sein Ende. Vergeblich. Die Lautstärke in der Ecke der Geflügelhändler war ohrenbetäubend und Meister Hua in seinem Element. Er packte ein Huhn bei den Füßen und ließ es mit dem Kopf nach unten baumeln. Das Federvieh wand sich, schrie und flatterte: »Schau her, so muss ein gutes Huhn aussehen: feste Federn, festes Daunenkleid, und dann seine Energie, garantiert freilaufend gehalten. Das ist das Richtige für den Topf. Und dann dieser rote Kopf, das ist eine Qualitätsgarantie.« Hua war begeistert, seine Stimme überschlug sich fast. »Übrigens kaufte ich letztens eine Gans. Die war voller Energie und mit einem Gemüt wie ein kleines Kind.«

Zwischen 11 und 48 Yuan rangierte der Preis pro Pfund Geflügel. Die Händler zeigten uns nur ihre besten Tiere. Der Vorsitzende klagte: »Ich kann das Tier nicht mehr selber tragen. Die Händler bringen mir das fertig geschlachtet nach Hause. Ah, diese Ente.« Hua nahm dem Händler das zappelnde Federvieh mit gekonntem Griff aus der Hand. Wilde Flügelschläge, ohrenbetäubende Schreie. Hua war zufrieden: »Diese Lebenskraft und dazu der volltönende ›Ba, ba, ba Schrei‹ – das wäre die Richtige für einen guten Entensuppentopf. Beim nächsten Mal vielleicht.« Ich hatte meinen Yuan Mei aufgeschlagen und las: »Enten sollten von weißem und durchaus etwas fettem Fleische sein, damit sie wirklich Geschmack haben …« Von so viel Krach war bei ihm nicht die Rede.

Ich war erleichtert, den Schreien des todgeweihten Federviehs entkommen zu sein. Draußen vor der Halle grüßte uns eine beeindruckende Menschenschlange. Der Grund für den Auflauf war die Aussicht auf einen guten Imbiss! Es gab Weizenteigfladen frisch aus der Backtonne, aber nicht irgendwelche, sondern die besten der Stadt. Ein Geheimtipp unter Insidern! »Hier stehen die Menschen in Top-Zeiten stundenlang an, um salzige oder süße Fladen frisch aus den riesigen Backtonnen zu verspeisen«, erklärte der Vorsitzende.

Der junge Verkäufer rief mich heran und drückte mir einen heißen Fladen direkt aus der Blechtonne, an dessen Innenwand der Fladen vor Sekunden noch gebacken hatte, in die Hand. Die geduldig Wartenden akzptierten die Sonderbehandlung. Sie waren neugierig auf den Kommentar des laowai:

»Na, wie schmeckt's?«

»Köstlich!«, antwortete ich wahrheitsgetreu. Aber autsch! Heiß, sehr heiß war das leckere Stück, doch ich musste immer wieder zubeißen. In einer Anwandlung von Food-Masochismus verbrannte ich mir Zunge und Gaumen. Was soll's! Viele standen dafür stundenlang an, manche veräußerten sogar ihren Stehplatz gegen Bezahlung an andere. Wartezeit auf etwas Gutes war Geld wert. So war es in Ordnung, sich am köstlichen »Ehrenfladen« auch einmal den Mund zu verbrennen. »Wer das Authentische will, der muss manchmal leiden. Genuss wird sich einstellen«, kommentierte Hua lächelnd.

Mondscheinwein

Mittlerweile war es Abend geworden. Eine Überraschung stand an. Ye Fang lächelte nur, als ich ihn fragte, wohin es denn diesmal gehen sollte. Unsere Fahrradriksha kämpfte sich laut klingelnd durch den Feierabendverkehr. Schließlich erreichten wir eine Straße, die ein wenig wie eine Kulisse für Historienfilme wirkte. Hier versuchten neue Tee- und Kaffeehäuser, Hotelanlagen und Jugendherbergen im schwarz-weißen Baustil mit Internet und internationalem Tourismus an den einstigen Glanz des alten Suzhou anzuknüpfen. Der Unternehmer Cheng Hong war einer dieser Akteure in Sachen Kulturtourismus. Er setzte auf die Wiederbelebung der alten Händlerhäuser. In eins davon traten wir ein und wurden von einer jungen Frau begrüßt, einer echten Suzhouer Schönheit: von zartem Wuchs, mit feinen Gesichtszügen, das Haar zu einem eleganten Knoten geflochten. Leider trug sie keine klassische Seidenkleidung, sondern ein modernes Allerwelts-Outfit, aber auch das konnte ihr den besonderen Charme nicht rauben.

»Mein Name ist Xiao Fang«, sagte sie, blickte mich an und lächelte. »Ich bin die Assistentin von Generaldirektor Chen und möchte Ihnen die Ligeng-Halle zeigen.« »Mir allein?«, fragte ich. »Allein«, lächelte sie, »Direktor Chen hat es verfügt.« Ich verabschiedete mich von den anderen. Wir würden uns später in der Halle wiedertreffen. Xiao Fang führte mich durch ein kleines Seitentor in den Gebäudekomplex.

Die Ligeng-Halle bestand aus mehreren Gebäuden, die um weiträumige Innenhöfe angeordnet waren. Xiao Fang erzählte: »Dies war eines der größten Privatgebäude im Reich der Mitte und gehörte einmal einer Familie namens Pan. Als Pan Linyao 35 Jahre alt geworden war und seine Handelsgeschäfte erfolgreich liefen, errichtete er hier seinen Familiensitz. Es war die Ära des Kaisers Qianlong, eine Zeit, in der viele Chinesen durch Handel reich wurden. Pan Linyao arbeitete hart, investierte mit Geschick, und so gelang es ihm durch Stoff- und Teehandel mit dem Norden, ein Imperium aufzubauen. Die Mandschurendynastie der Qing (1644–1912) kam ja aus dem fernen Nordosten. Seitdem sie an der

Macht war, wurde die Große Mauer überflüssig. Weite Gebiete nördlich des alten Schutzwalls gehörten nun zu China, und gerade der Stoff- und Teehandel mit den Nordvölkern blühte. Pan war einer der Wichtigsten in diesem Geschäft. Im Hauptberuf erfolgreicher Händler, galt seine Leidenschaft dem Genuss. Also investierte er auch in Restaurants, Teehäuser und Weinschänken. Auf diese Tradition gehen auch unsere Bestrebungen zurück, aus der Ligeng-Halle eine der ersten Adressen für Tee und traditionelle Suzhouer Küche zu machen.«

Xiao Fang führte mich wieder hinaus ins Dunkel der Innenhöfe. Hier war es absolut still, nur der Mond beschien die Szenerie. Sein fahles Licht schuf einen scharfen Kontrast zwischen den schwarzen Dachtraufen und dem Blau der Wände. Xiao Fang blieb stehen. Ihre schwarzen Augen im mondbleichen Gesicht blickten mich an. Wir schwiegen.

Dann brach sie den Zauber und erinnerte an den eigentlichen Grund meines Besuchs, die besonderen Speisen, die in der alten Halle auf mich warteten. Ich hörte nur halb hin und fixierte das junge Mädchen. War die kleine Fang etwa eine wiedergeborene Konkubine des alten Pan? Oder eine der Töchter des Hauses? Die Mauern des Hofes hatten das 21. Jahrhundert ausgeschlossen. Sie bemerkte meinen Blick, wurde verlegen und drängte zum Aufbruch.

In einer Nebenhalle trafen wir wieder auf Ye Fang. Der stellte mir kurz die weiteren Gäste des Abends vor: den Dichter Wang Jiaju, Autor eines Standardwerks über Suzhouer Esskultur, und zwei Journalistinnen, die ich noch nicht kannte. Wir stiegen zwei Treppen nach oben. Dort lag ein Separee, in das der noch fast volle Mond hineinschien. Xiao Fang übernahm wieder die Regie:

»Heute Abend werden wir achtzehnjährigen Reiswein kosten, eine besondere Rarität für besondere Gäste«, verkündete sie.

Ein Bankett war für uns vorbereitet, und Xiao Fang führte uns durch die Speisen- und Getränkefolge. Wang Jiaju übergab mir sein Buch *Kulinarische Erzählungen von Suzhou*, komplett mit Widmung. Ich dankte ihm und versprach, es aufmerksam zu lesen.

Wir saßen am offenen Fenster. Xiao Fang schenkte uns den Reiswein aus kleinen Metallkännchen ein und erklärte dazu: »Im Weinhaus *Yuan Da Chang* trank und speiste Suzhous Elite. Der alte Herr Pan, der Gründer des Hauses, war selber oft Gast. Dort lud er Bekannte und Geschäftsfreunde ein. Den Reiswein ließ er von seiner Firma herstellen, und nur im *Yuan Da Chang* durfte er ausgeschenkt werden. Das Rezept war geheim, und unter keinen Umständen durfte es nach außen weitergegeben werden. Auch damals fürchtete man die Kopisten. Wer dagegen verstieß, musste mit schlimmen Strafen rechnen. Pan hatte Einfluss, und wer gefasst wurde, den bestrafte der Magistrat streng.« Wie, das konnte man sich ausmalen, wenn man sich das Register alter chinesischer Prügel- und Verstümmelungsstrafen vor Augen führte.

Der wohlgehütete Wein wartete auf uns. Doch noch erhob niemand den Becher. Da begann Ye Fang zu zitieren: »Unter Blumen und Blüten ein Krug mit Wein! Kein Freund will heut mit mir trinken.« Gelächter machte die Runde. »Warte ab, Freund«, rief Wang aus, blickte zum Fenster und fuhr fort: »Der Mond ist da, ich bin nicht allein. Er grüßt mich mit freundlichem Blinken. Ich muss mit dem Becher ihm winken.« Nun war wieder Ye Fang an der Reihe: »Der Mond und mein Schatten und ich, wir sind drei, das sei eine lustige Runde! Ach, der Mond ist als schlechter Trinker dabei. Er lächelt mit trockenem Munde, und mein Schatten kriecht träge am Grunde.«

Alle lachten, und ich rief: »Li T'ai-po?«

»Ja«, bestätigte Xiao Fang, »passt das Gedicht nicht wunderbar in unsere Runde? Lehrer Ye und Lehrer Wang haben so gut zitiert. Da kann ich nur meinen bescheidenen Beitrag leisten.« Sie fuhr fort, weitere Verse des Dichters aus dem 8. Jahrhundert zu deklamieren: »Doch sei's, wie es sei! Der Mond ist mein Freund. Und mein Freund ist an mich gebunden, als treuester Sklave. Wir müssen vereint des Frühlings blühende Stunden genießen, bevor sie entschwunden.«

»Des späten Herbstes reife Stunden, sollte es heißen«, korrigierte Ye Fang, »doch der alte Li T'ai-po konnte ja nicht wissen, wann wir hier zusammensitzen und uns Mond und Schatten zu Kumpanen machen.«

»Besser Freunde als Schatten«, kommentierte Wang Jiaju. »Also, hoch die Tassen.« Wir tranken einander zu und verzichteten auf das notorische *ganbei*, das verbrüdernde Kampftrinken im Reich der Mitte. Ju *bei*, hoch die Tassen, war viel angenehmer und entsprach dem teuren Nektar im Becher auch viel besser. Er schmeckte wie ein lange in Eichenholz gelagerter Sherry und war bei Weitem voller und reifer als alles, was an fünf oder maximal zehn Jahre altem Reiswein in den Regalen der Supermarktketten lagerte.

Gelber Reiswein ist, ähnlich spanischem Sherry, eine delikate Angelegenheit. Alter, Lagerung und die Qualität des Tons der Weinkrüge entscheiden über seine Güte. 18 oder gar über 20 Jahre gut gelagerter Reiswein gilt als Delikatesse. Er kann kalt wie warm genossen werden. Ein leicht gewärmter Wein ist vor allem in der kalten Jahreszeit besonders bekömmlich und steigert die Kapazität des Bauches.

Die ersten Speisen wurden aufgetragen. »Einen Garten voller Herbstfarben kann man nicht verschließen«, deklamierte Xiao Fang, und ich war ein wenig verwirrt, was sie damit meinte. Ein weiteres Gedicht? Sie lachte: »Nein, das ist nur der Name dieser Vorspeisen.« Auf meinem Teller leuchtete eine Mischung aus kleinen Imbissen in Rot, Grün, Weiß und Braun: Klebreiskuchen, Rüben, getrocknete Essigpflaumen und kleine, sehr fein geschnittene Sushi-Rollen. Das Sushi war das Zugeständnis des Suzhouer Kochs an die internationale Moderne. Was nun an Speisen folgte, war ein einziges Gemälde des Herbstes. Dazu gehörte ein intensives »Herbst-Rot, das sich im Paradies mit menschlichem Antlitz widerspiegelt«: ein fein portionierter Schweinebauch in roter Marinade auf frisch-grünem Kleegemüse.

Die Stimmung war ausgezeichnet. Wir prosteten weiter einander zu, ließen uns die herbstlichen Köstlichkeiten auf der Zunge zergehen. »Chinas Kultur ist nun in aller Munde«, sagte Ye Fang. »Lasst uns zur Abwechslung doch einmal ein kleines Spielchen machen.«

Auch am Esstisch setzte sich die Spielleidenschaft der Chinesen durch: »Jeder muss abwechselnd einen Ausdruck mit dem Wörtchen *chi* (»essen«) bilden. Wem nichts einfällt, der trinkt einen Schluck Wein.« Nun fürchtete ich wirklich um meine Nüchternheit. Als Ausländer war ich deutlich im Nachteil. Hinzu kam, dass ich es hier mit Schriftstellern und Künstlern zu tun hatte, deren Bildungsniveau deutlich über dem Durchschnitt lag. Doch man hatte Mitleid und machte es mir leicht. Ich durfte den ersten Ausdruck nennen: »*Chi fan*«, sagte ich, »essen«. »*Chi bu kai* – unbeliebt«, sagte Ye Fang. Die Journalistinnen waren an der Reihe und bildeten »*chi bu zhu* – etwas nicht aushalten können«, »*chi guansi* – eine Strafe absitzen« sowie »*chi jing* – sich erschrecken«. Wang Jiaju, der Dichter, verzog das Gesicht und sagte: »*Chi kutou* – bittere Erfahrungen machen«. Ye Fang ergänzte »*chili pawai* – von jemandem leben und insgeheim dessen Gegner unterstützen«, Xiao Fang konterte: »Das ist sehr anstrengend – *chili*.« »Du bist sehr beliebt«, flirtete ich, nachdem ich wieder an der Reihe war, und als ich »*chixiang*« sagte, errötete Xiao Fang. Alle lachten, und wir beendeten das Spielchen. Es war erstaunlich, was in China alles »gegessen« wird. Ein ganzes Spektrum von Freud und Leid, guten und schlechten Erfahrungen nimmt man mit dem Munde auf.

Das Trinken war für einige Momente in den Hintergrund getreten, weil wir alle so erfolgreich Begriffe gebildet hatten, doch nun galt unsere Aufmerksamkeit wieder dem warmen Reiswein. Xiao Fang hielt ihren Becher beim Zuprosten immer ein wenig niedriger als ich meinen, und wenn ich meinen Becher senkte, dann senkte sie ihren noch tiefer. »Du bist der Ehrengast«, erklärte Ye Fang, dem unser Reiswein-Flirt sichtlich Freude machte. »Daher hält sie ihren Becher immer ein wenig niedriger.«

Wir stießen nun auch auf den Mond an, obwohl er deutlich im Abnehmen begriffen und das Mondfest längst vorbei war. Wang und Ye standen jedes Mal auf, um sich des bleichen Trinkkumpans draußen vor dem Fenster zu versichern. Der Reiswein zeigte seine Wirkung.

Ich hatte mir einen Rest Nüchternheit bewahrt und fragte die erstaunlich trinkfeste Weinfee Xiao Fang, warum das berauschende Getränk in einem Metallkännchen serviert wurde. Das schien mir ungewöhnlich. »Du wirst es bald erfahren«, sagte Xiao Fang und lächelte dazu salomonisch. Wir duzten uns nun – aber das war im Chinesischen eh einerlei. Wir tranken weiter miteinander, sie hielt dazu ihren kleinen Finger graziös abgespreizt und leerte ihre Schale routiniert.

Ye Fang war nun in richtiger Zitierlaune. Er hielt sich weiter an Li T'ai-po, den unglücklichen Poeten des 8. Jahrhunderts, der sich in den Tod gestürzt haben soll, als er volltrunken einer Mondspiegelung im Wasser nachhaschen wollte. Der Künstler deklamierte die vielleicht bekanntesten vier Gedichtzeilen der klassischen chinesischen Literatur:

> *»Vor meinem Bette glänzt des hellen Mondes Licht.*
> *Zuerst hielt ich es für silbernen Reif,*
> *doch dann hob ich den Kopf und schaute den hellen Mond.*
> *Ich senkte ihn und gedachte seufzend der Heimat.«*

D ie Heimat«, stellte Wang klar, »ist Suzhou und nicht Li T'ai-pos Westchina. Das ist weit weg. Ich halte es da als Lokaldichter lieber mit Shen Fu, der mit Yün feierte«, und er las aus meinem Buch, das mich stets begleitete: »Am fünfzehnten des siebten Monats war das Allerseelen-Fest. Yün bereitete ein kleines Abendessen. So waren wir bereit, mit dem Mond als Begleiter gemeinsam zu trinken. Aber als die Nacht hereinbrach, überzog sich der Himmel mit dunklen Wolken. Yün legte die Stirn in Falten und sagte: ›Wenn wir so lange zusammenleben, dass unser Haar bereits schlohweiß geworden ist, dann wird sich uns der Mond bestimmt wieder zeigen.‹ Ich fühlte ähnlich. Als wir über die Wasserfläche vor unserem Haus hinausschauten, entdeckten wir plötzlich Schwärme von Glühwürmchen wie Abertausende kleine Kerzen, die sich ihren Weg durch Weiden und Uferschilf suchten.

Später trafen sich die beiden im Garten des Pavillons der Wellen und Wogen wieder: ›Wir brachten eine Decke mit uns, die wir auf dem Boden des Pavillons ausbreiteten, und dann saßen wir beieinander, während uns ein Wächter Tee servierte. Nach einer Weile war der Mond über dem Wald aufgestiegen und eine sanfte Brise streifte unsere Ärmel. Das Antlitz des Mondes blitzte im leicht gekräuselten Wasser – alle weltlichen Sorgen wurden mit einem Male unbedeutend.«« Wang gab mir mein Buch zurück, und Ye bestätigte: »Wang, du hast recht. Nichts geht über Suzhous Mond und seine Frauen.«

Wir lachten, und ich war sehr erleichtert darüber, dass es heute noch Chinesen gab, die literarisch derart gebildet waren – selbst im beinahe betrunkenen Zustand. Auch in Xiao Fangs hübschem Köpfchen steckte viel. Von klein auf hatte sie in der Schule gelernt, Hunderte von Zitaten und alten Gedichten im Gedächtnis zu behalten. Zur rechten Zeit am rechten Ort mit den rechten Freunden, beim rechten Essen und nicht zuletzt unter Einfluss des Weingeistes wurde das schlummernde Wissen plötzlich wieder aktiviert. Das war das China, von dem ich träumte, und hier an diesem merkwürdigen Ort war es Realität geworden.

Weitere duftende, ansehnliche, poetisch klingende, intensiv schmeckende Gerichte folgten, und am Ende stieg uns vom Mondscheinwein Berauschten der Duft von »Zehntausenden von Kiefernranken und Zehntausenden von Wolken« in die Nase. Das war eine unvergleichliche Suppe aus Trüffeln und Gemüsebrühe. Genau genommen war es die Essenz einer Suppe. Sie wurde, wie edler Oolong, in kleinen Teekännchen serviert. Jeder trank aus winzigen Becherchen von dieser Essenz, die wohltuend die flüchtige Wärme des Reisweins vertiefte.

MONDSCHEINWEIN

China ohne Vollmond ist wie Wein ohne Blume. Wein und Mond zusammen sind besser als jeder noch so edle Tropfen, den man in der Finsternis genießt. Wir sitzen im Innenhof eines alten Suzhouer Hauses. Die Hektik des 21. Jahrhunderts ist vor den geschlossenen Türen zurückgeblieben. Stumm scheint der Vollmond auf helle, blau schimmernde Wände, die sich deutlich von den schwarzen Röhrenziegeldächern abheben. Becher und Kannen sind gefüllt. Der Wein wärmt, wir prosten einander zu und laden den Mond zum Mittrinken ein ...

Was wir dazu brauchen:

mindestens 10 Jahre alten Shaoxing-Reiswein

einen Topf mit heißem Wasser

ein elegantes, krug- oder vasenartiges Gefäß für den Wein

mehrere kleine Trinkbecher

den Vollmond am Himmel

Mitternacht, etwas früher oder auch etwas später

Wie es gemacht wird:

1. Ich gieße den Reiswein in das Gefäß und wärme ihn rund 10 Minuten lang im heißen Wasserbad. Dabei achte ich darauf, dass der Wein nicht überhitzt, sondern nur gewärmt wird, da sonst sein Geist schnell verflogen ist.

2. Falls Xiao Fang nicht zugegen ist, schenke ich selbst jedem Gast ein wenig gewärmten Wein ein.

3. Wir erheben die Gläser, prosten dem Nachtgestirn über uns zu und freuen uns, dass uns der Mondschein beim Trinken Glanz verleiht. Gedichte und Lieder können den Wein weiter verfeinern ...

W ir tranken weiter. Berauscht zitierte Wang aus dem Stegreif ein Gedicht Su Dongpos, der sich, ebenfalls im Andenken an den großen Li T'ai-po, fast 1000 Jahre vor uns auf ein Gelage mit dem Mond eingelassen hatte:

> »Der Blick schweift weit, geht verloren in der großen Leere,
> endlos ziehen die Wolken dahin und hinterlassen keine Spuren.
> Der Mond segelt herbei und malt die klare Herbstnacht blau. (...)
> Ich bin betrunken, klatsche in die Hände und singe wilde Lieder.
> Dann erhebe ich das Glas und grüße den Mond –
> mit meinem Schatten im Bunde sind wir zu dritt.
> Wir tanzen schwankend unter Wind und Tau – ich habe keinen blassen Schimmer,
> welches Datum heute im Mondpalast ist.
> Ach ich wünschte mir, ewig mit dem Winde zu reisen –
> hin und her, am besten auf den Schwingen des Riesenkranichs!
> Im Kristallpalast auf dem Mond erfüllt Flötenklang den Raum.«

D as provozierte. Szenenapplaus folgte. Ich schämte mich, kein einziges deutsches Gedicht vollständig und auswendig parat zu haben. Selten zuvor hatte ich mich so ungebildet gefühlt. Doch Wein und Wolkensuppe schmeckten besser als alle Worte der Welt.

Plötzlich war mein Weinkännchen leer. Die aufmerksame Xiao Fang beugte sich herüber und entwand mir lächelnd das Gefäß. Ich ließ es willig geschehen und war umso überraschter, als die zarte Erscheinung das Kännchen mit Nachdruck gegen den Dielenboden schlug. Kurze Zeit später erschien ein Bediensteter und brachte eine neue Kanne Reiswein. Meine Begleiterin schenkte mir nach, selbstverständlich ohne ihr Lächeln dabei zu vergessen. »Der alte Pan«, erklärte sie, »war ein echter Patriarch. Wenn er etwas wollte, musste es sofort geschehen. Wenn er trank, konnte er schnell ungeduldig werden, wenn Krug und Becher trocken wurden. Oft wurde er ungehalten, wenn die Bedienung nicht schnell genug nachschenkte. Während seiner Handelsreisen in den Norden hatte er oft erlebt, wie ungehaltene Trinker durch lautes Klopfen mit ihren Krügen auf die Holztische lautstark Nachschub einforderten. Dabei ging leider einiges an Inventar zu Bruch. Da kam Herrn Pan die Idee, Weinkannen aus Metall fertigen zu lassen. Wenn man damit auf den Boden schlug, zerbrachen sie nicht, und das Metall schepperte so laut auf den Dielen, dass die Bediensteten sofort wussten, dass Pan wieder einmal auf dem Trockenen saß. Sie eilten sogleich mit frischem Wein herbei. Im Weinhaus *Yuan Da Chang* hatte sich diese Sitte etabliert, die wir heute einfach fortsetzen.« Feine südchinesische Lebensart paarte sich so mit nordchinesischer Derbheit. Das Ergebnis voller Krüge überzeugte.

Picknick unter schwarzen Segeln

Ich blieb noch einige Tage in Suzhou, weil Ye Fang ein weiteres Ereignis angekündigt hatte. »Noch ist das Wetter warm genug. Wir machen ein Bootspicknick auf dem Taisee. Bist du dabei?« Ich sagte sofort zu, denn das wollte ich auf keinen Fall verpassen. Am darauf folgenden Tag würde ich mich dann von Suzhou verabschieden. Den Yangtse aufwärts sollte es nach Zhenjiang gehen, um wieder einmal meine chinesische Familie zu besuchen.

Eine Gruppe, die überwiegend aus Taiwanesen bestand, wartete auf uns. Ein Bus brachte uns an die Südspitze der Dongshan-Halbinsel. Unterwegs änderte sich die Landschaft. Die brettflache Gegend wich allmählich einer hügeligen und direkt am Ufer des Sees dann bergigen Szenerie. Oleander- und Mandarinenhaine zogen sich die Hügel hinauf.

Schwarz, klobig und etwas schwerfällig dümpelte das Ungetüm im Seewasser. Wir standen vor einer der vier letzten Fischerschunken des Taisees. Ein befreundeter Künstler und Geschäftsmann hatte in diesen alten Kahn aus der Kaiserzeit investiert, so dass er halbwegs fahrtüchtig bereitstand. Die Dschunke wirkte wie ein Geisterschiff. Die schwarzen Segel, an mehreren Stellen geflickt, hingen träge in der lauen Brise. Die Herbstwinde fehlten. Wir gingen an Bord.

»Das ist der Skipper«, stellte Ye Fang einen drahtigen Mann mittleren Alters vor, der für den Kahn verantwortlich schien. »Er stammt von der Drei-Berge-Insel dort drüben.« Ye deutete mit dem Zeigefinger in den grauen Dunst, wo sich sehr undeutlich die Konturen einer Hügellandschaft abzeichneten. »A Gui war dort viele Jahre lang Parteisekretär.« Der Mann nickte. »Ohne ihn hätten wir dieses Boot nie gefunden, und ohne ihn gäbe es heute auch nichts zu essen!« Der Mann war offensichtlich ein Allround-Talent. A Gui war nicht nur einer der intimsten Kenner des Taisees und wusste, wo man die besten Krebse und Fische fing. Er war auch pensionierter Dorfkader, Hotelier, Skipper und Koch in Person. Vor kurzem hatte er ein Hotel-Restaurant auf seiner Insel eröffnet. Intellektuelle und Künstler vertrauten Ex-Kadern und langjährigen Parteimitgliedern. Wie konnte das sein? Der Schlüssel dazu ist die Vielfalt menschlicher Rollen, die in China weniger in Widerspruch zueinander treten, als dass sie die verschiedenen Seiten eines Ganzen bilden. A Gui war zwar Parteimitglied, aber in erster Linie war er ein Kenner der Region. Viele Jahre lang hatte er hart dafür gearbeitet, den Lebensstandard der Inselbewohner und seiner verzweigten Familie zu verbessern. Damit konnte er etwas für *seine* Insel tun. Menschen wie A Gui waren es, die den von der Partei gescholtenen Intellektuellen zu Zeiten der Kulturrevolution Unterkunft und Stütze boten. Mao hatte Anfang der 70er Jahre Millionen junger Intellektueller aufs Land geschickt, um vom Lande zu lernen.

Unsere Dschunke, die jahrzehntelang den Vorfahren als Fischerboot gute Dienste geleistet hatte, war schließlich startklar. Der Skipper hatte den Dieselmotor angeworfen. Nur er vermochte es, den 36 Meter langen Segler hinaus auf den Taisee zu treiben. Die schwarze Takelage knarrte.

Die Taiwanesen stellten sich kurz vor, und so erfuhr ich, dass ihre Vorfahren alle aus dieser Gegend stammten. Als Generalissimus Tschiang Kai-shek 1949 von Mao Zedong geschlagen worden war und in aller Eile auf die Insel Taiwan flüchtete, folgte ihm eine große Zahl vermögender Händler und Intellektueller über die Meerenge. Viele davon kamen aus der Region am Unteren Yangtse. Schon früh hatte sich unter der hier angestammten Bevölkerung eine gebildete Elite entwickelt, die großen Einfluss auf die unterschiedlichen Regierungen des Landes ausübte. Viele waren Förderer von Tschiangs Kuomintang gewesen. Sie fürchteten die Kommunisten und die drohenden Verfolgungen der besitzenden Klasse. So auch die Vorfahren meiner Reisegefährten. Die 20 Gäste der politisch abtrünnigen Insel waren beseelt von der Idee, sich per Dschunke in der Heimat ihrer Vorväter auf Spurensuche zu begeben.

Ye Fang gab noch einige Details über unseren Segler preis. »Das Boot ist über 100 Jahre alt und die einzige alte Qing-Dschunke auf dem Taisee, die sich in Privatbesitz befindet. Der Freund hat sie für rund 30 000 Euro gekauft und danach behutsam modernisiert.« Nun, Modernisierung klang ein wenig übertrieben. Die großen Flicken auf dem schwarzen Segeltuch sahen eher nach Notreparatur aus. Ye Fang, der meinem Blick gefolgt war, erriet meine Gedanken: »Du bekommst diesen Stoff nicht mehr, und keiner ist mehr in der Lage, solche Segel zu nähen. Dieses Spezialwissen ist längst auf dem Schutthaufen der Geschichte gelandet.«

»Wie so vieles«, dachte ich und erinnerte mich daran, dass kein Handwerker in Shanghai mehr in der Lage war, die Rahmen alter Holzfenster fachgerecht zu erneuern, die in vielen der alten Stadthäuser aus den 30er und 40er Jahren aus den Angeln zu fallen drohten. Die Modernisierung Chinas wurde begleitet von einer Woge des Vergessens. Besonders betroffen war das traditionelle Handwerk.

Die erste halbe Stunde Fahrt verlief sehr ruhig. Man saß an Deck und genoss das fahle Licht. Der Taisee war bei jedem Wetter schön, am schönsten, so hieß es, bei leichtem Nieselregen. Es blieb aber trocken, und wir genossen die Ruhe des Sees, die Aussicht auf die Hügel und den Blick auf die silbergraue Wasserfläche. Nach gut einer halben Stunde Fahrt kam Bewegung unter die Gäste. Man begann zu schwatzen und Karten zu spielen. Zur Rechten der Dschunke ragte nun die Drei-Berge-Insel aus dem Gewässer. »Ein erstklassiger Ort, um Taisee-Garnelen zu kosten«, bemerkte einer der Taiwanesen, der schon einmal dort gewesen war.

Der Dieselmotor, der das Boot während der Flaute in Fahrt gehalten hatte, verstummte. Nun war der große Moment gekommen. A Gui und seine Leute trugen Tische und Schemel an Deck. Dann wurden Reis- und Reisweinschalen sowie Essstäbchen aufgetragen. Ein Qin-Meister installierte sein Musikinstrument. Die Gu Qin oder Qin-Zither war eines der ältesten chinesischen Musikinstrumente überhaupt. Früheste Beschreibungen sind rund 3000 Jahre alt, und bereits Konfuzius galt als geübter Qin-Spieler. Der Meister schlug die Saiten an. Ihr seltsam verhaltener Klang passte zu der vom Dunst verhüllten Taisee-Landschaft.

Speisen wurden nun in schneller Folge aufgetragen und farblich komplementär auf den fahlgrauen Holztischen an Deck angerichtet. Sie waren Farbkleckse auf dem sonst monochromen Boot. Der Qin-Spieler entlockte seinem Instrument weitere Harmonien: langsam, getragen, scheinbar geboren aus der hellgrauen Feuchte, die uns umgab. Die Segel hingen schlapp über uns, die Drei-Berge-Insel blieb ein Schemen im Dunst. Eine Atmosphäre eigentümlicher Schönheit umhüllte alles.

Die Tafel war eröffnet. Ich bewunderte den Koch, der aus der provisorischen Schiffsküche unter Deck diese kleinen, farbenprächtigen Köstlichkeiten hervorzauberte. Suzhouer Herbstgemüse, Mandarinfisch und selbstverständlich Krebse. Es war ein wenig kühl, und so kam der Reiswein gewärmt auf den Tisch. Die Taiwanesen prosteten mir zu, doch heute hielt ich mich zurück. Xiao Fang war nicht mit an Bord.

Was wir aßen, war einfach, aber ausgesprochen frisch und wohlschmeckend. Den kulinarischen Höhepunkt bildete ein unmittelbar geschlachtetes tuji-Huhn, das A Gui sorgfältig ausgewählt hatte. Huhn wurde hier stets gekocht. Die gehaltvolle Brühe war ein Genuss, das Hühnerfleisch noch immer saftig und nicht zu Suppenfleisch ausgelaugt.

A Gui zeigte der gebildeten Elite an Bord, wozu ein chinesischer Landmann in der Lage war. Er war ein perfekter Kenner dessen, was die Scholle zur Verfügung stellte, und wusste, wo man auch im Zeitalter von Kunstdünger und Pestiziden, mit denen das chinesische Land seit Beginn der Wohlstandsperiode verseucht wurde, noch biologisch erzeugte Nahrungsmittel bekommen konnte. Er kannte sich aus mit Gemüse, Huhn und Seetieren und wusste um die jeweils beste Zubereitungsart. Nur noch wenige verfügten über dieses Wissen.

DER VIERTE GANG

A GUIS LANDHUHN

Überall auf der Welt gehören Hühner zum Landleben dazu. In China ganz besonders. Nicht nur die Umrisse der Volksrepublik China erinnern nach landläufigen Vorstellungen an einen prächtigen Riesengockel. Überall da, wo das Landleben noch nicht ganz von Supermärkten und Trendrestaurants verdrängt wurde, gackern die Hühner. Noch in den 90er Jahren hielten sich viele Stadtbewohner Federvieh, und jeden Morgen wurde ich vom Krähen der Hähne geweckt. So wie heute noch auf A Guis Insel im Taisee bei Suzhou, wo er Gästen die beste Hühnersuppe Chinas auftischt. A Guis Niveau erreiche ich nie, aber trotzdem versuche ich mich ab und an an einer guten Suppe mit ganzem Huhn.

Was ich dazu brauche:

1 frisch geschlachtetes und ausgenommenes Huhn

15 Shiitake-Pilze (frisch oder getrocknet)

50 g schwarze Mu-Err-Schwammpilze (frisch oder getrocknet)

1 Frühlingszwiebelstange

200 g frische Bambussprossen in Streifen geschnitten

1 Ingwerknolle in Scheiben geschnitten

2 EL Reiswein zum Kochen

einen großen Topf mit mindestens 5 l Fassungsvermögen

frisches Wasser

Salz nach Befarf

Wie es gemacht wird:

1. Ich lasse die getrockneten Pilze in einer Schale mit Wasser so lange quellen, bis sie weich und saftig geworden sind. Danach schneide ich sie in Scheiben bzw. mundgerechte Größe.

2. Das Huhn wasche ich gründlich und koche es dann zusammen mit Ingwerscheiben, Pilzen, Bambus und Reiswein.

3. Zunächst wird alles auf großer Flamme aufgekocht, dann auf kleiner Flamme langsam gegart, bis das Fleisch absolut weich geworden ist und fast vom Knochen fällt. Dann erst gebe ich Salz je nach Geschmack dazu.

4. Zum Schluss füge ich die Frühlingszwiebel hinzu und koche noch 3–5 Minuten lang weiter.

5. Die Hühnerbrühe, die beim Kochen entsteht, ist übrigens auch eine fantastische Würzgrundlage für viele andere Rezepte in diesem Buch.

In flachen, mit Flüssen und Kanälen durchzogenen Landschaften hat das Bootspicknick eine lange Tradition, in Suzhou ebenso wie in den entsprechenden Landstrichen Europas. In seinen Tagebüchern beschreibt der Engländer Samuel Pepys (1633–1703) seine kulinarischen Erlebnisse auf der Themse.

Was für Pepys wichtiger Bestandteil seines Genießerlebens war, galt für seine Suzhouer Dichterkollegen erst recht. Der Schriftsteller, Herausgeber und Erzieher Ye Shengtao (1894–1988) schwärmte: »Ein echtes Bootspicknick ist ausgesprochen reichhaltig. Außer vielfältigen Gerichten gibt es noch viele kleine Leckerbissen, *dianxin*, ›kleine Dinge, die das Herz erfreuen‹ genannt, sodass es unmöglich ist, diese Vielfalt in nur einer Mahlzeit zu bewältigen. Wählt man eine vereinfachte Variante, dann kocht man zwar deutlich weniger Speisen, bereitet diese aber ebenso sorgfältig und detailverliebt vor. [...] Zum Ende des Banketts hat der Esser das Gefühl, dass sein Appetit weiterhin grenzenlos ist und das Wasser ihm noch immer im Munde zusammenläuft.«

Nach einigen Stunden in den monochromen Gestaden des Taisees näherte sich unsere Dschunkenfahrt ihrem Ende. Wir gelangten wieder zur Anlegestelle. »Weißt du«, sagte Ye Fang, »die Einheit des Essers mit Natur und Kultur, die Verbindung natürlicher Umgebung mit dem Genuss einfacher, aber feiner Speisen ist der Schlüssel zur Zufriedenheit. Essen, soziales Gefüge und natürliche Umgebung gehörten in Suzhou immer zusammen: Was essen wir? Wie essen wir? Mit wem essen wir? Zu welcher Jahreszeit essen wir? Wo essen wir?« Die Umwelt war ein Genuss, und kein Genuss war ohne die passende Umwelt möglich. Diese Erkenntnis lag wie ein Ausrufezeichen über dem China des 21. Jahrhunderts.

Der süße Geschmack des Todes

Kugelfisch, ausgerechnet! Ich bereute auf der Stelle mein voreiliges Versprechen, zum Familiendinner anzureisen. In Japan als *fugu* bekannt, forderte der Fisch alle Jahre wieder seine Opfer unter den risikofreudigen Essern. »Wir nennen ihn auf Chinesisch *hetun*«, klärte mich mein Schwager weiter auf. Zwar hatte ich mir geschworen, alles zu probieren, was sich mir unterwegs bot. Aber einen Fisch essen, der hochgiftig war?

Mein beredtes Schweigen sprach offenbar Bände, und so wiegelte mein Schwager ab: »Keine Angst. Es wird nichts passieren. Ich esse fast jedes Jahr Kugelfisch. Die Restaurants, die *hetun* anbieten, müssen speziell dafür ausgebildete Köche haben. Die machen keinen Fehler, sei unbesorgt!« Ich war alles andere, nur eben nicht unbesorgt.

Fugu ist in Japan berühmt-berüchtigt. Den Fisch umgibt eine fast mystische Aura. Wer einmal dem Genuss verfallen ist, der könne, so hieß es, dem hochgiftigen Getier nicht mehr abschwören. *Fugu* oder *hetun* galten als das Opium des Feinschmeckers. Ich wusste, dass in Deutschland Kugelfisch-Genuss per Gesetz verboten war. Wohl kaum ein Deutscher würde auf die verrückte Idee kommen, wegen eines Gaumengenusses sein Leben aufs Spiel zu setzen. Doch Japaner und Chinesen warfen ihr sonst nicht geringes Sicherheitsbedürfnis zugunsten einer kulinarischen Spezialität nur zu gern über den Haufen.

Hetun aß man am besten um den 5. April, zum Totenfest, wenn die Fische zum Laichen den Yangtse hinaufschwammen. Das war schon vor vielen Jahrhunderten so. Dann waren sie fett und saftig, die Gräten geschmeidig. Mittlerweile war der Fisch das ganze Jahr über erhältlich, was darauf deutete, dass Kugelfisch gezüchtet wurde.

Mein Sohn hatte entschieden, den gefährlichen Fisch auf keinen Fall zu probieren. »Ich bin erst zwölf«, betonte er mit Nachdruck. Doch Frau, Schwiegermutter und Schwägerin hatten gegen den exquisiten Nervenkitzel nichts einzuwenden.

Das Restaurant hatte mein Schwager sehr sorgfältig ausgewählt. Es war bekannt für die Qualität seiner *hetun*-Zubereitung
und verfügte über die notwendigen Zertifikate, um Kugelfisch anbieten zu können. Ich entspannte mich innerlich ein wenig. Wir
begrüßten unseren Gastgeber, Manager Wang, der zugleich ein
entfernter Verwandter war und mich neben sich auf den Ehrenplatz verwies. Es gab kein Zurück. Insgeheim hoffte ich, dass die
Kugelfische heute aus waren. Doch ich hoffte selbstverständlich
vergeblich.

Manager Wang beruhigte mich: »Unsere Köche sind erfahren,
und über die gesetzlich vorgeschriebenen Qualifikationen verfügen sie natürlich auch. Ein *hetun*-Koch weiß, wie er den Fisch
schneidet. Die giftigsten Körperteile, vor allem Augen, Innereien
und Gräten, wird er geschickt entfernen.«

Das Fischfleisch durfte auf keinen Fall mit dem Tranchier-
messer geritzt werden, sonst gerieten die Toxine in das Muskelfleisch und machten den Genuss zur Selbstmordattacke. »Selbstverständlich«, fügte Wang hinzu, »regt der Genuss einer winzigen
Giftmenge an. Er erzeugt Euphorie, ähnlich wie ein leichtes
Rauschmittel. Der eigentümlich süße Geschmack bewirkt ein
besonderes Glücksgefühl.« Der Mann war offenbar kugelfisch-
süchtig. Das konnte ja heiter werden.

Dann standen die Fische vor uns, genau einer für jeden. Sie
waren in *hongtang*, einer mit Sojasauce versetzten Brühe, und mit
Bambus zubereitet. Tot und harmlos lagen sie vor uns, mit schlaf-
fer, eingefallener Kugelhaut. Selbstverständlich ohne Köpfe, Augen und Gräten.

»Keine Angst! Trau dich, probiere!«, forderten mich Schwager
und Gastgeber gleichzeitig auf. »Der Koch hat vorgekostet. Das ist
Kugelfisch-Gesetz. Der Koch trägt die volle Verantwortung. Erst
wenn sich bei ihm 15 Minuten nach Verzehr keine Symptome einer Vergiftung zeigen, darf der Fisch serviert werden.« Das Argument hatte zwei Schwachstellen. Erstens wusste ich nicht, ob der
Koch noch lebte, und zweitens, selbst wenn er noch lebte, hatte er
wahrscheinlich irgendeinen der Kugelfische probiert, aber nicht
unbedingt meinen.

Alle anderen hatten bereits seelenruhig von ihrem Kugelfisch gekostet. Selbst meine sonst eher skeptische und vorsichtige Gattin aß, ohne zu zaudern. Auch mein Sohn hatte dann doch probiert, aber sofort entschieden, dass Schnitzelfleisch entschieden besser schmecke. Die Familie hatte sich dem Fisch ausgeliefert, da konnte ich nicht mehr zurückstehen. Also gut, im schlimmsten Falle würde ich heute in das Reich des chinesischen Küchengotts eingehen. Warum hatte ich mir nur dieses Thema ausgesucht? Vom heutigen Tage an konnte ich nun an der enormen Wichtigkeit des Essens in China nicht mehr zweifeln – heute wurde bis an die Grenze der Existenz gegessen.

Ich zückte meine Essstäbchen, schob den Bambus entschieden zur Seite und löste ein Stück Fischfleisch aus der Bauchdecke, unter der vor einer halben Stunde noch die tödlich giftigen Organe gelegen hatten. Ich zwang mich, an die Beteuerung von Schwager und Gastgeber und die Kunstfertigkeit der chinesischen Köche zu glauben. Das erste Stück Kugelfisch war verspeist, und ich wartete ängstlich auf erste Vergiftungserscheinungen, ein taubes Gefühl in den Gliedmaßen oder Ähnliches. Nichts passierte, und ich wurde mutiger. Der Geschmack des Tieres schien tatsächlich mit jedem Bissen süßlicher und gefälliger zu werden. Euphorie stellte sich allerdings nicht bei mir ein.

»Nun die Haut«, ermunterte mich mein Schwager, »sie ist voller Nährstoffe und extrem gut für den Magen.« Die Haut des *hetun* war rau wie die des Hais, voller kleiner Dornen, die im Magen angeblich eine positive Wirkung entfalten sollten.

Magenprobleme waren ein weit verbreitetes Leiden in China – besonders in einer zunehmend gestressten Leistungsgesellschaft. Kein Wunder also, dass sich jährlich Tausende chinesische Esser entlang des Yangtse-Flusses auf das Wagnis Kugelfisch einließen. Fast jedes Gericht in China hatte irgendeine positive Wirkung auf die Gesundheit. Die traditionelle chinesische Medizin setzte lieber auf gehaltvolle Suppen denn auf bunte Pillen. Essen und Arznei gingen ineinander über. Guter Geschmack und eine positive Wirkung der Speise auf den Körper gehören in der chinesischen Ernährungslehre stets zusammen. Diesen Effekt bezeichnete man als *yangsheng*, was einfach übersetzt »das Leben nähren« heißt. Die Taiwanesen waren besonders vernarrt in diese alte Lehre und als »Fünf-Elemente-Küche« war das *yangsheng*-Prinzip nun auch im Westen äußerst populär.

Mittlerweile war mehr als eine Viertelstunde seit meinem ersten Happen vergangen. Ich spürte nichts, nicht einmal das erwünschte leichte Kribbeln. Rein gar nichts, aber das war auch gut so. So aß ich brav weiter meinen Fisch und schlürfte die sämige Sauce. Schwager und Gastgeber belächelten mich ein wenig. Sie hatten ihre Fische längst verspeist.

Gerade wollte ich mich an einem großen Schluck Bier stärken, als Wang mich zurückhielt: »Am besten eine Stunde lang kein Wasser trinken.« Erschrocken setzte ich mein stark nach Wasser schmeckendes Bier wieder ab. Die Angst war zurück. Vor einigen Minuten hatte ich schon einen kleinen Schluck genommen, was nun? Wang lachte: »Das ist nur wegen der guten Wirkung der Fischhaut für deinen Magen. Trinkst du zu viel, werden die Wirkstoffe zu schnell ausgeschwemmt.«

Ich war erleichtert und dachte: Der Geschmack des Kugelfischs war eigentlich unspektakulär wie die vielen faden Dinge, die in China als exquisiter Genuss galten, zum Beispiel Haifischflossen, Schwalbennester oder Seegurken.

Plötzlich sagte mein Schwager: »Es hätte dir sowieso gar nichts passieren können.« »Wieso?«, fragte ich verwirrt zurück. »War das kein *hetun*?« »Doch«, erwiderte er, »aber gezüchteter. Der ist kaum noch giftig. Man hat ihm das Gift buchstäblich weggezüchtet. Wir Chinesen können eben alles verändern, wenn es notwendig scheint. Wenn die Sonne den Norden ausdörrt, erzeugen wir künstlich Regen oder leiten Flüsse um. Da ist es ein Leichtes, dem Kugelfisch seine Giftigkeit zu nehmen. Den wilden Kugelfisch, der wirklich nach falscher Zubereitung lebensbedrohlich sein kann, gibt es nur im Frühjahr zum Qingming-Fest. Und dann auch nur selten. Er ist wahnsinnig teuer. Da du eh kein *hetun*-Liebhaber zu sein scheinst, wäre das reine Verschwendung gewesen.«

Die Tischgesellschaft brach in heftiges Lachen aus. Selbst mein Sohn, der gerade noch das verängstigte Kind gespielt hatte, kugelte vor Lachen fast vom Stuhl. Sie hatten mich hereingelegt und mir mit Leichtigkeit bewiesen, dass ich noch immer der schlecht informierte Ausländer war. Mein Ärger darüber hielt nicht lange an, die Erleichterung überwog, und der geprellte, aber dafür lebendige Ausländer stimmte in das allgemeine Gelächter ein.

广东 Guangdong

广西 Guangxi

湖南 Hunan

连州 Lianzhou

佛山 Foshan

茂名 Maoming

巾山 Zhongshan

珠海 Zhuhai

湛江 Zhanjiang

海南 Hainan

澳门 Macao

Pearl River

N ▲ 北

广州 Guangzhou

韶关 Shaoguan

江西 Jiangxi

梅州 Meizhou

东关 Dongguan

福建 Fujian

O ▶ 东

汕头 Shantou

香港 Hong Kong

S ▼ 南

KANTON:
DIE WELT IST ZUM ESSEN DA

Der fünfte Geschmack

Per Nachtzug aus Shanghai hatte ich den Süden erreicht. Dunstig war der Morgen heraufgedämmert. Kein subtropisches Licht, keine leuchtenden Farben, wie der Breitengrad und der nahe Wendekreis des Steinbocks hätten vermuten lassen. Stattdessen wieder die chinesische Normalwelt des 21. Jahrhunderts: Hochhäuser, Hochstraßen, Autobahnkreuze, Fabriken und statt Zitronenhainen ganze Meere von Wohnblöcken. Die Provinz Kanton war gemeinsam mit der Region um Shanghai der Motor der chinesischen Moderne und gehörte zu den am dichtesten besiedelten Regionen überhaupt. Landwirtschaft schien an den Rand gedrängt, genau wie am Yangtse-Fluss komprimiert zu intensivem Feldbau zwischen Fabrikparks und Hochhauskulissen. Die Städte wucherten ins Uferlose, Konturen verschwammen und lösten sich auf in eine amorphe Masse aus Beton und Stahl.

Nicht die großen Metropolen dieser Region waren mein erstes Ziel: Nicht Kanton, die Hafen- und Provinzhauptstadt. Nicht Hongkong, die ehemalige britische Kronkolonie – politisch ein Teil Chinas, kulturell eine ganz eigene Welt. Auch nicht Shenzhen, die Dritte im Bunde, die Aufsteigerin zwischen den beiden etablierten Millionenstädten und selbst mittlerweile so groß wie ihre beiden Schwestern.

Mein Reiseziel hieß Huizhou, und vorher hatte ich noch nie von dieser Stadt gehört. Dabei war ich freiwillig hierhin gekommen, zu einem besonderen Essen. Eingeladen hatte ein alter Freund. Meine Frau Dandan begleitete mich diesmal. Gemeinsam freuten wir uns auf die erste Mahlzeit. Dazu mussten wir auf eine Insel mitten in der Stadt fahren. Auf »seine Insel«, wie mir der Freund gesagt hatte. Mehr wusste ich nicht, denn der Freund redete nicht viel. Wer in der Volksrepublik China eine Insel besaß, brauchte auch nicht viel zu reden. Die Insel lag im Westsee von Huizhou, der vor Jahrhunderten nach dem großen Vorbild des Westsees in der Stadt Hangzhai unweit Shanghais angelegt worden war.

Kurz vor dem Ziel dann die Überraschung. Ein anderer Freund war bereits vor uns hier gewesen und grüßte aus der Ferne. Wir entstiegen dem Taxi, um den Gruß zu erwidern. Insel und Essen konnten noch warten – ein klein wenig zumindest. Denn »ist es nicht eine Freude, wenn ein Freund von weit her anreist?«, hieß es doch. Der, der uns da grüßte, stand unbeweglich da. Er war umringt von Einheimischen, die ebenfalls starr verharrten. Der alte Freund am See war aus Messing und kein Geringerer als Chinas großer Staatsdichter und unverbesserlicher Feinschmecker Su Dongpo. In Sichuan und Suzhou war ich ihm bereits begegnet. Von seiner Hand hatte ich in Sichuan ein köstliches Stück Schweinefleisch gekostet und hatte mit ihm in Suzhou gezecht. Su war im Jahre 1094 hier angekommen, war wieder einmal schneller als ich gewesen und hatte dabei eine weitaus unbequemere Anreise gehabt.

Dabei ging es ihm nicht besser als seinen Zeitgenossen. Wer früher von Norden her in Richtung Südchinesisches Meer fuhr, hatte oft wenig zu lachen und noch weniger zu essen. Er war ein Verfemter gewesen, ein Ausgestoßener der Gesellschaft. Chinas prominentester Feinschmecker und Dichter wurde ein Opfer der politischen Umstände seiner Zeit. Nachdem eine gegnerische Fraktion an die Macht gekommen war, nutzte das Kaiserhaus die Gelegenheit, sich des unbequemen Gegners zu entledigen. Der junge Kaiser warf dem Dichter vor, dass dieser das »politische Erbe seines Vaters« kritisiert und beschmutzt habe. Su Dongpo wurde wieder in die Verbannung geschickt – zum zweiten Mal. So bestrafte man damals Staatsbeamte, die anderer Meinung als die politischen Herrscher waren.

Im Unterschied zu seinem ersten Exil in Huangzhou nahe der heutigen Stadt Wuhan, wo der Dichter-Gourmet sich mit Erfolg dem Entdecken neuer Schweinefleischrezepte gewidmet hatte, sollte ihn das zweite Exil härter treffen. Die neuen Machthaber bei Hofe wollten den Querkopf-Dichter endgültig aus dem Verkehr ziehen, indem sie ihn tief in den Süden schickten. Su sollte der Erste in einer langen Reihe unbequemer Politiker werden, die man als Exilanten dorthin abschob.

Die Reise muss für den 57-jährigen Staatsdichter ausgesprochen anstrengend gewesen sein, denn weite Teile führten durch die bergige Landschaft des chinesischen Südens und schließlich über Bergrücken, die als »Symbole einer langen und anstrengenden Reise«[*] galten. So erreichte er Chinas »Down Under«.

Mit welcher Erwartungshaltung der Dichter von den Bergen hinab in die kantonesische Ebene zog, können die Quellen uns heute nicht vermitteln. Beschrieben aber ist die angenehme Überraschung, die sich am Ziel seiner langen Reise bot: »Das war ein subtropischer Landstrich und er sah Orangenhaine, Zuckerrohr, Litschi-Bäume, Bananenplantagen und Betelnuss-Bäume … Er war im chinesischen Süden, der gar nicht so war, wie er es sich vorgestellt hatte, sondern voll sattgrüner Vegetation und subtropischer Früchte.«[**] Da ging es Su besser als mir heute, der die Zitronenhaine bei der Ankunft vermisst hatte. Oder die Litschi-Bäume. Der Verbannte war so positiv überrascht von Huizhou, dem Ort seiner Verbannung, dass er beschloss, hier gar nicht wieder fort zu wollen.

Die Berühmtheit des fast Sechzigjährigen war ihm in den tiefen Süden vorausgeeilt, sodass lokale Beamte ihn mit äußerstem Respekt behandelten. Der Bürgermeister der Stadt versorgte den Verbannten von Zeit zu Zeit sogar mit guten Speisen und einem Leibkoch aus der eigenen Küche, sodass der leidenschaftliche Es-

---

[*]   Lin Yutang. *The Gay Genius. The Life and Times of Su Dongpo.* Beijing 2009, S. 427.
[**] Ebd., S. 428.

ser gut versorgt schien. Doch Su war sich der Ernsthaftigkeit seiner Lage durchaus bewusst. Er blieb ein politischer Gefangener, wenn auch ein sehr prominenter. Huizhou war eine wohlhabende Stadt, doch er selbst verfügte nur über geringe Mittel. Der Dichter musste sich bescheiden. Bescheidenheit aber zwang ihn dazu, Neues zu entdecken und zu erfinden. In den *Notizen von Chouchi* schreibt er:

»Huizhou ist ein kleines Kaff. Aber hier wird jeden Tag ein Lamm geschlachtet. Das ist für die Reichen gedacht – und ich wage nicht, es selbst zu kaufen, um nicht zu den Familien der Beamten in Konkurrenz zu treten. Also bitte ich den Metzger nur um die Rückenknochen des Lamms, an denen noch kleine Fetzen von Fleisch hängen. Ich koche die Knochen zunächst in Wasser, nehme sie dann heraus, wenn sie noch sehr heiß sind. Dann werden sie trocken und mürbe, denn sonst bleibt die Feuchtigkeit in ihnen erhalten. Ich lege sie in Reiswein ein und bestreue sie mit ein wenig Salz. Schließlich grille ich sie. Danach habe ich eine Beschäftigung für den ganzen Tag, denn es gilt in minutiöser Kleinarbeit die winzigen Fleischfetzen an den Knochen zu erreichen – jene direkt an den Wirbelansätzen. Diese Mühen machen mir den Tag über Freude, denn sie erinnern mich an den Genuss, feinstes Fleisch aus den Scheren eines Krebses zu entnehmen. Ich fürchte, dass es den Hunden dieser Welt nicht gefallen wird, wenn meine ›Gegrillten Lammrückenknochen‹ einmal populär werden sollten.«[*]

Sus neueste Erfindung erzielte zur Freude der chinesischen Hunde lange nicht den Erfolg wie sein beliebtes Dongpo-Schweinefleisch, das ich in neuer Interpretation ja in Direktor Zhangs Themenrestaurant der »Drei Sus« in Sichuan gekostet hatte. Doch die recht genaue Beschreibung des Gerichts, geboren aus der Not des Mangels, führte im Laufe der Jahrhunderte zu neuen Interpretationen.

[*]   Zit. in ebd., S. 431.

DONGPOS LAMMRIPPCHEN

Mit dem großen Dichter Su Dongpo nun in Chinas tiefem Süden angekommen, seien Sie kreativ wie der Meister – und nehmen Sie, was Sie bekommen können, um etwas Schmackhaftes am fremden Ort zu schaffen. Ich nehme dazu gerne gutes Lammfleisch vom Metzger meiner Wahl und bekomme so richtig Appetit, wenn ich vorher eines von Sus Gedichten gelesen haben.

Was ich außer einem Su-Dongpo-Büchlein dazu brauche:

1250 g Lammrippchen vom Fleischer Ihrer Wahl (besser als die
Wirbelknochen des Dichters)
75 g Schweineschmalz – ausnahmsweise für den Geschmack
50 ml gelber Reiswein aus Shaoxing, Shanghai oder anderen Orten Chinas
(Asien-Shop)
15 g Schnittlauch
3 Knoblauchzehen
ein wenig Kassia-Rinde
1 TL Sichuan-Pfefferkörner
1 EL getrocknete Chilis
1 Ingwerknolle, geschält und in Scheibchen geschnitten
3 EL Sojasauce
etwas Speisesalz

Wie ich es mache:

1. Auftakt mit dem Hackmesser: Die Rippchen werden in ca. 5 cm lange und ca. 3 cm breite Stücke zerhackt. Idealerweise nimmt der Metzger des Vertrauens Ihnen diese Arbeit bereits ab.

2. Die Stücke wandern in den bereitgestellten Suppentopf. Gut mit Wasser bedecken – bitte.

3. Fordern Sie Ihrem Elektro- oder Gasherd Höchstleistungen ab und kochen Sie so lange, bis das Fleisch gar scheint.

4. Gießen Sie nun Wasser und Brühe ab. Zurück bleiben die vorgekochten Lammrippchen – mürbe und trocken.

5. Ein großer feuerfester Tontopf wird mit einem Liter Wasser befüllt. Dort hinein gibt man die vorgekochten Lammrippchen.

6. Gießen Sie nun den gelben Reiswein hinzu.

7. Sichuan-Pfefferkörner, Kassia-Rinde, getrocknete Chilis, Schnittlauch, Ingwer, Sojasauce und Salz bereichern das Ganze.

8. Alles wird zunächst auf großer Flamme aufgekocht, dann auf kleiner Flamme langsam reduziert, bis man das Gefühl hat, dass das Fleisch an den Rippchen wirklich ganz zart geworden ist – und so mürbe, dass es sich fast davon löst.

9. Das »Feuer löschen«. Schnittlauch, Ingwer, Kassia-Rinde und Chilischoten entfernen und alles noch einmal mit etwas Salz und Pfeffer – je nach Geschmack – nachwürzen.

(nach einem Rezept in: Su Dongpos feine Speisen)

Doch nicht nur verbannte Stars verschlug es in kantonesische Gefilde. Chinas tiefer Süden befand sich schon früh im Austausch mit den chinesischen Kernprovinzen und wurde durch Einwanderungswellen zu einem Schmelztiegel der Kulturen. Das kam der Küchenvielfalt der Region besonders zugute.

Der Geschmack wanderte geradezu ein in die kantonesischen Gefilde. Auch Nichtchinesen hatten daran ihren Anteil. Bereits zu Su Dongpos Zeiten in Huizhou kamen über den Hafen Kanton ausländische Produkte ins Land. Mit den Portugiesen setzte in der Ming-Dynastie dann der Import westlicher Nahrungsmittel nach China im großen Stil ein. Kanton war der einzige Hafen, der für den internationalen Handel mit China offen war – und das über Jahrhunderte bis zur Mitte des 19. Jahrhunderts. Über dieses eine Nadelöhr zur Welt und hinein ins chinesische Hinterland strömten neue Produkte. Der Chili begann hier seine chinesische Erfolgsgeschichte. Seine enorme geschmacksbildende Wirkung hatte ich ja wenige Wochen zuvor bereits ausgiebig gekostet. Jeder brachte etwas mit aus den verschiedensten Gegenden der Welt – und prägte so die kantonesische Küche ein Stück weit.

Nur 30 Jahre nach Su Dongpos Ankunft in Huizhou brach der nördliche Zweig der Song-Dynastie zusammen. Die Regierung derjenigen, die den Dichterbeamten nach Süden verjagt hatten, hörte auf zu existieren. Barbaren aus dem Norden und Nordwesten sicherten sich die Herrschaft. Das hatte verheerende Folgen für viele Einwohner der Song-Hauptstadt, denn Menschen aus der damals größten Stadt der Welt und ihres Umlands wurden von den neuen Herrschern vertrieben. Eine Fluchtwelle ergoss sich nach Süden. Immer mehr sahen sich gezwungen, ebenfalls den Pass zu überschreiten und ihr Glück im Süden zu suchen. Man nannte diese Neuankömmlinge aus dem Norden später einfach Gastfamilien oder Hakka. Das erinnert ein wenig an jene Gastarbeiter, die die Entwicklung Deutschlands nach dem Zweiten Weltkrieg wesentlich mitprägten. Wie viele »Gastarbeiter« im Deutschland des späten 20. Jahrhunderts, wurden auch die Hakka des 12. Jahrhunderts dauerhaft ansässig.

Die Hakka brachten ihre nördlichen Geschmacksnoten mit in den Süden und mischten sie mit den Dingen, die sie dort vorfanden. Dazu bildete sich ihre besondere Küche. Huizhou, die »Wasserstadt« mit dem Westsee in der Mitte, lag am Ostfluss. Der Fluss prägte den Namen der neuen Zuwandererküche. Mit der Küche der Gastfamilien »am Ostfluss« gebaren die Zuwanderer eine der drei großen Stilrichtungen der kantonesischen Küche.

Wir hatten den alten Su verlassen und waren endlich auf der Insel angelangt. Vor einem beeindruckenden Haus im traditionellen Stil des chinesischen Ostens stand unser Gastgeber und winkte uns zu. Unsern Gastgeber nannten alle nur A Cheng. A Cheng war Hakka. Seit Generationen hatte sich seine einstige »Gastfamilie« längst mit den Einheimischen vermischt und etabliert. Sehr etabliert, könnte man sagen, denn er betrieb eines der erfolgreichsten Teehäuser Chinas, mit Filialen im ganzen Land – einer davon sogar in Pekings Verbotener Stadt.

Das Stammhaus lag mitten im Westsee von Huizhou. Auch wenn aller Bodenbesitz in China seit der Machtergreifung der Kommunistischen Partei dem Volke entzogen war, so bewegte sich der Teehaus-Unternehmer so sicher auf dem Grund der Insel, als könnte keine Macht der Welt sie ihm jemals wieder fortnehmen. Der Mann mit dem Bürstenhaarschnitt und der praktischen Lederumhängetasche machte nie viele Worte, er suchte mit Deng Xiaoping lieber die »Wahrheit in den Tatsachen«. So schritten wir denn auch gleich zum Tatort, genauer zum Speisezimmer, das in den inneren Gemächern seiner Teehausresidenz lag. Der Weg dorthin führte durch schön angelegte Gärten im Stil des chinesischen Ostens, eingewandert wie die Vorfahren des Besitzers.

Wir traten in das Speisezimmer. Ein kleiner Kreis nur, ganz privat: Meine Frau Dandan, Gastgeber A Cheng, dessen Frau und Tochter sowie der Chefkoch hatten sich am Esstisch versammelt. Es ging um das Wesentliche: den Geschmack. »*Xiang*«, sagte A Cheng nur, »*xiang* ist der Geschmack der Hakka-Küche. Du sollst den fünften Geschmack erleben.« Der fünfte Geschmack. Das klang fast so geheimnisvoll wie der sechste Sinn. Aber war nicht scharf ein fünfter Geschmack? »Bloß nicht«, sagte A Cheng, »wir Hakka essen nicht scharf. Das zerstört die Balance des Körpers, ganz abgesehen von den Schmerzen, die Schärfe bereitet.« Der Chili war in Kanton, wo er zum ersten Mal aufgetaucht war, nicht erfolgreich gewesen.

Da der Chef nicht viele Worte machte, ließ er seinen Küchenchef demonstrieren, was mit Geschmack wirklich gemeint war. Der verschwand milde lächelnd vom Tisch, um wenige Minuten später mit einem gut eingepackten Schatz zurückzukehren. Was eingewickelt vor uns lag, ließ er uns mit Genuss »entpacken«: ein gut durchgebackenes Huhn oder besser ein Hähnchen, das in einem Haufen von schneeweißem Speisesalz lag. Der goldbraune Braten verströmte einen fast betörenden Duft, der den Mund in Sekunden wässrig werden ließ und die Geschmacksnerven in hohe Schwingungen versetzte. »Xiang, einfach *xiang*«, sagte meine Frau nur. Da war er wieder, dieser geheimnisvolle fünfte Geschmack, der gleichzeitig auch Duft bedeutete. »Probiert«, forderte uns Gastgeber A Cheng bewährt einsilbig auf. Und wir probierten. Selten hatte ich so einen konzentriert fleischigen Geschmack erlebt. Es schien, dass die besondere Herzhaftigkeit, diese schwer zu beschreibende, aber eindeutige Note des Fleischigen in diesem Huhn hochkonzentriert war. »So macht es heute kaum noch jemand«, erklärte A Cheng schlicht auf unsere bewundernden Kommentare: »Die meisten Restaurants reiben die Hühner nur noch mit Salz ein – das verwässert den Geschmack nur.« Er spielte auf die verschwenderische Menge von Speisesalz an, in dem dieses Huhn gebacken war. »Ich kenne das«, sagte ich, »mein Onkel, Schlachter von Beruf, hat früher auf ähnliche Weise wunderbare Salzbraten im Ofen gemacht. Ein herrlicher Geschmack.«

Das Huhn hatte mich wieder in die Kindheit zurückversetzt, in die deutschen Lande, wo die Köche auf den Bauernhöfen es gut verstanden, die besondere Wirkung des Salzes zu nutzen, um dem Bratgut langsam das Wasser zu entziehen, ohne es dabei hart und geschmacklos werden zu lassen. Die Hakka hatten mit ihren Salzhühnern diese Fähigkeit von Natriumchlorid kultiviert. Das Fleisch des Huhns war einzigartig mürbe, zerging auf der Zunge und schmeckte einfach *xiang*.

Alles Wohlriechende, Angenehme, Wohlschmeckende war *xiang*. Die Chinesen nutzten ein einziges Schriftzeichen für das, was herrlich duftete und dabei unwiderstehlich herzhaft schmeckte. *Xiang* war der fünfte Geschmack, der jenseits der vier Geschmacksrichtungen sauer, salzig, bitter und süß lag. Anders als diese vier Geschmacksnoten, die eher neutraler Art waren – denn saure Milch war unangenehm, während herrlich-säuerlicher Yoghurt höchst erfrischend sein konnte –, war *xiang* einfach positiv. Wir Deutschen, nicht gerade arm an wohlschmeckenden Fleischgerichten und durchaus mit der Kunst, gutes Fleisch herzhaft zu backen und zu braten, vertraut, ob mit oder ohne Salzkruste, hatten zu wenig auf das Eigenständige des *xiang*-Geschmacks geachtet, der mir hier in Chinas Süden so bewusst wurde.

Wieder waren es die Japaner, unverbesserliche Veredler guter Dinge aus anderen Ländern und Kulturkreisen, die zum ersten Mal diesen eigenen Geschmack sachlich und wissenschaftlich beschrieben. Kikunae Ikeda erforschte im Jahre 1908 den neuen Fleischgeschmack, der auch Shiitake-Pilzen, chinesisch übrigens *xiang*-Pilze genannt, und bestimmten frischen Fischgerichten eigen war. Er nannte ihn *umami*, von *umai*, was so viel wie »fleischig, herzhaft, wohlschmeckend« bedeutet, aber wie *xiang* eben kaum mit einer westlichen Sprache zu umschreiben ist. Der Forscher fand eine chemische Verbindung, die Glutaminsäure, die für diesen Geschmack verantwortlich ist. Nach dieser Entdeckung passierte die Tragödie: Billige Ostasien-Schnellimbisse und einfache Restaurants in China griffen auf die *xiang*-verstärkende Wirkung von Glutamat, dem Salz der Glutaminsäure, zurück und verwürzen seitdem mit chemischen Glutamat-Konzentrationen nur zu häufig ihre Speisen, um dem Gast *xiang*-Wohlgeschmack mit der chemischen Keule vorzutäuschen.

Die Hakka aber, zumindest die, die auf ihre ländlichen Wurzeln und ihre alten Küchentraditionen Wert legen, würden nie mit Glutamat nachwürzen, sondern durch Backen, Kochen oder Dünsten den *xiang*-Geschmack auf natürliche Weise zur vollen Entfaltung bringen. So wie in der Suppe, die uns begleitend zum Huhn aufgetragen wurde. Ich war überrascht, denn Chinesen essen ihre oft sehr dünne Suppe meist zum Ende einer ausgiebigen Mahlzeit, um schlicht den Flüssigkeitsbedarf zu decken. A Cheng lächelte: »Nicht in Kanton, nicht bei uns Hakka. Suppe muss am

Anfang stehen, den Appetit wecken, Lust auf mehr machen.« Das war durchaus eine weitere Parallele zum guten alten Sonntagsmahl meiner Mutter in Deutschland. Was ging über eine gut ausgelassene Markknochen-Rinderbrühe zum Auftakt eines sonntäglichen Mittagessens? »Genau«, befand der Chinese und Hakka Ah Cheng auf meinen Kommentar, »die Suppe macht die Kehle geschmeidig, lässt das, was da noch kommt, viel gefälliger die Kehle hinabgleiten. Suppe ist in Kanton überhaupt alles – die Essenz des Lebens. Kein Geschmacksverstärker. Nur Meeresfrüchte, Markknochen – was die vielen Zutaten hier in Kanton so hergeben.« Davon sollte ich später noch einiges mehr erfahren. A Cheng beließ es bei dieser Andeutung. Meine Frau konnte sich gar nicht mehr von ihrem Suppenlöffel trennen: »Ah, *xiang*«, sagte sie immer wieder – und genoss die perfekt aus den Markknochen herausgekochte Herzhaftigkeit, das zweite *umami*-Geschmackserlebnis nach dem Huhn.

Und weitere *umami*-Gerichte folgten: krosse Ente, gefüllt mit Klebreis. Das Fleisch ebenso wie das des Salzhuhns von zart-markanter Textur, ein besonderes Mundgefühl, das bei diesem ersten Essen in der Provinz Kanton ebenfalls sehr im Mittelpunkt stand. Dann wieder ein Gemüse, um die Schwere des Fleischigen mit der Leichte des Pflanzlichen auszugleichen. Und zwischendurch tranken wir: portugiesischen Rotwein. »Der kam zum ersten Mal von den portugiesischen Seefahrern ungefähr zu jener Zeit ins Land, als meine Vorfahren aus dem Norden hierhin nach Huizhou einwanderten.« »Wann war das?«, fragte ich. A Cheng zuckte mit den Schultern und nahm einen kleinen Schluck Rotwein: »Vor mehr als 400 Jahren. Wir Hakka waren und sind für's Essen zuständig – das Weinmachen überlassen wir besser euch Ausländern. Da habt ihr euch mehr drauf konzentriert.« Er mochte recht haben. Wie oft hatte ich mit Chinesen getafelt, aber außer dem gelben Reiswein von Suzhou eigentlich nichts Rechtes an chinesischen Tafelgetränken genossen. Die besten Weine und Biere kamen allesamt aus westlichen Gefilden. Der Flirt mit Xiao Fang in Suzhou verklärte zusätzlich die Erinnerung an jene einzige wirkliche Weinfreude chinesischer Herkunft.

»Warum gibt es gerade bei euch Hakka so viele herzhafte Speisen?«, fragte ich A Cheng zum Ende unserer kleinen Tafelrunde. Der wiegte den Kopf: »Vielleicht weil bei uns immer – und bis heute noch – die Familie und die Verbindung mit dem Boden, auf dem wir leben, eine so wichtige Rolle spielten.« Ich nickte. Im traditionellen Leben der Hakka konzentrierte sich alles nach innen, auf die Familie, auf die Sippe. In der Nachbarprovinz Fujian, wo es früher viele Raubüberfälle von Banditen gab, lebten die Hakka traditionell in diesen Rundhäusern und Wohnburgen. Ganze Clans mit bis zu tausend Menschen. Ein ganzes Dorf, eine ganze Sippschaft in einem Haus. Vielleicht ist das der Grund, warum sich in diesen eigentlich sehr einfachen Gerichten der Geschmack so tief nach innen konzentriert, stärker als in vielen anderen chinesischen Küchen. Genau wie die Familie der Mittelpunkt des Lebens ist, so ist *xiang*, der fünfte Geschmack, der Mittelpunkt eines gut gebackenen Huhns, einer feinen Suppe oder eines Schweinefleischgerichts. Das kam als Letztes noch auf unseren Tisch. »Sieht aus wie Dongpo-Schweinefleisch«, sagte ich. Anerkennendes Nicken. »Ist es im Prinzip auch – nur leicht verändert durch *Mei*-Gemüse, eine besonders eingelegte Gemüsesorte, die hier aus Huizhou stammt. Als Su Dongpo hierhin verbannt worden war und schon einige Zeit hier gelebt hatte, gestand man ihm, dem berühmten Dichter, Privilegien zu. Er durfte zwei Köche nach Hangzhou, seiner alten Wirkungsstätte als Gouverneur, entsenden, damit diese dort lernten, wie man sein Lieblingsschweinefleisch kochte. Nachdem diese nach Huizhou zurückgekehrt waren, mischten sie dieses Gemüse zu den Bauchfleischstücken, und daraus entstand dieses Gericht, das heute den Namen des Dichterfürsten trägt«, wusste A Chengs Frau zu berichten. Ich hatte verstanden. Der alte Feinschmecker konnte von seinen Lammknochen-Versuchen allein nicht so trefflich in Huizhou überlebt haben. Die Sehnsucht nach dem *xiang*-Geschmack hatte ihn alles in Bewegung setzen lassen, damit er wirklich ganz zufrieden in kantonesischen Gefilden leben konnte. Seine Köche hatten ihm den Geschmack gebracht – und die Menschheit in Huizhou mit der Erfindung eines neuen Fleischgerichtes beglückt.

SALZHUHN NACH ART DER HAKKA

Was passionierte Esser mögen, hat die Hakka-Küche vom Ostfluss zum Prinzip gemacht: das Herzhafte. Die Japaner haben den fünften Geschmack »umami« genannt und in eine Reihe mit süß, sauer, salzig und bitter gestellt, die Chinesen empfinden ihn als »xiang«, was einfach duftig, kräftig, wohlschmeckend ausdrückt. Kaum ein anderes chinesisches Gericht ist so voller *xiang*-Konzentration wie ein umsichtig in Salz gebackenes Huhn nach Hakka-Art, wie ich es bei A Cheng in Huizhou probieren durfte. Dieses Huhn ist übrigens die Erfindung von Salzarbeitern, die zur Zeit der letzten chinesischen Kaiser-Dynastie Qing (1644–1912) Fleisch mit Salz pökelten, um es haltbar zu machen. Als sie probierten, wie ein in Salz gepökeltes Huhn wohl gebacken schmeckte, fanden sie eine Offenbarung.

Für meinen eigenen »Salzhuhn«-Versuch benötige ich:

1 ganzes Huhn von ca. 1,5 kg Gewicht

3 Pfund grobes Speisesalz

Backpapier

ein wenig Fenchelgewürz, 1 gehäuften Teelöffel Nelken oder –

am einfachsten – Fünf-Gewürze-Pulver als Ersatz

einige Spritzer Sesamöl

1 TL Frühlingszwiebel fein gehackt

1 TL Ingwer fein gehackt

1 TL feines Speisesalz

1 TL Zucker

1 EL gelben Reiswein zum Kochen

Wie ich es mache:

1. Zunächst wasche ich das Huhn gründlich und hänge es dann an einen luftigen Ort am Fenster oder auf den Balkon, um es möglichst gut von der Luft trocknen zu lassen.

2. Ich mische eine Würzsauce aus Fünf-Gewürze-Pulver, Frühlingszwiebel und Ingwer, Zucker und Reiswein. Damit bestreiche ich das Huhn reichlich von innen und außen.

3. Danach reibe ich das gewürzte Huhn mit dem feinen Salz ein.

4. Ein Backblech wird vorbereitet. Dann nehme ich ein großes Tongefäß wie zum Beispiel einen Römertopf und belege den Topfboden mit Backpapier. Darauf streue ich nun ein Pfund des groben Salzes.

5. Den Backofen heize ich auf 220 Grad vor und erhitze das Salz im Topf, bis dieses eine gelbliche Färbung annimmt. Dann erst gebe ich das Huhn in den Tontopf, bedecke es mit dem übrigen groben Salz. Schließlich wird der Tontopf mit einem Deckel verschlossen und so lange in der Röhre gebacken, bis das Huhn in der Salzkruste knusprig goldbraun geworden ist.

6. Besonders schön ist der Aha-Effekt, wenn das herzhaft duftende, goldbraune Huhn aus dem Salzhaufen genommen und auf einem großen Teller appetitlich angerichtet wird.

Wichtig: Selbstverständlich funktioniert die Originalzubereitung der Hakka über offenem Feuer am besten. Dies ist der Versuch, sich mit einer modernen Küche westlicher Art dem Original anzunähern.

Die dunkle Seite des Himmels

Von Huizhou in die Provinzhauptstadt Kanton oder Guangzhou war es nicht weit. Ich erhielt noch eine Sitzplatzkarte für einen durchgehenden Zug, mit dem ich dann am Morgen gegen 9 Uhr das alte Tor nach China erreichte. Von »alt« konnte natürlich keine Rede mehr sein. Wie jede chinesische Metropole, so gab sich auch die Hauptstadt des Südens modern und ganz auf die Gegenwart des 21. Jahrhunderts gepolt. Chinas höchster Fernsehturm, der 600 Meter hohe Guangzhou Tower, setzte hier Maßstäbe. Keine chinesische Millionenstadt ohne irgendeinen Superlativ, irgendeinen Rekord, auf den man stolz sein konnte.

Mit dem Essen hatte Chinas höchster Sendemast allerdings nicht viel zu tun. So ließ ich mich gar nicht erst auf die Ablenkungen der Moderne ein. Mein Wunschziel lag woanders, nahe dem Perlfluss mitten in einer wuselig unaufgeräumten Gegend, die einmal das alte Kanton gewesen war – so erinnerte ich mich zumindest an einen Besuch Ende der 90er Jahre des letzten Jahrhunderts. Das Ziel war Chinas »Markt der Märkte« – der Qingping-Markt. Dem Taxifahrer musste ich nicht lang erklären, wo ich hinwollte. Er sagte nur kurz: »Da, wo alle Ausländer hinwollen.«

Die Worte des Fahrers bestätigten sich, als ich eine Stunde später dem Taxi entstieg. Ausländische Touristen mit Kamera, Kinderwagen und vielen neugierigen Blicken traten hier deutlich höher konzentriert auf. Eine langgezogene Marktstraße mit vielen, vielleicht Hunderten kleiner Läden, einer neben dem anderen, mit identischen Fassaden und wie genormt. Das war Chinas berühmtester und berüchtigtster Markt. Ich erinnerte mich an nichts mehr. Wieder ein Ort, der in den letzten Jahren neu erfunden und mit der Normierungswut der Regierung vereinheitlicht worden war. Die Shops trugen Nummern, das Leben war weitgehend von der Straße zurückgedrängt worden. Zum Ende der 90er Jahre, so gaukelte mir die schwache Erinnerung vor, war dies ein einziger chaotischer Markt gewesen. Doch noch immer gab es viel zu sehen und zu entdecken. Am meisten die Reaktion ausländischer Touristen auf das, was sie hier vorfanden: »Kann man die

Tiere hier alle kaufen? Was sind das da? Würmer?« Die Stimme der Zehnjährigen schwankte zwischen Faszination und Entsetzen. Sekunden später dann doch nur noch reines Entsetzen: »Oh, mein Gott – die werden ja lebendig gehäutet.« Die blonde Marktbesucherin aus New York oder Washington zeigte auf eine der Verkäuferinnen, die mit blitzschneller Routine lebenden Reisaalen die Haut abzog. Nebenan wurden Schildkröten ausgeweidet – auch dies im Akkordtempo. »Oh, mein Gott, die Schildkröten da haben gar Zähne«, kommentierte sie eher die ungewohnte Ware denn den Schlachtvorgang, der vor ihren Augen ablief. Die Mutter hatte die Haltung des berühmten Mr. Spock aus der US-Kultserie Startreck oder Raumschiff Enterprise eingenommen, wenn dieser auf ein unbekanntes Phänomen des neu entdeckten Universums stieß: »Faszinierend, wirklich faszinierend.«

Ich schlenderte weiter und beobachtete einen Amerikaner, der mit einer kleinen Videokamera das Marktgeschehen filmte. Auch er hatte zwei Kinder dabei, die gebannt in drei rote Plastikeimer starrten. Die waren angefüllt mit Scharen von Skorpionen. Die Marktfrau lachte und nahm eines der vermeintlichen Gifttiere gekonnt am Schwanzsegment aus der Schar der Mitgefangenen. »Sie hat tatsächlich einen Skorpion in der Hand«, kommentierte der Familienvater ungläubig den gerade aufgenommenen Videoclip – und dann, mit einem deutlich distanzierten Ausdruck gegenüber dem vielleicht achtjährigen Sohn: »Schau, da – das sind Baby-Skorpione. Die sind … köstlich.«

Viele der amerikanischen und europäischen Marktbesucher standen fasziniert-abgestoßen vor den Geflügelverkäufern ein paar Shops weiter. Obwohl die meisten von ihnen sicher gern einmal ein knuspriges Brathuhn, eine Peking-Ente oder einen Chicken-Burger verspeisten, war die unmittelbare Konfrontation mit dem Schlachter doch ein Schock. Von »chicken slaughter« war die Rede – auch der ging innerhalb von Sekunden über die Bühnen der kleinen Marktläden.

Vor einem anderen Marktladen hatte sich ein kleiner Menschenauflauf gebildet. Hier wurden Fische in allen Farben und Größen verkauft und sofort frisch für die Kunden verarbeitet. Dabei wurden den Flossenträgern innerhalb von Augenblicken die Schuppen entfernt und die Köpfe glatt vom Rumpf getrennt. »Der lebt ja weiter – schaut euch das an!«, rief eine deutsche Marktbesucherin, »das ist ja gruselig!« Auf einer Plastikplatte direkt neben der Hinrichtungsstätte schnappte der Fischkopf weiterhin kräftig nach Sauerstoff, wozu er, einmal den lebensspendenden Fluten entnommen, auch im Ganzen ohnehin gezwungen gewesen war.

Der Qingping-Markt hatte beachtliche Ausmaße. 2000 Einzelläden zogen sich die Straße entlang, 60 000 Menschen kauften hier täglich ein. Neben den Verkäufern mit lebenden Tieren stieß ich immer wieder auf Shops, die definitiv Totes und Getrocknetes verkauften: Schlangen, Seepferdchen, Hirschgeweihteile und vieles mehr. Neben den Frischmärkten hatten sich die Medizinverkäufer eingerichtet. Wieder verbanden sich Medizin und Essen wie siamesische Zwillinge – das eine war die Kehrseite des anderen. Falsche Ernährung konnte durch Ernährung mit Konzentraten aus pulverisierten Pflanzen und Tieren gleich wieder ins Lot gerückt werden.

Ich lief weiter. Hätte ich mir jeden einzelnen der 2000 Verkaufsläden dieses Marktes genauer ansehen wollen, hätte ich Tage dafür gebraucht. So ging ich dorthin, wohin es die ausländischen Besucher zog, denn dort trafen Ost und West auf besondere Art aufeinander. Besonders befremdet reagierten die Besucher auf die Stände, an denen höheres Leben zum Verzehr angeboten wurde. Das begann bei den Schlangen. »Die zucken ja noch, ach, das gibt's doch gar nicht.« Ein Schauder lief der rothaarigen Betrachterin über den Rücken, die Videokamera stur geradeaus auf eine anderthalb Meter lange Schlange gerichtet, die gerade in diesem Moment flugs entleibt und in mehrere Dutzend Stücke zerlegt worden war. Käufer waren Köche, die eines der zahlreichen Schlangenrestaurants der Stadt betrieben.

Wohin man auch immer sich wandte, überall wurden Kreaturen entleibt, überall bluteten, pulsten, delirierten Tierkörper vor sich hin. Zwischen Neugier, Faszination und Entsetzen wandten sich die Qingping-Markttouristen von einem Verkaufsort zum anderen. Vor und hinter ihnen, mitten im Geschehen, die weitaus größere Zahl der chinesischen Käufer. Sie taxierten, feilschten, tadelten und wogen ab – um möglichst viel Fisch, Skorpion, Schlange oder Schildkröte für möglichst wenig Geld zu bekommen.

Selten hatte ich bisher unterwegs das Gefühl gehabt, dass Ost und West mit Rudyard Kipling Ost und West blieben – und nie zusammentrafen. Hier trafen beide Welten aufeinander, doch sie blieben getrennt. Zu lange schon war der westliche Großstadtbewohner vom blutigen Geschäft des Tiereschlachtens entfremdet – und die wenigen Nutztiere, die er als Proteinlieferanten und wohlschmeckende Ergänzung zu Gemüse und Getreide verspeiste, waren kein Inventar einer gut sortierten Zoohandlung wie auf dem Qingping-Markt. Ein junger Kanadier brachte es auf den Punkt: »Eine Kreuzung von Zoo und dem Thema ›Essen und Trinken‹«, meinte er nur lachend, als wir gemeinsam Zeugen des Schlangen-Massakers wurden.

Prinz Philip musste vorher in Hongkong oder gar hier auf dem Qingping-Markt auf Exkursionstour gewesen sein, als er 1986 seinen allzu britischen, aber umso besser bekannten Ausspruch tat: »Wenn es vier Beine hat, aber kein Tisch ist, zwei Flügel besitzt, aber kein Flugzeug, wenn es schwimmt, aber kein U-Boot ist, dann werden die Kantonesen es essen.« Der wackere Königinnen-Gatte aus dem Reich der Geschmacklosigkeit hatte zumindest eines richtig erkannt: Kantonesen sind die Allesesser unter den Allesessern, die ultimativen Omnivoren. Wenn China sich als Ganzes schon als Reich der schier unbegrenzten kulinarischen Möglichkeiten erwiesen hatte, dann waren der Qingping-Markt und die Stadt Guangzhou das Innerste des chinesischen Bauches, das Zentrum aller Essenslust und Vertilgungssucht. Nirgendwo hatte sich der omnivore Charakter des Menschen, der *Hommivore**, wie der Soziologe Claude Fischler den menschlichen Allesesser wortschöpferisch bezeichnet hatte, ungehemmter entwickelt als hier im Süden Chinas. Die Menschen, die hier kauften, die unzähligen Restaurants, sie verarbeiteten nahezu alles, was die Natur an Biomasse zur Verfügung stellte, probierten alles aus, kauften, schlachteten, kochten, brieten, brutzelten, frittierten, sautierten,

---

* Eva Barlösius. *Soziologie des Essens. Eine sozial- und kulturwissenschaftliche Einführung in die Ernährungsforschung*. Weinheim/München 1999, S. 29.

dämpften, dünsteten ohne jegliche moralische Einschränkung. Der Mensch ist, was er isst – und wenn er alles isst, dann tut er damit nur etwas, was ihm, so Fischler, angeboren ist – nämlich sich frei für seine Ernährungsweise zu entscheiden. Allesessertum ist die Grundlage, auf der die vielfältigen menschlichen Ernährungsweisen aufbauen. Der Mensch ist schlicht in der Lage, alles zu essen, wenn er sich keine kulturellen Beschränkungen etwa in Form religiöser oder ethischer Tabus auferlegt. Die Entscheidung, als Buddhist oder überzeugter Tierschützer rein vegetarisch zu leben, ist genauso in den vielfältigen Möglichkeiten des Menschen angelegt, wie die, sich extremen Umweltbedingungen anzupassen und als Fleischfresser zu leben – wie etwa die Inuit der Polarregion. Kantonesen – und längst nicht alle – hatten sich eben im Laufe ihrer langen Kulturgeschichte dafür entschieden, die menschliche Anlage zur Allesesserei voll auszunutzen. Lin Yutang riet den Amerikanern und Europäern zu mehr Offenheit gegenüber den reichen Anlagen des Menschen: »... der Westen kann sich [...] vom Osten zeigen lassen, wie man Bäume und Blumen, wie man Fische, Vögel und anderes Getier genießt.«* Bewusst ließ Lin die Zweideutigkeit dieses Satzes zu, denn was für ihn Inhalt klassischer chinesischer Malerei und damit Ästhetik war, konnte und sollte durchaus auch im direkten Sinne des Wortes »verinnerlicht« werden.

Die extreme »Innerlichkeit« der Kantonesen führte allerdings nicht nur zu einem der größten und spannendsten Märkte Chinas und zu den besten Restaurants des Landes, wie ich später noch erfahren sollte, sondern auch zu dem, was ich kurz nach der Schlangenexekution entdeckte: die dunkle Seite des Allesessertums. Schlangen, Schildkröten, Skorpione waren exotisch und im Westen durchaus gern gesehene Bewohner zoologischer Gärten, Tropenhäuser oder Tierparks. Als des Menschen liebster Freund standen sie jedoch in der Gunst der Tierliebhaber nicht so weit oben, obwohl ich mich selbst durchaus noch sehr deutlich an mein erstes Haustier, die Landschildkröte Peter, erinnerte, die mir in den 70er Jahren auf der holländischen Nordseeinsel Te-

---

* Lin Yutang. Frankfurt a. M. o. J., S. 68.

xel ausgebüchst war. Die gleiche Spezies war auf dem Qingping-Markt selbstverständlich pfundweise zu haben. Nein, da waren es eher schon jene Kadaver, gut abgehangen und ausgeblutet, die an Fleischerhaken baumelten, die verblüffende Ähnlichkeit mit Basti oder Pfiffi hatten – oder auch mit Chichi, dem kleinen Pudelliebling meiner Nachbarin in Shanghai. Hundefleisch war auf dem Qingping-Markt genauso wohlfeil wie frische, noch ganz flauschig-lebendige Katzenbabys, denen die Angst vor dem drohenden Ende zum Spottpreis von knapp einem Euro das Pfund allerdings nur zu deutlich an den zitternden Schnurrhaaren abzulesen war. Reineke Fuchs und seine Verwandten liefen ziel- und ruhelos in ihren Verschlägen hin und her, und so manch dachsartiger Verwandter versuchte die Stäbe des letzten Ortes vor seiner Hinrichtung zu zerbeißen, wie ein völlig entnervtes Streifenhörnchen, in irrsinnig schnelle Bewegungen versetzt, erfolglos seinem Gefängnis zu entkommen hoffte. Ja – hier fand man ihn, den Abgrund omnivorischer Gelüste, den grausamen Auswuchs menschlicher Nimmersättigung, das Ziel aufrechter Tierschützer und Tierrechte-Aktivisten aus dem Westen und zunehmend auch aus China selbst. Wer jung genug und gewohnt war, mit Chichi Gassi zu gehen oder mit Huahua, der kleinen gefleckten Katze, zu spielen, war auch als Kantonese genauso geschockt und angewidert wie die vielen Tierschützer aus dem moralisch gefestigten Westen, die hier immer wieder versuchten, dem Schrecken des Haustier-Kannibalismus ein Ende zu bereiten.

Doch die Geschichten des ungezügelten Omnivorismus der Chinesen hören bei Verzehr von Katzenfleisch und von Fleisch der verschiedensten Wildtiere nicht auf. Der Reiz, alles auszuprobieren, liegt nicht zuletzt in der ihm zugeschriebenen Heilwirkung des sogenannten »Wildgeschmacks«. Der überschritt in der chinesischen Kulturgeschichte oft genug die Grenzen des »guten Geschmacks«: In Chinas berühmtestem Klassiker der Heilkunde, dem *Ben Cao Gangmu*, steht geschrieben, »Menschenfleisch könne gekocht und gegessen werden«*. Selbst der sanfte Lin Yutang –

---

* Lu Xun, S. 15.

über jeglichen Kannibalismus erhaben – konnte sich spöttische Bemerkungen über potenzielle kannibalische Anwandlungen seiner Landsleute nicht verkneifen: »Zu chinesischen Chirurgen hätte ich kein Zutrauen, denn wenn einer von ihnen mir die Leber aufschnitte, um nach einem Gallenstein zu suchen, hätte ich die größte Angst, dass er meinen Stein vergäße und meine Leber in die Bratpfanne legte.«*

Lins heiterer Humor wurde im Jahr 2003 tiefschwarz, als Foshan, eine Stadt im Perlfluss-Delta unweit von Guangzhou, Internet-Schlagzeilen machte. Grausige Bilder eines Chinesen, der ein totgeborenes Baby in einer Suppe gekocht und es dann gebraten am Stück verspeist hatte, schockten nicht nur die westliche Internetgemeinde. Darum spann sich die Geschichte von Unternehmern, die im fortgeschrittenen Alter mit verspeistem Babyfleisch Lustgefühl und Potenz steigerten, um ihre nicht einmal halb so alten Konkubinen hinreichend zu befriedigen. Urteile folgender Art waren schnell gefällt: »Der vollkommene Mangel an Moral und Respekt vor menschlichem Leben ist in China zur Norm geworden. Unmenschliches Verhalten, Menschenrechtsverletzungen enden nun in solch abnormen Praktiken wie Kannibalismus.«** Auch chinesische Internetnutzer zeigten sich schockiert von den Bildern im Netz, sprachen von einer Tragödie des Menschen, wiesen die schreckliche Babyfresserei aber gleich den »anderen«, eher dekadenten Chinesen auf der Insel Taiwan zu.***

Jene Bilder waren für die Öffentlichkeit gemacht, die sehen sollte, was als Rohzutat gedient hatte. Später entpuppte sich die grausige Geschichte als zynisches Machwerk eines Pekinger Aktionskünstlers. Der chinafreundlichere Teil der Internetgemeinde atmete auf und traute sich wieder an Frühlingsrolle und Teigtaschen, ohne gleich Homo sapiens selbst als Ingredienz zu vermuten.

* Lin (o. J.), S. 67.
** www.israelite.net/babyeating.pdf.
*** Der chinesische Aufschrei im Internet lautete: »Eine Tragödie der Menschheit! In Taiwan gibt es Menschen, die Menschenfleisch essen – den ganzen Menschen dünsten und verspeisen.«

Die Aktion des geschmacklosen Künstlers jedoch hatte einen ähnlich wahren Kern wie die zynischen Geschichten chinesischer Schriftsteller von Lu Xun bis zu Mo Yan, die allesamt die dunkelste Seite des menschlichen Omnivorismus in ihren Erzählungen und Romanen thematisierten: Ausgestoßene der Gesellschaft, die aus Angst vor den kannibalischen Praktiken derselben verrückt geworden waren oder aufrechte Kämpfer für eine bessere chinesische Gesellschaft, die vor den dunklen Menschenfresserfreuden korrupter Politiker kapitulierten und selbst zu Kannibalen wurden.

Für diese zynische Besessenheit manch eines chinesischen Intellektuellen sind zweierlei Gründe verantwortlich. Der eine liegt in der gut dokumentierten chinesischen Geschichte, die nicht zuletzt über den gewaltigen Zeitraum von drei Jahrtausenden von 118 bestätigten Fällen expliziten Kannibalismus zwischen 205 vor Christus und 1930 zu berichten weiß. Diese erzählen in knappem Altchinesisch über das schnelle Töten und Tranchieren von Verbrechern, deren Muskelfleisch dann über offenen Feuern geröstet wurde, oder über die perverse Lust einzelner Potentaten am Geschmack von Menschenfleisch im Stile der bereits eingangs erzählten Geschichte des Koches Yi Ya.

Kannibalismus als extremste Ernährungsform in Zeiten äußerster Not ist allerdings in fast allen Gesellschaften unserer Erde belegt. Was schwerer wiegt, ist der zweite Grund; das Menschenbild, das hinter den Werken der Intellektuellen steckt. Zum einen ist dort das Bild des Allesessers bis in seine extremste Form weitergedacht. Der Charakter des chinesischen Essers, der heuschreckengleich, neugierig und an den vermeintlichen Vorteil des eigenen Körpers denkend vor nichts zurückschreckt, was die Umwelt seinem Magen anbietet, paart sich mit dem Bild der chinesischen Gesellschaft. Sie galt und gilt vielen Intellektuellen als menschenfressend: Die konfuzianische Phase der Vergangenheit fraß den Einzelnen zum Wohle der Eltern oder des Herrschers. Dieser Gedanke einer menschenfressenden Gesellschaft wurde weitergedacht bis hinein in die Gegenwart: Korrupte Politiker fressen rechtlose Individuen, und skrupellose Geschäftemacher vergiften den ahnungslosen Esser mit vergifteter Milch, kontaminiertem Tofu, Altöl in Feuertöpfen oder schädlichen Farbzusätzen in Chilisauce. Dies, so wurde mir bewusst, als ich den lärmenden Qingping-Markt verließ, war nicht allein, aber gerade auch Schicksal des chinesischen Omnivoren: »Was ist, isst und wird gegessen.« Das hatte einst schon der deutsche Philosoph Ludwig Feuerbach festgestellt.

Fünf Schlangen im Topf

Zum Abend hatte ich mich mit Herrn Lu verabredet, Ur-Kantonese und einer der einflussreichsten Gastrokritiker Chinas. Pünktlich um 18 Uhr erschien ich am verabredeten Ort. Ein einziges Schriftzeichen fiel mir an der reich verzierten Eingangspforte auf: Schlange! Da wusste ich, dass das Marktgeschehen des Vormittags heute Abend seinen Abschluss finden musste. Schließlich war ich in der Provinz der Allesesser unterwegs.

Ich betrat das Restaurant und sah den kleinen, rundlichen Mann mit dem lustigen Spitzbärtchen schon warten. »Ah – gefunden«, sagte er nur. Ich nickte. Kein Goldschmuck, kein Neobarock wie in vielen kantonesischen Esstempeln überall im Lande zierte dieses »Schlangenrestaurant«. Immerhin beruhigte dies ein wenig, eine wohltuende Erfahrung. Ein anderer, ebenfalls kleiner und rundlicher Mann mit auffälliger Knollennase und deutlich hervorstehenden Wangenknochen begrüßte uns. »Chef Hou«, sagte Lu. »Ma Ke«, fügte er hinzu und deutete auf mich. »Willkommen, willkommen«, antwortete Chef Hou und überreichte uns lächelnd eine Speisekarte – groß wie ein Zeichenblock und dick wie ein Buch. Niemals zuvor hatte ich eine derart umfangreiche Karte gesehen. Lu sah mich belustigt an und sagte: »Schauen Sie sich die Speisekarte genau an und urteilen Sie dann.«

Seite um Seite überschlug ich: Hunderte von Gemüsegerichten, Schweinefleisch in allen erdenklichen Zubereitungsarten,

Huhn, Fisch, Austern, Muscheln, Schnecken, Meeresfrüchte, Haifischflossen und eben Schlange in den unterschiedlichsten Zubereitungsformen: als Suppe, geröstet, sogar scharf, was eigentlich überhaupt nicht typisch für die kantonesische Küche war. Die Schriftzeichen verschwammen vor den Augen – ich verlor die Übersicht. Das musste das Standardwerk der kantonesischen Küche sein, das Menü für Chinas Küchengott. »Ich gebe auf«, sagte ich, »aus so einer Vielfalt kann man nicht auswählen.« Lu lachte: »Wer wählt hier aus? Das wäre eine absolute Beschränkung, sich von einer Speisekarte vorschlagen zu lassen, was man essen möchte. Wer hier bei Chef Hou isst, der will seine eigenen Spezialitäten gekocht haben! Das Menü dafür liegt nirgendwo anders als in Ihrem eigenen Bauch!«

Lu winkte Chef Hou, der lächelnd hinzutrat. Dann verstand ich nichts mehr, denn Lu und Hou waren ins Kantonesische gewechselt, das ich nie gelernt hatte. Das war ungefähr so, als wechselte man aus dem Deutschen ins Norwegische – und das war selbst für einen, dem das Plattdütsche noch ein Begriff war, eine eindeutige Fremdsprache.

Hou notierte sich einiges, was Lu ihm erklärte. Dann nickte er kurz und verschwand hinter einem Durchgang, vermutlich in die Küche seines Restaurants. »Wir bestellen nur ein einziges Gericht – das Übrige dazu überlasse ich Hou«, sagte Lu. »Aber nicht irgendeines, sondern das kantonesische Spezialgericht: den Fünf-Schlangen-Topf des Großmandarins. Ich bin gespannt, ob Chef Hou ihn noch genauso hinbekommt, wie ich ihn vor Jahren einmal hier gegessen habe.« Mir stockte der Atem. Schlange war ja durchaus in Ordnung, aber gleich deren fünf in einem Topf? »Steht das Gericht auf der Karte?«, fragte ich. Lu antwortete belustigt: »Selbstverständlich nicht. Fünf Schlangen auf einmal sind auch für ein Schlangenrestaurant wie dieses keine alltägliche Sache. Aber Hou ist ein alter Freund. Ich habe ihm schon vor Tagen angekündigt, dass wir kommen und dieses eine Gericht bestellen werden. Gerade habe ich mit ihm über meine Erinnerung an das letzte Mal gesprochen. Den Fond der Brühe, die Zutaten, die Abalone, die unbedingt hinein müssen. Das sind Erinnerungen nur an den Geschmack«, sagte Meister Lu, »und den werde ich ein Leben lang nicht vergessen. Mal sehen, ob Hou verstanden hat.«

Chinas exquisite Küche war nicht in genau archivierten Rezepten für die Nachwelt abgespeichert. Es gab keine verlässlichen Mengenangaben, kaum klare Handlungsanweisungen. Der Koch kochte fast einzig nach Gefühl und Erinnerung. Gast und Koch stimmten sich über Erinnerungen ab. Erinnerungen, die sie selbst hatten, als das Gefühl für die Zutaten absolut stimmte, um die besten Geschmackserlebnisse zu erzeugen. Das galt besonders für so exquisite und vermutlich sündhaft teure Speisen wie diesen Schlangentopf. Die Erinnerungen des Chefs und seiner Stammgäste waren die eigentliche Speisekarte in Hous Restaurant. Sie stand unsichtbar zwischen den Zeilen der Aberhunderte von abgedruckten Gerichten. Die Speisekarte in Hous Schlangenrestaurant war in Wirklichkeit unendlich. »Aber wozu lässt Hou dann eine Speisekarte drucken?«, fragte ich. »Für die anderen«, sagte Lu, »die, die keine Erinnerung haben oder sich lieber sagen lassen, was sie essen sollen. Nicht alle denken so mit dem Bauch wie ich«, lachte er und klopfte sich dabei auf sein wichtigstes Körperteil. »Woran du dich nicht erinnerst oder erinnern willst, das überlässt du deinem Koch. Der ist schließlich dein bester Freund und mehr um dein persönliches Wohl besorgt als die eigene Ehefrau.«

Bei Lu schien dieses Vertrauen tatsächlich weit über das zu seiner Frau hinauszureichen. Nicht nur zu den Kochkünsten des Kochs, sondern auch zur Fähigkeit, die Zutaten so sicher auszuwählen, dass wir diesen Restaurantbesuch überlebten. Lebhaft zogen die Bilder des Tages vor meinem inneren Auge vorüber. Ich dachte an die frisch gehäutete Viper auf dem Qingping-Markt. »Giftschlange?«, fragte ich. »Selbstverständlich«, erwiderte Lu. »Keine Angst: Wir wollen ja das zarte Muskelfleisch probieren, nicht die Köpfe.« Ich nickte ganz beruhigt, konnte aber ein Zittern meiner Hände vor Anspannung nicht verbergen. Der Appetit war verflogen. Nun sollte auch ich zum Allesesser gemacht werden, mithilfe von Giftschlangen. Das war die zweite Mutprobe dieser Reise nach den Kugelfisch-Erlebnissen von Zhenjiang.

»Der Fünf-Schlangen-Topf ist einer der wirklichen Höhepunkte kantonesischer Abstrusitäten«, erklärte mein Gastgeber, »das ist ein echt politisches Gericht.« Ich blickte Lu fragend an und fühlte mich an meine Erlebnisse in Chinas Norden erinnert. War nicht auch Chinas erster Politiker ein Koch gewesen? Lu fuhr fort zu erzählen: »Zum Ende der letzten Kaiserdynastie Qing, also gerade Anfang des 20. Jahrhunderts, gab es einen einflussreichen Gelehrtenbeamten in Peking, der zu höchsten Würden aufgestiegen war. Er hieß Jiang Kongyin und war Mitglied der Hanlin-Akademie in der Hauptstadt. Das war zu Kaisers Zeiten das Gegenstück zur heutigen Akademie der Wissenschaften. Nur, dass diese Akademiker damals hohe Staatsbeamte waren und wichtigen politischen Einfluss ausübten, was man von heutigen Intellektuellen in China kaum noch behaupten kann. Jiang war Vizegouverneur der Provinz Kanton und trug den Titel ›Großmandarin‹. Dann aber kam die Revolution, und das Kaiserreich hörte 1911 auf zu existieren. Jiang musste von allen politischen Ämtern und Titeln zurücktreten und wurde Privatier. Wie so viele chinesische Politiker aller Zeiten war Jiang empfänglich für gutes Essen, Bankette und exquisite Leibesfreuden aller Art. Außerdem verstand er etwas vom Geschäftemachen und vom Kochen, wobei Geschäftemacherei durchaus ebenfalls ja in allen Zeiten zu den Tugenden chinesischer Politik gehört hat. Also besann er sich aus der Not seines erzwungenen politischen Rückzugs heraus auf jene Tugenden und eröffnete in Kanton auf seinem Besitz ein erstes Restaurant, wo er seine alten Politfreunde, einflussreiche Geschäftsleute und Vertreter der neuen Regierung – allesamt natürlich Feinschmecker – mit besonderen Gerichten bekochte. Nun war Jiang ja von Geburt an Kantonese und damit mit den seltsamen Gepflogenheiten dieser Südprovinz bestens vertraut. Schlangen und anderes Wildgetier, das in den einst üppigen Urwäldern von Kanton kräuchte und fleuchte, zu genießen war dem Großmandarin eine Selbstverständlichkeit.«

Genau in diesem Moment brachte Chef Hou einen großen Tontopf und stellte ihn zwischen uns. »Der Fünf-Schlangen-Topf des Großmandarins«, sagte er. »Perfekt, Meister Hou«, lobte der Erzähler. »Nun, Ma Ke? Bist du bereit zu kosten?« Ich schaute wohl etwas sehr skeptisch in den Topf, sodass Lu und Hou sich vielsagende Blicke zuwarfen. In einem sämigen Sud, der mehr an eine gewöhnliche Hühnersuppe mit Mu-Err-Schwämmen und Shiitake-Pilzen erinnerte, schwammen ein paar unauffällige Fleischstreifen.

Das sollte das Muskelfleisch von fünf verschiedenen Schlangen sein? Chef Hou schien meine Gedanken zu erraten und erläuterte: »Also, nach den Überlieferungen der Familie Jiang müssen unbedingt verschiedene Schlangen verwendet werden. Fünf bedeutet ja die Welt, die Himmelsrichtungen, den Kosmos. Daran habe ich mich bei der Zubereitung gehalten, alter Lu.« Mein Gastgeber nickte nur. Der Koch fuhr fort: »Also zunächst das Fleisch der Kobra, dann zwei verschiedene Krait-Vipernsorten aus Südostasien, dann – wenn möglich – noch etwas Königskobra-Fleisch und zur Abrundung ein wenig Wasserschlange.« »Woher nehmen Sie diese Schlangen? Die stehen doch auf dem internationalen Artenschutzabkommen.« Hou und Lu sahen sich an. »Die spinnen, die Ausländer«, schienen sie zu sagen. »Ich habe da meine Lieferanten – und so einen Topf koche ich nicht jeden Tag, sondern nur, wenn meine besten Freunde und Kunden jemanden Besonderen mitbringen«, sagte der Restaurantchef. »Sonst essen die Gäste am liebsten Schlange frittiert, mit Sichuan-Pfeffer und Salz pikant gewürzt. Das ist das Standardgericht, das man mit jeder gewöhnlich gezüchteten Grasschlange hinbekommt. Aber für die raffinierteren Gerichte braucht man schon bestimmte Giftschlagen. Die haben einfach mehr Geschmack.«

Nun also begann die Mutprobe. Ich musste probieren, was Lu mir lächelnd aus der Schlangengrube vor uns in meine Schale gefüllt hatte. Also gut – ein Löffel, eine Stäbchenspitze. Mit gespitzten Stäbchen zog ich ein Stückchen Schlange heraus. »Gute Wahl«, sagte Lu, »das ist Königskobra, die größte Giftschlangenart der Welt.« Diese jedenfalls klemmte fein portioniert als drei Zentimeter langes Fleischstückchen zwischen den Essstäbchen. Es hätte durchaus ein Stückchen Huhn oder Makrele sein können. Noch immer zögerte ich. »Probieren Sie, probieren Sie – garantiert ungiftig!«, lachte mein Gastgeber. Also dann – Augen zu und durch. Und der Geschmack … Perfekt, zart und genau ausbalanciert zwischen Hühnerfleisch und einer feinen Fischsorte. So ähnlich war auch das Mundgefühl. Eher wenig aufregend, gefällig und von einer Milde, die dem Ideal der kantonesischen Küche entsprach, möglichst den Eigengeschmack der Speise, ihren Charakter hervorzukochen. Das war nun gar nicht die furchterregende, lebensgefährliche Königskobra, die lebendig leicht vier und mehr Meter Länge erreichen konnte.

»Überrascht, oder?«, meinte Herr Lu, der recht zufrieden mit seiner exquisiten Bestellung schien. »Königskobrafleisch entspricht dem Charakter der Schlange. Eher scheu, zurückgezogen, ausweichend.« Immerhin hatte sich mein Gastgeber mit dem Charakter des Tieres auseinandergesetzt, das er hier verzehrte. Nun kam mein Appetit zurück. Ich probierte nacheinander Kobra, Wasserschlange und sogar etwas von der Krait-Viper, deren salamanderfarbiges Kleid in leuchtendem Gelbschwarz lebendig höchste Giftigkeit signalisierte. Dazu noch die wunderbar gekochten weiteren sieben Gerichte, die Hou für uns zubereitet hatte. »Hou kann nicht nur Schlange zubereiten, sondern auch alles andere, was gute kantonesische Küche auszeichnet«, sagte Lu. »Er stammt aus der Stadt Shunde, wo viele der besten kantonesischen Köche heute herkommen. Nicht hier aus Kanton, aus der Provinzhauptstadt. In die großen Städte geht man nur, um Geld zu verdienen.«

Es war schon erstaunlich, dass hier nicht die Schwere scharfer Gewürze oder von Knoblauchpflanzen Geschmack erzeugte, sondern einzig die Kunst, ein Gericht so lange, so kurz, so intensiv, so schonend über der offenen Flamme zuzubereiten, dass sein Eigengeschmack ideal getroffen wurde. Die Gemüse, Fleisch- und Fischsorten – allesamt nur aus den nahezu weltweit akzeptierten essbaren Lebensformen bestehend – waren köstlich. Ich hatte das Gefühl, dass der Koch instinktiv wusste, was jede Zutat brauchte, um genau so zu schmecken, wie es ihrem Naturell am besten entsprach. Hier wurde nichts mit Chilischärfe abgetötet oder mit Sojasauce versalzen. Wer alles probierte, der wusste auch, wie alles schmecken konnte. Auch das war ein Teil kantonesischer Allesesser-Kultur. Einleuchtend logisch.

Satt und um eine exotische Erfahrung reicher, die ich nicht unbedingt wiederholen musste, lehnte ich mich zurück. Mein Gastgeber Herr Lu hatte sich eine Zigarette angezündet und nahm den Faden seiner Erzählung wieder auf: »Die Jiangs waren übrigens auch in den nachfolgenden Generationen sehr erfolgreich. Sowohl im gastronomischen wie im politischen Feld. Jiang Quanying, der dritte Sohn des Ex-Großmandarins Jiang, war Mitglied des ersten Parlaments von Chinas erstem Staatspräsidenten Sun Yatsen, der ebenfalls Kantonese war und 1866 in der Nähe der Stadt Zhongshan geboren wurde. Im Jahre 1917 fand auf Geheiß des Präsidenten in der Stadt Kanton eine außerordentliche Versammlung des Parlaments statt. Auch im republikanischen China gehörte dazu ein gutes Festbankett. So erbot sich das Regierungsmitglied Jiang, ein solches Bankett für alle Mitglieder des Parlaments im Traditionsrestaurant seines Vaters auszurichten. Viele der Delegierten stammten allerdings nicht aus der Provinz Kanton, und so verriet man ihnen nicht, was sie zum Essen alles erwartete. Das sollte weniger Überraschung sein als die Garantie, dass die wirklichen Spezialitäten des Hauses Jiang auch zu aller Zufriedenheit serviert werden konnten. Außer in Kanton, wo das Essen von Schlangenfleisch seit frühen schriftlichen Aufzeichnungen belegt ist, aß man in China nur in wenigen Provinzen Schlange, und nirgends so bewusst wie hier im Süden. Daher hätten die meisten Delegierten genauso wie ein Ausländer mit Abscheu reagiert, wenn Jiang ihnen im Vorfeld eröffnet hätte, was er ihnen servieren wollte. Selbstverständlich stand auch damals der ›Topf der fünf Schlangen‹, die berühmte Kreation seines Vaters, im Mittelpunkt des Banketts. Alle aßen davon und lobten die außerordentliche Qualität der Brühe, die Saftigkeit der Abalonenstückchen und auch die Zartheit des vermeintlichen Hühnerfleisches, das niemand als Schlangenfleisch identifizierte.

Am Ende aber wollten Vater und Sohn gemeinsam das Geheimnis des Topfes lüften und erzählten von den extravaganten

Zutaten. Während die kantonesischen Gäste längst geahnt oder geschmeckt hatten, dass sie das Fleisch einst giftiger Schlangen gegessen hatten, waren die externen Gäste wie vom Donner gerührt. Allerdings nur für einen Moment: Sie stürzten hinaus auf die Toiletten und übergaben sich. Ein Parlamentsmitglied ließ sich sogar in das nächste Krankenhaus einliefern und den Magen auspumpen.

Zwar lachten die beiden Jiangs über die Einfalt ihrer Gäste, zogen daraus für die Zukunft aber eine Lehre: Künftig wurde jedes Schlangenbankett im Hause Jiang auf der Einladungskarte explizit angekündigt. Wer nicht wagte, Schlangenfleisch zu probieren, der sollte dem Abend dann doch besser fernbleiben. Königskobras und Giftvipern waren auch damals zu teuer, um sich ihrer nach dem Genuss gleich wieder zu entledigen. Wissen Sie übrigens, dass das Gift der Schlangen, deren Fleisch wir heute gekostet haben, ausgereicht hätte, um fünf Menschen innerhalb weniger Stunden zu töten?« Unsicher schüttelte ich den Kopf und spürte, wie mein Magen sich unangenehm zu regen begann. »Daher kämen wir auch nie auf die Idee, etwa Schlangenköpfe zu probieren. Kantonesen sind übrigens auch Chinesen, und für die gilt: Sicherheit kommt immer an erster Stelle – noch vor Geschmack. Solche lebensgefährlichen Versuche, wie sie Japaner immer wieder beim Kugelfisch-Essen angestellt haben, als sie, um den Nervenkitzel des Genusses zu steigern, mit Pasten aus den hochgiftigen Innereien des Fisches würzten, würden wir Chinesen nie machen. Der Mensch lebt schließlich, um zu essen. Wer würde sich leichtsinnig die Chance zunichte machen, alles zu probieren, was unser Globus uns bietet? Dazu essen wir einfach viel zu gern.« Mein Magen begann sich wieder zu beruhigen. Lu fügte hinzu: »Die Geschichte des Schlangentopfes zeigt aber auch eindeutig, dass solche Köstlichkeiten den Gewohnheiten der meisten Chinesen überhaupt nicht entsprechen.« Ich nickte und sagte: »Der Schriftsteller Lin Yutang schrieb, dass er in den 40 Jahren, die er in China gelebt hatte, niemals Schlange probiert hatte – und niemand seiner Freunde und Bekannten dabei beobachtet hätte.« »Nun, da haben Sie ihm ja etwas voraus«, lächelte Lu. »Aber wiederholen werden Sie den Genuss des heutigen Abends bestimmt nicht so schnell.« Da gab es nichts hinzuzufügen. Chinesen verfügten über sehr gesunden Menschenverstand, egal, ob sie aus dem Süden oder aus dem Norden stammten.

Meeresleuchten in Shenzhen

Am nächsten Tag hatte ich Kanton verlassen und war weiter Richtung Hongkong gefahren. Doch nicht die ehemalige britische Kronkolonie war mein Ziel, sondern Hongkongs Nachbarstadt Shenzhen. Es war bereits dunkel geworden, als ich die Wirtschaftswunderstadt Chinas erreicht hatte. Erst 1978 als Sonderwirtschaftszone erkoren, hatte sich das einstige Fischerdorf zu einem 10-Millionen-Moloch entwickelt und Hongkongs Einwohnerzahl bereits übertroffen. Hätte die chinesische Regierung nicht Hongkongs Sonderstatus seit 1997 mit Stacheldraht und Grenzkontrollen beibehalten, dann wäre die Ex-Kronkolonie vermutlich zur chinesischen Boomtown im Norden eingemeindet worden. Seit den 8oer Jahren zog es Zuwanderer aus ganz China nach Shenzhen, die Löhne erreichten so ziemlich das höchste Niveau, und auch das Bildungsniveau lag weit über dem Durchschnitt anderer chinesischer Großstädte.

Mich aber interessierte weniger das gegenwärtige Riesenstadtgebilde als die Vergangenheit des Ortes, der einst ein Fischerdorf gewesen war. Angesichts einer Küstenlinie von rund 14 500 Kilometern schien es eigentlich naheliegend, dass Fischfang und Meeresfrüchte im ganzen Land überall auf den Speisekarten hätten ganz oben stehen müssen. Doch dem war nicht so. China war mir bisher äußerst kontinental erschienen. Selbst in Shanghai, einer Stadt, die das »Meer« als Bestandteil in ihrem Namen »das obere Meer« führte, sucht man lange nach guten Seefisch- oder Meeresfrüchtemärkten. Auf normalen Märkten hatte ich immer nur ein recht beschränktes Standardangebot gefunden. Von einer Vielfalt, die knapp 15 000 Kilometer Küstenlinie hätten bieten müssen, war auch in den Provinzen in Chinas Osten wenig zu spüren gewesen. Dafür gab es eigentlich nur zwei Erklärungen: Entweder China hatte in seiner Unersättlichkeit bereits sämtliche Küstengewässer leergefischt, oder aber viele Chinesen wussten mit Seefisch und Meeresfrüchten nicht viel anzufangen und konzentrierten sich lieber auf das, was sie aus Flüssen, Seen und den zahllosen Aquakulturen herauszogen und zubereiteten. Die erste Erklärung schien mir heutzutage durchaus plausibel, doch die zweite entsprach mehr den historischen Gegebenheiten des Landes. China war eine Kontinentalkultur, dem Lande zugewandt, und selbst die vielzitierte große Armada des Admirals Zheng He (1371–1433), die mit schwimmenden Festungen hätte Europa erobern können, war verblüffend schnell wieder aus der Geschichte verschwunden. Man hätte vermuten können, dass das bäuerliche Selbstverständnis Chinas die Möglichkeiten des Meeres schmählich vernachlässigt hätte – wenn es eben nicht die Provinz Kanton mit ihrem unstillbaren Appetit auf alles gegeben hätte.

Fischerstädtchen wie das alte Shenzhen waren es, die China doch noch eine reiche Meeresküche bescherten, die anschließend von passionierten Köchen und Vertretern der Palastküche des Nordens auf hohes und höchstes Niveau gebracht wurde. Mit den Früchten des Meeres experimentierten die allesessenden Kantonesen genauso wie mit den Wildtieren der Urwälder. John Henry Gray, der als Weih- oder Vizebischof in Hongkong der anglikanischen Kirche diente, beschrieb im 19. Jahrhundert Kantons Küsten als »voller Fischerboote, soweit das Auge reicht (...). Zwischen den Booten sind Netze gespannt, und nur selten waren sie nicht prall mit Fischen gefüllt.«*

Diese paradiesischen Zeiten waren im 21. Jahrhundert lange vorbei, die Meere vor Shenzhen und anderen Küstenstädten weitgehend leergefischt. Aquakulturen lieferten den Großteil der Meeresfische, Muscheln, Meeresschnecken, Krebse und Krabben. Doch wo immer diese Bestände auch herkamen – hier in Shenzhen spürte ich das Meer. Auf den Speisekarten war es allgegen-

---

* John Henry Gray. *China – A History of the Laws, Manners and Customs of the People.* Vol. II. Mineola, New York 2002 (Reprint 1878), S. 290.

wärtig. Neben exquisiten Seafood-Restaurants boten unzählige kleine Lokale Frischware – und davon wollte ich einfach einmal kosten.

D urchdringender Fischgeruch ließ keinen Zweifel daran, dass ich mein Ziel erreicht hatte. Heerscharen von Fischhändlern hatten ihre Läden jeden Tag bis tief in die Nacht hinein geöffnet, meist einfache Garagen mit einem kleinen Verschlag zum Schlafen und Kochen im hinteren Teil. Lautstark priesen sie ihre Ware, die sich in Aquarien und Plastikbehältern tummelte. »Frisch, ganz frisch«, versicherten die Händler, und dass das frisch war, was da noch munter umherschwamm, verstand sich von selbst. Die Meeresfauna der halben Welt stand zum Verkauf. Selbst die farbenprächtigsten Doktor- und Clownfische aus tropischen Meeren waren zu haben, ebenso wie Seegurken und Seeanemonen, Muscheln hunderterlei Art, Hummer und Langusten in allen Größen, Krabben, Mollusken, Meeresschnecken.

»Lai, lai, Laowai«, wurde ich aufgefordert. »Nein danke – ich möchte nur schauen«, wehrte ich freundlich ab. Ein besonders geschäftstüchtiger Händler setzte mir weiter zu: »Komm. Ich mach dir den besten Preis. Such aus. Setz dich doch.« Er hielt mir eine Muräne vor die Nase. Das Tier wand sich instinktiv in Todesfurcht. Ich verweigerte mich dem Kauf und zog weiter. Es gab Hunderte von Läden mit ungezählten Aquarien voller Meeresbewohner, die alle auf Käufer warteten. Wahlweise konnte man frischeste, also lebende Meerestiere mit nach Hause nehmen oder sich ausgesuchte Stücke direkt vor Ort zubereiten lassen. Plastikstühle und Tische waren vorhanden, und schnell konnte ein Wok irgendwo im Halbdunkel der Verkaufsgarage befeuert werden.

Mein Hunger war nun nicht mehr zu bremsen. Ich wählte die nächstgelegene Garage. Meereskrabben und Pomfret, ein beliebter Seefisch, kamen in die engere Wahl. Das Feilschen am Aquarium begann. Nach einigem Hin und Her erhielt ich einen kleinen Rabatt, noch zwei Krabben als Zugabe über das bestellte Pfund. Ich fragte, ob ich beim Kochen zuschauen dürfe. Der Händler nickte. »*Bai zhuo*«?, fragte er. Nun war ich es, der nickte.

WEIßER POMFRET GEDÄMPFT NACH CHAOZHOU-ART

Fische und Meeresfrüchte sind besonders in der Chaozhou-Küche die wichtigste Zutat. Diese Küche ist neben Hakka- und eigentlicher Kantonküche die dritte große Küche Kantons und bietet eine Fülle an Meeresfrüchte-Rezepten. Gerade das schonende Dämpfen im Wok gehört zu den erfolgreichsten Arten der Zubereitung von Fisch. Ich selber konnte Chaozhou und Shantou leider nur sehr kurz besuchen – das einfachste, aber intensivste Erlebnis mit Fisch und Krabben in Kanton war das Mahl in der kleinen Garküche beim Fischmarkt von Shenzhen. Der gedämpfte Pomfret, einer der beliebtesten Meeresfische von Shanghai bis hinunter nach Südostasien, blieb dabei in bester Erinnerung.

Was ich zum Nachkochen brauche:

einen oder zwei gefrorene »White Pomfret« vom gut sortierten Fischhändler oder aus dem Asienshop, alternativ ginge auch eine europäische Seezunge, die mildes, weißes Fleisch besitzt

4 Kirschtomaten

1/2 Tasse gesalzenes »pickled« chinesisches Gemüse (Asienshop)

2 Salzpflaumen (ebenfalls Asienshop)

4 Ingwerscheiben zum Dämpfen

2 Frühlingszwiebelstangen zum Dämpfen, eine weitere zum Garnieren

2 rote Chilischoten

4 TL Wasser

1 TL Öl

1 TL helle Sojasauce

1 TL Reiswein zum Kochen

Wie ich es mache:

1. Zunächst bereite ich eine Einlage für meinen Wok zum Dämpfen vor. Anschließend gebe ich die zwei Ingwerscheiben und eine Frühlingszwiebelstange. Darauf wird der Fisch platziert. Ingwer und Zwiebel sollen dem Flossengetier den unerwünschten Fischgeruch nehmen – diese Zubereitungsart für Flossengetier ist übrigens in ganz China verbreitet. Dann bringe ich Wasser im Wok zum Kochen.

2. Ich dämpfe den Fisch auf kleiner Flamme für ca. 3 Minuten. Dann nehme ich ihn aus dem Wok und schütte die Flüssigkeiten ab.

3. Ich richte Ingwer, Frühlingszwiebel, Tomaten, Chilis, Salzpflaumen und Salzgemüse auf einer Porzellanplatte oder einem Teller an. Darauf gebe ich den Fisch und verteile das rote und grüne Gemüse auch auf dem Fisch selbst. Nun noch Sojasauce, Öl und Wasser dazu sowie den Reiswein.

4. Der vorbereitete Teller wird nochmals ca. 10 Minuten über kochendem Wasser im Wok gedämpft. Weiteres Garnieren, zum Beispiel auch mit Koriander oder Schnittlauch, erhöht die optische Erscheinung dieses sehr gesunden und leichten Fischgerichts nach Chaozhou-Art.

W ir stiegen über Kisten, stolperten an Aquarien vorbei, in denen Muränen ihre scharfen Zähne entblößten, und gelangten in einen winzigen Küchenraum, der vor Ruß starrte, aber mit offener Feuerstelle und Wok einsatzbereit war. Bai zhuo war die kantonesische Art, Meeresfrüchte und Gemüse in heißer Würzbrühe auf Wasserbasis mit etwas Öl schnell zu garen.

Die Vorbereitung der Brühe war das Wichtigste. Neben Wasser und etwas Öl enthielt sie etwas Frühlingszwiebel-Weiß, ein wenig Ingwer und die richtige Menge Hirseschnaps. Die drei Zutaten nehmen den Krabben ihren Meeresgeruch und bringen den Eigengeschmack des zarten Fleisches zur Geltung. Die Brühe wurde zum Kochen gebracht. »Nur Krebsaugen – nicht heißer«, erklärte mir der Koch. Krebsaugen sind kleine Blasen, die das Wasser zwischen 80 und 90 Grad wirft, kurz bevor es kocht. Der Siedezustand wird dann als »Fischaugen« bezeichnet. Chinesische Köche beschreiben die Temperatur des Wassers entsprechend seinem optischen Eindruck und liegen damit genauso richtig, als würden sie sich eines Thermometers bedienen. Mein Koch verstand sein Handwerk. Mit viel Gefühl ließ er die Brühe nahe dem Siedepunkt kleine Blasen werfen, ohne dass sie aufkochte.

Die Krabben wurden lebend hineingeworfen, danach ein paar schnelle Bewegungen mit dem Pfannenwender, und schon hatten sich die grau-schwarzen Schalentiere in eine rot und weiß gestreifte Köstlichkeit verwandelt. Dann zogen die Krabben noch einige Minuten in der »Krebsaugen-Brühe«, bevor sie auf einem weißen Teller angerichtet wurden. Ein wunderschönes, elegantes Farbenspiel, das mit der Bruchbude kontrastierte, in der es entstanden war. Doch das Ambiente war völlig unwichtig. Wichtig war, dass meine Krabben sich intensiv mit der Würzsauce aus wenigen Chilis, Sojasauce und verschiedenen Ölen verbanden, die der Wirt mir separat reichte. Der Dipp ließ das Krabbenfleisch appetitlich glänzen und bereicherte es um eine feine Würzigkeit, die nicht dick aufgetragen war. Das unterschied die kantonesische Art, mit Ölen und auf Sojabasis zu würzen, stark von den intensiven Gewürzattacken der westlichen Küchen Chinas.

Wenig später gesellte sich auch der Fisch auf einem weiteren Teller hinzu, gedämpft nach Chaozhou-Art mit Tomaten und Koriander garniert. Es schmeckte herrlich. Ich genoss ein kaltes Bier dazu. Nun war ich in China endlich hinaus »aufs Meer« gekommen: Bei Fisch und glänzenden Krabben, in einer Synthese aus Wasser, Öl und Gewürzen zubereitet, leuchtete mir das Meer selbst in einer kleinen Kaschemme neben leeren Bierkisten und Abzugsrohren mitten in der Millionenstadt entgegen.

GLÄNZENDER BLATTSPINAT MIT AUSTERNDUFT

Die Kunst der kantonesischen Küche liegt vor allem darin, mit wenigen, gezielt ausgewählten Würzmitteln einen besonders feinen Geschmack der Grundzutaten hervorzuzaubern. *Bai zhuo* ist dabei eine der beliebtesten Zubereitungsarten, die man variabel sowohl für Gemüse als auch Meeresfrüchte und Fisch anwenden kann. »Zhuo« bedeutet zwar eigentlich etwas anbrennen, doch das ist ja nun gerade nicht das Ergebnis, das sich der ambitionierte Koch wünscht. Kantonesen meinen dabei eher das Resultat: Was gegart wird, soll am Ende appetitlich glänzen, und darauf bezieht sich das Attribut bai oder »weiß«. Das erreicht der Koch, indem er Verbindungen von Öl und Wasser schafft – zweier Substanzen, die sich eigentlich nicht mischen. Doch gerade das Öl bringt die Zutaten – ob Gemüse oder Meeresfrüchte – zum Glänzen. Genau das aber ist das erwünschte Resultat des kantonesischen Kochs: Geschmack und optische Reize gekonnt zu vereinen. Das gelingt besonders gut bei grünen Gemüsesorten, die mit dieser Wasser-und-Öl-Kochmethode zu richtigen Stars aufscheinen können. Das macht Appetit!

Was ich dazu brauche:

200 g frisches grünes Gemüse, zum Beispiel frischen Spinat

2 Knoblauchzehen

3 EL Austernsauce

100 ml Wasser

2 EL helle Sojasauce

1/2 TL Salz

Speiseöl

ein Glas Wasser (0,2 l) zum »Blanchieren«

Wie ich es mache:

1. Zunächst einmal wasche ich das Grünzeug gründlich, entferne gelbe Blätter, wenn vorhanden. Dann hacke ich den Knoblauch möglichst fein, während ich die »Hauptfiguren« aus Kohl oder Spinat in ganzen Blättern belasse.

2. 100 ml Wasser, Austern- und Sojasauce und ein halber TL Salz werden in einer kleinen Schale zu einer Würzsauce zusammengerührt.

3. In einen Wok gebe ich Speiseöl, Wasser und noch etwas Speisesalz. Die Mischung koche ich auf, blanchiere das Grüngemüse eine Minute lang und nehme es dann schnell heraus. Der Sud wird abgegossen – oder einfacher: das Gemüse durch ein Sieb gegeben. Dann richte ich es sofort auf einem weißen Porzellanteller an.

4. In den Wok gebe ich nun meine Würzsauce und den kleingehackten Knoblauch. Alles so lange aufkochen, bis die Sauce leicht sämig wird! Am Ende überziehe ich das Gemüse mit der Knoblauch-Würzsauce.

Die 24-Stunden-Esser

Am nächsten Morgen wollte ich ausgiebig frühstücken. Das war mir eine liebe deutsche Gewohnheit. Wenn mir in Deutschland etwas gastronomisch bedeutsam erscheint, dann ist es das Frühstück. Hier könnte durchaus Anspruch auf einen Eintrag als Weltkulturerbe bestehen. Wo sonst auf der Welt gab es so viele Sorten von Wurst, Schinken, Braten, Fisch, Eierspeisen, Konfitüren, Käsesorten, Quarks, Joghurts und Früchten kombiniert mit frischen Fruchtsäften, Tee und Kaffee wie an einer gut gedeckten deutschen Frühstückstafel? In China begannen die Menschen erst wirklich zu leben, wenn es Mittag war. Schnell geschlürfte Nudeln, heruntergestürzte Reissuppen, an denen man sich den Gaumen verbrühte, und in Öl triefende Teigstangen konnten Bauch und Gemüt vormittags eigentlich nur verstimmen.

So dachte ich, bevor ich in den Süden nach Kanton kam, genauer gesagt in die Boomtown Shenzhen. Meine Frau hatte hier Verwandte, und denen hatte sie in weiser Voraussicht bereits mitgeteilt, dass ich einer Widerlegung meines schlechten Eindrucks vom chinesischen Frühstück bedurfte. Und zwar dringend, damit die Gefahr eines kränkenden chinesischen Gesichtsverlustes abgewendet werden konnte. Die Familie ließ sich das nicht zweimal sagen: Gleich um neun Uhr morgens am Tag nach dem glänzend einfachen Fisch- und Meeresfrüchtegenuss standen Tante und Onkel, Cousins und Cousinen bereit, mich in die kantonesische Frühstückskultur einzuführen. Dazu hatten sie in eines der bekanntesten Teehäuser der Stadt eingeladen. Das Haus war mittlerweile so erfolgreich, dass überall in China bereits Filialen existierten. Erfolg und schneller Aufstieg war in der Restaurantbranche nichts Ungewöhnliches und mir bereits gut bekannt von den Erlebnissen mit den Feuertopf-Restaurants in Sichuan, die nach großen Anfangserfolgen sich kontinuierlich zu richtigen Restaurantketten erweitert hatten. China liebte die Logik der Zellteilung und des schnellen Wachstums: Was sich einmal erfolgreich etabliert hatte, musste sich vervielfachen und ausbreiten, um diesen Erfolg durch eindrucksvolle Präsenz im ganzen Land zu bestätigen.

So betraten drei Generationen gemeinsam mit mir dieses Erfolgsteehaus, das eigentlich gar kein Teehaus war. Zumindest keines, wo es wesentlich um Tee ging. Denn hier beschränkte sich das Teeangebot auf Schwarztee, ergänzt um etwas Chrysanthemen-, Pu-Erh- und Grüntee. Doch fast alle tranken den preiswerten und jeder Teekultur spottenden Standard-Schwarztee. Wenn der Tee die Qualität des hier gebotenen Frühstücks widerspiegeln sollte, dann hätten wir lieber gleich den Rückzug antreten und bis zum Mittag warten sollen. Doch meine chinesische Familie erklärte, dass diesem Tee keine Bedeutung beizumessen sei. Er solle lediglich den Magen anwärmen. Das Frühstück in Kanton hieß zudem eben »Frühtee« und nicht »Frühstück«, was folgerichtig voraussetzte, dass morgens eindeutig Tee getrunken wurde.

»Eine Schale und – mindestens – zwei Kleinigkeiten dazu, sagte man hier in Kanton«, meinte der Cousin meiner Frau, »zwei Kleinigkeiten allerdings sind eine schon fast unbescheiden bescheidene Übertreibung. Schau dich einmal um!« Ich tat wie geheißen und sah nun die vielen kleinen Wägelchen, die von geschäftiger Bedienung von Tisch zu Tisch geschoben wurden. Auf ihnen stapelten sich Türme von Bambusdämpfkörben, die dann schnell die Tische der »Frühteegäste« bis an die Grenze ihrer Abstellfläche ausfüllten. Auch zu uns kam ein solches Wägelchen, und drei Generationen wählten gemeinsam aus, um was sie den langweiligen Schwarztee auf unserem Tisch erweitern wollten. Die emsige Wagenlenkerin hob dazu in schneller Folge die Deckel der Bambuskörbchen. In erstaunlicher Geschwindigkeit füllten geschmorte Hühnerfüße, Rippchen mit Frühlingszwiebeln und schwarzer Bohnensauce, fast durchsichtige Teigtaschen, die augenscheinlich mit ganzen Krabben gefüllt waren, goldgelb gebratene Teigtaschen mit frisch-grüner Gemüse- und deftiger Fleischfüllung, appetitlich gebräunte Blätterteigtäschchen, duftige Klößchen, rot marinierte Fleischstreifen und sogar portugiesische Eiertörtchen nach Art der Stadt Belem unseren respekteinflößend großen Tisch und ließen kaum noch eine Stelle unbedeckt. Dabei hatte ich nicht den Eindruck, dass sich der Wagen geleert hatte. Zehn oder mehr weitere Dämpfkörbchen wurden einfach weitergeschickt auf ihrem Weg durch das Labyrinth der Frühteegäste, ohne dass wir erfuhren, was sie noch weiter Köstliches oder nur Interessantes unter ihren gleich aussehenden Deckeln bargen. Doch auf unserem Tisch »ging nichts mehr« – dieses Frühstück musste erst einmal abgearbeitet werden. »Wenn du noch etwas möchtest«, sagte der Onkel meiner lieben Gattin, »dann können wir noch à la carte dazubestellen. Hier kann man ankreuzen, was man möchte.« Was er vor sich liegen hatte, ähnelte wieder einem Lottoschein, wie ich ihn schon von den Feuertopfrestaurants Sichuans her kannte. Mit einem Blick auf das Dutzend Bambuskörbchen auf unserem Tisch wehrte ich entschieden ab. Hier also stand sie – die chinesische Antwort auf ein deutsches Sonntagsfrühstück. Ich probierte alles, nagte sogar an den ungewohnten Hühnerfüßen, die in der chinesischen Sprache den lyrischen Namen »Phoenixkrallen« tragen. Für mein Mundgefühl jedoch, das nach unzähligen Essversuchen noch immer nicht ganz chinesisch geworden war, lag hier die Betonung zu stark auf dem Abnagen von Knochen, die eigentlich nur von Haut umgeben waren. Meiner Frau hingegen erschienen die zarten Hühnerfüßchen als kulinarischer Höhepunkt, denn sie schloss die Augen dabei, als sie sorgfältig die Phönixkralle zwischen ihren Stäbchen mit den Zähnen enthäutete. Ich hielt mich hingegen wieder an die leichten Dinge, die dem zahntechnisch unterlegenen Westler schnelleren Genuss versprachen: Die fangfrischen Krabben im hauchzarten »Kristall«-Teig aus Reismehl bringen nur Kantonesen perfekt zustande. Dann diese fantastischen Törtchen, das Erbe der portugiesischen Händler, die einst ihre Unfähigkeit oder den Unwillen, Phoenixkrallen abzunagen, mit importierter Konditorkunst ausglichen. Mit dem Erfolg, dass »tarte de Belem« nach Rezepten aus dem Shenzhen und Hongkong gegenüberliegenden Macao zum Süßwarenhit der chinesischen Volksrepublik geworden sind. Zwischen den vielen kleinen Köstlichkeiten nippten wir immer wieder an unserem Schwarztee.

In Kanton wurde traditionell mehr schwarzer als grüner Tee produziert und dem Geschmack der Engländer entsprechend während des 19. Jahrhunderts nach England und in die Vereinigten Staaten exportiert.[*] Doch das war in diesem Teehaus kein Thema. »In Kanton geht man Frühtee essen und nicht trinken«, meinte dann auch die Cousine meiner Frau, »dreimal am Tag: morgens, mittags und abends.« »Und wann fängt man mit dem ›Tee essen‹ an?«, fragte ich zurück. »Dann, wenn man nachts aufhört«, gab mein Schwager schmunzelnd zurück. Damit deutete er an, wie ein echter kantonesischer Genießer seinen Tag einteilt: Essen, dann essen und dann wieder essen.

[*]   Gray (2002), S. 208.

Das begann morgens um vier Uhr, wenn die ersten »Frühtee-Häuser« öffneten und die letzten Nachtimbiss-Lokale schlossen. Zwischendurch ging eine Mahlzeit in die andere über, die Grenzen verschwammen, und jeder konnte zu einem beliebigen Zeitpunkt in das »Perpetuum mobile« des kantonesischen Essens einsteigen. Sooft er wollte, solange er wollte, soviel er wollte. »Im Kantonesischen gibt es für ›Frühtee essen gehen‹ eigentlich den passenden Ausdruck ›Frühtee genießen gehen‹«, meinte die Tante meiner Frau. Ich nickte und schaute mich in der Esshalle um, in der außer uns noch mehrere hundert Esser versammelt waren. Es war Wochenende, und keine Bürostunde riss die Esser gewaltsam von ihrer Lieblingsbeschäftigung fort. Die ansonsten hektische Geschäftsstadt Shenzhen palaverte im Teehaus vor sich hin. Palaverte, stritt, diskutierte, lachte und hatte Spaß. Im Teehaus beim Frühtee oder einer der nahtlos anschließenden weiteren Gelegenheiten des Tages und der Nacht schien alles besprochen zu werden, was sich zu besprechen lohnte: die schlechten Charaktere korrupter Politiker, die jüngsten Erfolge des Enkels in der staatlichen Hochschulaufnahmeprüfung, die exorbitanten Immobilienpreise in Shenzhen und ganz China, die Vorzüge des neu gekauften deutschen Importwagens und vor allem Geschäfte, Geschäfte und nochmals Geschäfte. Wer Geschäftliches erfolgreich beginnen und zu Ende besprechen wollte, der musste ins Teehaus. Am besten fing man frühmorgens an und beendete die Verhandlungen 24 Stunden später zum Ende des Nachtimbisses, um notfalls wieder von vorn mit dem »Frühtee« zu starten, der im benachbarten Haus schon wieder angerichtet wurde: Frühtee, Mittagstee, Nachmittagsimbiss, Abendessen und Nachtimbiss, so teilten die Kantonesen ihren Tag ein.

Dabei war der Auftakt dieses kulinarischen Tages noch gar keine so alte Sitte. Erst seit dem 19. Jahrhundert versammelten sich die Bewohner des Südens zum »Frühtee«. Den Anfang hatte ein Teehaus, das den Namen »Yili-Stube« trug, in der Stadt Kanton gemacht. Dort war der Wirt auf die Idee gekommen, seine Kunden an besonders rustikale Holztische zu setzen. Die müssen offenbar besonderer Art gewesen sein, denn sie verführten die Gäste dazu, viel und heftig miteinander zu reden. Hier traf man sich gerne und immer öfter und immer länger. Wer lange blieb, dem waren der dünne Tee und die üblichen Sonnenblumen- und Melonenkerne und Reiskuchenvariationen, die sonst den Tee in chinesischen Teehäusern begleiteten, zu wenig. Also definierte man den Tee einfach zur Nebensache um und machte in der »Yili-Stube« den Imbiss zur Hauptsache. Die Rückkehr zum Wesentlichen – in China immer das Essen und nie das Trinken – überzeugte die Gäste, und schon bald fanden sich in bester chinesischer Kopistentradition Nachahmer, die die Geschäftsidee aus Kanton in der ganzen Provinz verbreiteten. So war die Gewohnheit des »Frühtee-Essens« geboren worden.

M ittlerweile war es früher Nachmittag geworden. Noch immer saßen wir im »Teehaus«. Die Tische waren nach wie vor voll besetzt, und ebenso wie wir hatten auch unsere Nachbarn den Dampfkorbbestand ihres Tisches seit ihrer Ankunft vor vielleicht vier Stunden verdoppelt. Unmerklich war es höchste Zeit für die zweite Mahlzeit des Tages, das Mittagessen, geworden, doch das war im Teehaus längst mit dem »Frühtee« zu einer Einheit verschmolzen. Mir kamen Assoziationen zur westlichen Sitte des Brunch. »Brunchen« erfreute sich in westlichen Kulturen seit Jahren ebenfalls steigender Beliebtheit, und seine Entstehung am Ende des 19. Jahrhunderts machte es nur unwesentlich jünger als den kantonesischen »Frühtee«. Der Brunch war zweifellos eine Entdeckung des wohlhabender gewordenen Angestellten. Gleiches galt auch für die Entwicklung der »Frühtee«-Begeisterung in Kanton und zunehmend in ganz China. Der gestresste, aber im Vergleich zu früheren Jahren etwa zum Ende des 20. Jahrhunderts deutlich wohlhabendere Arbeitnehmer, Händler und Geschäftsmann hatte nun am Wochenende endlich genügend Zeit, Muße zu pflegen. Dabei war der »Frühtee« ein Symbol für die Emanzipation des Händlers von seinem traditionell schlechten Ruf. In Kanton waren Händler und Kaufleute früher als in den übrigen Gegenden des Landes gesellschaftlich erfolgreich – allerdings um den oft hohen Preis ihrer Menschlichkeit. Da konnte das Teehaus ausgleichende Abhilfe schaffen, und es verbreitete sich das geflügelte Wort zur Mahnung des Geschäftsmannes:

»Immer hast du zu viel zu tun, nur um des eigenen Namens willen, du bist zu gestresst, weil du nur auf den eigenen Nutzen bedacht bist – nun ruh dich in deinem Stress endlich mal aus und trink eine Schale Tee.« Doch auch für den hart arbeitenden Kuli auf der Straße, den dann der Fabrikarbeiter in einer der unzähligen Spielzeug-, Halbleiter- und Werkzeugfabriken nahe Shenzhen ablöste, fand sich Trost im Teehaus, das auch Höherprozentiges zu bieten hatte: »Dein Herz schwer vor Arbeit, die Kräfte längst verzehrt – nun genieß endlich Freude im harten Alltag und hebe den Weinkrug dazu!« Der Cousin zitierte beide Sprüche auf Kantonesisch und erntete spontanen Beifall vom Nachbartisch. Schon prostete man einander zu, schenkte sich über Tischgrenzen hinweg gegenseitig Tee ein – und klopfte dabei immer wieder dezent mit Zeige- und Mittelfinger auf die Tischplatte. »Die machen Fingerkotau«, erklärte die Cousine. »Fingerkotau?«, fragte ich. Einer der neuen Freunde vom Nachbartisch antwortete: »Wir Kantonesen bedanken uns so für Wein oder Tee, den man eingeschenkt hat. Diese Sitte soll zurückgehen auf den Kaiser Qianlong, der während seiner 60 Jahre dauernden Regierungszeit besonders gerne reiste, um die unterschiedlichsten Gegenden seines Riesenreichs kennenzulernen. Dabei war er viel kreativer als die langweiligen Herren in ihren schwarzen Anzügen und roten Krawatten, die heutzutage an der Macht sind. Der Kaiser verkleidete sich gern als einfacher Zeitgenosse und mischte sich unters Volk. Einmal begab es sich, dass er während einer seiner Inkognito-Reisen einem Minister aus dem Palast Tee einschenkte. Innerhalb der Palastmauern von Peking hätte sich der Rangniedere sofort vor seinem Herrscher in den Staub werfen, also Kotau vollziehen müssen. Doch hier, mitten in der Stadt Kanton, ging das nicht, ohne die Tarnung des Kaisers auffliegen zu lassen. Also bedankte sich der Untertan bei seinem Herrn damit, dass er dezent mit beiden Fingern auf die Tischplatte klopfte.«

Langsam wurde es späterer Nachmittag, und die Verwandten beschlossen, nun aufzubrechen. Vor allem der Nachwuchs langweilte sich sichtlich, und mit vollen Bäuchen gaben sich die etwas Älteren nur noch den mitgebrachten Smartphones und Videospielgeräten hin. Meine Frau meinte energisch, dass das nun genug sei – und so sahen wir davon ab, den »Nachmittagstee« langsam und unmerklich in den »Abendtee« übergehen zu lassen. Mehr Dämpfkörbe oder Platten mit Gemüse, Meeresfrüchten, Fisch- und Fleischgerichten wären die unausbleibliche Folge gewesen. Wir verabschiedeten uns kurz von unseren neuen »Ess- und Trinkfreunden« am Nachbartisch, die bereits wieder die Speisekarte für die weitere Fortsetzung ihrer Ganztags-Teetafel studierten.

In der Stadt, die stets verdaut, gab es aber auch nach dem Abendessen keine Pause. Ab 9 oder 10 Uhr begann der zweite Höhepunkt des Tages nach dem Frühtee – der Nachtimbiss. Viele jüngere Kantonesen hatten diesen Nachtimbiss längst zu ihrem Favoriten gemacht, obwohl immer mehr Internetseiten und Medienberichte vor den negativen Folgen späten und meist zu üppigen Essens warnten. Mit schien es so, dass hier im tiefen Süden mehr Menschen dick waren als weiter nördlich. Angesichts ständiger Herausforderungen zum Essmarathon war das auch kein Wunder. Jedenfalls steuerte der gestresste Jungmananger nach einem 12-Stunden-Tag im »Office«, wie Büros auf Neuchinesisch hießen, dann zielstrebig in jene Teehäuser und Restaurants von Shenzhen, die exklusiv zum Nachtimbiss einluden. Am Wochenende zog man besonders gern mit Freundin oder in der Gruppe durch die Labyrinthe der Imbissanbieter – das war oft preiswerter als Bar- oder Diskobesuch und nachhaltiger obendrein.

Nachtessen war »sexy«, und wer wollte schon früh schlafen, wenn die oralen Freuden buchstäblich auf der Straße zu finden waren? Die zugegeben leicht obszöne Anspielung hat einen durchaus sachbuchtauglichen Hintergrund: Die frühesten Nachtimbisse wurden im alten Kanton nämlich in den Rotlichtvierteln eingenommen. Die Bordellbesucher vor 1949 mussten ihre bezahlte Schönheit für die Nacht erst einmal zum Abendessen einladen, bevor der zweite Teil der Fleischesfreuden starten konnte. Schließlich brauchten die zarten Damen eine Stärkung, bevor sie sich körperlicher Arbeit hingaben – vom Stärkungsbedürfnis der Freier einmal ganz zu schweigen. Das kokette Bedienen und gegenseitige Füttern bei Tisch vor dem Geschlechtsverkehr gehörte zu den erotischen Freuden im alten China und hatte einen äußerst schmackhaften Vorspielcharakter. Überliefert sind solche Bordell-Nachtessen als »Sperrbezirk-Gastmahl«. Wer nachts durch das alte Kanton zog und überall erleuchtete rote Laternen erblickte, der konnte sicher sein, dass auch spät in der Nacht noch kräftig geschmaust wurde – selbstverständlich nicht ohne Nachspiel. Das Schmusen nach dem Schmaus machte auch durchaus Sinn, denn so konnte der nächtliche Genießer wenigstens einen Teil der zugesetzten Kalorien wieder abarbeiten.

Dieser Ausgleich fehlte vielen der heutigen Nachtesser. Zumindest war er nicht so offensichtlich wie vor 1949. Die meisten aßen nur, zumal die alten Bordelle und die Blumenmädchen längst verschwunden waren. Doch ebenso wenig wie Sperrbezirke gab es eine Sperrstunde: Noch um zwei Uhr dampften Türme von Bambuskörben angefüllt mit Hunderten kleiner Imbisse vom süßen Teigröllchen bis zum deftigen Schweinerippchen mit schwarzer Bohnensauce in den zahlreichen Teehäusern oder Restaurants, die Nachtimbiss anboten. Auf der Straße boten Nudel- und Fleischspießbräter, vereint mit Frühlingsrollen- und Teigfladenverkäufern, genügend Kalorien, um den Rest der Nacht schlaflos zu verbringen. Meine in Naschereien verliebte Frau wurde plötzlich müde und war so satt, dass wir den ursprünglichen Plan aufgaben, so lange durchzuhalten, bis die ersten Frühtee-Häuser gegen vier Uhr morgens wieder öffneten.

Wir brachen unseren Essmarathon nach frugalen 17 Stunden vorzeitig ab – für das Erfolgserlebnis, wirklich rund um die Uhr gegessen zu haben, fehlten uns einfach die bäuchlichen Voraussetzungen. Dass die Kantonesen Weltmeister jedes Essmarathons werden würden, war durch unseren Selbstversuch vom Frühtee bis zum Nachtimbiss bewiesen worden. Zum Kummer manch eines südchinesischen Zeitgenossen hat der Tag allerdings nur 24 Stunden, in denen man essen kann. Das ist wenig und das Leben bekanntlich kurz.

Die Ursuppe des Daseins

Suppen gehören zu den solidesten Dingen des Lebens, und das trotz ihrer unbestritten flüssigen Konsistenz. Das glauben zumindest die Kantonesen. Wenn eine Frau sich vor Seitensprüngen oder allzu häufigen Gängen ihres Ehemannes zum Nachtessen in die Viertel der »roten Lampions« wehren wollte, tat sie das am besten, indem sie ihm eine gute Suppe kochte. Frauen, die wussten, wie man Suppe schmackhaft, nahrhaft und gesund zugleich zubereiten konnte, hatten Macht über ihre Ehemänner.

Eine Suppe ist nämlich nicht einfach nur eine Brühe oder breiige Speise, die man als Abwechslung zu den festeren Dingen auf dem Esstisch genießt. Sie ist schon gar keine reine Vor- oder Nachspeise, die noch nicht einmal den Rang eines vollwertigen Speiseganges besitzt, oder gar ein Verlegenheitsessen für arme Leute, die sich lediglich mit Wasser verdünnte Nahrung leisten können. In einer gelungenen Suppe ist Geschmack konzentriert und alles Gute, was sonst noch so in der menschlichen Nahrung steckt.

Für mein letztes Abendessen in Shenzhen hatten die Verwandten etwas Besonderes geplant: einen Besuch in einem der feinsten Restaurants der Stadt. Dieses Restaurant war nicht etwa durch exotische Schlangengerichte, raffinierte Meeresfrüchtezubereitungen oder rot gebackenes Schweine- oder Gänsefleisch bekannt. Diese Dinge waren allesamt auf der abermals buchdicken Speisekarte zu finden. Doch der Grund, warum man trotz einer schier unüberschaubaren Vielfalt guter und sehr guter Restaurants schon Wochen im Voraus vorbestellen musste, lag schlicht und ergreifend in kleinen, fast unscheinbaren Schälchen, in denen Suppe serviert wurde.

Als wir uns dem Restaurant näherten, sahen wir bereits vor dem Eingang eine Menschentraube. Man wartete auf die unwahrscheinliche Chance, innerhalb der nächsten ein bis zwei Stunden einen Platz zu ergattern. Schon an anderen Orten war mir aufgefallen, wie geduldig auf einmal ein Chinese werden kann, wenn es darum geht, zu essen. Dann werden bereitwillig Nummern gezogen, klapprige Hocker besetzt oder wird einfach in langen Schlangen gestanden. Immer genährt von der Hoffnung, möglichst bald einen Platz zu erhalten. Trotz Zehntausender von Restaurants, die man alternativ aufsuchen könnte. Aber dort gibt es eben keine – Suppe. Zumindest keine von dieser Güte, wie mir der Onkel meiner Frau zuraunte, als wir uns an der Schar der Wartenden vorbeidrückten. Wir durften das, denn wir waren ja privilegiert. Der 85-Jährige hatte höchstpersönlich vorreserviert: »Damit du weißt, was eine Suppe ist, wenn du Shenzhen verlässt!«

Nun wollte ich den alten Herrn nicht brüskieren und ihm vorhalten, dass wir Europäer sehr wohl etwas von Suppen verstanden. Hatten wir doch nachgewiesen, dass selbst im alten Germanien bereits Suppen gegessen wurden und die ersten Suppen der Menschheit beileibe nicht, wie der würdige Herr sicher glaubte, in China probiert wurden, sondern im alten Mesopotamien zu einer Zeit, als das Erbgut Chinas noch im Wasser des Gelben Flusses gelöst war. Ich verschwieg ihm auch, dass die Spätrenaissance und die Barockzeit in Europa wahre Suppeneuphorien selbst in den Herrscherhäusern unseres Kontinents ausgelöst hatten und dass unser Nachbarland Frankreich einen Auguste Escoffier hervorgebracht hatte, der neben vielen anderen Kreationen während seiner 89-jährigen Lebenszeit zwischen 1846 und 1935 die Suppen Europas klassifiziert und kategorisiert hatte, wie der Schwede Carl von Linné einst die Pflanzen- und Tierwelt. Nein, uns Europäer, so dachte ich, können die Kantonesen in puncto Suppenverständnis nichts vormachen: Wir unterscheiden zwischen der Ordnung der klaren Suppen und der Ordnung der gebundenen Suppen, die schließlich in die Familien der Brühen und Kraftbrühen auf der einen und die Familien der Püreesuppen, der Cremesuppen, der Schleimsuppen, der gebundenen Kraftbrühen sowie in die Nebenfamilien der Spezialsuppen unterteilt werden können. Der Suppologe unterscheidet nach Escoffier weiter in Gattungen wie Rinderkraftbrühen, Hühnerbrühen, Fischsuppen, Gemüsebrühen, um sie dann wiederum Arten zuzuweisen wie dem unnachahmlichen Pot au feu der Franzosen. Das ist eine Urart aus der Gattung der Eintöpfe, die, ähnlich dem Quastenflosser in der Biologie, sich aus Frühzeiten europäischer Suppenkultur in die Gegenwart retten konnte, ohne nach der Evolution des Suppengeschlechts den Gesetzen Darwins folgen zu müssen. Dieses Unikum der Suppenwelt ist übrigens der Nebenfamilie der Spezialsuppen zuzuordnen und lässt sich dort eng mit der Gattung der Eintöpfe verbinden. Evolutionstheoretisch interessant ist spätestens seit den bahnbrechenden Kategorisierungen Escoffiers auch die deutsche Ochsenschwanzsuppe. Je nach Bindemittelanteilen kann sie ganz verschiedenen Suppenordnungen zugerechnet werden: Gebunden oder ungebunden – das ist hier die Frage!

Der ansonsten von mir hochgeschätzte Lin Yutang verstand davon nichts, als er aus mangelnder Sachkenntnis heraus formulierte: »Dass die Europäer so wenig Abwechslung in ihren Suppen haben, hat zwei Ursachen: Zunächst fehlt es am richtigen Wagemut, was die Mischung von Gemüse und Fleisch betrifft. Wenn man fünf oder sechs Zutaten, sagen wir getrocknete Garnelen, Pilze, Bambusschösslinge, Melone, Schweinefleisch usw., in geschickter Weise zusammenstellt und immer wieder anders kombiniert, lassen sich hundert verschiedene Suppen daraus kochen ... Zum zweiten kommt die Eintönigkeit der Suppen daher, dass man mit den Gaben des Meeres nichts Rechtes anzufangen weiß.«[*] Angesichts reicher und unverstandener suppologischer Tradition in Europa konnte ich den Worten des geschätzten Onkels meiner Frau nur ein überlegenes Schweigen entgegenbringen.

Bis die Suppe kam: eine kleine Kanne aus Ton, die einer Teekanne zum Verwechseln ähnlich sah. Eine kleine Schale für jeden diente als passendes Behältnis für das Elixier. So viel flüssige Ästhetik hatte ich bislang nur einmal während des Mondscheinweins in Souzhou kosten dürfen. Ein überraschender Aspekt jener unersättlichen Kreativität, die Chinesen zeigten, wenn sie begannen, mit den unendlichen Möglichkeiten menschlicher Nahrung zu spielen. Dagegen wirkte das analytisch-wissenschaftliche Europa steif und einfallslos: Die großen Suppenklassifikateure

[*] Lin, S. 301.

Europas sahen für den Genuss der identifizierten, äußerst zahl-reichen Arten europäischer Suppen nur eine beschämend klei-ne Zahl verschiedener Porzellanteller oder Schalen vor, die zur Zweckmäßigkeit und zur Befreiung des Genießers von der Eti-kette bestenfalls mit zwei Henkeln versehen waren. In dieser Be-schränkung lag auch die Anstrengungen mitbegründet, die die Europäer unternahmen, um das Benutzen ihrer wenig unterhalt-samen Suppengeschirre möglichst zivilisiert vonstatten gehen zu lassen: Schlürfen nicht erlaubt, Suppe trinken nicht erlaubt, Tel-ler aus praktischen Gründen schräg halten, um Suppenreste aus-zulöffeln, – nicht erlaubt, Suppen vom Löffel wieder herunterflie-ßen lassen – nicht erlaubt, und so weiter und so weiter.

Das Reich der Suppen erlag mit der Zivilisierung Europas und der Abkehr vom bäuerlichen Erbe der Degeneration. Oder drohte ihr zumindest zu erliegen. Ganz anders die Suppenwelt Kantons. Hier wurde nach Herzenslust geschlürft und getrunken. Die origi-nellen Schalen und die »Teekannen«, aus denen die Brühe einge-schenkt wurde, machten den direkten Zugang zum flüssigen Ele-ment leicht möglich. Und was für ein Element das war: eine klare Kraftbrühe goldgelber Färbung, in der sich alles hoch konzen-trierte, was in sie hineingekocht worden war. Es schien, als hätte ein Spitzenkoch vorher die Zutaten so gekonnt komponiert, dass alle wichtigen Geschmacksnuancen enthalten waren, und diese dann verflüssigt. Jeder Tropfen ein Genuss, denn jeder Tropfen regte die Geschmacksknospen und Riechzellen auf das Äußers-te an, ließ Aromenvielfalt entdecken, Nuancen, die der Europäer sonst lieber in seinen geistigen Getränken wie Wein und Whisky sucht als in seinen Suppen. Wieder dieser fundamentale Unter-schied, der eigentlich nach Vereinigung rief: der essbetonte Chi-nese und der trinkvernarrte Europäer – besonders dessen nörd-liche Unterart, der Germane. »Suppen in Kanton«, so meldete sich nun mein Cousin zu Wort, »sind absolutes ›Slow Food‹. Eine kantonesische Suppe braucht je nach Art mindestens drei bis vier Stunden behutsames Kochen und Ziehen auf kleiner Flamme, um aus den Zutaten all die Aromastoffe zu entnehmen, die am Ende ihren Charakter formen. Wer eine solche Suppe zu kochen versteht, wie die Spitzenköche dieses Restaurants, der fördert Gesundheit und gute Beziehungen.« Ich sah ihn fragend an – auch die anderen unserer Essgemeinschaft verstanden nicht gleich, was er damit meinte. »Die meisten Kantonesen glauben«, fuhr er erklärend fort, »dass ein schönes Leben von einem Topf gehaltvoller Suppe abhängt. Das Leben liegt sozusagen im Suppentopf. Da ist zum einen der Nährwert: Jede Suppe ist für irgendetwas gut. Sie ist geschmackvolle Medizin, die je nach Zusammensetzung bestimmte Krankheiten zu heilen vermag. Das beginnt mit so einfachen Dingen wie Erkältung und endet mit so gewichtigen Wirkungen wie Vorbeugung vor Herzinfarkt oder Krebs. Je nach Zusammensetzung eben. Essen hat, wie jeder weiß, in China immer gleichzeitig eine medizinische Wirkung. Die Grenzen zwischen gutem Essen und nützlicher Medizin aber werden vom Charakter der Suppe aufgehoben. Die Grenzen verflüssigen sich. Wenn man diese wunderbare Schweinefleischbrühe isst, dann erfreut man sich nicht nur an dem herzhaften Aroma, sondern beugt beispielsweise gleichzeitig der nächstmöglichen Erkältung vor. Suppen sind in Kanton immer zweierlei: geschmackvoll und nützlich.«

»Und die guten Beziehungen?«, fragte meine Frau. Der Cousin hatte auch dafür eine Antwort parat: »Das ist hier in Kanton vielleicht noch wichtiger als der medizinische Aspekt. Eine gute Suppe ist das Gleichnis für eine intakte Familie. Eine Familie schmeckt nur dann, wenn die Mitglieder gut miteinander verkocht, also feste Beziehungen miteinander eingegangen sind, die diese Familie stabil machen. So wie die Zutaten einer kantonesischen Suppe, die erst nach langem Kochen dann wirklich so gut miteinander verbunden sind, dass das Suppenaroma überzeugt. Gute Familien, so sagt man, gleichen einer ›goldenen Suppe‹.«

Die Suppe als Sinnbild für die Familie. Wieder tauchte hier deutlich das Bild einer »hervorgegessenen« Gesellschaft auf. Beziehungen wurden am Esstisch erzeugt, Politik war in Peking und sonst wo hervorgekocht worden, und nicht nur, aber besonders in Kanton lag die Bindung der Familie im Aroma der Suppe. Ich nahm einen tiefen Schluck aus der Kanne – und genoss die Kraft der Ursuppe im Kreise meiner erweiterten chinesischen Familie.

KANTONESISCHE URSUPPE

Die Kantonesen sind eine besondere Volksgruppe. Das lässt sich nicht nur an der ganz eigenen Sprache und den ungewöhnlichen Allesesser-Gewohnheiten erkennen, sondern auch an ihrem Verhältnis zur Suppe. Als einzige Gruppe unter den Han-Chinesen haben sie die zentrale Bedeutung von Suppen für menschliche Dasein wirklich erfasst: Geschmack, Gesundheit und familiärer Zusammenhalt werden in Kanton in die Suppe gekocht, die, anders als sonst in China, wie in Europa vor den weiteren Gängen serviert und individuell in kleinen Schalen gereicht wird. Besonders beliebt sind Fleisch- und Gemüsebouillons, für die ich mich hier entschieden habe. Das folgende Rezept hat eine positive Wirkung auf den Körper, denn es stärkt allgemein das menschliche Immunsystem.

Was ich dazu brauche:

500 g Hühnerfleisch von Flügeln oder Schenkeln

2 Bittergurken (alternativ gehen auch normale kleine Schlangengurken)

1/2 weiße Rübe (alternativ 5–6 Radieschen)

1 kleines Stückchen Ingwer

1 EL Reiswein zum Kochen

Wie ich es mache:

1. Das Hühnerfleisch schneide ich in Würfel. Am besten eignet sich das Fleisch von Flügeln oder Schenkeln. Hühnerbrust gilt in der chinesischen Küche in der Regel als minderwertig, weil sie zu trocken ist. Für zwei Personen ist das Fleisch von ein bis zwei Hühnerschenkeln ausreichend.

2. Die Bittergurke (alternativ Schlangengurke) wird in dünne Scheibchen geschnitten. Besonders die Bittergurke hat sehr positive medizinische Wirkung auf den Körper.

3. Nachdem ich Rübe oder Radieschen gewaschen habe, schneide ich sie in Würfel.

4. Ich fülle Wasser in einen feuerfesten Tontopf, sodass er zur Hälfte voll ist. Ich füge Ingwer und Reiswein hinzu und dann das Hühnerfleisch mit dem Gemüse. Alles wird mindestens eine Stunde (oder auch länger) auf kleiner Flamme langsam gekocht. Am Ende schmecke ich die Brühe mit Salz ab. Mehr Gewürze sind nicht notwendig, da hier der Eigengeschmack der Brühe aus Fleisch und Gemüse ganz im Vordergrund steht.

台南

恆春鎮

台南 Tainan

台中 Taichung

台灣海峽
Meerenge von
Taiwan

Hengchun

台北 Taibei

台灣 Taiwan

太平洋
Pazifik

少吃
火
吃
来

TAIWAN:
KLEINE DINGE – GROSSER GESCHMACK

Der Gourmeur

Taiwan ist das »wahre China«. Taipei ist die einzige chinesische Stadt. Genauer gesagt, die einzige Stadt, die etwas von chinesischer Kultur versteht – sagen die Taiwanesen. »Auf Taiwan ist chinesische Kultur am besten erhalten«, sagt Tang Xiaolong, ein bekannter Fernsehmoderator, »Taiwan ist eine Art auf das Kleine konzentriertes China. Klein an Fläche, vielfältig an kulturellen Dingen. Das ist weniger die hohe Palastkultur des alten China wie sie im Palastmuseum von Taipei erhalten und präsentiert werden konnte, es ist vielmehr die Alltagskultur mit besonderer Konzentration auf Essen und Kleidung.«[*] Dabei schwingt sicher viel Eigenwerbung und taiwanesischer Kulturstolz mit. Wenn aber Tang Xiaolongs Worte nur im Ansatz stimmten, dann musste sich in Taipei und auf Taiwan ganz allgemein die Essenz chinesischer Esskultur finden lassen. Taiwanesische »Wein- und Fleisch-Gesellen«, mit denen ich ab und an auf dem Festland zusammen speiste, rieten mir: »Achte dabei aber besonders auf die kleinen Dinge – dann wird Taiwan groß.« Dieser Satz machte mich neugierig. Ich flog auf die Insel.

[*]   Tang Xiaolong in: Liang Youxiang. *The Beauty of Chinese Food*. Taipei 2008, S. 4–5.

Heute ist es einfach, nach Taiwan zu kommen. Das »andere China« liegt nur 600 Kilometer von Shanghai entfernt. Das ist gerade die halbe Strecke nach Peking. Früher war der Weg viermal so lang. Der Reisende musste einen Umweg über Hongkong in Kauf nehmen, weit nach Süden abdriften, um sich dann wieder in nordöstlicher Richtung seinem Reiseziel nähern zu dürfen. Seit 2008 steigt er nun einfach in den nächsten verfügbaren Flieger nach Taipei. Nach weniger als einer Flugstunde darf er die eng bestuhlte Flugmaschine der »China Eastern« bereits wieder verlassen. Die Pappschachtel, die eine gleichgültige Stewardess routiniert und gefühllos zum Zwecke meiner Verpflegung auf dem kleinen Klapptischchen an der Rückenlehne meines Vordermannes ablud, konnte ich daher leicht ablehnen. Was sich darin befindet, vermeidet jeder erfahrene Fluggast. Er ist weit besser beraten, sich vor jedem Flug den Bauch so gut zu füllen, dass er an Bord keinen Hunger verspürt. Ich verstehe auch nach 20 Jahren in China nicht, warum die meisten chinesischen Fluggesellschaften selbst auf Auslandsflügen dem Reisegast ein Essen zumuten, das nahe an der Grenze zum Ungenießbaren ist. Keine gute Visitenkarte für das Reich des Bauches jedenfalls – und auf dem Weg nach Taiwan, das sich als kulinarisch höher entwickelt ansieht, ist diese Sparmaßnahme chinesischer Airlines geradezu ein Gesichtsverlust und klares Argument gegen die angestrebte Wiedervereinigung!

Hungrig landete ich in Taipei. Ich hatte den klassischen Weg via Hongkong genommen, denn von Shenzhen aus war das naheliegender, als wieder mit meiner Frau nach Shanghai zurückzureisen. Nach der Suppe von Shenzhen hatten wir uns getrennt, und ich zog, wohlausgerüstet mit Kontakten, allein auf die Insel. Freunde hatten mich mit wichtigen Adressen versehen. Der erste Freund des Freundes ganz oben auf der Liste war ganz nach meinem Geschmack: Er hieß Shu Kuo-Chih, und von seiner Berufung her war er Schriftsteller. Kurz nach der Landung erreichte ich ihn per Handy und verabredete mich mit ihm für zwei Uhr nachmittags an einer U-Bahn-Station in der Nähe meines

Hotels. Da blieb genug Zeit, vorher noch einzuchecken und das Gepäck abzulegen.

Nach dem Einchecken und einem kleinen Reisimbiss machte ich mich auf die Suche nach Herrn Shu. Taipei war kleiner, übersichtlicher und vor allem weniger überfüllt als Shanghai – bis auf die U-Bahn-Stationen, die sich immer durch hektisches und rastloses Getriebe auszeichnen. Wohin wollen all diese Menschen, die alle keine Zeit zu haben scheinen? Das Gewusel ließ Unsicherheit aufkommen. Konnten sich hier zwei Fremde überhaupt begegnen?

Es war bereits 14.15 Uhr. Die anonyme Menschenmenge strömte an mir vorbei – heraus aus dem Metroschacht und wieder hinein in denselben. Niemand beachtete mich. Jeder folgte nur seinem ihm längst vorgegebenen Ziel. Mit mir hatte das nichts zu tun. Würde meine Verabredung mich überhaupt erkennen? Zu meinem Glück hielt sich die Zahl europäisch aussehender Menschen in Grenzen; überhaupt lag Taiwan seit dem Wirtschaftsboom auf dem Festland ähnlich wie Korea und Japan viel mehr im »Off« des globalen Interesses. An einer beliebigen Shanghaier U-Bahn-Station wäre sicher schon die dreifache Zahl westlich aussehender Passanten an mir vorbeigeströmt. Somit standen die Chancen gut, dass Shu Kuo-Chih mich erkannte – wenn er denn käme.

14.30 Uhr. Leichte Ungeduld. Noch immer hatte niemand am Schacht sich den Anschein gegeben, jemand anderen zu suchen. Gleichförmiges Strömen. Die Gesichter blieben unbeteiligt, gleichgültig. Ich blickte mich nochmals um, fixierte Menschen, die mir ein wenig wie Intellektuelle erschienen. Plötzlich hatte ich Blickkontakt mit einem Passanten, den die Rolltreppe gerade aus Taipeis Unterwelt herausbeförderte. Er lächelte unsicher – und dann stärker. »Herr Shu, Shu Kuo-Chih?« Eine vorsichtige Frage. Der Angesprochene nickte und gab mir freudig die Hand. »Entschuldigen Sie meine Verspätung«, erklärte er nur, »ich habe einfach die Zeit vergessen.« Ich nickte, erwiderte brav: »Aber das macht doch nichts.« Shu Kuo-Chih führte mich zielstrebig zu einem Taxi, das am Straßenrand wartete. In Taipei herrschte kein Mangel an Mietdroschken. Auch das war wie auf dem Festland. Mein neuer Bekannter war ausgesprochen schlank, hager, fast dürr. Ein khakifarbenes, verwaschenes Hemd schlotterte nachlässig geknöpft und viel zu weit um seinen knochigen Körper. Shu hatte ein feines Intellektuellengesicht, aus dem die Nase fast römisch hervorstach, was seinem chinesischen Antlitz eine exotische Note verlieh. Die Zähne, die er beim Lächeln entblößte, ließen den starken Raucher erkennen.

Wie ein Vielesser sah er nicht gerade aus, eher wie jemand, der sich genau überlegen muss, wann er sich wieder eine gute Mahlzeit leisten kann. Shu Kuo-Chih bemerkte meinen Blick und lächelte. »Ich bin kein Feinschmecker, falls Sie einen solchen erwartet haben. Taiwan leidet an einer ernsten Krankheit, genannt Feinschmeckerei und Genusssucht. Auch das Festland ist davon ja längst infiziert.«

Was meinte er damit genau? »Nun, ganz einfach. Früher konnten die Leute kochen. Was sie selbst herstellten, schmeckte ihnen – und sie kamen nie auf die Idee, dabei von Feinschmeckerei zu reden. Geschmack war ihnen genug. Heute will jeder Feinschmecker sein. Selbst die Kinder. Sie wissen genau, wo es die besten Spaghetti Carbonara gibt und warum. Aber kochen können sie sie nicht. Ihre Beschäftigung mit dem Essen ist aus der Balance geraten. Reines Konsumieren – und manche übertreiben es damit. Das ist ein altes taiwanesisches Problem, auf dem Festland wird es gerade offenkundig.«

Shu Kuo-Chih zündete sich eine Zigarette an: »Das mit der Feinschmeckerei geht weit über das Essen hinaus. Alles in China – egal, ob hier auf Taiwan oder auf dem Festland – wird zunehmend nur noch konsumiert. Im Westen ist es vielleicht genauso – nur in China sind es heute diese Dimensionen, die Masse. Chinesen sind wie Heuschrecken. Sie fressen alles, was ihnen unterwegs im Leben begegnet – herstellen können sie es immer weniger. Früher nannte man die Chinesen oft fleißige Ameisen. Ameisen können produzieren, haushalten, sind sparsam. Das war zumindest auf dem Festland vor wenigen Jahren noch so – jetzt nicht mehr. Damals waren die Menschen Bauern, haben selbst produziert, gehaushaltet und gespart. Haben das Produzierte dann konsumiert und gar nicht schlecht gegessen.«

Ich nickte, dachte dabei an E. N. Andersons Studien. Chinesische Bauern hatten im Vergleich zum europäischen Landmann immer recht vielfältige Nahrung gehabt: Gemüse, Getreide, Fisch, ganz selten einmal auch etwas Fleisch. Shu sagte: »Ich war oft auf dem Festland. Denken Sie nur an Shanghai. Eine alte Frau sitzt am Anfang einer Gasse im französischen Viertel, sie bereitet Essen, putzt, wäscht, putzt wieder, wäscht erneut. Dann kocht sie, nicht ein, sondern vier Gerichte. Alles selbst hergestellt und gut – nur andere Dinge kann sie dabei nicht erledigen. Keinen Telefonanruf, keine Rechnung begleichen, nicht zur Post gehen. Essen bereiten ist ineffizient – besonders auf die chinesische Art. In Deutschland essen sie bei der Arbeit einfach ein Brot, und dabei erledigen Sie viele andere Dinge. In China nicht möglich. Daher konnte der Westen China leicht ökonomisch und technisch überholen. Wir haben zu viel Zeit auf das Bereiten des Essens verwendet: Gemüse putzen, waschen, kochen. Mindestens zweimal am Tag. Da erfinden Sie keine Sputniks! Na – jetzt haben wir es den Europäern nachgemacht, lassen andere kochen, beschränken uns nur noch auf das Feinschmecker-Dasein, bauen dafür Wolkenkratzer und Hochgeschwindigkeitszüge. Taiwan hat es dem Festland vorgemacht, die folgen uns jetzt in zehnfacher Dimension und Geschwindigkeit – und siehe da: China wird zur Großmacht!« Shu hielt inne. Hatte er mir nun in wenigen Sätzen den Wandel Chinas und den Zustand unserer Welt erklärt? Die Bedeutung der Feinschmeckerei für die Entwicklung eines Landes schien einschneidend. Der Erzähler gähnte plötzlich, als ob er sich von sich selbst distanzieren wollte.

»Sie müssen entschuldigen, denn ich bin ein fürchterlicher Müßiggänger, der liebend gern erst nach Mittag seinen Tag beginnt. Vorher lohnt es sich auch kaum, denn da haben die guten Imbisslokale Taipeis noch nicht geöffnet. Auch ich bin zum Konsum degeneriert – bei so vielen Verlockungen auf der Straße.« »Den Chinesen kennt man als einen großen Müßiggänger«, sagte ich. Shu lächelte und dachte eine Zeit lang nach, bevor er antwortete. »Ein schöner Spruch – stammt sicher noch aus der Zeit vor der Feinschmeckerei.« »Lin Yutang«, sagte ich, »30er Jahre, letztes Jahrhundert.« »Dachte ich mir«, sagte Shu, »hat leider mit der Gegenwart nicht mehr viel zu tun. Hier auf Taiwan nicht und auf dem Festland schon gar nicht. Hat der Autor, den Sie da zitieren, nicht auch geschrieben: ›Der Amerikaner gilt als ein Mensch, der es immer eilig hat?‹ Heute könnte man leicht Amerikaner gegen Festlandschinesen oder Taiwanesen austauschen.«

Shu hielt inne und blickte lächelnd auf das rauchende Krautstäbchen zwischen Mittel- und Zeigefinger, selbst gedrehter Stoff und stark. Ein Produkt aus dem Westen. »Guten Tabak zu schmecken heißt müßiggehen. Die meisten Raucher versuchen mit ihrer Sucht, sich den Stress zu vertreiben, der ihnen längst den Müßiggang verleidet hat. Für den, der wirklich Muße hat, kann selbst eine Zigarette gesund sein. Wer verlernt hat, Zeit ohne Nutzen zu verbringen, den bringt dieses Kraut um. Die meisten Raucher sind selbst schuld, wenn man ihnen nun die Freude des Genießens nimmt und überall das Rauchen verbietet. Sie versuchen doch nur mit ihrer Sucht unserer ach so effizienten Zeit gerecht zu werden, die ihnen das Leben Stück für Stück mit Verboten verleidet. Sie kennen nicht den Zauber dieses Gefühls, wenn Sie an der Zigarette ziehen? Sie rauchen nicht?« »Nein.« Shu betrachtete mich kurz und lächelte. »Nun – Sie sind ein guter Esser, und das Trinken eines guten Tropfens scheinen Sie auch nicht zu verachten.« »Woher wissen Sie das?« »Lebenserfahrung«, antwortete er.

Das Taxi hielt. Hier herrschte gut bekanntes China. Gewimmel von Menschen, schreiend grelle Neonreklamen, hell erleuchtete 24-Stunden-Supermärkte. 7-Eleven aus Texas. Effizient, schnell, praktisch. Downtown Taipei. Mittendrin lag das *Dintaifong*. Genau dorthin wollte mein Führer. »Unnachahmlich gute *xiaolong*-Klößchen«, sagte Shu, und ich stutzte: Hatten wir das nicht schon in Shanghai? Weshalb stellte mir Taiwans Imbissspezialist Nummer eins ausgerechnet zum Auftakt unserer kleinen Food-Odyssee eine gut bekannte Shanghaier Spezialität vor? Die Antwort lautete: Weil er Taiwanese war. Auf Taiwan ist alles besser. »Die gute Seite der Feinschmeckerei«, sagte er. »*Dintaifong* macht unnachahmlich gute *xiaolong*: unvergleichlich zarter

Teig, verführerisch saftige Füllung und ein erstklassiger Service«, schwärmt Shu Kuo-Chih in seinem Food-Essay-Band *Imbisse aus Taipei*. Taiwan war »unnachahmlich«. Für das Rohprodukt war das Festland verantwortlich, Taiwan aber veredelte und erhob selbst die einfachsten chinesischen Dinge in den Adelsstand höherwertiger Qualität. Wie Japan, das ebenfalls einst chinesisches Urmaterial kopiert und dann zu neuer Schönheit erhöht hatte: Teezeremonie, Zen-Gärten, Tempelanlagen. Das *Dintaifong* war eine Art kulinarischer Spiegel der taiwanesischen Seele. Zwar gab es hier all die Dinge, die Peking, Shanghai oder Suzhou auch boten, aber in Taipei gab es für einen nur geringen Aufpreis »Niveau«, das dort auf dem chaotischen Festland schwerlich konstant gehalten werden konnte.

Die Schlangen vor dem Eingang ließen mich allerdings skeptisch werden, ob Shu Kuo-Chih den Wert seiner Schwärmereien auch beweisen konnte. Menschen wie wir, die ihr ganzes Trachten darauf gerichtet hatten, einen Tisch zu ergattern; Stunden konnten vergehen. Immerhin war dieses *Dintaifong* eine erste Adresse. Bruder Shu jedoch kostete der Menschenauflauf nur ein müdes Lächeln: »Stammkunde«, sagte er nur. Beiläufig trottete er an den wartenden Menschen vorbei – und siehe da: Das Wunder geschah. Eine freundliche Empfangsdame geleitete uns zum letzten freien Tisch im Obergeschoss. Niemand protestierte.

Shu Kuo-Chih tat geheimnisvoll: »Schon einmal *zhajiang*-Nudeln probiert?«, fragte er. Ich wollte gerade antworten, dass ich diesen Allerweltimbiss aus Peking in Chinas Hauptstadt schon unzählige Male gekostet hatte und eigentlich nichts Besonderes daran finden konnte, besann mich aber. In Taipei gab es auf diese Frage nur eine richtige Antwort: »Nein – noch keine taiwanesischen.« »Das ist gut«, lächelte der Imbiss-Poet, »hier im *Dintaifong* sind sie nämlich neu auf der Speisekarte.« Das kam einer Offenbarung gleich: Was im *Dintaifong* neu auf der Speisekarte stand, lohnte jahrelanges Warten. »Vor vielen Jahren, als ich anfing, gemeinsam mit meinen Freunden durch die Imbisswelt Taipeis zu ziehen, gab es keinen schöneren Moment«, sagte Bruder Shu, »als zu schauen, was die Besitzer und Köche der Restaurants selber

aßen. Wie oft schaute ich neugierig in die Schalen der Restaur-
antangestellten – bis die es nicht mehr aushielten und mir eine
Schale mit dem, was sie gerade probierten, nach oben in den Gast-
raum bringen ließen. Diese *zhajiang*-Nudeln gehörten dazu. Wenn
der Restaurantbesitzer seine besten Kreationen mit dem Gast teilt,
hat dieser gewonnen. Das hat viel mehr mit Geschmack denn mit
Feinschmeckerei zu tun. Nun aber«, ergänzte er feierlich, »sind
die *zhajiang*-Nudeln des Küchenchefs offiziell Programm im *Dintaifong*, und du musst sie einfach probieren – auch wenn die goldene Zeit des Geschmacks vorüber ist.«

Wir mussten nicht lange auf unsere Nudeln und Dampf-
klößchen warten. Das Niveau durchgängig effizienter Serviceleistungen bei vollem Haus überzeugte; die Klößchen waren
saftig, die Haut überzeugend zart, die Nudeln entsprachen der
Beschreibung meines Gastgebers in seinen *Imbissen aus Taipei*:
»Das Hackfleisch zu den Nudeln ist locker und leicht, klebt nicht
zusammen, die getrockneten Sojaböhnchen sind kleingehackt
und auch die grünen Sojabohnen sind auf den Punkt zubereitet.
Wie gesagt: nicht zu klebrig und nicht zu dunkel ist die Sauce;
alles hat die richtige Zubereitungsdauer, auch ist die Bohnensauce nicht zu stark im Geschmack.« Was wir aßen, passte zu Shus
schriftlicher Beschreibung. Der Test des bisher noch unvereidig-
ten taiwanesischen »Imbiss-Michelins« wider Willen – oder wider die Feinschmeckerei – war bestanden. Ich konnte mich dem
Urteil des Kenners hier nur anschließen. Bruder Shus Bücher enthielten unzählige Beschreibungen dieser Art. Der bislang wohl
einzige Imbissessayist Chinas (und hier kann man wohl das Festland getrost mit der Insel wiedervereinigen) schwelgt im Kleinen,
verliert sich im Gewirr der Imbissgassen Taipeis.

Shu Kuo-Chih war ein Flaneur. Seine Großstadtwelt war die
des kleinen Geschmacks. Besser sollte man ihn einen *Gourmeur* nennen, ausgezeichnet mit der Kennerschaft guten Essens
und gebunden an die ewige Wanderschaft durch die Großstadt.
Das wurde mir deutlich, als wir nach dem Besuch im *Dintaifong*

durch die Straßen und Gassen Taipeis liefen. Ohne die Gassen und kleinen Imbissläden hätte der hagere Mann kein Biotop zum Leben gehabt. »Er spaziert durch die Stadt, um sie mit Gaumen und Bauch zu erfahren«, könnte man das klassische Urteil über den berühmtesten aller Flaneure, Charles Baudelaire, entsprechend auf den Gourmeur Shu Kuo-Chih umschreiben. Der Gourmeur vereinigte die Zügellosigkeit des Umherstreifens mit der des neugierigen Probierens jener Essvielfalt, die nur die Straße bot.

Nudeln und Klößchen hatten uns nicht vollständig gesättigt. Das waren kleine Dinge – Imbisse eben. Doch der Hunger hatte uns genau mit dem richtigen Quäntchen Appetit zurückgelassen, das uns weitertrieb mit Lust auf mehr. Wir hatten alle Zeit und ließen uns durch Taipeis neonbeleuchtete Straßen treiben. Immer wieder öffnete Bruder Shu spontan eine Tür, begrüßte ein paar flüchtige Bekannte, stellte mich kurz vor, trank einen Tee, einen Schluck Bier, kostete ein Stückchen französische Quiche oder einen Brocken Reiskuchen nach Art von Oma Wang. Ich durfte mit kosten – und mit jedem Imbiss wurde der Hunger, den das Umherstreifen machte, mehr als ausgeglichen. »Taiwan kulinarisch« bedeutete grenzenlose Vielfalt in der Nussschale. Reiche Beute auf wenig Raum. Chinesische Takthölzer schienen dazu den Rhythmus zu schlagen: »Baozi-Knödel, Rindfleischnudeln Shantou-Art, feine Reiscongees mit eingelegtem Gemüse, frische Sesamfladen aus der Backtonne in der einen Gasse. Genug geschnuppert – mal kosten? Ja. Gut – nun weiter in die nächste Gasse: Lao Zhangs beste Pfefferfladen, Suppen mit Lotosklößchen, zwischendurch mal wieder ein bekömmliches, kleines Reiscongee für den Magen, Dan-Dan-Nudeln nach Art von Mama Liu gefällig? Nein – beim nächsten Mal dann vielleicht. Ein Schweinsfüßchen-Süppchen in der Straße der Volksfreuden. Ja, das macht Freude! Oder nicht? Na, dann weiter – auf zu Reisnudeln mit Segelfisch, oho! Es folgen Nudeln mit Darm – und dann welche Freude: selbst gemachtes taiwanesisches Eis, Fruchtsäfte und – ganz traditionell – ein Gläschen Zuckerrohrsaft oder lieber Sojamilch zum Abschluss? Vorerst, versteht sich ...«

GLASNUDEL-KOHLSUPPE ODER: BRUDER SHU UND DER GESCHMACK DES EINFACHEN

Glasnudeln aus Mungobohnenstärke und Chinakohl in schmackhafter Brühe sind ein idealer Imbiss. Einfacher geht es kaum. Dieses Gericht verkörpert für mich das, was ich von Bruder Shu während unserer Taipei-Streifzüge gelernt habe und was schon Yuan Mei in seinen »Speiselisten des Sui-Gartens« propagierte: absolute Einfachheit, minimaler Aufwand und direkter Genuss. Dieses Gericht ist weder typisch für Taiwan noch für das Festland. Mein alter Freund Li aus Peking schätzt es selbst genauso wie Bruder Shu in Taipei. Allerdings verkörpert es wie kaum ein anderes Gericht das alte chinesische Ideal der Einfachheit, das in den Wirtschaftsboom- und Fleischesserzeiten der Gegenwart fast verloren gegangen ist.

Für dieses Gericht brauche ich nicht viel, lediglich:

100 g Chinakohl

50 g Glasnudeln

10 g Frühlingszwiebelspitzen oder kleingehackte Lauchzwiebel

1 TL Salz

Gewürzöl, zum Beispiel Sesamöl

1 Tasse Hühnerbrühe (frisch oder Instant)

evtl. ein wenig Glutamat (oder Knorr-Würze)

Wie ich es mache:

1. Zunächst gilt es, den Kohl gut zu waschen und alle gelben oder welken Blätter zu entfernen. Dann in Streifen schneiden oder zupfen.

2. Die Glasnudeln müssen zunächst im warmen Wasser quellen.

3. Im Wok erhitze ich Öl auf hohe Temperatur und brate darin die Frühlings- oder Lauchzwiebeln scharf an. Dabei verlasse ich mich auf meine Nase: Sobald ein köstlicher Duft nach gebratenem Lauch aufsteigt, gebe ich den Weißkohl hinzu und brate ihn gemeinsam mit dem gerösteten Lauch an. Dabei rühre ich ständig, um wie bei allen kurzgebratenen Gerichten die Hitze gleichmäßig zu verteilen.

4. Dann gebe ich die Hühnerbrühe hinzu und die gequollenen Glasnudeln. Unter gelegentlicher Zugabe von Wasser lasse ich alles rund 10 Minuten auf kleiner Flamme köcheln. Mit Salz, Sesamöl und gegebenenfalls ganz wenig Glutamat oder Knorr-Würze wird abgeschmeckt.

Imbisse, Imbisse, Imbisse. Man konnte sich verlieren in der Welt der kleinen Gaumenfreuden – vom westlich Vertrauten bis zum absolut Ungewohnten! Xiaochi ist der chinesische Begriff für Imbiss, kleines Essen, und das war hier in Taipei ganz groß, so groß, dass ich nicht wusste, wie lange ich würde essen müssen, um alles kleine Essen Taiwans auch jeweils nur einmal zu probieren. Und täglich kamen neue Improvisationen hinzu. Sichuans kulinarischer Erfindungsreichtum ließ grüßen. Nicht mein Magen drehte sich, sondern mein Kopf. Welche große Lebensfreude hatte sich so viel kleines Essen ausgedacht? Wieder kam mir der Japaner Okakura Kakuzo in den Sinn, der schrieb: »Jene, die die Kleinheit großer Dinge in sich selber fühlen können, die übersehen leicht die Größe kleiner Dinge bei anderen.«* Okakura meinte damit die Westler und ihren Hang, »große Dinge« zu bewegen.

Der Gourmeur schaut auf die kleinen Dinge des Lebens. Er bleibt auf Distanz und lässt sich überraschen von den Ge-

---

* Okakura. S. 6.

nüssen auf seinen verschlungenen Wegen durch die Großstadt-
Garküchen. Doch er lässt sich nicht mästen. Fühlt er sich satt,
geht er vorbei, spürt er neuen Appetit, schlägt er zu. Ein Gourmeur plant seine Streifzüge durch die Welt kleiner Köstlichkeiten
nicht. Er überlässt das Ankommen in einer Garküche, einer Bar,
einem Nudelshop oder einem Dessertlädchen dem Zufall, lässt
sich treiben und »sucht sich sein Asyl in der Menge«*, wie Walter
Benjamin einst schrieb. China selbst besitzt für das Flanieren einen noch weiter gefassten Begriff – xiaoyao –, das freie und unge-
bundene Umherwandern ohne jede Planung, die dem Deutschen
so vertraut ist. Für Franzosen und Chinesen aber sind Flanieren
und xiaoyao zwei weitaus wichtigere Prinzipien – vielleicht die
»chinesischste Eigenschaft schlechthin«. Xiaoyao ist viel älter als
Flanieren und nicht an die Großstadt gebunden. Der Begriff ent-
stammt einem der beiden großen taoistischen Klassiker, dem
Zhuangzi, und bildet gleich das erste Kapitel des Buches. »Der, der
in Muße wandert« lautet die Übersetzung des Sinologen Richard
Wilhelm (1873–1930) ins Deutsche ist ein Wesen von wirklich
unermesslicher Größe, ein gewaltiger Vogel, ein ozeangroßer
Fisch. Diese Art von Größe liegt in der Freiheit des Umherwan-
derns, im Selbstbewusstsein, nicht gebunden zu sein. Dies zu
erreichen war und ist in der chinesischen Gesellschaft besonders
schwer; umso wichtiger war und ist es, xiaoyao als Gegenprinzip
leben zu können. Bruder Shu lebte es mir in Taipei vor.

Cornelia Otis Skinner kannte bereits einen ähnlich gepolten,
allerdings französischen Typus des Gourmeurs, als sie den Begriff
des Flaneurs so charakterisierte: »That essentially Gallic individu-
al, the deliberately aimless pedestrian, unencumbered by any ob-
ligation or sense of urgency, who, being French and therefore fru-
gal, wastes nothing, including his time which he spends with the
leisurely discrimination of a gourmet, savoring the multiple fla-
vors of his city.«** Was Otis Skinner noch als Gleichnis formuliert,
lebt der Gourmeur im Wortsinn. »Ich schreibe ... den Chinesen

---

* Walter Benjamin. »Paris, die Hauptstadt des XIX. Jahrhunderts«. In: Illuminationen. S. 179.
** Cornelia Otis Skinner. Elegant Wits and Grand Horizontals. New York 1962.

eine starke Ähnlichkeit mit den Franzosen zu, und zwar was Humor und Empfindungskraft betrifft. Diese Ähnlichkeit ergibt sich deutlich aus der Art, wie die Franzosen beim Bücherschreiben und beim Essen verfahren ...«* Lin Yutang schlug bereits früh die Brücke zwischen Europa und China, indem er Franzosen und Chinesen diese gewisse Seelenverwandtschaft bescheinigte, die sich unter anderem besonders bei der Frage des Essens manifestierte. Mit *xiaoyao* und der *Flanerie* (Benjamin) verbinden zwei weitere Ähnlichkeiten diese beiden gewichtigen Kulturvölker. Shu Kuo-Chih hätte auch mit Baskenmütze und Baguette eine überzeugende Figur gemacht – doch ohne war er ein gutes Stück authentischer.

Es war dann auch ein Zufall und Produkt unserer Hingabe an das »Wandern in Muße«, dass wir jenen kleinen Schokoladenladen betraten. Hier traf erneut *xiaoyao* auf *xiaochi*: freies Umherstreifen auf kleine Köstlichkeiten. Hier gab es tatsächlich Schokolade *made in Taiwan* – garantiert ohne Milchpulverzusätze vom Festland. Die Inhaberin der Chocolaterie war sichtlich stolz auf ihre Produkte: Von kirschgefüllten Zartbittersorten bis zum cremigen Milchschokolade-Toffee ließ sie uns ihre Kollektion durchprobieren. Bruder Shu lächelte: »Ist es nicht gerade das Kleine, das uns das Leben versüßt?« Dabei biss er genauso verliebt in seine Kirsch-Schokopraline, wie er Stunden zuvor die besten Dämpfklößchen der Stadt genossen hatte. Wenn man den Imbiss-Stadtstreicher Shu Kuo-Chih betrachtete, dann fühlte man sich tatsächlich an jenen fast verschwundenen Typus des armen chinesischen Gelehrten erinnert, der aus seiner Not eine Tugend gemacht hatte, im täglich gleichen *changpao*-Kleid, dem Gewand der alten Gelehrten, täglich seine drei Topfpflanzen pflegte, genau darüber wachte, dass seine Orchidee zur rechten Zeit blühte und am Abend drei ästhetisch angeordnete Teigtäschchen verschlang, um seinen Hunger an den nächsten Tag weiterreichen zu können.

* Lin (o. J.), S. 25.

Bruder Shus Erscheinung glich einem taiwanesischen Stillleben mit Schokolade und hätte ewig Bestand haben können – wenn nicht plötzlich die Tür des kleinen Ladens geöffnet worden wäre. Herein stürzte ein Mann und sprach mich auf Englisch direkt an: »You have to vote for me!« »Who in hell are you?«, entfuhr es mir ebenfalls auf Englisch, obwohl in Taiwan mühelos Konversation in chinesischer Hochsprache möglich war. Er deutete nach draußen, und mein Blick fiel auf ein gewaltiges Plakat an der gegenüberliegenden Häuserfront. Von dort grinste mich derselbe Kerl an, der mich gerade zum Wählen aufgefordert hatte – in zehnfacher Vergrößerung. »Ich bin dein Kuomintang-Kandidat«, sagte das Original, das nun wieder einen beruhigenden Kopf kleiner als ich selbst war, »wenn du besser hier in Taipei leben willst, wähle mich.« »Ich bin Ausländer, lebe auf dem Festland und bin seit Jahren ohne Wahlrecht. Noch nicht einmal die Politik meines eigenen Landes kann ich wählen«, erklärte ich. »Das macht nichts. Auf Taiwan kann jeder wählen. Politik ist eine Art öffentliche Kunst, eine Art gesellschaftliches Happening. Mach mit – steig in den Ring der taiwanesischen Politik. Mit Präsident Ma« – das war der gegenwärtige Regierungschef Taiwans – »haben wir uns bestens mit dem Festland gestellt, ohne Taiwan aufzugeben. Wir brauchen jeden, der uns weiter dabei unterstützt. Du bist der Richtige. Wähle!« Er drückte mir einen Flyer über sich selbst, seine Partei und sein Programm in die Hand. Dann war er schon wieder verschwunden. Ich starrte Bruder Shu an. Der lächelte nur und wies auf das riesenhafte Wahlplakat: »Hinter allem scheinbar Großen steckt am Ende nur das Kleine – willkommen auf Taiwan!«

Nach diesem ernüchternden Erlebnis mit dem politischen Scheinriesen zog es Shu Kuo-Chih hinter die Kulissen seiner geliebten Imbiss- und Dessertlädchen. Plötzlich standen wir vor einer Wohnungstür. »Taiwan kennt noch einen alten chinesischen Brauch. Gehe von Tür zu Tür und falle mit derselben ins Haus, gerade auch dann, wenn du nicht angemeldet bist.« Sprach's und klopfte energisch an dieselbe, die kurz darauf von einem Mann mit auffällig rot umrandeter Brille geöffnet wurde.

»Bruder Shu – komm rein«, lautete die knappe Begrüßung. Minuten später saßen wir vor einer Regalwand voller Bücher, die alle ein gemeinsames Oberthema hatten: Essen und Trinken. Dazu schlürften wir teuren spanischen Tempranillo-Rotwein aus der Region Rioja. Ein sichtlich gut gelaunter Bruder Shu grinste mir entgegen, und unser Gastgeber namens Feng Guangyuan erzählte über seine Schöpfungen, die entweder Karikaturbände oder Drehbücher waren.

Sein größter Wurf hatte – wie konnte es anders sein? – selbstverständlich mit dem Thema Essen und Trinken zu tun. Bruder Feng, wie ihn Shu Kuo-Chih im Gegenzug umkomplizierter Gleichberechtigung nannte, besser bekannt unter seinem anglisierten Namen Neil Peng, hatte am Drehbuch zu einem der bekanntesten und erfolgreichsten chinesischen Filmproduktionen, dem Film *Hochzeitsbankett* des Starregisseurs Ang Lee, mitgewirkt. Diese Komödie enthält neben einer klassischen Dreiecksbeziehung und Verwechslungsgeschichte eine ausschweifende Darstellung eines chinesischen Hochzeitsessens, manchmal das einzige und wichtigste Element moderner chinesischer Hochzeitsbräuche.

Wir plauderten ein wenig über Neils Freund Ang Lee. Der Oscar-Preisträger im Bereich Regie und damit international erfolgreichste »chinesische Filmregisseur« liebte selbst das Kochen über alle Maßen. Damit war nicht nur Chinas erster Politiker ein leidenschaftlicher Koch, sondern auch der erfolgreichste Filmemacher Taiwans. Lee war Autor einiger Bücher zum Thema Essen und Trinken, von denen etliche in Neils Bücherwand zu finden waren. Seine Leidenschaft hatte Lee dann mit Filmen wie *Das Hochzeitsbankett* (1993) und *Eat Drink Man Woman* (1994) umgesetzt. In beiden Filmen spielen Sex und Essen eine gewichtige Rolle. »Eat Drink Man Woman« sind die Anfangsworte eines Zitats aus dem *Buch der Riten*, das von Konfuzius überliefert ist: »Essen und Trinken – Mann und Frau sind doch die beiden großen Begierden des Menschen, die Grundlagen seiner Existenz.« »Wem gelingt es schon, nicht daran zu denken«, seufzt Starkoch Zhu in Ang Lees Film. Ein Satz ganz im Sinne des Konfuzius – aber nicht im Sinne der chinesischen Regierungen, die das Volk über Jahrhunderte hinweg in prüder Beschränkung halten wollten. Sie halten ihren Untertanen bis heute lieber den enthaltsamen Konfuzianer, Kriegsgott und Held Guan Yu oder Guan Di vor, der sich ganz in das Studium der konfuzianischen Klassiker vertieft, sich sowohl des Reizes der Frauen als auch den Bedürfnissen seines Bauches enthält. Chinesische Regierungen sind bis heute nicht ehrlich mit ihrem kulturellen Erbe.

Nach dem Rioja folgte ein ebenso guter Bordeaux, und ich fragte mich, ob nicht der aktuelle Rotwein-Boom auf dem Festland wiederum in enger Verbindung zur taiwanesischen Begeisterung für den Rebensaft stand.

Seit Jahren gehen von der Insel unbemerkt Einflüsse aus, von denen Maos Widersacher Tschiang Kai-shek (1887–1975) zu Lebzeiten nur träumen konnte: Nicht nur Ang Lees Filme, Schlager- und Popmusik, sondern auch neueste Haartrends, das schrillste Blond, die hippsten Schuhe und das oft neureiche Schwelgen in sündhaft teuren Rotweinen gingen von der kleinen Insel im ostchinesischen Meer aus. In China boomt Rotwein wie kein zweites Lebensmittel, und nach der Eroberung des Großmachtstatus beim Bierkonsum schickt sich das Festland im Gefolge Taiwans an, zur Weingroßmacht zu werden und auch in diesem Punkte zu den seelenverwandten Franzosen aufzuschließen. Zwischen 2005 und 2009 soll sich der chinesische Weinkonsum verdoppelt haben, und aktuell zeigt die Wachstumskurve dieses Marktsegments weiterhin steil nach oben. Bis 2012 wurden jährlich solide 13 Prozent Wachstum für den chinesischen Weinmarkt vorausberechnet. Die Zahl liegt deutlich über den durchschnittlichen Wachstumswerten des Landes. Besonders beliebt sind Weine aus Australien, Südamerika, Frankreich und vor allem Italien, das, ohnehin zunehmend von Chinesen bevölkert, bereits jede fünfte Flasche nach China exportieren soll. *

»Wir sind ja schon alte Leute«, sagte Neil dann auch, als wir gemeinsam über den neuen Rotweintrend auf dem Festland nachdachten. »Bruder Shu und ich sind mit westlichen Produkten wie

---

* www.rotwein-weisswein.at

Wein seit vielen Jahren vertraut; wir sind mit den Stones und den Doors groß geworden, wie ihr im Westen.« Dabei deutete der Drehbuchautor und Kochbuch-Sammler auf seine ebenfalls umfangreiche Schallplatten- und CD-Sammlung. Vieles hatte bereits wirklich Patina und konnte aus meinen Kindertagen stammen. »Die Trinker auf dem Festland sind Kids. Neureiche, die glauben, sich mit teuren Weinen Status zu sichern. Wein ist nicht allein des Geschmacks wegen so erfolgreich, sondern weil der Westen einen Kult um den Rebensaft über Jahrhunderte geformt hat, der bestens zum derzeitigen Aufstieg Chinas passt«, sagte Bruder Shu. Ich nickte: »Genau wie man sich einen BMW oder Porsche leistet, um Status zu zeigen, geben junge Shanghaier und Pekinger 30 Euro oder weit mehr für eine Flasche Wein aus, um damit zu zeigen, dass sie zu den Wohlhabenden der Welt gehören, es geschafft haben. Genau wie bei den Autos gilt unter Weintrinkern der Saft, der höchste Preise erzielt und von noblen Erzeugern direkt importiert wird, als einzig wertvoll.« Neil nickte: »Beim Wein treffen drei chinesische Wünsche zusammen: 1. der nach Status und materieller Anerkennung, 2. der nach ausländischer Kultur und 3. der nach Geschmack. Ich würde sagen, genau in dieser Reihenfolge.«

Wir lachten. Immerhin stieg auch die chinesische Weinproduktion in den letzten Jahren. Quantitativ gesehen sollen pro Einwohner und Jahr eine Flasche Wein konsumiert werden, immerhin gut 1,3 Milliarden Flaschen. Abzüglich der Importweine fließt damit immer noch genug Rebensaft die Kehlen von Millionen neureicher Großstädter herab, sodass China hinsichtlich der Gesamtproduktion auch beim Wein an die Spitze geklettert ist. Beim Bier wurde mit 410 Millionen Hektolitern Jahresproduktion bereits 2008 die Weltspitzenposition erreicht. Auch historisch ist die neue Spitzenstellung bei vermeintlichen Kultgetränken des Abendlandes im Reich der Mitte nun abgesichert.

Vor einigen Jahren hatte man Wildrebenspuren an Keramikgefäßen entdeckt, die sich auf das Jahr 7000 vor Christus, also das Neolithikum, datieren ließen.[*] Damit stand für Chinas Kultur-

---

[*] Thomas O. Höllmann. *Schlafender Lotos, trunkenes Huhn. Kulturgeschichte der chinesischen Küche.* München 2010, S. 146.

politiker fest, dass auch der Traubenwein eine der vielen Erfindungen aus dem Reich der Mitte ist. Eine wichtige Entdeckung, die das neue kulturelle Ego Chinas weiter wachsen ließ. Heute Abend in Taipei war uns reichlich egal, ob neue Weinkrüge vor die Füße chinesischer Forscher fielen oder der persönliche Status mit einem seltenen Château Lafite aufzupolieren war: Wir tranken Rotwein, weil wir ihn seit vielen Jahren schätzten und gerne mochten – und weil er so wunderbar in unsere zwanglos spontane Abendgesellschaft passte.

Nudeln in guter Verfassung

Für den nächsten Tag hatte ich mich erneut mit Bruder Shu verabredet. Selbstverständlich nicht vor 12 Uhr mittags: »Besser nach 2 Uhr am Nachmittag, da habe ich sicher ausgeschlafen – und garantiert einen entsprechenden Appetit«, hatte Shu mir nach Beendigung unseres Rotweinabends bei Neil Peng in den frühen Morgenstunden mit auf den Weg gegeben.

N un war es 14 Uhr, und ich wartete darauf, eingelassen zu werden. Nicht in ein weiteres, überfülltes oder noch geschlossenes Restaurant, sondern in Taiwans Obersten Gerichtshof, sein Verfassungsgericht. Hierhin hatte Bruder Shu mich bestellt und mir einen Namen genannt, den ich bereits von Freunden in Suzhou kannte: Chen Xinmin. Ein weiterer Freund des Freundes der Freunde des Freundes. Eine weitere wichtige Beziehung in Sachen Essen. Hier sollte er residieren als einer von Taiwans zehn obersten Richtern. Ich nannte seinen Namen: Telefone wurden bemüht, Antworten folgten. Es klappte. Sicherheitsschleusen, wesentlich unauffälliger als an einem durchschnittlichen Flughafen, wurden passiert. Schon war ich im richtigen Gebäude, auf dem richtigen Gang. Von Bruder Shu weit und breit nichts zu sehen, dafür aber von Richter Chen. Ein rundes, sympathisches Gesicht, zu dem ein ebenfalls rundlicher Körper gehörte, kam mir entgegen, grüßte mich herzlich wie einen alten Bekannten, führte mich in sein Büro. Was ich sah und roch, war – Deutschland! »Ich habe in Deutschland Recht studiert, in Heidelberg. Wir haben einfach Teile der deutschen Verfassung in die taiwanesische übernommen. Das passte hervorragend«, erzählte Chen in fließendem Deutsch, als handle es sich bei Verfassungen um solide Autos *Made in Germany*. Chen Xinmin, Jahrgang 1955, drei Jahre Deutschlandstudium mit erfolgreicher Promotion, Doktor Chen Xinmin sagte: »Taiwan ist klein und demokratisch.« Hätte ich bereits gemerkt, antwortete ich, und erzählte von den Erlebnissen im Schokolädchen. Chen lachte. »Das ist Taiwan – und am besten passen Verfassungen und Demokratie zum Essen; werde ich Ihnen gleich zeigen.« Ich dankte und schaute mich weiter um. Der Raum war vollgestellt mit Regalen, die zur Hälfte deutsche Bücher enthielten: Rechtsliteratur, Geschichtsbücher und auch »schöne Literatur«. In Deutschland würde ich im Büro eines Verfassungsrichters wahrscheinlich in sterilen schwarzen Ledersesseln versinken, die einsam auf gebohnertem Parkett die Leere eines gewaltigen Büros zelebrierten. Hier quoll ein überschaubares Topbeamten-Büro über mit Büchern, hingen Kunstdrucke an den Wänden, grüßte Tibet von Plakaten herab. Eher ein kleiner Antiquitätenladen, der atmete und nach Kunst roch. Wir redeten über Kunst und Wein. Deutschen Wein, versteht sich – von der Ahr bis zum Kaiserstuhl.

Neben Richter Chen stand plötzlich eine Frau. Ihr Eintreten hatte ich, vertieft in Geplauder, gar nicht bemerkt.« Das ist Jiang Yingyao oder einfach Sabrina«, stellte er vor, »sie wird sich später Ihrer annehmen.« Die Frau lächelte vieldeutig. »Willkommen auf Taiwan!«, sagte sie, »gefällt ihnen unsere Insel?« »Sehr«, meinte ich, »vom Richter bis zu den Dämpfklößchen.« Allgemeines Lachen, in das plötzlich Bruder Shu hineinschlurfte. Lebhafte Begrüßung des alten Bekannten. Alle liebten das Essen und den Rotwein. Richter Chen hatte einige Artikel dazu verfasst, er galt als Kenner.

Also erneut hinein in die Welt des »kleinen Essens«, die Imbisswelt Taipeis: Was sollte es heute sein? Austern und Schweinedarm auf langen Bandnudeln? Kalte Nudeln mit Schwei-

neblut und frischem Gemüse? Frisch aufgeschnittener Gänse-
braten? Calamari-Suppe? Ein Blick die Straße entlang eröffnete
viele Optionen. »Rindfleisch«, sagte Bruder Shu. Nudeln mit
Rindfleisch, um genauer zu sein. Das klang unchinesisch, westlich – unspektakulär.

»Was wäre Taiwan ohne Rindfleischnudeln«, sagte Richter
Chen – und erzählte: »Rindfleisch und chinesische Gourmets
verhielten sich über Jahrhunderte wie der Teufel zum Weihwas-
ser. Rindfleisch essen war ein typisches Merkmal der Barbaren
aus dem Westen, passte hervorragend zu deren rohen Sitten, dem
Genuss von Milch und Käse, den ungepflegten Bärten und dem
strengen Körpergeruch. So dachten nicht wenige. Und hier – auf
dem östlichen Endstück chinesischer Kultur – gelten Nudeln mit
Rindfleisch auf einmal als absolute Delikatesse *Made in Taiwan*.*

Findige Existenzgründer begannen in den 50er Jahren des
20. Jahrhunderts mit ersten Nudelküchen. Sie wagten es, frisch
geschlachtetes Rindfleisch nach Sichuan-Art mit Sojasauce, Sojabohnenpaste und Chilis zu würzen und danach mit langen dünnen Teigstreifen, selbstverständlich frisch per Hand gezogen, zu
mischen. Diese ersten Unternehmer in Sachen Gastronomie waren Soldaten. Viele davon aus dem bekannten Sichuan-Geschwa-
der Tschiang Kai-sheks, wohin der Generalissimus und spätere-
re erste Präsident Taiwans seine Hauptstadt zeitweise verlegen
musste. Sie waren im Süden Taiwans stationiert, versuchten aber
dann mit Existenzgründungen ihr Glück überall auf der Insel.«
Soldaten als Erfinder der Rindfleischnudeln also. Wieder eine Erfindung der sogenannten kleinen Leute mit Durchschlagskraft.
Kannten wir das nicht auch in Deutschland? Hatte eine gewisse
Herta Heuwer im Jahr 1949 nicht die Currywurst erfunden – und
dabei mit einer süßen Tomatenpampe namens Ketchup experimentiert, die die Amerikaner als einzig bleibendes Erbe der Besat-
zungszeit den Deutschen überlassen hatten? Hatte nicht ein findiger türkischer Mitbürger namens Mahmut Aygün 1971 ebenfalls
in Berlin den Siegeszug des Döner Kebab begründet? Wie wenig

* www.foodsion.com.tw

einflussreich waren dagegen Sterneköche wie Paul Bocuse! Die geschmacksbildende Kraft von Rindfleischnudeln überzeugte bereits beim Nachdenken darüber.

Richter Chen fuhr fort: »Den ersten Kunden ihres ›Barbarensnacks‹ muss die Fleischbeigabe ein Graus gewesen sein, ehrten sie doch ihre genügsamen Wasserbüffel und Feldgenossen als gute Arbeitstiere. Hinzu kam, dass auch der Buddhismus – auf Taiwan bis heute aktiv praktiziert – als ursprünglich indische Tradition nicht gerade dem Töten und Verspeisen von Rindviechern besonders zugetan war. Schmecken konnte dieses seltsame Gericht auch nicht, denn Fleisch von alten Wasserbüffeln erinnert viele Chinesen eher an ›Schuhleder‹ als an eine bauchwerte Bereicherung des Speiseplans.«* Doch wie erstaunt waren die alteingesessenen Taiwanesen, nachdem sie bemerkt hatten, wie köstlich Rindfleisch in dieser Variante schmecken konnte. Sie konnten gar nicht mehr genug von dem neuen Imbiss bekommen, der zudem auch noch sehr preiswert war. So entstand ein Nudelimbiss nach dem anderen. Für viele wurden die Rindfleischnudeln zum schnellen Sattmacher zur Mittagszeit: Hausfrauen, Reinigungspersonal, Banker, Richter, Ärzte, Professoren. Alle liebten den neuen Volksimbiss.

Mittlerweile hatten wir unser Ziel erreicht, denn der schweigend und gleichgültig lächelnde Bruder Shu blieb plötzlich stehen – und deutete auf die gegenüberliegende Straßenseite: »Garantiert Halal«, sagte er, »gibt es einen Moslem unter euch?« Alle verneinten lachend, und Richter Chen meinte anerkennend: »Gute Wahl, Bruder Shu. Der Laden ist bekannt für Frische.«

Damit war das wichtigste Urteil gefällt, und wir gingen hinein. In wenigen Minuten hatte jeder eine köstlich duftende Nudelschale vor sich. Die obligatorischen Accessoires zur taiwanesischen Rindfleischnudel sind stets eingelegter Chinakohl, Schnittlauch- oder Frühlingszwiebelraspeln, Chiliöl oder Chilipaste, Salz und Essig. Auf jedem Tisch standen jedem Gast die gleichen »Würzmittel« und kleinen Beilagen zur Verfügung.

---

* Anderson 1988, S. 177.

Das Rindfleisch war reichlich und überaus zart, geradezu saftig – ganz anders als die paar manchmal zähen Fetzen, die in den Imbissgaragen des Festlands den Preis der Nudeln klein hielten. Fastfood mit Geschmack. Sabrina schien meine Gedanken zu lesen. Sie sagte: »Die Einführung der Rindfleischnudeln bedeutete den Beginn der Fastfood-Kultur auf Taiwan. McDonalds hatte es danach leicht, Brötchen ersetzten die Nudeln, und der Hamburger verbreitete sich. Ein altes Strategem nennt das ›mit leichter Hand das Schaf wegführen‹. In Anlehnung daran wurde auf Taiwan mit leichter Hand eben das Rind eingeführt. Und alle lieben das Rindfleisch so, dass Taipei ohne Rindfleischnudelrestaurants einfach ein Stück herzhafte Identität fehlen würde.«

Taipei ist in der Tat nun stolz darauf, die »Welthauptstadt der Rindfleischnudeln« zu sein. Ganz offiziell wurden Rindfleischnudeln à la Taipei zum Kulturerbe der Insel erklärt.* Seit 2005 findet nun in jedem Jahr ab August oder September das Festival der Rindfleischnudeln statt, das mit Kochwettbewerben um die Goldmedaille für die beste Rindfleischnudelvariante und einem »Beef Noodle Carnival« mit Ständen der besten Rindfleischnudelrestaurants der Stadt endet. Die Idee war ganz offiziell und kam von Seiten der Stadtregierung, die sich nicht etwa das Ziel setzte, Taipei als grünste Stadt zwischen Bergen und Meer zu propagieren, sondern ganz dem Diktum ihrer Bäuche gemäß als »Stadt der Rindfleischnudeln«. Noch werden nicht die Besucherzahlen der Münchner Wies'n erreicht. »Mehrere tausend« (Stand 2007) Gäste stehen jährlich über sechs Millionen Oktoberfest-Besuchern gegenüber, doch das Münchner Oktoberfest existiert ja auch bereits schon seit 1810, und die Rindfleischnudeln liegen im Aufwärtstrend.

Taiwan erlebte seit Jahren eine stille kulinarische Revolution, die seit einiger Zeit auch das Festland ergriffen hat: Die »Bovinisierung« Chinas! Das Rind wurde zum neuen Vorzeigeobjekt des Wohlstands. Auf internationalen Flügen sind seit einigen Jahren

---

* The China Post vom 12.9.2007 (www.chinapost.com.tw/taiwan/2007/09/12/ 122172/Hau-kicks.htm)

zuerst die Rindfleischgerichte vergeben, bevor man sich mit anderen Fastfood-Produkten über den Wolken den Magen verderben lässt. Mit Statistik wird der Trend wissenschaftlich belegt: Allein zwischen 2000 und 2006 ist der Rindfleischkonsum in China um rund 50 Prozent gestiegen. Das gilt vor allem für die stark westlich geprägten Metropolen des Landes – Taipei war Trendsetter. Der Rindfleischkonsum stieg im Vergleich zum traditionellen Verbrauch von Schweinefleisch deutlich an. Bestanden noch 1980 83 Prozent des gesamten Fleischkonsums in China aus Schweinefleisch, so lag dieser Anteil 2008 nur noch bei 65 Prozent. Insbesondere Rindfleisch und Geflügel zeigten deutlichen Aufschwung in der Gunst des Konsumenten – verstärkt nicht zuletzt durch den Erfolg der US-amerikanischen Fastfood-Ketten.

Forscher sind sich mittlerweile einig, dass keine religiösen Gründe China über Jahrhunderte hinweg vom Rindfleisch fernhielten, sondern vielmehr ökonomische Zwänge. Der taiwanesische Sozioökonom Cheng-Chung Lai sieht im »Wettbewerb zwischen Reis und Rindern« den Hauptgrund für das Phänomen und gleichzeitig den Grund für den überraschenden Wandel in den letzten Jahrzehnten, der auf der Insel am Ende in der Euphorie des »Beef Noodle Carnival« gipfelte: In einem Land, das immer mit hoher Bevölkerungszahl und vergleichsweise geringer landwirtschaftlicher Nutzfläche pro Kopf haushalten musste, wurde Bauer Wang gezwungen zu überlegen, was er am besten anbauen sollte, um damit möglichst viele hungrige Mäuler zu stopfen. Reisanbau war da weit naheliegender und weitaus ergiebiger als Viehzucht, sodass landwirtschaftliche Nutzfläche, die immer sehr begrenzt war, dem intensiven Getreideanbau zugute kam. Mit Reisanbau konnte man während eines Jahres – zwei Ernten vorausgesetzt – auf der gleichen Fläche die zehnfache Kalorienmenge erzeugen, die mit Rinderzucht möglich gewesen wäre.[*] Gemüseanbau kam dann später zum Reisanbau hinzu, genau wie die Aufzucht von Schweinen, Hühnern und Fischen, die mit vergleichsweise wenig Futter relativ schnell wuchsen und dabei auch

[*]   Cheng-Chung Lai. »Beef taboo in Chinese society«. In: *International Journal of Social Economics*, Vol. 27 No. 4, 2000, S. 286–290.

noch Abfälle vertilgen konnten. In diesem Punkt erwies sich »der Chinese« als rational und praktisch kalkulierender Landmann. Für raumgreifende Rinderzucht hatte er schlicht kein wertvolles Land über.

Doch das alles war Geschichte. Auf Taiwan, wo man gern eigene Geschichte schreibt, sowieso. Chen-Chung Lai sieht im Reichtum der Gegenwart den Hauptgrund für den geschmacklichen Wandel: »Niemand setzt mehr Rinder ein, um taiwanesische Reisfelder umzupflügen. Also können die einst wertvollen Arbeitstiere heute auch bedenkenlos verspeist werden und mit ihrem kräftigen Fleisch zarte Nudeln verfeinern.«

Am Esstisch sagte Richter Chen: »Rindfleischnudeln sind taiwanesische Demokratie.« Ich sah ihn fragend an. »In diesem Nudelrestaurant sind alle gleich – egal, ob Putzfrau, Professor oder Richter. Alle essen hier – immer wieder. Auch wenn Status und Erfolg im gesellschaftlichen Vergleich wichtig sind und eine vielleicht noch größere Rolle als im Westen spielen, hier an den einfachen Tischen isst jeder mit jedem. Das hat aber eigentlich nichts mit der Bewegung aus Europa zu tun, die wir Demokratie nennen, sondern mit alter chinesischer Tradition: dem Ahnenkult.« Erstaunt blickte ich den Verfassungsrichter an, während dieser gerade genüsslich einen guten Happen eingelegte Rindersehnen zum Munde führte. Er fuhr fort: »Taiwanesen verlassen ungern den Ort, an dem die Vorfahren lebten. Da sind wir sehr bodenständig. So leben Richter neben Leuten von der Müllabfuhr, erfolgreiche Geschäftsleute neben Haushälterinnen. Zumindest in den alten Teilen Taipeis gibt es keine wirklichen Reichen- oder Armenviertel, wohl aber Familienbande. Und verschiedene Familienmitglieder speisen gern ›um die Ecke‹.«

RICHTER CHENS LIEBLINGSNUDELN

Nudeln in Brühe – chinesisch »lamian«, japanisch »soba« oder »udon« – sind in ganz Ostasien sehr beliebt. Die Taiwanesen sind stolz darauf, die besten Rindfleischnudeln der Welt kreiert zu haben. Mit Richter Chen, dem großen Rotwein-Fan, hatte ich Gelegenheit, auf der Yongkang-Straße in Taipei jene Rindfleischnudeln zu kosten, die ich dann später nachgekocht habe. Entschieden habe ich mich für die Variante in »roter Sauce«, chinesisch »rot gekocht«, was sich auf die Verwendung von Sojasauce bei der Zubereitung der Nudelsuppe bezieht.

Dazu brauche ich für ca. 4 Personen:

500 g Rindfleisch, am besten Rippe oder fein geschnittenes Filet

1 Zwiebel

1 Tomate

1 frische Chilischote

5 Knoblauchzehen

8 Scheiben Ingwer (von der Knolle geschnitten)

4 Lauchzwiebeln

1 Päckchen Fünf-Gewürze-Mischung (wichtig ist der Sternanis)

2 EL scharfe Bohnensauce

1 EL Sojasauce

1 EL Reiswein (zum Kochen)

Pfeffer und Salz (nach Bedarf)

500 g chinesische Nudeln (»lamian« oder »ramen«)

Wie ich es mache:

1. Mit einem scharfen Küchenbeil teile ich die Rippchen in 5 cm dicke Stücke.

2. Danach schneide ich die Zwiebel in dünne Streifen und hacke die Chilischote klein. Die Lauchzwiebelstangen teile ich in Stücke von der Länge eines kleinen Fingers. Knoblauchzehen und Ingwerknolle werden in kleine, dünne Scheiben geschnitten und zunächst einmal beiseite gestellt.

3. In einem Wok bringe ich Wasser zum Kochen, gebe die Fleischstücke hinein und koche sie gar. Dann nehme ich sie heraus, gieße das Kochwasser ab, fülle frisches Wasser auf und koche darin Lauchzwiebeln, Ingwer und die Fünf-Gewürze-Mischung. Dann wird das Fleisch wieder hinzugegeben. Die Flüssigkeit im Wok sollte dabei die Fleischstücke gerade bedecken. Nun gieße ich den Reiswein zu und koche alles für 10–15 Minuten auf kleiner Flamme. Dann werden die Fleischstücke aus der Brühe genommen, die Brühe abgegossen und beiseitegestellt. Nun wird der Wok ein drittes Mal vorbereitet.

4. Diesmal aber brate ich kurz: Dazu gebe ich Öl in den Wok, erhitze ihn stark und brate Zwiebelstreifen, Knoblauch, Lauchzwiebeln, Chili scharf an. Dann gesellt sich noch die Tomate hinzu – vorher geachtelt (kleinere Exemplare geviertelt).

5. Nun kommen die garen Rindfleischstücke wieder hinein – erst gekocht, nun gebraten zusammen mit der scharfen Bohnensauce.

6. Die Fleischbrühe wird dazugegossen und unter Zugabe von Sojasauce weitergekocht – zunächst auf großer Flamme. Dann die Feuerkraft auf sehr moderat vermindern, mit Pfeffer abschmecken und alles noch eine halbe Stunde lang reduzieren. Dazwischen immer wieder mit etwas Wasser auffüllen.

7. Am Ende koche ich die Nudeln. Anders als italienische Hartweizengrießnudeln sind chinesische Weizennudeln in wenigen Minuten gar. Ich fülle sie in vier große Porzellanschalen und gieße die fertige Rindfleischsoße darüber – eine Hommage an Richter Chen aus Taipei!

U nsere weibliche Begleitung Sabrina hatte bisher geschwiegen. In bester Laune und gut gesättigt von der kräftigen Nudelsuppe, bot sie mir nun ihre volle Unterstützung an. »Ich zeige Ihnen ein paar Tage lang Taiwan, wenn Sie möchten.« Der Satz klang verlockend. Sie schien tatsächlich Lust zu verspüren, meine Fremdenführerin zu sein. Dankbar nahm ich an. Nachdem Bruder Shu mich in die »Welt des kleinen Essens« eingeführt hatte, übernahm Sabrina jetzt den Staffelstab. Zum vorläufigen Abschied drückte sie mir ihr Buch in die Hand: *Taiwan ist ganz schön wild – Heißblütige Aufzeichnungen eines Wildfangs rund um die Insel.* Na, wenn das kein neues Abenteuer versprach – was dann? Wir verabredeten uns zum gemeinsamen *doufu*-Essen am späten Nachmittag. »*Doufu* hat etwas Besonderes«, raunte sie mir augenzwinkernd zu, »müssen Sie unbedingt einmal auf ›Taiwanesisch‹ probieren.«

Doufu-Lust

Doufu ist eine der größten Erfindungen Chinas – auf den zweiten Blick. Wer *doufu* zum ersten Mal kauft, wird enttäuscht sein über die Geschmacklosigkeit. Bohnenquark oder Bohnenkäse hat in seiner »Normalform« praktisch keinen Geschmack und sieht auch genau so aus. Doch auf den zweiten, dritten Blick lässt sich *doufu* hundert- oder gar tausendfach verwandeln. Wie eine Schauspielerin wechselt er beständig sein Make-up. Mal kommt er feurig und scharf aus den Küchen Sichuans, dann wieder mild und zart mit grünem Gemüse aus wunderbarer Brühe. Wieder anders kann er – fermentiert und frittiert – den Geruchsempfindlichen nachdrücklicher verjagen als manche strenge Käsesorte aus Frankreich. Dann wieder ist er Grundzutat für viele Süßigkeiten oder saugt sich als gefrorener Schwamm-*doufu* beim Auftauen im brodelnden Feuertopf voll mit Geschmack. *Doufu* ist fast noch wandelbarer als Käse und Quark – und dabei preiswert und vor allem leicht. Denn *doufu* ist eben rein pflanzlich und hat kein Fett in der Trockenmasse, gegen das der kaloriengeplagte Westler bei vielen Käse- und Quarkspezialitäten ankämpfen muss.

Taiwanesinnen schienen *doufu* besonders zu lieben. Mit seiner weißen Haut, der zart-weichen Konsistenz und der Fähigkeit, mit der passenden Kosmetik immer wieder Geschmack und Erscheinungsbild zu verändern, hat Bohnenquark etwas betont Weibliches – nicht nur das weiche »d« im Anlaut. So gingen wir nachmittags auf Einladung meiner Begleiterin Sabrina nicht zu Kaffee und Kuchen, sondern zum *doufu*-Imbiss. Wir betraten ein kleines Geschäft am Rande einer viel befahrenen Straße irgendwo in Taipei. Eine dröhnende Hochstraße auf Betonstelzen verstellte den Blick auf die andere Straßenseite. Der Laden erinnerte an die ersten Pionierunternehmungen italienischer Eisdielenbesitzer in Deutschland zu Zeiten des Wirtschaftswunders. Die Theke leuchtete mintgrün, ebenso der untere Teil der Wände, darüber war alles weiß gestrichen, nüchtern und beschränkt auf das Wesentliche. Sabrina lenkte meinen Blick auf das, was sich hinter der kleinen Theke in Bottichen und Schüsseln aus rostfreiem Stahl befand: »Das hier sind ›*doufu*-Blumen‹«, sagte meine Begleiterin, »kein *doufu* am Block, wie man ihn üblicherweise zum Kochen oder Braten verwendet, sondern eine sehr weiche Masse, die man wunderbar mit süßen Zutaten verfeinern kann: Dieser *doufu* erinnert an frisch aufgeschlagenen Quark. *Doufu* passt zu jedem Esser, denn jeder kann ihm seinen ganz eigenen Geschmack verleihen, ganz nach Charakter.« Sie deutete auf das Angebot zur geschmacklichen Akzentuierung: kleingehackte Erdnüsse, grüne und rote Bohnensauce, Haferflocken, Tapioka-Stärke; definitiv keine vertrauten Dessertzutaten. Auch Undefinierbares war darunter und leuchtete mir, künstlich aromatisiert, in bunten Farben entgegen. Das erinnerte an die bunten Eissorten meiner Kindertage, zum Beispiel an »Dolomiti«-Eis in den Farben der italienischen Trikolore. Bruder Shu hatte beklagt, dass fast sämtliche »*doufu*-Dessert-Läden« auf Taiwan die farbintensive Verbindung mit der Lebensmittelchemie eingegangen seien – und kaum noch jemand wisse, wie frische, reine Sojabohnen in gemahlener Form wirklich dufteten. »Die Basis für die *doufu*-Blume ist der süße Sirup, den man einfach über die ›weiße Jade‹ gießt«, riet er daher in seinem Buch. Das schien mir die treffende Wahl: »Nur weiße Jade, bitte – mit etwas Erdnuss und ein wenig Sirup.«

Minuten später hatte jeder die Schale *doufu*-Blumen seiner Wahl vor sich stehen, die seinem beziehungsweise ihrem Charakter entsprach: Sie eine abenteuerlich bunte Mischung vieler Farben, die perfekt mit ihren bunten Ohrhängern harmonierte, und ich eine weiße Masse in brauner Sauce mit wenigen Erdnusskrumen darüber. Das war fast langweilig und bestimmt kein Augenschmaus, vor dem Chinas Gourmet Yuan Mei mich ja frühzeitig in seinem Buch gewarnt hatte. Ich probierte. Die »Blumen« zerflossen unmittelbar, als sie die Zunge berührten, der Geschmack war fein, die Konsistenz erinnerte an eine feine Creme mit einem Hauch von Süße – und dazu der krispe Kontrast feiner Erdnusssplitter: »Ein Geschmack von überfließender Zartheit«, schwärmte einst die junge Suzhouer Dame Zheng Yunduan (1327–1356) in ihrer Hymne über den *doufu*. Im Laufe der langen Geschichte chinesischer Literatur hatten sich viele Dichter der weißen Jade gewidmet, doch nur wenigen gelang die Beschreibung der Speise so hübsch wie Zheng Yunduan. Vielleicht musste man dazu Frau sein, und Dichterinnen waren auch in China deutlich in der Minderheit. Ließ man jedenfalls die bunte Moderne weg, dann wurde guter *doufu* selbst am Abgrund einer dröhnenden Straßenschlucht wieder zu »weißer Jade«. Ich lächelte, und meine Begleiterin lächelte zurück.

SÜSSE DOUFU-BLUMEN

Ehrlich gesagt schmeckte mir von allen *Weich-doufu*-Varianten die pikant-scharfe Form am besten. Aber das war nicht die taiwanesische Art, wie mich Sabrina dann auch tadelte. Doufu sei auch eine wunderbare Süßspeise – tatsächlich vergleichbar mit westlichen Quarkspeisen. Normalerweise wird *doufu* in allen Varianten aus frischen Sojabohnen hergestellt. Daraus wird zunächst Sojamilch gewonnen. Doch das ist sehr aufwändig. Einfacher ist es mit bereits fertiger Sojamilch aus dem Asien-Laden. Das Gerinnungsmittel »nigari« entspricht dem chinesischen »lushui« und ist eine Magnesiumchlorid-Verbindung, die die Sojamilch schnell zum Gerinnen bringt. Dieser Stoff war auch verantwortlich für die *doufu*-Erzählung um seinen legendären Erfinder, den Prinzen von Huainan aus Anhui.

Was ich für »doufu-Blume« brauche:

Sojamilch
Gerinnungsmittel Gips oder »nigari«

Wie ich es mache:

1. Die Sojamilch wird auf maximal 90 Grad erhitzt, darf aber nicht kochen.

2. Das Gerinnungsmittel löse ich dann in wenig Wasser auf und gieße es in die heiße Sojamilch. Nach rund 15 Minuten beginnt der Gerinnungsprozess.

3. Ich lege ein Tuch über ein geeignetes Sieb und gieße die Milch ab. Zurück bleibt ein sehr weicher Sojabohnenquark, doufu-Blume genannt.

4. Diese doufu-Blume kann ich nun mit roter Bohnenpaste klassisch taiwanesisch anrichten oder auch mit Zucker und Fruchtkompott süßen. Am Ende genieße ich eine sehr gesunde chinesische Variante von Quark – besonders geeignet für alle Kuhmilch-Allergiker. Und nicht vergessen, liebe Genießerinnen: Beim Kosten mit dem Löffelchen immer den kleinen Finger abspreizen. Das ist wirklich kokett!

Dieses Rezept ist ein Versuch, doufu in seiner weichsten Form einmal selbst herzustellen. Es gelingt nicht immer – aber den Versuch ist die Sache allemal wert!

Traditionelle doufu-Herstellung war vergleichbar mit der harten Arbeit in einer Käserei. Mitten in der Nacht stand der Mann im Hause auf, um die frisch angelieferten Sojabohnen zu mahlen. Das wurde entweder – je nach Größe der Mühle – mit bloßer Körperkraft oder unter Zuhilfenahme von Zugtieren geleistet. Die Mahlarbeit konnte Stunden dauern, bis genug »Jademilch« austrat. »Jademilch« war wieder ein Wort der Dichterin Zheng Yunduan. Ausgepresster Bohnensaft. Unter Beimischung von Gips oder Salzwasser wurde dieser Saft dazu gebracht, in die begehrte weiße Masse auszuflocken: »Der klare Frühling«, die Jademilch koaguliert zu einem Stoff, »so rein wie Winterrettich-Wurzeln, mit einem Duft, so markant wie gemahlener Stein.« Nun hatte ich keine Ahnung, wie gemahlener Stein duftete. Doch sicher sehr markant. Ich vertraute Frau Zhengs Geschmacksempfinden. Dabei erforderte die Herstellung von Bohnenkäse viel Vertrauen in den Schöpfer. Nur zu leicht erlag der Meister der Versuchung, Substanzen beizumischen, die das Ausflocken beschleunigten. Gewissenlose Zeitgenossen, die nur das schnelle Geld witterten, panschten daher, was die »Jademilch« zuließ. Andere ließen es an der nötigen Sorgfalt und Hygiene mangeln, die – wie bei der Käseherstellung – absolut notwendig ist. Schneller Profit hat nur zu oft die doufu-Dichterin Zheng Lügen gestraft:

»Weiße Jade« und »klarer Frühling« wurden zu schmutzigem Schlamm und trüber Brühe. Skandale um gesundheitsschädliche Kalkverbindungen, die das Ausflocken weiter beschleunigten und den Profit in die Höhe trieben, stiegen in dem Maße, in dem die Herstellung der weißen Jade zum industriellen Massenprodukt wurde.

D och die Herstellung von gutem Bohnenkäse war nicht nur Ehren-, sondern vor allem Männersache. Es blieb in der Regel dem Mann vorbehalten, die körperliche Arbeit zu verrichten, die Mahlen, Ausflockungsprozess und das abschließende Pressen der *doufu*-Blöcke erforderten. Das stresste gewaltig, sodass der Nachtarbeiter in der Regel am anderen Morgen erst einmal ausgiebige Ruhe benötigte. Nun kam die gute Gattin an die Reihe: Oft öffnete sie den Laden bereits zum Frühstück und übernahm den Verkauf. Der schwer geplagte Ehemann schlief tief und fest. Weitere Arbeitskräfte zur Unterstützung konnten sich die kleinen Familienbetriebe nicht leisten oder hatten diese auch nicht nötig; die Frau war also ganz auf sich selbst gestellt.

»Nun wurde es spannend«, sagte meine Begleiterin, die ein kleines Löffelchen zwischen Daumen und Zeigefinger hielt und ein kleines Häuflein süße *doufu*-Blume damit langsam zum Mund führte. Ihren kleinen Finger mit dem langen, sauber modellierten Nagel hielt sie dabei kokett abgespreizt. Ein Lächeln huschte über ihre rot geschminkten Lippen, und dabei ließ sie das winzige Portiönchen weiße Jade zwischen dieselben gleiten. »Man erzählt sich, dass der erste *doufu*-Laden im alten Chang'an der Han-Dynastie (206 vor Christus bis 220 nach Christus) eine besonders hübsche Inhaberin hatte, die instinktiv spürte, was gut für das Geschäft war. Die Dame soll eine Haut so rein und weiß wie frische *doufu*-Blume gehabt haben. Die passte bestens zu dem Bohnenquark, den ihr Gatte produzierte. *Doufu* aß man damals fast ausschließlich kalt, in kleine Würfel geschnitten und mit Gewürzsauce und variierenden Zutaten verfeinert. Aber bitte – Sie haben ja noch gar nicht Ihren eigenen *doufu* angerührt.« Ich nickte und blickte mit Appetit auf eine weitere kleine Schale, die uns soeben serviert wurde. Sie kam näher bei Sabrina zu stehen, sodass ich glaubte, diese Portion hätte sie sich zusätzlich bestellt. Ich wusste, dass ich unhöflich war, aber der leuchtend weiße *doufu*-Quader in der geschmackvollen blauen Schale, mit Frühlingszwiebeln und einer dunklen Würzsauce garniert, reizte mich. »Dürfte ich einmal von Ihrem *doufu* probieren?«, fragte ich daher – so höflich, wie es mir die chinesische Sprache gestattete. Sie blickte mich mit großen Augen an, und dann brach sie in schallendes Lachen aus. »Hier?«, fragte sie. Ich war verwirrt. »Wo sonst?«, fragte ich, »wenn die Speise bereits auf dem Tisch steht.« »Nun – da muss ich Sie leider enttäuschen, aber so einfach isst man den *doufu* einer Dame nicht«, sagte sie, »schon gar nicht in der Öffentlichkeit eines Restaurants.« »Habe ich etwas Falsches gesagt?«, fragte ich. »Das haben Sie – in der Tat. Wissen Sie denn nicht, was es bedeutet, wenn man eine Dame darum bittet, von ihrem *doufu* kosten zu dürfen?« »Nein«, antwortete ich ehrlich. »Nun, dann lassen Sie mich doch meine Geschichte weitererzählen. Also, die Dame im alten Chang'an sparte nicht mit ihren Reizen und ließ es zu, dass die Männer, die es gar nicht mehr aushielten, wenigstens beim Bezahlen einmal ihre zarten, weißen Hände streicheln durften. Sie gaben der geschäftstüchtigen Chefin das Geld mit Begierde, da durfte die eigene Hand der Stammkunden auch schon einmal für ein paar Augenblicke länger in der weißen *doufu*-Hand der Unternehmerin verweilen. Natürlich sprach sich das herum – nicht zuletzt bei den Ehefrauen der Herren, die auf einmal *doufu* einstimmig zu ihrer Leibspeise erklärten. ›Ich gehe *doufu* essen‹, hieß es immer öfter. Manche Herren schienen mehr Zeit im *doufu*-Laden zu verbringen als zuhause, und oft wurde dort mehr als nur die zarten Hände der Verkäuferin berührt. Wer dahintersteckte, wussten die Damen des alten Chang'an sehr bald – und die Eifersucht wuchs mit der Zahl der *doufu*-Läden, die mit nicht minder geschäftstüchtigen Frauen als neue Geschäftsidee überall in der Stadt und später im ganzen Land wucherten. So gerne wie die Männer den *doufu* einer anderen Frau essen gingen, so sehr griff die Eifersucht unter den Frauen um sich. Sie ›tranken Essig‹, wie es in der chinesischen Sprache heißt. Also sagen Sie niemals zu einer Frau, die Sie nicht näher kennen, dass Sie ›ihren *doufu*‹ probieren möchten.«

»Eine nette Geschichte – ist sie auch historisch bewiesen?« »Ist das wichtig, wenn es eine nette Geschichte ist?«, fragte sie zurück. Ein vorwurfsvoller Blick streifte mich. »Eine zweite Geschichte, woher der anzügliche Ausdruck ›ich esse *doufu*‹ stammen könnte, ist wahrscheinlicher und hat sich gar nicht so weit von Shanghai zugetragen.« »Aha?«, erstaunte ich. Sie fuhr fort: »In alter Zeit fand ein Begräbnis in der Provinz statt. Dabei gab es ein Problem: Der Tote war schwer, und die Leichenstarre hatte bereits eingesetzt. Der Familie gelang es nicht, den Verblichenen aus eigener Kraft zur Grabesstätte zu schaffen. Die Hilfe anderer war unbedingt vonnöten. Glücklicherweise fanden sich viele, die helfen wollten. Zur Belohnung wurden alle nach getaner Arbeit zum Essen eingeladen. Die Begräbnisspeise war – Sie dürfen raten – *doufu*. Kein anderes Nahrungsmittel passte besser: Die weiße Farbe symbolisierte als Trauerfarbe den traurigen Anlass. Einer aber hatte sich unter die Esser geschlichen, der keinen Finger gerührt hatte, um den Toten zu begraben. Er war ein typischer Trittbrettfahrer und aß sich völlig unverdient satt. Seitdem wurde ›*doufu* essen‹ zum Synonym dafür, unverdient am Eigentum anderer zu schmarotzen.«

Erst die Großstadt machte das ›*doufu*-essen‹ unanständig: Im schamlos wilden Shanghai der 1930er Jahre wurde der Ausdruck ›*doufu* essen‹ – einen Lohn unverdient erhalten oder an den Früchten anderer zu schmarotzen – zum schlüpfrigen Modewort. ›*Doufu*-essen‹ galt bald als Synonym für den Seitensprung und bezeichnete zusätzlich eindeutige Formen und Konturen: die weichen Brüste einer Frau. Bald luden Prostituierte ihre Freier offen ein: »Iss meinen *doufu* – leck mir die Titten.« Wenn jemand eine günstige Gelegenheit nutzte, »mit leichter Hand das Schaf« – in diesem Falle die Frau – wegführte, dann aß dieser Kerl eben gerade »*doufu*«. Die Großstadt machte den Bohnenquark endgültig »geil« oder umgekehrt. Die »weiße Jade« wurde zum Sexsymbol. Das passte zum Auftakt meiner Reise. Sie erinnern sich vielleicht an die »Krebsmädchen«? Nach den Krebsen Shanghais hatte ich in Taipei die *doufu*-Blumen als weiteren Ausdruck von Chinas oraler Besessenheit kennengelernt. Beide verbanden Essen und Sex (*yinshi nannü*) – die Grundkonstanten des menschlichen Daseins – auf leckere Art miteinander. Immerhin eine ehrliche Art, das Leben zu betrachten. Meine Begleiterin nickte sanft.

Nouvelle Cuisine chinoise

Taiwan ist der »melting wok« aller großen Kochtraditionen Chinas auf engem Raum. Mit etwas Fantasie betrachtet, ist die Insel wie ein Wok geformt, mit dem Pfannenstiel im Süden und einer breiten Garfläche im Mittelteil und Norden. Dieser Wok enthält daher hochkonzentriert die unterschiedlichsten Zutaten. Kochen auf »Taiwanesisch« erinnert an taiwanesische Politik: immer wieder Neues in die Pfanne hauen, mit kräftigen Gewürzen aufkochen und am Ende genüsslich verspeisen. Das ist Demokratie chinesischer, Pardon, taiwanesischer Prägung. Einwanderer vom Festland prägten und vervielfältigten das kulinarische Geschehen auf der Insel mit ihren mitgebrachten regionalen Traditionen. Viele ihrer Nachfahren sind in einer globalen Welt unterschiedlicher Einflüsse groß geworden. Für sie ist Essen keine Angelegenheit regionaler Traditionen mehr, sondern vielmehr die Summe der Möglichkeiten, die sich aus der fast unüberschaubaren Vielfalt regionaler Zutaten und Kochtraditionen bilden kann. Sie akzeptieren die Entwicklung unserer Gegenwart, dass auch und gerade beim Essen regionale Grenzen »immer undeutlicher werden«[*], wie einer ihrer prominentesten Vertreter im Vorwort seines Buches *The Beauty of Chinese Food* schreibt. Dieser eine war Liang Youxiang, Chef und kreativer Kopf des angesagten Wohlfühlortes *Shann Garden*. Dieser »Garten« lag hoch über Taipei neben einer heißen Quelle und barg neben einem beliebten Teehaus auch ein Restaurant. Gemeinsam mit meiner Begleiterin Sabrina fuhr ich hinauf in die grünen Hügel über der Stadt.

---

[*]   Liang Youxiang. *The Beauty of Chinese Food*. S. 9.

Ich spürte gleich bei meiner Ankunft, dass über diesem Ort ein besonderer Geist herrschte – oder ein besonderer Wind wehte. Ein historischer Wind jedenfalls, einer, der unter die Haut ging. Für die Japaner, die Erbauer des *Shann Garden*, muss es wohl ein göttlicher Wind gewesen sein, denn die japanische Armee quartierte hier ihre berüchtigten Kamikaze-Piloten ein. Sie brachten jene tödlichen »göttlichen Winde« – so die Übersetzung von Kamikaze – über die Welt, indem sie sich todesverachtend auf ihre Feinde herabstürzten. Ein dunkler und ein sehr ungewöhnlicher Anfang für ein Restaurant.

Shann Garden bedeutet eigentlich »Zen-Garten«. Wieder war Japan zur Stelle. Ein halbes Jahrhundert lang hielt das Kaiserreich aus dem Norden die Insel zwischen 1895 und 1945 besetzt. Japanische Kultur verbreitete sich über die Insel, die seit der Han-Dynastie (206 vor Christus bis 220 nach Christus) in verschiedenen Wellen kulturell zu einem Teil Chinas geworden war, ohne dabei das polynesische Erbe der Ureinwohner ganz verdrängen zu können. China und Japan kolonialisierten Taiwan – und prägten das einst von Urpolynesiern besiedelte Eiland mit ihren Menschen und deren kulturellen Werten. In den 2oer Jahren des letzten Jahrhunderts entdeckte das japanische Militär diesen Ort hoch über Taipei; besonders beliebt war er nicht zuletzt wegen der heißen Quellen, die bei den Besatzern heimatliche Gewohnheiten und Gefühle weckten. Auch das Essen gehörte dazu. Später durften hier Kamikaze-Piloten ihre letzte Nacht verbringen, die letzte Mahlzeit ihres kurzen Lebens einnehmen und sich noch einmal vergnügen: gut essen, in den heißen Quellen baden, die zum Garten gehören, und Frauen um sich haben. Guten Sex und eine schmackhafte Henkersmahlzeit als letzte Vergnügungen todgeweihter Menschen: die beiden soliden Freuden der Menschheit als letzte Grüße des Lebens. So begann die Geschichte dieses Ortes.

Nachdem sich die letzten Kamikaze-Piloten nach dem letzten irdischen Vergnügen im Shann Garden vergeblich in den Tod gestürzt und die Japaner den Krieg definitiv verloren hatten, kamen die Chinesen zurück: mehr als zwei Millionen geschlagene Anhänger des republikanischen Oberbefehlshabers Tschiang Kai-shek. Mit dem Generalissimus kam einer seiner prominentesten Gefangenen auf die Insel. Der Ex-General Zhang Xueliang (1901–2001) stand unter Hausarrest, weil er sich gegen den Oberbefehlshaber gestellt und mit einer Art *coup d'état* die Politik seines obersten Führers untergraben hatte. Tschiang Kai-shek wollte 1937 lieber zunächst Mao Zedong und dessen verhasste Kommunisten beseitigen, bevor er die Japaner aus China vertrieb. Das war für den patriotischen jungen General Zhang ein Skandal, und so ließ er mit Verbündeten den Generalissimus in der Stadt Xi'an einfach gefangen nehmen. Der Überrumpelte kam erst wieder frei, nachdem er seinem aufsässigen General versprochen hatte, zunächst den großen gemeinsamen Feind Japan zu bekämpfen. Im Gegenzug bot Zhang an, sich für den Gesinnungswandel des Oberbefehlshabers selbst in dessen Gefangenschaft zu begeben. So wurde Zhang Xueliang zum politischen Gefangenen mit der vielleicht längsten Haft in der Geschichte. Seit Tschiangs erzwungener Flucht nach Taiwan 1949 bis zum Jahr 1990 saß Zhang mehr als vier Jahrzehnte unter Hausarrest genau hier – im ehemaligen »Zen-Garten« der japanischen Armee. Er war mit einem langen Leben gesegnet. Hundertjährig verstarb er erst 2001 auf Hawaii. Mit reichlich Zeit versehen, soll er sich hier intensiv mit der alten Dichtung der Ming-Dynastie (1368–1644) auseinandergesetzt und dabei gut gegessen haben. Mit viel Inspiration für gutes Essen – denn nur so konnte er sein biblisches Alter erreichen.

Liang Youxiang, der neue Hausherr des *Shann Garden*, war jedenfalls davon fest überzeugt: Er war Patron und *maître de cuisine* in einer Person. Und nicht nur das: Meister Liang verfügte im taiwanesischen Fernsehen über eine eigene Kochsendung und sah sich dazu berufen, den Geist des Ortes neu zu beleben. Nicht unbedingt mit »göttlichem Wind«, dafür aber mit »göttlichem Essen«. Das Ambiente, die ausgezeichnete Lage mit heißen Quellen und angeschlossenem Teehaus schienen es meinem Gastgeber leicht zu machen. Er bat zu Tisch und kündigte an, mir »Häppchen« für »Häppchen« seine Philosophie einer neuen chinesischen Küche zu erläutern.

Die konnte – ich wusste es bereits – selbstverständlich nur auf Taiwan begründet werden: »Taiwan hat etwas Kultiviertes, das dem Festland noch fehlt. Daher sind die Pioniere neuer chinesischer Küche auf Taiwan zu finden.« Sich selbst zählte Liang jedenfalls dazu und inszenierte gleich den ersten Gang: fein geschnittene Gürkchen, kunstvoll angeordnet und von einer Dippsauce im feinen Porzellanschälchen begleitet. Das war äußerst simpel und sah verdächtig nach den Kreationen eines Paul Bocuse oder Michel Guérard aus – ganz so wie aus einem Lehrbuch der französischen *nouvelle cuisine*. Und es wirkte zudem sehr japanisch. Geradezu minimalistisch. Weniges, teuer und aufwändig in Szene gesetzt. Wieder wehte ein besonderer *kamikaze* über dem Ort. Das, was da noch chinesisch war, waren die Zutaten. Mehr eigentlich nicht. Doch damit lag Liang ganz im Trend eines heraufdämmernden internationalen chinesischen Zeitalters: »Das Festland befindet sich derzeit in der Fresswelle«, sagte er, während wir gemeinsam mit unseren Stäbchenspitzen das kleine Gurkentürmchen abbauten und konzentriert »dippten«. Taiwan hatte seine Fresswelle längst verdaut: »Das waren die frühen 70er Jahre«, meinte Liang, »während auf dem Festland viele Menschen sich erst seit den 90er Jahren wirklich satt essen können.«

Tatsächlich verbargen sich unter den frisch-grünen Gurkentürmchen mit der pikant-fruchtigen Dippsauce mehr als nur ein paar preiswerte Zutaten. Wieder war es ein einziges Attribut, ein einziges kleines Schriftzeichen, das mir der Meister in mein Notizbuch schrieb: *xiao* oder »klein«. Was Japan längst zelebrierte und China verloren hatte, entdeckte Taiwan gerade für das eigene Selbstverständnis: die Philosophie des Kleinen. Die Zeit des großen Fressens hatte man für beendet erklärt, während auf dem Festland doch immer noch häufig genug der alte Wahlspruch des Herrn Nimmersatt »Masse statt Klasse!« regierte. Liang Youxiangs erstes Prinzip bestand in der Konzentration auf das Detail. Seine Philosophie der neuen chinesischen Küche, die mir der redegewandte Fernsehmoderator gemeinsam mit seinen weiteren Kreationen auftischte, fußte auf genau diesem Prinzip. Die Gurkenwürfel jedenfalls erinnerten an jene Bilder aus dem alten Suzhou, als Yün, die Gattin des armen Intellektuellen und Genießers Shen Fu, aus eingelegtem Sauergemüse und *doufu*-Stückchen sich und ihren geliebten Mann damit beglückte, kleine Allerweltsköstlichkeiten in feinen Porzellanschalen am rechten Ort und in der rechten Stimmung selbstverständlich bei Mondschein aufzutischen. Shen Fu war darüber stets derartig beglückt, dass er die Sorgen seines entbehrungsreichen Künstlerdaseins schnell vergaß und sich ganz in die kleinen, aber mit Liebe bis ins Detail inszenierten Häppchen vertiefte. Ich sprach meinen Gastgeber darauf an, und der erwiderte: »Neben der Konzentration auf den kleinen Happen steckt darin noch ein weiteres Prinzip alter chinesischer Weisheit: ›Ist die Freude zu groß, so gebiert sie Trauer‹«, meinte er. »Wenn man umgekehrt den Genuss in Grenzen hält, aber mit einfachsten Mitteln und ansprechender Umgebung immer wieder erneuern kann, dann bleibt der Mensch psychisch stabil; hier liegt der tiefere Sinn für den kleinen Imbiss.« Ich dachte darüber nach. Dieses zweite Prinzip war Chinas Fundament gewesen. Die klassischen Schriften des Konfuzianismus priesen das Ideal von der »Mitte im Alltag«. Dieses Ideal gehörte zu den Kerninhalten der Erziehung und Bildung im alten China und zielte auf den ganz praktischen Zweck, die Menschen in ihrer täglichen Balance zu halten. Wer sich nicht den Extremen hingab, es weder mit rauschenden Festen übertrieb noch im Elend des Hungers darbte, der lebte eigentlich das beste und letzlich gesündeste Leben – und hatte am Ende auch die höchste Lebenserwartung. Das ist nichts spezifisch Chinesisches, sondern eine allgemeine Erkenntnis aller Menschen in Ost und West, die diese nahezu zeitgleich formuliert hatten: Im Osten war es Konfuzius zu Beginn des 5. Jahrhunderts vor unserer Zeitrechnung gewesen, der das Prinzip von der Mitte im Alltag formulierte, im Westen ein Jahrhundert später Aristoteles, der in der Nikomachischen Ethik die goldene Mitte zwischen zwei Extremen, zwischen Überfluss und Mangel, als »gesund« propagierte und Ähnliches verfolgte Siddhartha Gautama Buddha im geografischen Dazwischen, »Indien«, dem der mittlere Weg für den Prozess der Erleuchtung von fundamentaler Bedeutung erschien. Die Chinesen gehörten allerdings zur einzigen dieser drei auf die Mitte fixierten Hochkultur, die das Prinzip auf das Essen übertrug: sei es nun mit der Überzeugung zur Mäßigung in Größe und Umfang servierter Speisen wie hier auf Taiwan, sei es aber auch in der komplexen Lehre der fünf Elemente und des *yangsheng*-Prinzips, der Lehre von der Nährung des Lebens.

Die beiden Schriftzeichen für »Nähren« und »Leben« waren mir in Taipeis kleinen Imbissgassen immer wieder ins Auge gefallen. Überall wurden bestimmte Imbisse, meist in Form nahrhafter Suppen, angeboten, die besonders günstig auf den menschlichen Körper wirkten und ihn damit in der Balance, auf dem mittleren Weg, halten sollten. Über die Komplexität der chinesischen Ernährungslehre sind ganze Bücher geschrieben worden. Auf Taiwan trat ganz deutlich ein neuer, moderner Gedanke hinzu: Entschleunigung und Konzentration auf die Ästhetik des Kleinen. Im *Shann Garden* wurde er zum Prinzip: Der Esser sollte sich am Detail jeder kleinen Speise erfreuen und damit seinen Genuss verlangsamen. Der kleine Imbiss und die fein angerichtete Speise wurden zum Garant neuen chinesischen Slowfoods mit allen Sinnen: Genauer hinschauen, genauer hinriechen und genauer schmecken, was man da, mit so viel Liebe zum Detail kreiert, zwischen die Essstäbchen nahm. Beim langsamen Genuss von Gurkentürmchen und kleinen Hühnerwürfeln in Teigkreationen, die in ihrer Form an frische Blüten erinnerten, entschleunigte der Esser automatisch. Das Schlingen – der größte Feind des Genießers wie auch der Gesundheit – verbot sich so von selbst. Und satt wurden wir auch, denn einer kleinen Kreation ließ Liang Youxiang gleich die Nächste folgen. Nach sieben oder acht Gängen fühlte ich mich satt, ohne das Gefühl, zu viel gegessen zu haben – und auch ohne den Wunsch, gleich die nächste Frittenbude um die Ecke anzusteuern, wie nach einem Genuss der feinen, aber minimalistischen Kreationen der Nouvelle Cuisine in Deutschland bei Freunden vor einigen Jahren.

Besonders stark schmeckten die besagten Hühnerfleischwürfel in Teigblumen nach, da sie gleich zwei weitere Prinzipien von Liangs neuer chinesischer Küche verinnerlichten. »Sieht das nicht fantastisch aus«, schwärmte der Meister, freilich ein wenig selbstverliebt, über seine neueste Kreation. »Das ist hundun-Teig – so ziemlich das Preiswerteste, was du einkaufen kannst. Fast jeder Chinese macht daraus mehr oder weniger das gleiche Gericht: Teigtaschen. Die kannst du in wunderbaren Suppen kochen und mit feinem grünem Gemüse anrichten wie in Shanghai oder kross frittieren wie in Hongkong. Sie können mal größer, mal kleiner sein, sind mit Hackfleisch und verschiedenen Gemüsen gefüllt und dabei immer eine gute Wahl.« Ich nickte. Mit hundun-Teigtaschen war ich in Shanghai bestens vertraut. »Aber ich denke, das ist langweilig. Aus dem bekannten Alten etwas Neues machen – das ist für mich die neue chinesische Küche. Also warum nicht den Teig im Wok schnell frittieren, dabei ein wenig formen und verändern. Und siehe da: Am Ende hast du diese wunderschönen Blumengebilde! Und dazu kurz gebratenes Hühnerfleisch. Das passt in seiner Leichtigkeit zur luftigen Form der Blumen und gleicht die gewisse Schwere des Frittierens wieder aus.« Das Ergebnis war äußerst überzeugend. Der Teig war nicht zu lange im heißen Öl gewesen, knusprig, ohne hart zu sein, und die Hühnchenfleischfüllung so zart, als wäre sie vorher stundenlang in Weißwein mariniert worden. Das war, wie ich rückfragte, aber nicht der Fall, sondern lediglich dem geschickten, wiederum Maß haltenden Einsatz von Speisestärke zu verdanken – im Übrigen ein oft verwendetes Prinzip der chinesischen Küche, Fleisch zart und glänzend zu machen, ohne es dabei in einer Art Mehlschwitze zu ersticken.

»Ein weiteres wichtiges Prinzip der neuen taiwanesischen Küche lässt sich am besten wieder mit einem alten chinesischen Sprichwort wiedergeben«, fuhr Liang Youxiang fort. »Reichtum überdauert in der Regel keine drei Generationen – besonders bei denen nicht, die nichts von gutem Essen und geschmackvoller Kleidung verstehen.« Das war ein Seitenhieb auf die Neureichen des Festlandes. »Dort auf dem Festland verstehen viele nicht den tieferen Sinn dieses Prinzips. Sie wollen immer nur das Neueste und Teuerste, essen schlecht und viel zu viel. Oder verschwenden ihr Geld, indem sie wahnsinnig teure Zutaten wie Abalone, Seegurke, Schwalbennester oder Haifischflossen in geschmackloser

Eile hinunterschlürfen. Meist ist nach einer Generation schon Schluss mit dem Reichtum: Alles wurde verfressen und verprasst, ohne das Hinuntergeschlungene wirklich geschmeckt zu haben. So ist es viel besser, einfache, gute und preiswerte Zutaten wie hundun-Teig und Hühnerfleisch zu nehmen – und damit etwas Neues, Schönes und Geschmackvolles zu kreieren. Wer das kann, dessen Besitz überdauert auch mehrere Generationen, denn er ist kein Fresser wie leider viele Neureiche in Shanghai, Peking oder Kanton. Ich behaupte nicht, dass es die nicht auch in Taipei gibt – aber es sind weniger, denn wir verstehen hier einfach etwas mehr davon, ›das Leben zu nähren‹, indem wir uns nicht mehr überfressen. Das braucht eben Zeit.«

Ein weiteres Gericht stand plötzlich vor uns: »Das ist eine meiner Lieblingskreationen: Jadenest in Phönixbrühe auf weißem Schnee. So muss gutes Essen klingen.« »Und hoffentlich auch schmecken«, fügte ich hinzu. Er sah mich vorwurfsvoll an. »Selbstverständlich. Für dieses Gericht wurden teure Zutaten gewählt. Scheinbar eine Abweichung vom Prinzip der Einfachheit – aber nur scheinbar. Wenn teure Zutaten, dann aber mit ganz vorsichtiger und bewusster Auswahl beim Einkauf und äußerster Detailverliebtheit beim Kochen. Schaut euch das an.« Alle starrten gebannt auf Liang, der offensichtlich sein Lieblingsgericht vor sich stehen hatte: »In dieser Kreation wird die gesamte Schönheit chinesischen Essens deutlich. Allein schon die Vorstellung eines Nestes aus Jade, das mit der Brühe aus dem zarten Fleisch eines Phoenix vermählt wurde – und sich auf einem kleinen Häuflein strahlend weißen Schnees kühlt.«

Kühnen Assoziationen, die für manch einen Europäer schnell die Grenze zum Kitsch überschreiten, sind keine Grenzen gesetzt, wenn es um den treffenden Namen für ein neues Gericht geht. Selbst französische Kreationen im Stile von »Limetten-Sorbet à la Bocuse an Trauben der Champagne flambiert mit Cognac de XY« wirken dagegen schon in der sprachlichen Darbietung sachlich-unbeholfen und fast ein wenig fantasielos. Die Sprachwerdung guten Essens ist in China – egal, ob auf dem Festland oder auf Taiwan – eine hochpoetische Angelegenheit, ein Zauberreich der Assoziation. Kulinarische Kreationen verbinden sich mit Fabelwesen wie dem Phoenix oder kostbarsten Gütern wie Jade. Sie selbst werden dabei zu Traumfantasien.

Was verbarg sich nun hinter dem Jadenest? Zunächst eine typisch chinesische Grundzutat, das Schwalbennest. Schwalbennester fallen in die Kategorie fader oder geschmackloser Zutaten, die mir bereits während des pseudo-kaiserlichen Banketts in Peking begegneten: Das Schwalbennest passt in eine lange Reihe jener chinesischen Gastroabstrusitäten von Kamelhöcker über Qualle bis hin zu Seegurke. Eine weitere Variante des Geschmacklosen als Grundzutat eines neuen Gerichts. Ein Schwalbennest wird mit dem Speichel kleiner in China und Ostasien heimischer Schwalben, dem europäischen Mauersegler ähnlich, gebaut. Es enthält zu über 60 Prozent Proteine und gilt daher – trotz seiner Geschmacklosigkeit – als besonders nahrhaft. Zusätzlich soll der Mehrwert eines solchen Nestes für Männer in einer fühlbaren Steigerung der sexuellen Potenz liegen. Das macht es begehrt und wie seine Erbauer, die Schwälbchen, selten. Doch wie bei so vielen faden Kostbarkeiten der chinesischen Küche wird dann eben nachgezüchtet, und das führt oft genug zu Qualitätsproblemen. Schwalbennester müssen auf spezielle Weise gedämpft werden, um zur richtigen Konsistenz aufzuquellen. Dann können sie leicht das Sechs- bis Siebenfache ihrer ursprünglichen Größe erreichen und sind sehr ergiebige Zutaten. Liang Youxiang selbst hätte allein über die richtige Quellmethode einen eigenen Vortrag halten können.

Damit aus dem geschmacklosen Schwalbennest ein schmackhaftes Jadenest werden kann, muss es sich mit der Brühe des geheimnisvollen Phoenix vereinen. Doch woher diesen nehmen? Da Phoenixe nach Jahrhunderten intensiver chinesischer Esskultur rar geworden sind, behilft man sich mit dem simplen Haushuhn, das eine gute, nahrhafte Brühe ergibt, die sich mit dem Nest geschmackvoll verbinden kann. Erst dann entfaltet sich wirklich Geschmack. Wie ich schon vielfach testen durfte, war eine gute Hühnerbrühe die Schlüsselzutat für die vielen seltsamen und ach so überflüssigen faden Edelzutaten der chinesischen Küche. Auch Haifischflossen wären ohne den Phoenix von der Hühnerstange ohne jeden Geschmack. Gerade aber Liangs Begeisterung für sein Gericht weckte bei mir den Eindruck, dass chinesische Starköche geradewegs davon besessen waren, faden Seltenheiten Geschmack zu geben. Das ist wie eine Geburt. Geschmack belebt.

Und der weiße Schnee, der das mit Phoenixessenz belebte Jadenest nun kühlen soll? Der wurde aus Fisch geschaffen, genauer aus fein püriertem Dorschfleisch, das der Meister zu einer luftigen Masse aufschlug. Am Ende wurde bodenständig abgerundet: Mit goldgelben Kartoffelstreifen, auf denen der »Schnee« zu liegen kam wie auf einem Haufen leuchtenden Strohs in der Wintersonne. Liangs Top-Gericht hatte international Erfolg. Im japanischen Kyoto wurde es als besonderer taiwanesischer Beitrag während der »Internationalen Woche der kulinarischen Reisen« prämiert. In einer Stadt, die selbst als ein Mekka kulinarischer Genüsse einen besonderen Anspruch gerade an die Ästhetik des Kleinen in der Esskunst erhebt, konnte Liang Youxiang das als persönlichen Erfolg verbuchen. Es war schon merkwürdig, dass Taiwans neue gehobene Küche sich so sehr aus den japanischen Prinzipien der Ästhetik, Vollendung von Form, Farbe, Stil und Ambiente, nährte. Einmal mehr spürte ich, dass politische und gesellschaftliche Gräben wie jene zwischen China und Japan leicht mit der Passion für gutes Essen zu schließen waren. Taiwan im Allgemeinen und der *Shann Garden* im Speziellen schienen dafür der rechte Ort.

PHOENIX-ESSENZ UND JADENEST AN WEISSEM SCHNEE

Politisch sind China und Japan unversöhnlich – noch. China klagt die zahllosen Opfer des Zweiten Weltkriegs an, und das offizielle Japan weigert sich nach wie vor, sich der Schuld zu stellen. Auch Taiwan hat unter der japanischen Besetzung gelitten; zwischen 1895 und 1945 war die Insel japanische Kolonie. Doch immerhin bauten die Japaner in jener Zeit die Infrastruktur Taiwans auf: Bildung, Verkehrswesen, moderne Wirtschaftsformen. Die besetzte Insel wurde hinter Japan zur fortschrittlichsten Region Asiens. Nach 1945 prägten politische Flüchtlinge um den geschlagenen Staatsführer Tschiang Kai-shek die Insel. Japan und China wurden auf engem Raum zusammengedrängt. Krieg wurde zu Frieden – und zu Kulinarischem. Und was wirkt friedenstiftender als ein gut gefüllter runder Esstisch? Mitten im japanisch-chinesischen Ambiente hat der kochende Taiwanese Liang Youxiang eines seiner hübschesten Ensembles geschaffen: »weißer Schnee vermählt mit Phoenixessenz und Jadeschwalbennest«.

Was Meister Liang dazu braucht:

ein gut aufgequollenes Schwalbennest

250 g weißen Schnee – alias weißes Dorschfilet

Krebsgelb

Phoenix-Essenz alias frische Hühnerbrühe

2 Eiweiß

1 TL Speisestärke

Frühlingszwiebel gehackt

1 EL Schweineschmalz

frische Milch

1 TL Salz

Pfeffer nach Bedarf

Zwiebel-Ingwer-Sauce

Shaoxing-Reiswein

1 Kartoffel, in feine Streifen geschnitten

Wie kreiert Meister Liang dieses Gericht:

1. Das Schwierigste ist gleichzeitig auch das Teuerste dieses Rezepts: Ein echtes chinesisches Schwalbennest zum Kochen muss besorgt werden. Das kostet einiges und bedarf der sorgsamen Vorbereitung. Das Schwalbennest lässt der Meister beispielsweise über Nacht in kaltem Wasser in einem absolut ölfreien Gefäß quellen. Es dürfen sich absolut keine Speiseöl-Rückstände im Quellwasser befinden.

2. Wenn der Quellprozess erfolgreich abgeschlossen ist und das Schwalbennest verwendet werden kann, wird es 10 Minuten lang in Hühnerbrühe gegart und in der Brühe belassen.

3. Die Frühlingszwiebeln werden in Schweineschmalz angebraten und erhalten so einen besonders kräftigen Duft. Dann sollte man das Krebsgelb hinzugeben und alles mit ein wenig Shaoxing-Reiswein ablöschen. Mit Salz und Pfeffer abschmecken – und dann erst einmal alles beiseite stellen; es wird später wieder gebraucht.

4. Das Dorschfilet wird in einem Dämpfbehälter oder auf einem Dämpfeinsatz im Wok gegart und dann mit einem Esslöffel püriert.

5. Den pürierten Dorsch vermischt Meister Liang mit zwei Eiweiß, Salz, Speisestärke und Zwiebel-Ingwer-Sauce und gibt die Mischung dann in einen gut erhitzten und mit etwas Öl gefüllten Wok. Auf mittlerer bis großer Flamme schwenkt der Kreative nun die Pfanne. Meister Liang gibt gern etwas frische Milch dazu, so bekommt die Mischung einen frischen und lockeren Charakter, der an gerade gefallenen Schnee erinnert und wunderbar aussieht.

6. Nun gilt es noch die Kartoffelstreifen in heißem Öl zu frittieren. Der Meister legt Wert darauf, sie auf einer schneeweißen Porzellanplatte anzurichten.

7. Auf die Kartoffelstreifen gibt Liang Youxiang nun den »Dorschschnee« und garniert ihn am Ende mit dem in »Phoenix-Saft« gut durchgezogenen Schwalbennest.*

Kohl aus Jade und Austern auf Plastik

Von der Bauch- zur Palastkultur, oder doch nicht? Kurz vor Ende meiner viel zu kurzen Zeit auf Taiwan hatte ich mich entschlossen, unbedingt noch die Hauptsehenswürdigkeit der Insel aufzusuchen. Das war ohne Zweifel das Palastmuseum von Taipei. Tschiang Kai-sheks Männer hatten auf der Flucht vor den Truppen Mao Zedongs die wertvollsten Stücke des bereits 1925 in Peking gegründeten Nationalen Palastmuseums mit nach Taiwan genommen. Diese enormen Schätze im Umfang von 620 000 Stücken kamen nach 1949 in verschiedenen Sendungen auf der Insel an. Nur ein kleiner Teil davon kann heute in dem beeindruckenden Museumsbau gezeigt werden. Doch die Stücke, die zu sehen sind, gehören zu den kostbarsten. Ich betrat den großzügigen Bau, löste mein Ticket zum durchaus erschwinglichen Preis von 160 NTD, was ungefähr vier Euro entsprach – und staunte. Auf zahlreichen Plakaten, Flyern und Werbebroschüren strahlte mir im Hochglanzdruck nicht etwa die berühmteste Malerei einer längst vergangenen Dynastie entgegen, sondern ein Strunk Chinakohl. Unter mehr als einer halben Million wertvoller Exponate, die eine Armee von Künstlern geschaffen hatte, wählte das Museum ein Stück Kohl aus. War das zu fassen? Ich schaute mich weiter im Shop des Museums um und fand sofort, was ich suchte. Chinakohl in allen Größen – vom Schlüsselanhänger bis zur 1:1-Nachahmung des ausgestellten Originals aus teurer Jade. Ne-

---

* Liang Youxiang. *The Beauty of Chinese Food*. Taipei 2008, S. 19 und S. 146.

ben dem Kohlkopf fiel mir noch ein weiteres Stück auf, das beliebig oft reproduziert mit nach Hause genommen werden konnte: ein saftiges Stückchen Schweinebauch. Gut durchwachsenes Schweinefleisch war ein weiteres Spitzenexponat des besten China-Museums der Welt.

Ein Kohlstrunk und ein saftiges Stück Schweinefleisch waren die chinesischen Gegenstücke zur Mona Lisa im Louvre oder der Laokoon-Gruppe in den Vatikanischen Museen. Das Gemüse wartete in Raum 308. Hier waren auch die Besucher. Jeder wollte das Stückchen Jadegemüse einmal »live« sehen, das Werbeplakate und Webseiten des Palastmuseums zierte. Unter mattem Licht glänzte das kunstvoll gestaltete Grünzeug dem Besucher geheimnisvoll entgegen. Oder zumindest der Ort, wo es ausgestellt war. Einfach war es nicht, in der Menschentraube, die den Kohlstrunk umringte, einen Blick zu erhaschen. Schließlich gelang es doch. Die Kleinheit des Gegenstandes enttäuschte fast – bei so viel Aufsehen. Manche Besucher kamen nur in das Palastmuseum, weil sie vom »Jadekohl« einmal kosten wollten. Das Besondere an diesem ewigen Gemüse war sicher nicht das Alter. Es stammte aus der letzten chinesischen Dynastie Qing und war nur wenige hundert Jahre alt. Der Kohl war beileibe auch nicht der Einzige seiner Art, denn außer diesem Exponat verfügte allein dieses Museum noch über zwei weitere Ausstellungsstücke zum gleichen Thema. Die Besucher zog der eigentümliche Farbverlauf innerhalb des Jade-Steins besonders an: Von strahlendem Weiß im unteren Teil verfärbte sich die Jade auf natürliche Weise zu einem leuchtenden Grün bis hinein in die Blattspitzen. Auf die Kohlblätter hatte der Künstler noch zwei Tierchen aus der Insektenwelt gesetzt: eine Zikade und eine Heuschrecke, die, wie mir einzelne Besucher versicherten, Glückssymbole seien: für reichlichen Nachwuchs – viele Söhne und Enkel.

Damit hatte der Künstler das Herz des Kohls getroffen. Das beliebteste Gemüse des Landes war vegetabile Nahrungsgrundlage des Reiches. Gerade für den klimatisch weniger begünstigten Norden des Landes war der weißgrüne Kohl eines der preiswertesten und gesündesten Gemüse. Sein milder Geschmack lässt sich mit den unterschiedlichsten Küchen, Gewürzen, Fleisch- und *doufu*-Sorten frei kombinieren. Chinakohl war schon in der Frühzeit chinesischer Küchenkultur bekannt. Im alten China nannten die Menschen das Gemüse *song*, heute heißt der Chinakohl wörtlich übersetzt einfach »Weißkohl«. Der Ursprung liegt im Land, und von dort aus wurde das Chinagemüse dann im Laufe der Jahrhunderte in den umliegenden Ländern und Regionen wie etwa in Japan eingeführt. Es gibt um die 1000 verschiedene Sorten von Chinakohl, die es möglich machen, die Pflanze das ganze Jahr über zu ernten. Die Kohlpflanze ist ergiebiger als die meisten anderen Gemüsesorten. Gerade die Herbstsorten, die im Winter auf den Markt kommen, machen es zu einem idealen Wintergemüse. Darin ähnelt der Chinakohl deutschem Grünkohl. Nur die Erträge sind um Dimensionen größer. Auf einem Hektar Fläche kann mit maximal 225 Tonnen rund fünfmal so viel Chinakohl geerntet werden, wie in Deutschland auf der gleichen Fläche Kartoffeln gedeihen. Das ist Guinnessbuch-verdächtig.

Während ich das kleine Kunstwerk vor mir betrachtete, dachte ich an die Lastwagen voller Chinakohl, die noch vor wenigen Jahren in den Wintermonaten vor allem in Peking und anderen Großstädten des Nordens unterwegs waren, um die Versorgung der Bevölkerung mit Vitaminen sicherzustellen. Ohne Chinakohl wäre die Lebenserwartung in China deutlich ungünstiger ausgefallen.

Das wusste auch der unbekannte Meister dieses Exponats. Chinakohl wurde so zu einem der wichtigen Objekte der chinesischen Kunstgeschichte. »Winterkohl ist so schön wie Bambussprossen«, schwärmte der chinesische Volksmund, und viele Künstler verewigten das lebenserhaltende Nationalgemüse in ihrer Malerei und kleinen Miniaturen – wie jene, die nun Scharen von Museumsbesuchern tagtäglich im Raum 308 des Nationalen Palastmuseums bestaunten. Die Bezeichnung »König unter den Gemüsesorten« geht wahrscheinlich auch auf einen Künstler zurück: Dem Maler Qi Baishi schreibt man den Satz zu: »Die Päonie ist die Königin der Blumen, die Litschi die Erste unter den Früchten, und unbestritten ist die Tatsache, dass der Chinakohl König unter den Gemüsesorten ist.« Allein Chinakohl sei anderem Kohl überlegen, heißt es – sonst komme kein anderes Gemüse in Frage.

Was hier klein und fein inszeniert war, hatte am Ende eine grundlegende Bedeutung für die chinesische Zivilisation und den Erfolg der langlebigsten Agrarkultur unseres Planeten. Die Kaiser der Qing-Dynastie gründeten ihre Herrschaft nicht zuletzt auf Kohl: In langen Friedenszeiten mit vitaminreicherer Ernährung explodierte Chinas Bevölkerung zum ersten Mal. Die Einwohnerzahl im Reich der Mitte stieg von 150 auf rund 400 Millionen Menschen an.

Ich verließ den Raum 308 und warf nur einen kurzen Seitenblick auf den »Fleischstein«, der ebenfalls viel Besucherinteresse erregte. Die Geschichte um die Delikatesse war mir unterwegs bereits mehrfach begegnet: Was hier in verblüffend appetitanregender Echtheit aus brauner und fleischfarbener Jade geschaffen worden war, war eine Hommage an Chinas großen Gourmet und Dichter Su Dongpo aus dem 11. Jahrhundert, den ich in Sichuan, Suzhou und Kanton angetroffen hatte: Der Künstler hatte schlicht ein besonders gelungenes Ergebnis von Meister Sus Schweinefleisch-Rezept verewigt – vermutlich nach einem besonders schmackhaften Mahl.

B evor ich das Palastmuseum verließ, machte ich noch eine interessante Entdeckung: Die Museumsleute hatten sich die Mühe gemacht, wichtige Gebrauchsgegenstände aus der frühesten chinesischen Geschichte zwischen 1600 und 220 vor Christus nach ihrer Verwendung zu kategorisieren. Insgesamt unterschied man fünf Kategorien: Waffen, Musikinstrumente, Wasser-, Wein- und Kochgefäße. Wein- und Kochgefäße hatten zu jener Zeit häufig rituelle Bedeutung, sodass sie in besondere Kategorien sortiert wurden. Die Kategorisierung zeigte, dass die meisten Gegenstände, die die Vorfahren der heutigen Chinesen zurückgelassen hatten, dem Kochen, Essen und Trinken gewidmet waren. Bereits aus der Shang-Zeit, jener ersten eindeutig historisch nachweisbaren Periode der chinesischen Geschichte zwischen dem 17. und dem 12. Jahrhundert vor unserer Zeit, sind vier Gefäßtypen allein zum Kochen und Essen bekannt und sogar elf verschiedene Gefäße nur für das wichtige Weinritual jener Zeit reserviert gewesen. Dem gegenüber standen lediglich zwei verschiedene Typen von Behältnissen für die Wasseraufbewahrung, nur ein Typus von rituellem Musikinstrument und drei verschiedene Typen von Waffen. Selbst in der jüngsten Periode der chinesischen Frühzeit, der Qin-Dynastie (221–206 v. Chr.) hatte sich an dem grundlegenden Verhältnis der Artefakte zueinander nichts geändert: Weiterhin waren Ess-, Koch- und Weinutensilien wesentlich variantenreicher als die übrigen Kategorien. Ich war überrascht. Angesichts der Tatsache, dass das Reich Qin ein äußerst kriegerischer Staat gewesen war, der seine Vorherrschaft, an deren Ende schließlich die Kaiserwürde stand, nur mittels Waffengewalt erreichen konnte, hätte ich ein anderes Verhältnis erwartet. China definierte sich auch im historischen Rückblick als oral dominierte Kultur landwirtschaftlicher Erfolge, in der Kochen und Essen privat und offiziell eine führende Rolle innehatten.

M ittlerweile war es Abend geworden. Der letzte Abend der gesamten Reise. Morgen stand der Rückflug nach Shanghai bevor. Von dort war ich aufgebrochen. Der Kreis sollte sich bald schließen.

Als ich wieder zurück in meinem Hotel im Distrikt Shilin ankam, knurrte der Magen und forderte Genugtuung. An diesem letzten Abend in Taipei musste ich etwas probieren, was typisch für diese Stadt und für die gesamte Insel Taiwan war. Auf meinem Schreibtisch lag das Buch eines Food-Journalisten, dem ich gemeinsam mit Sabrina begegnet war. »Kleines Essen«, einige Stückchen aus der vielfältigen Welt taiwanesische Imbisse, in die mich der Gourmeur Bruder Shu vor wenigen Tagen hineingeführt hatte. Ich blätterte und stieß auf die Beschreibung eines Nachtmarkts; ich wusste, wo ich noch hin musste.

Nachtmärkte zogen mich seit Jahren in ihren Bann. In meinen ersten chinesischen Jahren, die nun zwei Jahrzehnte zurücklagen,

ernährte ich mich fast allnächtlich dort. Damals waren diese Jahr-
märkte frittierter, gebratener, gekochter, gegrillter und gedämpfter Imbisse überall in den Städten des Festlands verbreitet. Jeder
Nachtmarkt war anders, spiegelte er doch die Besonderheiten einer jeden Region wider. Vor Wochen war ich in Peking eher beiläufig auf einen solchen Essmarkt geraten, als mir eine zufällige
Frühstücksbekanntschaft dort einzelne Spezialitäten der Hauptstadt vorgestellt hatte. Deutlich erinnerte ich mich an das bunte Treiben, hörte, wie sich Gerüche und Klänge miteinander ver-
mischten. Der scharfe Grillduft der Lammfleischspieße, das
zischende Öl in den riesigen schwarzen Woks, die mit Bergen von
Nudeln, Gemüse, Zwiebeln und Fleischstreifen gefüllt waren, um
die Scharen der Besucher – darunter viele ausländische Touristen – für oft weniger als einen Euro mit einem kleinen Imbiss zu
beglücken. Auch das Schreien der Verkäufer, von denen einer den
anderen weniger mit besserer Qualität als vielmehr mit größerer
Lautstärke zu übertrumpfen versuchte. Dieser Pekinger Nachtmarkt war nicht alt, seine Geschichte ging gerade auf die 8oer Jahre des 20. Jahrhunderts zurück, und sein Erscheinungsbild hatte
das Ordnungsamt der Hauptstadt bereits so stark vereinheitlicht,
dass es eigentlich egal war, an welchem Stand man speiste. Doch
die Kakofonie aus Bratenduft und Marktgeschrei war noch lebendig im Gedächtnis verankert. Mit Wok, Stahlkelle, Hackmesser,
Feuerstelle und Gasflasche gut gerüstet, zeigte der Mensch, was
er »in der Pfanne hatte«.

Zum Abschluss meiner Reise musste also wieder ein Nachtmarkt her. Diesmal aber ganz bewusst und als ausgesuchtes Reiseziel. Dazu war ich auf Taiwan und genau in diesem Viertel von
Taipei am rechten Ort. Nur wenige Straßenecken weiter lag der
Shilin-Nachtmarkt. Der stand in jedem einschlägigen Reiseführer,
und so fand ich leicht hin. Der Eingang war verstellt mit billigem
Plunder: Handtaschenimitate, Sportschuhe und Sporttaschen, die
alle eines teilten: Made in China. Festlandchina selbstverständlich, denn die goldenen Zeiten des Labels »Made in Taiwan« gehörten weitgehend einer Vergangenheit an, als Löhne und Gehäl-
ter auf der Insel noch niedrig waren. Doch kurz darauf stand ich

in einer Gasse, die nur noch einen Qualitätsbegriff kannte: Made in Taiwan. »Komm her – probier doch mal. Taiwanesische Würstchen«, rief es von links. In einem ausladenden Grillschrank trieften rote und weiße Darmgebinde mit Hackfleischfüllung vor Fett. Das erinnerte an einen guten deutschen Weihnachtsmarkt zur Adventszeit. Ich probierte aus reiner Neugier: süß und reisgefüllt! Gewöhnungsbedürftig für den deutschen Wurstesser. Taiwanesische Würstchen trafen definitiv nicht meinen Geschmack.

Doch darum ging es nicht, denn schon wurde ich auf die andere Seite gezogen. »Komm, komm – versuch mal mein Austern-Omelett. Das beste auf dem Markt.« Ich zögerte. Austern klangen verlockend, doch nach den Würstchen erst einmal mehr Atmosphärisches. »Kantonesisches Hühnerreis-Congee – hier bei uns«, so schallte es von Stand Nummer dreihundertirgendwas herüber. »Hier Spieße, köstliche Lammfleischspieße«, hielt Nummer zweihundertsoundsoviel dagegen. Es zischte, dampfte, sirrte – im Hintergrund dröhnte Musik, an mir vorbei zogen lachend einige grell geschminkte Taiwanesinnen, jede an einem Hühnerbeinchen nagend, kokett mit abgespreiztem kleinem Finger, versteht sich. Auf bunten Tafeln die Preise in Taiwan-Dollar. Verglichen mit dem deutlich höheren Einkommensniveau, aß es sich auf der Insel fast günstiger als in manchen Fressgassen Shanghais. Auf dem Shilin-Nachtmarkt sowieso, denn Nachtmärkte boten nun einmal einfache, aber nahrhafte Kost zu unschlagbar günstigen Preisen. Das hatte selbst auf Taiwan in der Vergangenheit zu einzelnen Hygieneskandalen geführt. Auch hier hatte es skrupellose Händler gegeben, die mit minderwertigem Öl und billiger Rohware schnellen Profit machen wollten. »Das kann ich mir nicht leisten«, sagte einer der Suppenköche, den ich auf das Hygieneproblem ansprach. »Wenn meine Gäste bei mir Bauchschmerzen bekommen, weil ich minderwertige Zutaten verwendet habe, verliere ich sofort meine Lizenz und werde heftig bestraft. Sogar Gefängnis ist drin. Nein, danke.« Das beruhigte.

Ich schlenderte weiter – genauer: ich wurde von der Menge weitergeschoben. Wer auf einen Nachtmarkt ging, hatte Zeit, benötigte viel Zeit und konnte nur dann keine Zeit verlieren, wenn er

sich spontan auf das einließ, was die Sinne auf ihn einstürzen ließen, zum Beispiel Austern-Omeletts. Ich beschloss, beim nächsten Anbieter einfach innezuhalten, mich zu setzen, zu probieren.
Denn darum ging es hier schließlich. Das war ein Meer der Pro-
bierversuche – mal hier, mal da, bis man genug hatte und die vielen Geschmacksnoten mit einigen Dosen Taiwan-Bier herunter-
gespült hatte.

»Kommen Sie, Fräulein, kommen Sie doch bitte.« Aus dem Orkus
der Geräusche drang eine sympathische Männerstimme heraus.
Die junge Nachtmarktbesucherin vor mir fühlte sich angesprochen und setzte sich. Ein Blick verriet: Hier am Stand Nummer
505 gab es Austern-Omelett. Der Ort meiner Wahl, auch wenn
der gleichzeitig angebotene »Stinke-Doufu«, fermentiert und in
siedendem Öl frittiert, meine Nase eher abraten ließ. »Nein, liebe Nase, jetzt musst du leiden«, entschied ich und bestellte. »Ah,
setzen Sie sich bitte, das Omelett kommt sofort«, sagte die sympathische Männerstimme, die einem Mittdreißiger gehörte. Wir
unterhielten uns ein wenig. Als »Shanghaier« war ich für Herrn
Qian, den Garküchenbesitzer, interessant: »War auch mal drüben
als Tourist«, sagte er, »am Jinshan-Tempel in Zhenjiang. Kennen
Sie das?« »Meine Frau kommt von dort«, entgegnete ich. »Nicht
möglich – wirklich?« Lautes Scheppern unterbrach uns. Am
Nachbarstand war ein Turm aus rotem Plastikgeschirr zusam-
mengebrochen. »Einheitsgeschirr«, sagte Qian, »verwenden wir
alle hier auf dem Markt. Zerbricht wenigstens nicht.« »Ah, was
darf's denn sein? Was hättet ihr gern? Doufu, Würstchen, Löwenköpfe?« Gemeint waren Bällchen aus Schweinefleisch, keine
echten Raubtierschädel. Drei Kinder zwischen 10 und 12 Jahren
bestellten.

Dann kam mein Omelett. »Schon einmal vorher probiert?«,
fragte Qian. Ich verneinte. »Das ist mittlerweile so etwas wie das
taiwanesische Nationalgericht geworden«, fuhr er fort. »Überall da, wo Taiwanesen sind, bekommen Sie dieses Omelett. Es
stammt ursprünglich aus der Provinz Fujian vom Festland gegenüber. Sie wissen, dass viele Chinesen aus Fujian nach Taiwan ein-

gewandert sind? Die haben das Rezept mitgebracht. Nach dem Krieg, also nach '49, wuchsen die Nachtmärkte und Imbissläden auf Taiwan. Mit ihnen dieses Rezept. Wichtig ist, dass die drei Hauptzutaten aufeinander abgestimmt sind: Eier, Austern und Chrysanthemenblätter als Gemüse der Saison für die besondere Note. Dann schmeckt's richtig lecker. Probieren Sie!«

Ich tat wie geheißen und zerteilte den Eierfladen auf dem roten Plastikteller mit meinen Essstäbchen. Der salzige Geschmack der Austern würzten das Ei, sodass auf zusätzliche Geschmacksverstärker wie Salz und Glutamat leicht verzichtet werden konnte. Bei guten Anbietern selbstverständlich nur. Die Chrysanthemenblätter waren Saisongemüse und konnten zu anderen Jahreszeiten durch andere Blattgemüsesorten oder auch Sojabohnenkeimlinge ersetzt werden. »So vielfältig wie die Grüngemüsesorten der Saison, so vielfältig sind auch die Rezepte für o-a-chien, wie wir Taiwanesen das Omelett nennen«, sagte Herr Qian. »Wenn Sie einmal im Internet recherchieren, werden Sie jedes Mal ein etwas anderes Rezept für unser ›Nationalgericht‹ finden. Das liegt daran, dass Taiwanesen – und ich glaube, auch die Chinesen auf dem Festland – nach Gefühl kochen und von Rezepten mit genauen Maßangaben wenig halten. Alles geht nach dem ›So ungefähr‹-Prinzip. Hauptsache es schmeckt.« Und das tat es – auch wenn ich mir anstatt der obligaten Fertig-Chilisauce als kontrastreiches Topping für mein Omelett lieber eine Eigenkreation gewünscht hätte. »Tut mir leid«, sagte Herr Qian, »Konzession an die Masse und das schnelle Braten hier – zu Hause würde ich Ihnen meine Spezialsauce zubereiten.« Er lachte und verteilte mit geübten Handgriffen acht kleine Häuflein Austern auf der großen Eisenplatte, die auch bretonischen Crêpes-Brätern gut gedient hätte. Dann verteilte er einen vorgefertigten Teig über die Häuflein, schlug acht Eier auf, verteilte Chrysanthemenblätter und eine Würzmischung. Schon war die eine Seite der Fladen goldbraun gebraten, und nun galt es mit großer Geschwindigkeit zu wenden, damit auch die andere Seite der acht Omeletts goldbraun anbuk. Das Geschäft lief. »Kommt, probiert«, rief mein Gastgeber immer wieder in die

Menge der Vorbeischlendernden. Viele probierten, darunter nicht wenige Chinesen vom Festland, die *o-a-chien* noch nicht kannten.

»Woher stammen die Austern?«, wollte ich wissen. »Bekomme ich abgepackt geliefert, werden selbstverständlich speziell gezüchtet. Bei Wildaustern wären diese niedrigen Nachtmarktpreise nicht drin«, antwortete Qian. »Die kommen von drüben vom Festland, meist aus der Gegend um Xiamen, wo Taiwanesen schon früh in Austernfarmen investiert haben, ohne das Festland gingen uns die Rohstoffe für unser Nationalgericht aus. Das würde einer nationalen Katastrophe gleichkommen. Schon um unserer Bäuche willen können wir uns keinen Krieg mit drüben leisten«, setzte er lachend hinzu.

»Seit wann sind Sie auf dem Nachtmarkt aktiv?«, wollte ich wissen. »Noch nicht lange«, sagte Qian. »Sie wissen, die Wirtschaftskrise 2008/2009 hat uns Taiwanesen schwer zu schaffen gemacht. Früher hatte ich mein eigenes Restaurant. Doch dann blieben die Kunden weg und am Ende auch die Einnahmen. Ich musste schließen. Nun stehe ich halt auf dem Nachtmarkt und verkaufe *o-a-chien*, Stinke-*doufu*, Löwenköpfe, Suppen mit Meeresfrüchten und was die Leute hier noch so gerne essen. Jeden Tag von fünf Uhr nachmittags bis abends um elf. Davor mache ich noch einen anderen Job, um über die Runden zu kommen. Aber es geht schon. Wissen Sie, Flexibilität ist alles – und doch eine gesamtchinesische Tugend. Egal, ob hier auf Taiwan oder drüben auf dem Festland. Hey, schöne Frau, wie wäre es mit ein wenig Stinke-*doufu*?« Unbeirrt stöckelte die asiatische Blondine an Qians Stand vorbei. »Vermutlich Japanerin«, sagte er. »Sind eine Menge hier. Die lieben taiwanesisches Leben. Wir haben von ihnen den etwas feineren Geschmack abbekommen, sie kriegen dafür chinesische Action, die da oben im Norden fehlt. Geben und Nehmen ist wichtig, wissen Sie.« Ich nickte und verabschiedete mich von dem redseligen Garküchenchef, tauchte wieder ein in die anonyme Masse der Nachtmarktbesucher, hörte die lauten Schreie von Qians Konkurrenz, starrte in das gleißende Neonlicht und auf die grellbunten Werbetafeln. Ich schwamm in einem Meer von Gerüchen, Geschmack und einem unbändigen Willen zu leben – mit dem Bauch zuerst.

D er Nachtmarkt spiegelt ein Grundprinzip der chinesischen Gesellschaft wider – von der Geschichte bis zur Gegenwart. Das Prinzip könnte man eine Art »Bauchdemokratie« chinesischer Prägung nennen: das ständige Ringen zwischen Regierung und Volk um Regulierung und Deregulierung. Die frühesten Anfänge der Nachtmärkte, dieser sehr chinesischen Art des täglichen Wochenmarktes, auf denen nicht die Rohware, sondern bereits die fertige Speise oder kleine Gebrauchsgegenstände für den Alltag im Mittelpunkt des Handelns stehen, gehen vermutlich auf das 7. bis 10. Jahrhundert zurück. Chang'an, das heutige Xi'an, war damals die größte Stadt der Welt. Die Metropole wurde belebt von Händlern aus ganz China, aus Arabien, Indien und Zentralasien. Etwas kleiner, aber für damalige Verhältnisse ebenfalls eine Metropole war die alte Salzstadt Yangzhou, am Yangtse-Fluss unweit der Stadt Nanjing gelegen. Aus der reichen Dichtung jener Zeit ist der Begriff »Nachtmarkt« gut bekannt. Der bekannte Tang-Dichter Wang Jian (ca. 767–831) schrieb in seinem Gedicht »In Yangzhou bei Nacht«:

»Tausende von Nachtmarkt-Laternen lassen die Wolken blau schimmern. Hohe Häuser, Besucher mit roten Ärmelaufschlägen sind überall. An einem besonderen Tag wie heute dröhnt es hell von lauten Bambusflötenklängen.«

W as Wang Jian in Poesie kleidete, war eigentlich verboten. Ein Edikt des Kaisers Wenzong (836–840) verbot den damals weit verbreiteten Wildwuchs der nächtlichen Märkte, die es eigentlich gar nicht hätte geben dürfen. In Städten wie Chang'an oder Yangzhou waren Wohn- und Geschäftsgebiete zur Tang-Zeit klar mit Mauern und Toren voneinander getrennt. Nach Anbruch der Sperrstunde, angekündigt durch dumpfe Schläge von den Trommeltürmen, Chinas Nachtwächter-Institutionen, wurden die Tore verschlossen. Die Menschen sollten zu Hause bleiben und sich nicht weiter auf den Straßen herumtreiben, nächtliches Handeln und Genießen galt es zu unterbinden. Doch erfindungsreich und flexibel, wie Chinesen nun einmal waren, gelang es den Stadtbewohnern, die Verordnungen der Regierung immer wieder zu durchbrechen. Nachtmärkte entstanden als Ausdruck der Opposition gegen die Regulierungen von oben. Alle Nachtmärkte gingen vom Volke aus – so lautete das Grundgesetz dieser Erscheinung. Noch heute übrigens hält sich in China zäh der Spruch: »Regeln sind tote Materie, Menschen aber leben.« Und wo lebte es sich besser als beim Essen auf der Straße, wo konnte man die vielen kleinen selbstgemachten Köstlichkeiten, wie *baozi*-Knödel, Fladenbrote, Teigtaschen und vieles andere mehr, die vielen kleinen *xiaochi*-Snacks besser verkaufen als am Abend nach getaner Arbeit?

So konnten sich die Nachtmärkte am Ende durchsetzen als eine Art »Handelsinstitution von unten«. Verboten wurden sie erst vom 10. bis zum 12. Jahrhundert während der Song-Dynastie. Vergebens: Die beiden einstigen Hauptstädte Dongjing, das heutige Kaifeng, und später Lin'an, das spätere Hangzhou, rühmten sich, die größten Nachtmärkte Chinas hervorgebracht zu haben. In dieser Zeit verschmolz die alte Trennung zwischen Wohn- und Handelsorten in den Städten zu jener dynamischen Einheit des Wirtschaftens, die wir heute noch als »typisch chinesisch« beobachten können. Chinas Metropolen wurden dank der Nachtmärkte erstmals zu jenen »Cities that never sleep« – den Ahnen moderner Megastädte wie Taipei, Shanghai, Peking oder Hongkong.

Kaifeng verfügt noch heute über einen pulsierenden Nachtmarkt, an dessen perfekt gegrillte Lammfleischspieße mit den frischen Brotfladen aus der Backtonne ich mich von lange zurückliegenden Besuchen her noch gut erinnerte. Jener Markt führt seine Wurzeln auf die Zeit zurück, als Kaifeng Hauptstadt Chinas war. Ein zeitgenössischer Dichter namens Meng Yuanlao schwärmte in seinem Gedicht *Der Nachtmarkt der Zhou-Brücke* sehr detailliert von der Vielfalt nächtlichen Konsumspektakels mit seinen mehr als 50 verschiedenen Spezialitäten. Darauf sind die Menschen aus Kaifeng bis heute so stolz, dass sie ihre Stadt kurzerhand zum Ursprungsort der Imbisskultur erklärten.

Das Neben- und Miteinander zwischen Straßenmarkt und Wohnort war immer wieder Thema stolzer Städteporträts. Diese zeigen die jeweils größten Metropolen der damaligen chinesischen Welt, schmücken in mehrfacher Ausführung die großen Museen auf Taiwan und dem Festland. Einheitlich nennt man diese Bilder »Stadt an Fluss-Szenarien zum Qingming-Fest«. Das größte unter diesen Szenarien mit über elf Metern Länge hatte ich tagsüber im Palastmuseum bereits bewundern dürfen. Wie in einem Such- und Panoramabilderbuch für Kinder kann der Betrachter stundenlang vor diesen gewaltigen Malereien stehen und sich Detail um Detail der alten chinesischen Großstadt herauspicken. Straßen- und Nachtmärkte gehören dazu, ebenso wie detaillierte Bilder damals verbreiteter Imbissfreuden.

Taipei setzte im 21. Jahrhundert das alte Erbe Kaifengs fort, während die einstigen Metropolen des alten China auf dem Festland mehr und mehr in riesige Hochhaus-, Arbeits- und Wohnanlagenwelten mutierten, die für das alte Volkserbe der Straßen- und Nachtmärkte keinen Platz mehr hatten. Davon hatte ich auf der Reise viele erschreckende Beispiele gesehen. Das alte Spiel von Regulierung und Deregulierung zwischen Regierung und Volk schien deutlich aus dem Gleichgewicht geraten zu sein. Auch in Taipei gab es selbstverständlich Hochhäuser und Compound-Strukturen. Doch die Nachtmarktseele Chinas – man könnte sie auch die dunkle, spontane, anarchische und doch so lebensfrohe zweite Natur des Landes nennen – war hier ein gutes Stück lebendiger als auf dem fast nur noch in großen Strukturen und Superlativen handelnden Festland gegenüber.

TAIWANS IMBISS NUMMER EINS

»Oh-a-chien« auf Taiwanesisch, »He-Zai-Jian« auf Hochchinesisch. Als ich über den Shilin-Nachtmarkt von Taipei streifte, duftete mich Taiwans Nationalimbiss immer wieder an: schnell ausgebacken auf riesigen Gussplatten, um den Appetit der nimmersatten Nachtmarktbesucher immer und immer wieder zu befriedigen – direkt auf dem Plastiktisch am Ort der Entstehung oder zum Mitnehmen in Packpapier, Styroporschale und Plastiktüte. Oh-a-Jian, Taiwans legendäres Austern-Omelett, ist ein kulinarisches Muss und einer der Höhepunkte chinesischer Garküchenkultur.

Was ich für zwei Omeletts brauche:

200–250 g gefrorene Austern

2 EL Speisestärke

1/2 Tasse Wasser

2 EL süße Chilisauce

3 große Eier, verrührt

1 EL Öl

grünes Gemüse: Bärlauch oder Mangold, kleingehackt

1 kleingehackte Knoblauchzehe

Wie ich es mache:

1. Zuerst vermische ich Austern, Stärke und Wasser zu einer einheitlichen Masse und stelle diese beiseite.

2. Das grüne Gemüse brate ich mit dem Knoblauch in heißem Öl kurz an.

3. Ich gebe ein wenig Öl in den Wok oder die Pfanne, gieße die Hälfte der verrührten Eier hinein und lasse alles zu einem Omelett stocken.

4. Nun gebe ich die Austernmischung auf das Omelett und lasse die Masse weiter stocken. Dazu gebe ich das angebratene Blattgemüse. Unter Wenden gare ich das Omelett, bis es gut ausgebacken ist. Dann nehme ich das Omelett aus der Pfanne.

5. Ich erwärme die Chilisauce und gebe sie am Ende auf das Omelett. Für den zweiten Pfannkuchen gilt es dann die gesamte Prozedur nochmals zu wiederholen! Dazu ein kühles Taiwan- oder Tsingtau-Bier unter romantischer Neonlichtbeleuchtung oder einer nackten Glühbirne, und schon kommt Nachtmarkt-Atmosphäre auf!

Der Meister der Kleinigkeiten

Von der Terrasse des Hauses schweifte der Blick weit über Taipei. Ringsherum war alles grün. Ein üppiges, subtropisches Grün. Ein schweigendes Grün. Nur der Gesang der Vögel und die gedämpften Stimmen der wenigen Besucher belebten die Szenerie. Einzig störend war die viel befahrene Straße, die der Besucher zu überqueren hatte, bevor er das Haus erreichte. War er jedoch einmal eingetreten, dann blieben die Störgeräusche der Gegenwart einfach außen vor. Hier lag einst das Reich eines Meisters, der mich während der gesamten Reise begleitet hatte. Seit Jahren verehrte ich ihn ganz persönlich als einen der größten unter Chinas neueren Schriftstellern. Bis zu seinem Tod im Jahr 1976 hatte Lin Yutang hier seine letzten Lebensjahre in kreativer Muße verbracht. Anders als Mao Zedong, der auf dem chinesischen Festland im gleichen Jahr unter gewaltigen Inszenierungen von Trauer bestattet wurde, war der Abschied Lins von dieser Welt eher still und bescheiden gewesen. Ein kleiner Abschied. Genauso wie es dem Naturell dieses großen Mannes entsprach.

Bis heute ist Lin Yutang der wohl international erfolgreichste Schriftsteller Chinas. Doch zu Lebzeiten durfte der Brückenbauer zwischen Ost und West seine alte Heimat auf dem Festland nicht mehr betreten, nachdem er früh in die USA emigriert und dann nach Taiwan übergesiedelt war. So lag er seit bald vier Jahrzehnten begraben im eigenen Garten, den er selbst mit viel Liebe zum Detail gestaltet hatte.

Lins Haus beherbergte ein kleines Museum. Der Arbeitsraum atmete eine merkwürdige Atmosphäre. Alles wurde bewusst so präpariert, dass der Besucher glaubte, Lin sei eben nur einmal kurz weg. Zu einem Rundgang in Muße durch den eigenen Garten beispielsweise, dabei lächelnd ein Pfeifchen im Mundwinkel, mit Schlappen an den Füßen und einem bequemen chinesischen Kleid angetan. »Der Meister«, so erzählten kleine Schildchen auf Englisch und Chinesisch, »hielt seinen Schreibtisch stets sauber und aufgeräumt. Beim Schreiben aber kaute er gern auf Streifen getrockneten Rindfleisches, knabberte Erdnüsse oder lutschte auch schon einmal Bonbons.«

Kleine Imbisse beflügelten das schriftstellerische Schaffen oder wurden selbst Gegenstand desselben. Hatte Lin doch in seinem Bestseller aus dem Jahre 1935, dem Buch *Mein Land und mein Volk*, Chinesen als Menschen charakterisiert, die neben dem Teetrinken und Schlafen vor allem das Kauen der unterschiedlichsten Imbisse aller Art – von Krebsen bis zu Mondkuchen – vollendet ausgebildet hätten. Als einer der Ersten hatte er klar erkannt, dass es Köche sind, die das Dasein der Menschen mit ihren Kochlöffeln umrühren – und dasjenige der Chinesen ganz besonders. Genau wie der scharfsichtige, deutsche Gesellschaftsbeobachter Wilhelm Busch wusste er, dass »alles gut war, wenn die Ente gut war«.

Der verstorbene Herr dieses Hauses in Taipei liebte alle kleinen Freuden des Daseins und deklarierte sie zu den chinesischen Prinzipien der Lebensliebe: die Fürsorge für Blumen und Pflanzen auf der Fensterbank oder im kleinen Gärtchen, den genussvollen Zug an der Zigarette oder der Pfeife, den kleinen, aber konzentrierten Schluck aus der Teeschale, den Genuss, die Beine einmal bei der

Arbeit so richtig ausstrecken zu können, das kleine Nickerchen am Tage und das gelegentliche Faulenzen im Bett. Doch vor allem liebte er den kleinen Imbiss zwischendurch, der ja gerade wegen seiner Leichtigkeit und Kleinheit immer wieder eingenommen werden konnte. So blieb der Magen ständig beschäftigt und erfüllte voller Genugtuung den so wichtigen Vorgang einer gründlichen Verdauung. Schließlich können nur gut verdaute Dinge dem Menschen genug Energie liefern, Gutes zu schaffen – ob nun klein oder groß.

Lin war ein fanatischer Anhänger des kleinen Details. Jede seiner Romanfiguren und Charaktere arbeitete er genau durch, bis er glaubte, jede ihrer Intimitäten zu kennen. Als Erfinder widmete er viele Jahre seines Lebens der aufwändigen Konstruktion einer Schreibmaschine für chinesische Schriftzeichen – lange vor der Erfindung entsprechender Computer-Software. Mit Akribie versuchte er den Hang des Menschen zur Bequemlichkeit zu unterstützen. Dazu erfand er eine Zahnbürste mit automatischer Zuführung von Zahnpasta, um den so viel Überwindung kostenden Griff des Morgenmuffels nach der Zahnpastatube, verbunden mit kräftezehrenden Druckbewegungen, für alle Zeiten überflüssig zu machen.

Lin, der Philanthrop, verehrte andere Philanthropen – besonders jene, die seine eigene Kultur im Laufe der Jahrhunderte als seine geistigen Vorfahren geboren hatte. Über den Suzhouer Dichter Shen Fu, dem das Schicksal früh die geliebte Frau entriss, mit der er gemeinsam die schönsten Stunden bei Suzhouer Imbissen, Mondschein und gewärmtem Wein verbracht hatte, schrieb er, dass dieser und seine Frau zu weise gewesen seien, um »Äußerlichkeiten nachzujagen«.

Langsam verließ ich das Museum und kaute einen gesalzenen Melonenkern. Ich kaute langsam, Stück für Stück. Der kleine Snack fühlte sich gut an, das »Mundgefühl« stimmte – made in China zwar, diesmal aber mit Qualitätsgarantie.

Zurück in Shanghai, rief mich wenige Tage später der alte Li an. Monatelang hatte ich nichts von ihm gehört. Schließlich war er es doch gewesen, der mich provoziert hatte, zu reisen. Li ließ sich erzählen.

Am Ende fragte er: »Und verstehst du China nun?« »Ich lade dich ein. Lass uns essen gehen«, sagte ich nur.

LITERATURVERZEICHNIS

Aisin-Gioro Pu Yi. *From Emperor to Citizen. The Autobiography of Aisin-Gioro Pu Yi.* Beijing 2008.

Alekseev, V. M. *China im Jahre 1907.* Leipzig/Weimar 1989.

Anderson, Eugene N. *The Food of China.* New Haven/London 1988.

Anthus, Antonius. *Vorlesungen über die Esskunst.* Frankfurt a. M. 2006.

Barlösius, Eva. *Soziologie des Essens. Eine sozial- und kulturwissenschaftliche Einführung in die Ernährungsforschung.* Weinheim/München 1999.

Benjamin, Walter. »Paris, die Hauptstadt des XIX. Jahrhunderts«. In: *Illuminationen – Ausgewählte Schriften 1.* Frankfurt a. M. 1977.

– »Haschisch in Marseille«. In: *Illuminationen – Ausgewählte Schriften I.* Frankfurt a. M. 1977.

Bonner, Stefan/Weiss, Anne. *Generation Doof – Wie blöd sind wir eigentlich?* Köln 2008.

Brillat-Savarin, Jean Anthèlme. *Physiologie des Geschmacks oder Betrachtungen über das höhere Tafelvergnügen.* Frankfurt a. M./Leipzig 1979.

Busch, Wilhelm. *Und die Moral von der Geschicht.* Hrsg. von Rolf Hochhuth, o. J.

Cotterell, Yong Yap. *Die Kultur der chinesischen Küche.* Bern 1988.

Dahrendorf, Ralf. *Homo sociologicus. Ein Versuch zur Geschichte, Bedeutung und Kritik der Kategorie der sozialen Rolle.* Wiesbaden 2006.

Eliot, T. S. *Notes towards the definition of culture.* London 2010.

Fan Yong (Hg.). *Gebildete zum Thema Essen und Trinken (wenren yinshi tan).* Beijing 2009.

Gernet, Jacques. *Die chinesische Welt.* Frankfurt a. M. 1988

Goethe, Johann Wolfgang. *Weimarer Ausgabe (WA).*

— *Hamburger Ausgabe in 14 Bänden. Band 13: Naturwissenschaftliche Schriften I.*

Gray, John Henry. *China – A History of the Laws, Manners and Customs of the People.* Vol. II. Mineola, New York 2002 (Reprint 1878).

Höllmann, Thomas O. *Schlafender Lotos, trunkenes Huhn. Kulturgeschichte der chinesischen Küche.* München 2010.

Hsia, Adrian. *Deutsche Denker über China.* Frankfurt a. M. 1985.

Ich war Kaiser von China: Vom Himmelssohn zum Neuen Menschen. Die Autobiographie des letzten chinesischen Kaisers. München 2009.

Jullien, François. *Über das Fade. Eine Eloge zu Denken und Ästhetik in China.* Berlin 1999.

— *Der Umweg über China – Ein Ortswechsel des Denkens.* Berlin 2002.

Leibniz, Gottfried Wilhelm. »Zwei Briefe an Claudio Filippo Grimaldi«. In: Hsia, S. 28–41.

Li, T'ai-po. »Jiang jin Jiu (Beim Trinken)«. In: *Tang Shi San Bai Shou Xin Bian (300 Tang-Gedichte neu ediert).* 4. Auflage Changsha 1995.

Li, Yu. *Gelegenheitsnotizen über das Stillen der Leidenschaften (Xianqing ouji).* Beijing 2008.

Liang Youxiang. *The Beauty of Chinese Food.* Taipei 2008.

Lin, Yutang. *Die Weisheit des lächelnden Lebens.* Stuttgart 1938, Frankfurt a. M. 2004.

— *The Gay Genius. The Life and Times of Su Dongpo.* Beijing 2009.

Lü Shi Chun Qiu (Aufzeichnungen über die Zeit des Frühlings und Herbstes von Lü Buwei), Changsha 2006.

Lu, Xun. »Tagebuch eines Verrückten«. In: *Aufruf zum Kampf (nahan).* Beijing 2002.

Lu, Yaodong. *Der Bauch ist groß und kann einiges fassen – Aufzeichnungen zur Kultur des Essens und Trinkens in China (du da neng rong).* Taipei 2007.

Mein erste Lebenshälfte (Wo de qian ban sheng). Beijing 2010.

Meyers großes Taschenlexikon in 24 Bänden, Ausgabe Leipzig/Mannheim 2006.

Okakura, Kakuzo. *The Book of Tea*. 47. Auflage Boston/Rutland/
  Vermont/Tokyo 2001.
Otis Skinner, Cornelia. *Elegant Wits and Grand Horizontals*. New
  York 1962.
Quan, Yanchi. *Mao Zedong: Man, not God*. Beijing 2006.
Sebag-Montefiore, Simon. *Stalin: The Court of the Red Tsar*. Phoenix
  2004.
Shen, Fu. *Six chapters of a floating life (Fu Sheng Liu Ji)*. 9. Auflage
  Beijing 2008.
Schelling, Friedrich Wilhelm Joseph von. »China – Philosophie
  der Mythologie«. In: Hsia 1985, S. 189–242.
Tao, Wenyu. *Suzhou Ciwei (Suzhouer Geschmack)*. Suzhou 2009.
Waley-Cohen, Joanna. »Streben nach vollkommener Ausge-
  wogenheit«. In: Paul Freedman (Hg.). *Essen. Eine Kulturgeschich-
  te des Geschmacks*. Darmstadt 2007, S. 99–134.
Wang, Jiaju. *Gu Su Shi Hua (Kulinarische Erzählungen über Suzhou)*.
  3. Auflage Suzhou 2007.
Wang, Renxiang. *Der Geschmack der Geschichte: Geschichte und Kultur
  der chinesischen Küche (wang gu de ciwei: Zhongguo yinshi des lishi yu
  wenhua)*. Jinan 2006.
Yuan, Mei. *Die Speiselisten des Sui-Gartens*. Yangzhou 2008 (Nachdruck des Originals).
Zhang, Dai. *Traumerinnerungen an Tao'an (Tao'an meng yi)*. 3. Auflage Shanghai 2010.

WEBSEITEN UND ZEITUNGEN, ZEITSCHRIFTEN

»Chinas Kultur der Tierquälerei«. www.peta.de/bekleidung/chi-
  nas_kultur_der_tierqaelerei.645.html
Yi Zhongtian: »Die hervorgegessene Blutsbeziehung« (Yi Zhongtian: Chi chu lai de xueyuan). Kantoner Zeitung (Guangzhou ribao),
  18. 3. 2008.
»Cat-nappers feed Cantonese taste for pet delicacy – A curiosity about the taste of cat meat is fuelling a growing industry in
  China«. Telegraph.co.uk vom 1. 1. 2009.

»Hunde in China – Mehr als nur ein Mittagessen«. Süddeutsche Zeitung vom 1. 9. 2006, www.sueddeutsche.de/panora-
ma/140/371 952/text/

Sämtliche Zitate aus Mail Online: »The cat meat trade in China –
what you say«.
www.dailymail.co.uk/news/article-29 832/

»A dog's life in China«. Reuters-Meldung vom 17. 3. 2007, www.
eurograduate.com.

Zhan Zhang. »Cixi and the Modernization of China.« www.ccse-
net.org/ass (30. 9. 2010).

Pekinger Zeitung für Wissenschaft und Technik (Beijing keji bao)
vom 13. 4. 2007.

»Mao Zedong und die Theorie der Chili-Revolution (Mao Zedong »lajiao geming« lun)«. In: China-Nachrichten Netzwerk
Zhongguo xinwen wang 29. 4. 2010, www.chinanews.com.cn/hb/
news/2010/04–29/2 255 341.shtml (17. 11. 2010).

»Feuertopf aus Chongqing auf dem Vormarsch in die USA«.
18. 6. 2010.
canyin.518jm.com/z116 198 (28. 2. 2011).

Ausführlicher Bericht darüber u. a. in der »Changjiang Zazhi
(Yangtse-Zeitschrift)« vom 24. 7. 2009.

www.foodsion.com.tw

The China Post vom 12. 9. 2007. www.chinapost.com.tw/tai-
wan/2007/09/12/122172/Hau-kicks.htm

Lai, Cheng-Chung. »Beef taboo in Chinese society«. In:
International Journal of Social Economics, Vol. 27 No. 4, 2000,
S. 286–290.

EINE HIMMELSREISE

ist als ORIGINALAUSGABE im Juni 2012 als dreihundertunddreißigster Band der ANDEREN BIBLIOTHEK erschienen.

Als EXTRADRUCK wurde *Eine Himmelsreise* im Juli 2022 wiederaufgelegt.

Herausgabe und Lektorat lagen in den Händen von Christian Döring.

Die Illustrationen stammen von Roman Wilhelm, die Kalligraphien von Ye Fang.

MARCUS HERNIG

geboren 1968, studierte Germanistik, Sinologie und Geschichte in Bochum und Nanjing. Er lebt bereits seit 1992 in China, seit 1998 in Shanghai, wo er zur Seidenstraße und den deutsch-chinesischen Beziehungen lehrt. Außerdem ist er tätig als Experte für die neue Seidenstraße bei Germany Trade and Invest (GTAI). Zuletzt erschien von ihm *Die Renaissance der Seidenstraße. Der Weg des chinesischen Drachens ins Herz Europas* (2018). In der Anderen Bibliothek veröffentlicht er zeitgleich mit dem vorliegenden EXTRADRUCK die ORIGINALAUSGABE *Ferdinand von Richthofen. Der Erfinder der Seidenstraße* (Band 451, Juli 2022).

Der Autor dankt der Robert Bosch Stiftung für die Förderung der Recherchen zu diesem Buch mit einem Grenzgänger-Stipendium.

Im Weiteren dankt er für die Unterstützung: Ye Fang, Suzhou; Roman Wilhelm, Berlin; Chen Xinmin, Taipei; Jiang Yingyao, Taipei; Shu Guozhi, Taipei; Liang Youxiang, Taipei; Li Yuxiang, Beijing; Chen Yuecheng, Huizhou; Jan Siefke, Shanghai; Shen Hongfei, Shanghai; Hua Yonggen und der Vereinigung für Kochkunst, Suzhou.

DIESES BUCH

wurde von Greiner & Reichel in Köln aus der Quadraat gesetzt.

Gedruckt und gebunden wurde bei

Friedrich Pustet GmbH & Co. KG, Regensburg.

Als Inhaltspapier wurde 90 g/m² holzfreies

Werkdruckpapier verwendet.

Typografie und Ausstattung gestaltete Cosima Schneider.

Extradrucke der
№ 330
Anderen Bibliothek

ISBN 978-3-8477-2042-3

DIE ANDERE BIBLIOTHEK

© Aufbau Verlage GmbH & Co. KG

Berlin 2022

Die Geschichte der 1985 von Hans Magnus Enzensberger
und dem Schriftsetzer, Drucker und Verleger Franz Greno noch
im Bleisatz aus der Taufe gehobenen Buchreihe DIE ANDERE
BIBLIOTHEK ist längst zum Bestandteil unserer deutschsprachigen
Lesekultur geworden.

Monat für Monat ist seitdem ein Band erschienen.
Seit Januar 2011 wählt Christian Döring monatlich sein Buch aus
und gibt es in der ANDEREN BIBLIOTHEK im Verbund der Aufbau
Verlage am Berliner Moritzplatz heraus.

Das Programm der ANDEREN BIBLIOTHEK folgt inhaltlich
seit Anbeginn nur einem Maßstab: Genre-, epochen- und
kulturraumübergreifend wird entdeckt und wiederentdeckt,
die branchenübliche Einteilung in Sachbuch und Literatur
hat nie interessiert, nur Originalität und Qualität sollen zählen.

– Jeden Monat erscheint ein neuer Band, von den besten
Buchkünstlern gestaltet.
– Die ORIGINALAUSGABE erscheint in einer einmaligen Auflage
von 3333 Exemplaren, limitiert und nummeriert.

Sind die limitierten und nummerierten ORIGINALAUSGABEN
vergriffen, bieten wir Ihnen unsere EXTRADRUCKE der ANDEREN
BIBLIOTHEK, damit Sie alle an den Erfolgen unserer schönen
Bücher teilhaben können. Gewohnte beste Inhalte, durchgesehen
und aktualisiert, zum moderaten Preis in einer fein bedruckten
Ausgabe.
Unser Vorschlag:
Werden Sie Mitglied im Club unserer Abonnenten, so erhalten Sie
garantiert jede ORIGINALAUSGABE zum Vorzugspreis.
Und als persönliches Dankeschön: eine unserer Prachtausgaben
im Folioformat.
030 / 28 394–229
info@die-andere-bibliothek.de
www.die-andere-bibliothek.dea

**Die Andere
Bibliothek**